Basic Conversational French

Fifth Edition

Julian Harris   **André Lévêque**

UNIVERSITY OF WISCONSIN

HOLT, RINEHART AND WINSTON
New York   Toronto   London

PHOTOGRAPHS

All photographs are by *Bernard Chelet* except for those appearing on the following pages:
Holt, Rinehart and Winston, Inc.—12, 62, 125, 259, 308, 310; *Helena Kolda*—7, 20, 35, 38, 215, 237, 249, 317; Courtesy of *Restaurant Le Procope*—41; *Photo Feher*—51, 306; *François Vikar*—76, 139, 185, 212, 319, 339; *Photo R. Lavergne*—77; *Yvon Editions d'Art*—190; *Albert Monier*—194, 358; Courtesy of *Italian Government Travel Office*—210; *Renate Hiller*—259; *Peter Buckley*—356; Courtesy of *French Government Tourism Office*—357.

Basic Conversational French, Fifth Edition, by Julian Harris and André Lévêque
Copyright © 1973, 1968, 1962, 1958, 1953 by Holt, Rinehart and Winston, Inc.
All Rights Reserved

Library of Congress Catalog Card Number: 73-1661
Printed in the United States of America

ISBN: 0–03–007011–2

3 4 5 6 7 8   071   9 8 7 6 5 4 3 2 1

This book is accompanied by the following Supplementary Materials:

  Filmstrips: *Voici la France!* (Four full color filmstrips, script-booklet and one reel of tape.)
  Laboratory Manual.
  Teacher's Manual.
  Disc Recordings.
  Magnetic Tape Recordings, Programs I and II.
  Guide for Individualized Study.

For further detailed information please write to the publisher.

Table of Contents

TABLE OF CONTENTS

Introduction

The assumptions upon which our method is based. Although our ideas about the teaching of foreign languages are well known, we would like, once again, to state the assumptions upon which our books are based, and to discuss them briefly.

1. Learning a language means learning to use it. It does not mean memorizing lists of words and idioms, rules, verb forms, dialogs, poems, or anything else. In fact, we suspect that memorizing, which has traditionally been regarded as the basic language learning activity, has little if any value for learning to use a language, and that it may even inhibit rather than stimulate language learning.

2. The most natural and efficient way to learn to use a language is to practice using it. So far as we know, no one has ever learned to use a language without a lot of practice. While many foreign language teachers have complained that they did not have time for "oral-aural work" in the classroom, the truth of the matter is that they have wasted precious time on what is peripheral instead of using it on what is basic.

3. The optimum learning unit is the phrase rather than the word. When students learn words in phrases, they learn at once what they mean, how they are pronounced, and how they are used in an authentic pattern of French. It takes much longer for students to learn first what words mean, then how they are pronounced, and finally how to put them together in French. Of course vocabulary building is a necessary feature of language learning, but new words can be most effectively taught by having students use them in meaningful phrases within context. A simple substitution exercise in which new words are substituted for known ones can often make their meanings perfectly clear without any explanation whatever. This method is more effective than merely explaining the meaning and expecting the students to put the words into their French context

4. It follows that the main thrust of a first year foreign language course should be on practice in using the language — whether one is teaching grammar, pronunciation, intonation, irregular verbs, vocabulary, idioms, listening comprehension, or whatever.

5. The strategic moment for getting students to take the Copernican step of actually using French themselves is the very first day, before they realize what a feat they are undertaking. This is entirely possible if we work with phrases they *can* understand

and use, in dialogues in which they feel at home, and in situations with which they are perfectly familiar.

6. For adults and adolescents who are literate, a systematic study of normative grammar is indispensable, because if it is accompanied by appropriate practice, it helps them to learn to use correctly and with confidence an ever-increasing number of authentic patterns of the language and to express themselves more and more expertly. Quite aside from the pedagogical value of the study of grammar, students are used to generalizations, and they like to see how a given expression fits into the general picture — "to see it all at a glance." On the other hand, learning *about* a language without adequate practice can take up an enormous amount of time, and can be absolutely irrelevant to the real purpose of the course.

The lay-out of the book. This book is arranged so that the students always proceed from the known to the unknown and from the concrete to the abstract. The dialogs are constructed in such a way that the students can understand the meaning of individual phrases easily and quickly, so that they can use French phrases intelligently from the beginning, and so that they will associate French phrases with other phrases of the dialog rather than associating French words with English words. For example, before they come to the first grammar unit, they have four conversation units with exercises that give them practice in answering and asking questions in authentic French, in thinking in French about a few very simple matters, and in reacting in French to a few directions in French.

The exercises of the first dialogs are simply a series of activities that teach students to understand and use the phrases as they stand in the dialogs correctly, intelligently, and with increasing confidence. The first grammar unit then presents systematically what the students have already noticed or at least *sensed* about the forms and use of definite and indefinite articles. It is based entirely on examples that have appeared in the preceding dialogs.

Grammar. Although we have tried to avoid over-emphasis on grammar, we are convinced that the elements of grammar should be presented with the greatest possible clarity; if students are not given proper explanations, they will make rules for themselves—phony rules, of course, since they are certainly not in a position to make tenable generalizations about French usage. We have therefore tried to explain without over-simplification whatever we *do* present, particularly emphasizing points of syntax in which French is different from English — points that have been stumbling blocks for generation after generation of young Americans.

Each grammar unit throughout the book is preceded by one or more dialogs in which a few new forms and constructions are worked on orally and aurally before being considered from the point of view of grammar. Thus, instead of trying to learn the subtleties, say, of the use of the partitive by poring over abstract explanations, the students first learn to use a few concrete examples in easily remembered contexts, and, a few days later, come fore-armed to the complicated matter of the use of *du*, *de la*, *des*, and *pas de*. New vocabulary items are introduced in the dialogs so that the grammar lessons can be devoted exclusively to giving students a clear understanding of the principles of grammar and to doing exercises in which the principles are applied. While some of the grammar units look long, it is surprising how quickly abstract principles of grammar can be grasped and assimilated when students are thoroughly familiar with actual phrases that exemplify the principles. For example, as most of the students know, before the lesson on the partitive, that you say: "*Voulez-vous du café?*", "*Nous n'avons pas de café*", "*Nous n'aimons pas le café*", the lesson explains what the students already need and want to know — which is very different from explaining subtle principles that the students may never need to know and that they surely do not *want* to know for the time being.

Timing. We recommend that all exercises be done at a fairly rapid tempo and, usually, with books closed. In the first place, if a phrase is uttered quickly, it is much easier for English-speaking students to overcome the habit of diphthonging vowels and over-emphasizing initial consonants. Morevoer, a class in which one student is allowed to ponder endlessly over a response that is obvious to other students becomes very tiresome. And, alas, if students are given time to break up each utterance into words, to translate each word into English, to decide the proper response, and to translate this reponse into French, some of them will do so! Students, of course, have the habit of analyzing whatever they do not understand easily in English, but while it is appropriate to analyze what is difficult, it is bad practice, if not absurd, to go through a long rigmarole to explain things that are perfectly obvious.

The exercises in which students merely repeat phrases present no difficulty in timing — since the instructor determines the rhythm. This exercise should set the pace for responses in subsequent exercises so that the answers to questions (*Répondez en français*) should be almost in the same rhythm. It should take only a *little more time* for students to respond to the command (*Dites-moi* or *Demandez-moi*) than it does to repeat a phrase. But this type of exercise calls for a little dramatization — at least until the students get the hang of it. At first it is necessary to reiterate the rubric for each question and to give a sample response. For example, we say "*Demandez* (point to the student) *à Monsieur Hughes* (point to an imaginary Mr. Hughes) *comment il va.*" Then we ask (looking at the imaginary Mr. Hughes) "*Comment allez-vous, monsieur?*" *Then* we repeat the command *without gestures:* "*Demandez à Monsieur Hughes comment il va.*" By this time the students catch on and are ready to do the exercise. This may seem terribly roundabout at first because it is so much easier just to have the students repeat phrases. But the idea is not to get students to repeat phrases as many times as possible (the way they used to copy verb forms 50 times), but to get them to understand and use phrases intelligently, correctly, and with assurance. By understanding the "new word" *il va* without having it explained, the students begin to develop the ability to sense what words *must* mean. And seeing what a word *must* mean in a specific context is vastly more instructive than memorizing one of its English equivalents. This kind of exercise calls their imagination into play, makes them swim beyond their depth for a moment, and helps to wean them from a sort of literal-mindedness that besets the path of beginning foreign language students.

Substitution exercises. These exercises should be done with verve. Their purpose is to give students practice in using and varying authentic patterns of the language. At first glance, some of the exercises may look too easy for serious students. But, as we have said before, one learns a language by using it, not by talking about it and not by solving problems — at least not at this level. We have made it a point to construct exercises that students can do correctly without worrying about *how* to do them. And by doing simple substitution exercises, students are actually repeating over and over a pattern that they can retain while concentrating upon understanding and repeating a variation of one element of the pattern. This helps drive the pattern home far better than mere repetition. Of course, listening and repeating is indispensable at first, for that is all a student *can* do at first. But *at first* does not mean the first few months, weeks, or days, but the *first few minutes of the first class.* As soon as a student can understand and repeat a phrase correctly, he must move onto the next stage of learning, and use the phrase correctly in response to a question or a command. The third stage of mastery of a pattern is the point at which the student can recall and use it without outside stimulus. The fourth stage is the point at which the student can recall the basic pattern and use it with variations without outside stimulus. The purpose of the exercises is to get as many students as possible to the fourth stage.

We have constructed a great number of exercises that will give students practice in varying the subject of a sentence, or the verb, or the object, or the adjective modifiers, or the adverbial modifiers, and so on. At first they are so simple that beginners can do them quickly, correctly, and with confidence. The answers are implicit in the questions. After a few weeks, the exercises become more subtle, but throughout the book we have tried to construct exercises in such a way that students can scarcely avoid making correct responses. In reality, hearing and understanding in French what they are supposed to do is perhaps quite as instructive as giving the correct response. The experience of hearing a phrase and retaining it long enough to answer it is a necessary step towards remembering it for twenty-four hours or six weeks. In spite of the old saw, we find that instead of learning by making mistakes, beginning language students who cannot do exercises correctly build up dreadful inhibitions against foreign language study!

The English version of the dialogs. Each dialog is accompanied by an English version, because an English version is by far the easiest and quickest way of finding out what the French phrases mean. If no English version were available, students would feel that they should look up the words in the vocabulary and make a translation — instead of learning to use the French phrases. If the English version were printed on another page or in an appendix, many students would transcribe it between the lines of the dialog — often illegibly. But if a correct English version *is* in plain view, the students can see for themselves that the purpose of the lesson is not to translate the French dialog into English. Thanks to the English version, the instructor can devote substantially all the class time to exercises that help students learn to use the French language. And, finally, if books are firmly closed during the *exercices pratiques*, it actually becomes possible to "banish English from the classroom" at least a part of the time.

Written work. We recommend that students begin to practice writing in French before the end of the first week. On the day they take up Conversation 2 we ask them to write a *Dictée* from Conversation 1. Thereafter, for each new dialog, the students are expected to learn to write the phrases of the preceding one. In this way, they learn that the art of spelling is merely a means of recording a language (rather than the language itself).

Quizzes. We find that a short weekly or at least a fortnightly quiz is an invaluable teaching device. From day to day, students should be encouraged to use the language orally as much as possible, and without worrying too much about mistakes; but it is necessary to keep a very careful check on the progress each student makes, and to keep each student informed as to the result of his work. The first quiz will necessarily consist only of a *Dictée*, a few questions asked orally in French that are to be answered in French, questions the students must ask, and a question to test their ability to use the prepositions *à* and *de* with the definite article. All the material in the first quizzes will be taken from the dialogs. As the first semester progresses, and as the exercises become more and more varied, any of the types of questions found in the exercises can be used. For variety, true-false statements may be included, but it is very difficult to construct such questions that are not trite. The *Dictée* may occasionally be replaced by a simple anecdote that the students retell in their own words though, again, it is not always easy to find anecdotes that are simple enough to be comprehensible and at the same time capable of interesting the students. After a few grammar units have been studied, questions calling for a thorough mastery of points of grammar can be included, and after a reader has been begun, passages can be included as a basis for questions in French to be answered in French.

Reading in French. Before we have the students read the first *Lecture* (based on Conversations 1–5), we explain to them that reading is, essentially, understanding what is written or printed, and that reading the sketches in this book is little more than understanding the written form of a few phrases — slightly rearranged, of course — that they have been understanding and using orally for some time. To introduce a reading exercise, we make it a point to read a paragraph aloud while the students listen and read it silently. In a reading lesson, the books are always open. (How else could the students read?) We have tried to combine text, subject matter, and illustrations in such a way that the students can have the salutary experience of reading in French something that they can actually understand *in French*. The purpose of reading aloud to them and with them is (1) to give them the experience of reading by thought groups instead of word by word or syllable by syllable, (2) to show them from the beginning that they *can* read for meaning without constantly resorting to the vocabulary, and (3) to give them the pleasure(!) of hearing, seeing, and understanding French. A reading lesson should never lapse into a pronunciation exercise, or a grammar drill, or a "chasse aux mots", or, worst of all, a "word-calling" session; it should always be practice in trying to understand the meaning of the text in French.

We try to give students the experience of reading in French with understanding and pleasure, in the hope that they will not form the habit of trying to find a supposed English equivalent of every word in a passage before they attempt to understand what it is all about. If they are left to their own devices, however, they will go to any amount of trouble to avoid thinking — underlining "new" words, looking up the same words time after time, writing them down, memorizing English equivalents, and "overlearning" them. Meanwhile, instead of learning to read in French, they are building the habit of trying to "get by" without learning to read!

We recommend that after about three weeks, students be given short reading assignments once a week in a French reader, brief periods of practice in sight reading, and, eventually, a little outside reading. The reader best adapted to our method is, in our opinion, the Harris and Lévêque *Basic French Reader*, 3rd edition (published by Holt, Rinehart and Winston, Inc.). It goes without saying that students who ask and answer questions in French in connection with the dialogs, *lectures*, and grammar units, can do the same in connection with easy texts of a French reader. Such exercises need not be used to the exclusion of brief translation exercises, but whenever one can be sure the students understand a passage in French, it is obviously more instructive to ask them questions on it in French than to have them translate it into English.

We find that questionnaires such as those we have provided help students reach the point where they can understand the text in French without translating it into English. When a student cannot grasp the meaning of a question — and this will frequently happen, of course — there are several ways of helping him understand it: (1) Let him read the question. (2) Have him repeat the question in French before trying to answer it. (3) Answer the question in French and then ask the student to answer it. (4) Explain what the question means. (5) Tell him precisely where the answer may be found in the book. Only after a great deal of practice in listening to questions and finding the answers in the book can students be expected to prepare a reading lesson well enough to answer questions in French without referring to the book.

This may seem like a lot of trouble. And it certainly takes more effort (on the part of the instructor), at least at first, than it does to have students look up words, write them between the lines (or elsewhere) and "translate". But it is worth the trouble, because students learn to read a printed text more rapidly if the emphasis is always upon understanding *meaning* instead of on learning words. Translating a word or phrase here and there can frequently give a clue to the meaning of a passage in the foreign language, but it is all but impossible to make a decent translation of a paragraph if you do not really know precisely what it means. (Cf. Introduction to our Basic French Reader.)

How we go about it. We have been asked so often for a description of the way we teach the dialogs and grammar lessons, that although it may seem almost supererogatory, we have decided to explain here precisely how we proceed. We realize that there are many other ways of going about it and that some of them may be better than ours. We also realize that excellent results can be had by strictly following the exercises as they are printed in the book. But here is the way we do it. (Cf. *Teacher's Manual* for our *Basic Conversational French, 5th edition*.)

At the first meeting of the class, we give the students a mimeographed schedule of assignments and quizzes for the semester. (We give 30-minute quizzes every two weeks and we cover 38 units in the first semester — that is, not quite three units per week, on the average, for sixteen weeks.) We explain very briefly the basic assumptions of the method and the procedures that are to be used, insisting especially on the importance (1) of listening with all possible attention to the way the instructor and the voices on the tapes utter each phrase, (2) of trying to understand the meaning of each French phrase each time it is repeated, and (3) of trying to reproduce each phrase precisely as the instructor and the voices on the tapes utter it — with proper intonation and, when appropriate, with gestures. We explain that the difficult part of French pronunciation is not *producing* the sounds but *hearing* them as they are! We point out also that a foreign language must be learned bit by bit and that trying to learn two weeks' work on the night before quizzes — as students do in certain courses — simply will not work.

After this brief introduction (five minutes at most), we explain that the first dialog takes place between John Hughes, a young American chemical engineer who is living in Paris, and the concierge, or caretaker-superintendent, of the apartment house in which he lives. Then we say, "The concierge says to John, Good morning, Sir, *Bonjour, monsieur. Bonjour, monsieur. Bonjour, monsieur.* Please listen with all possible concentration. Notice that the greeting contains four short, equally-stressed syllables. *Bonjour, monsieur.* Now repeat after me: *Bon-jour mon-sieur.*" It takes a great many repetitions and much listening to get the students to utter this phrase correctly. In fact, this may be the most difficult and important step in their entire language-learning career! But the best time to teach French pronunciation is before students build up bad habits of pronunciation and phony notions about French accent. If they start off saying something like: bong-zhoor', mon-shoor', instead of really learning how to say it, they will find it vastly more difficult to learn to say it correctly later on.

After they can say *Bonjour, monsieur* in four short, equally-stressed syllables and without adding an *r* to *monsieur*, we introduce John's answer *Bonjour, madame.* While it takes six or seven minutes to teach them to say *Bonjour, monsieur*, it then takes only a minute or two to get them to say *Bonjour, madame* correctly — again in four short, equally-stressed syllables. But the accent-less rhythm of French phrases must be carefully practiced day after day so that the students will not slip into the habit of uttering French phrases with American rhythms. Detailed suggestions for this sort of practice will be found in the special section on "How to Get a Good French Accent" (page 372 ff.).

When the first two lines are more or less mastered, we say to the class: "*Dites-moi bonjour*" with an appropriate gesture at the word *moi*. Some of the students will understand at once and say "*Bonjour, monsieur.*" We then repeat "*Dites-moi bonjour*" and all the students respond. In teaching the first class, we say "Repeat after me" a few times in English, but thereafter we give the direction in French. Translation or explanation of *Répétez* or *Répétez après moi* after the first day is quite unnecessary.

As soon as they can respond easily to *Dites-moi bonjour*, we point to an imaginary John Hughes and say "*Dites bonjour à monsieur Hughes, Dites bonjour à la concierge,*" and so on. We do this at a fairly quick tempo so the students will develop the habit of grasping meaning immediately.

After the initial greeting is more or less mastered, the next two lines are taken up in the same way. We say "The concierge says, Are you Mr. Hughes, *Êtes-vous monsieur Hughes?*" and so on. But instead of seven or eight minutes, the second two lines can be introduced in three or four. As soon as they can say *Êtes-vous monsieur Hughes?* we say "*Demandez-moi si je suis monsieur Hughes,*" as above, and then, "*Demandez à ce monsieur* (point to an imaginary person) *s'il est monsieur Hughes.*"

Each pair of lines takes less time than the preceding pair. After each pair of lines, we return to the beginning of the dialog and have the students say as much of it as they can — prompting whenever it is necessary. We work through the entire dialog in this way, but at an increasing tempo. This takes about 25–30 minutes.

We then use ten to twelve minutes in a variety of ways. Sometimes we have the students repeat the phrases of the dialog while looking at the French text, or again we tell them to look only at the English — for the first two or three weeks. We are not sure that there is any difference in the result, but we think it is a good idea to have the students see the French as soon as they have learned how it sounds so that they will begin to grasp the relationship between spelling and pronunciation. We find, moreover, that even when we tell them not to look at the French, many of the students do so anyway; and if they have no copy of the material used, they will write down in a phony phonetic spelling what they think they hear. This is infinitely worse than French orthography! Besides, there are always a certain number of visually-minded students who find it very upsetting to be told not to look at the French text. In any case, if students are constantly working with the tapes — listening, responding, recording, comparing their pronunciation with that of French voices — conventional French spelling will not be such a handicap as it was in the days when students were supposed to figure out from a lot of rules (and exceptions) about silent letters, how each word *would be* pronounced. Sometimes (but not the first day) we have students run through a dialog while looking at the IPA transcription so that they will know how to consult a transcription whenever they wish to do so. Usually, we do as many of the exercises as we can, but whatever else we do on the first day, we always make it a point to work seriously on the French uvular **r** and the French **u** (see pp. 378–379).

Finally, we devote the last ten minutes or so of the hour to running rapidly through the dialog in a variety of ways: the teacher says the lines of the concierge, and the students those of John. Then we reverse the roles. Next, one half of the class says the lines of the concierge and the others those of John. Then two of the more dynamic students run through the dialog alone.

As we remarked above, we are not at all sure that this way of doing it produces any better results in the long run than following the lesson precisely as it stands in the book; but we feel that the class may possibly get off to a faster start if the students are constantly being told (forced) to listen, to repeat, to answer, to ask, and so on. This change of pace is one way of getting them to practice a great deal without lapsing at any time into the stultifying business of absent-minded parroting. (We have never approved the practice of 50-minute periods of "mimicry-memorizing".)

As for the grammar units, we run through the explanation of one paragraph, have the students repeat the examples carefully and do the exercises based on that paragraph at once. Then we take up the rest of the lesson paragraph by paragraph.

In addition to the work in class, we recommend that students work on the exercises three or four hours a week in small sections with skilled teaching assistants or with tapes under the guidance of an experienced laboratory assistant. We believe it is better to begin to work on a dialog in class than to have students study it ahead of time. When they study a dialog *before* the class, they are sure to make all sorts of mistakes in pronunciation; but after a dialog has been thoroughly worked over in class, serious study at home or in the laboratory will greatly strengthen the correct impressions that have been planted.

About the fifth edition. The present edition differs from the previous one in the following ways:

1. We have thoroughly reworked a few of the Conversations to give them a somewhat more relaxed tone, and we have slightly revised most of the others to bring them up to date in current usage, activities, interests, dress, prices, and so on — reworking all the exercises, of course, so as to provide adequate practice in using the new material.

2. The Grammar Units are virtually unchanged except that we have clarified a statement here and there and introduced a few timely vocabulary items. For example, to teach the expression *de plus en plus*, we use such phrases as: "*Les villes sont de plus surpeuplées,*" and "*Les rues sont de plus en plus encombrées.*"

3. In line with the trend of young people today, we have increased the use of *tutoiement* (see p. 55). But while Jean and Roger now use it in talking with each other, they of course use the *vous* forms when they speak to strangers. We have constructed a number of exercises in which the *tutoiement* is used; but as there are many more situations in which one says *vous* than *tu*, most of the exercises provide practice in using the *vous* forms.

4. All Grammar Units as well as Conversation Units now have *exercices de substitution*. We find that students can use them effectively at home both as warm-up exercises and as preparation for the more sophisticated exercises.

5. All the *Dites en français* exercises involving the use of English have been replaced by new all-French exercises.

6. We have introduced "mini-dialogs" in the first few lessons in order to give students practice in speaking to each other in French unselfconsciously and from the beginning of the course. We have likewise put a *Demandez en français* exercise near the beginning of the exercises of the early units. If used systematically, these exercises provide valuable practice in listening comprehension as well as in speaking.

Acknowledgments. Although it would be impossible to mention by name all who have contributed to the improvement of successive versions of the Harris and Lévêque books, we would like to express again our deep indebtedness to the late Pierre Delattre, Madame Jeanne Varney Pleasants, and Karl Bottke for suggestions concerning the pronunciation exercises and to our colleagues in this University — including hundreds of young and knowledgeable teaching assistants. Many of them have given us invaluable suggestions for clarifying details of pronunciation, usage, or presentation. Others have passed on to us teaching devices that they have found effective. Still others have tried out new kinds of exercises for us. We take this opportunity also of thanking the teachers from all over the country who have generously sent us their observations and impressions as well as their desiderata for new editions. Without their ideas, their interest, and their encouragement, we might never have undertaken the present edition. We hope they will give us their reactions to it and especially that they will call our attention to its weaknesses so that they may eventually be corrected.

The University of Wisconsin   J. H.
Madison, Wisconsin   A. L.

En France

Le Pont du Gard

Vannes

Bourgogne

Bretagne

Paris

Marseille

Paris

Basic Conversational French

Getting Acquainted

As John Hughes, a young American chemist, leaves his apartment on the Avenue de l'Observatoire in Paris, he speaks to the concierge of the building. (A concierge is the doorkeeper, janitress, and general caretaker of an apartment house.)

LA CONCIERGE – [1]Bonjour, monsieur.

JEAN HUGHES – [2]Bonjour, madame.

LA CONCIERGE – [3]Êtes-vous M. Hughes?

JEAN HUGHES – [4]Oui, madame. Je suis Jean Hughes.

LA CONCIERGE – [5]Comment allez-vous, monsieur?

JEAN HUGHES – [6]Bien, merci. [7]Et vous-même?

LA CONCIERGE – [8]Pas mal, merci.

JEAN HUGHES – [9]Parlez-vous anglais?

LA CONCIERGE – [10]Non, je ne parle pas anglais. [11]Mais vous parlez français, n'est-ce pas?

JEAN HUGHES – [12]Oui, madame, je parle un peu français.

LA CONCIERGE – [13]Voici une lettre pour vous.

JEAN HUGHES – [14]Merci beaucoup.

LA CONCIERGE – [15]A votre service, monsieur.

JEAN HUGHES – [16]Au revoir, madame.

LA CONCIERGE – [17]Au revoir, monsieur.

THE CONCIERGE – [1]*Good morning, sir.*

JOHN HUGHES – [2]*Good morning, (Madam).*

THE CONCIERGE – [3]*Are you Mr. Hughes?*

JOHN HUGHES – [4]*Yes, (Madam) I am John Hughes.*

THE CONCIERGE – [5]*How do you do, sir?*

JOHN HUGHES – [6]*Well, thank you. [7]And you (yourself)?*

THE CONCIERGE – [8]*Not bad (thank you).*

JOHN HUGHES – [9]*Do you speak English?*

THE CONCIERGE – [10]*No, I don't speak English. [11]But you speak French, don't you?*

JOHN HUGHES – [12]*Yes, (Madam) I speak French a little.*

THE CONCIERGE – [13]*Here is a letter for you.*

JOHN HUGHES – [14]*Thank you very much.*

THE CONCIERGE – [15]*You are welcome, (sir).* *

JOHN HUGHES – [16]*Good-bye, (Madam).*

THE CONCIERGE – [17]*Good-bye, sir.*

---

* It is not necessary to say *you are welcome* in French, but various expressions are frequently used: **De rien, Il n'y a pas de quoi,** or **Je vous en prie.**

3

Dame de Paris

I. Exercices de rythme.*

A. QUATRE SYLLABES. *Repeat in four short, equally stressed syllables:*

1. Bonjour monsieur.
2. Bonjour madamȩ.
3. Merci monsieur.
4. Merci madamȩ.
5. Merci beaucoup.
6. Au rȩvoir monsieur.
7. Au rȩvoir madamȩ.

B. CINQ SYLLABES. *Repeat in five short, equally stressed syllables:*

(1)

1. Bonjour madȩmoisellȩ.
2. Merci madȩmoisellȩ.
3. Au rȩvoir madȩmoisellȩ.
4. A votre servicȩ.

(2)

1. Êtȩs-vous monsieur Hughȩs?
2. Comment allez-vous?
3. Parlez-vous français?
4. Parlez-vous anglais?
5. Jȩ parlȩ un peu français.
6. Jȩ parlȩ un peu anglais.

C. SIX SYLLABES. *Repeat in six short, equally stressed syllables:*

1. Merci beaucoup monsieur.
2. Merci beaucoup madamȩ.
3. Je nȩ parle pas français.
4. Je nȩ parle pas anglais.
5. Mais vous parlez français.
6. Mais vous parlez anglais.

D. SEPT SYLLABES. *Repeat in seven short, equally stressed syllables:*

1. Vous parlez français n'est-cȩ pas?
2. Vous parlez anglais n'est-cȩ pas?
3. Jȩ parlȩ un peu français monsieur.
4. Jȩ parlȩ un peu français madamȩ.
5. Jȩ parlȩ un peu anglais monsieur.
6. Voici unȩ lettre pour vous.

---

* In order to make the rhythm exercises perfectly clear, silent e's are printed ȩ and commas are omitted.
For additional pronunciation exercises, see pp. 377–379.

E. HUIT SYLLABES. *Repeat in eight short equally stressed syllables:*

1. Je ne parle pas français monsieur.
2. Je ne parle pas français madame.
3. Je ne parle pas anglais monsieur.
4. Je ne parle pas anglais madame.

II. *Donnez une réponse convenable à chacune des expressions suivantes* (Give a suitable response to each of the following expressions):

1. Bonjour, monsieur. [Bonjour, monsieur. *or*, Bonjour, madame. *or*, Bonjour, mademoiselle.]
2. Êtes-vous monsieur Hughes? [Oui, madame. Je suis Jean Hughes.]
3. Comment allez-vous? [Bien, merci. Et vous-même?]
4. Parlez-vous anglais? [Non, je ne parle pas anglais.]
5. Vous parlez français, n'est-ce pas? [Oui, je parle un peu français.]
6. Voici une lettre pour vous. [Merci beaucoup.]
7. Merci beaucoup. [A votre service, monsieur.]
8. Au revoir, madame. [Au revoir, monsieur.]

III. *Dites en français* (Say in French):

1. Dites-moi bonjour. [Bonjour, monsieur. Bonjour, madame. Bonjour, mademoiselle.]
2. Dites bonjour à monsieur Hughes. [Bonjour, monsieur.]
3. Dites bonjour à la concierge. [Bonjour, madame.]
4. Dites-moi au revoir. [Au revoir, monsieur. Au revoir, madame. Au revoir, mademoiselle.]
5. Dites au revoir à M. Hughes. [Au revoir, monsieur.]
6. Dites au revoir à la concierge. [Au revoir, madame.]
7. Dites-moi merci. [Merci, monsieur, madame, mademoiselle.]
8. Dites merci à M. Hughes. [Merci, monsieur.]
9. Dites merci à la concierge. [Merci, madame.]

IV. *Demandez en français* (Ask in French):

1. Demandez-moi si je suis M. Hughes. [Êtes-vous monsieur Hughes?]
2. Demandez-moi si je parle français. [Parlez-vous français?]
3. Demandez à M. Hughes s'il parle français. [Parlez-vous français?]
4. Demandez à la concierge si elle parle anglais. [Parlez-vous anglais?]
5. Demandez-moi comment je vais. [Comment allez-vous, monsieur? *or*, Comment allez-vous, madame? *or*, Comment allez-vous, mademoiselle?]

5

V. Mini-dialogues entre deux étudiants.

1. A. Dites bonjour à un autre étudiant.
   B. Répondez, s'il vous plaît.
   A. Dites au revoir à un autre étudiant.
   B. Répondez, s'il vous plaît.

2. A. Demandez à votre voisin s'il est M. Hughes.
   B. Répondez que vous êtes Jean Hughes.
   A. Demandez à votre voisin s'il parle français.
   B. Répondez que vous parlez un peu français.

3. A. Demandez à un autre étudiant comment il va.
   B. Répondez, s'il vous plaît.
   A. Donnez une lettre à votre voisin.
   B. Remerciez votre voisin.

4. A. Demandez à un autre étudiant s'il parle anglais.
   B. Répondez que vous ne parlez pas anglais.
   A. Demandez comment il va.
   B. Répondez, s'il vous plaît.
   A. Dites au revoir à votre voisin.
   B. Répondez, s'il vous plaît.

CONVERSATION 2

 *Asking Directions*

John Hughes is spending a few days visiting some of the interesting places in the Île-de-France (the region around Paris). He has just arrived at Chantilly where he plans to see the château, museum, racetrack, etc. He asks for information first in the railroad station and then on the street.

A la gare	At the Station
JEAN — ¹Pardon, monsieur. Où est le château, s'il vous plaît?	JOHN — ¹*Pardon me, sir. Please tell me where the château is.*
UN EMPLOYÉ — ²Tout droit, monsieur.	AN EMPLOYEE — ²*Straight ahead, sir.*
JEAN — ³Où est le musée?	JOHN — ³*Where is the museum?*
L'EMPLOYÉ — ⁴Le musée est dans le château.	THE EMPLOYEE — ⁴*The museum is in the château.*
JEAN — ⁵Y a-t-il un restaurant près du château?	JOHN — ⁵*Is there a restaurant near the château?*
L'EMPLOYÉ — ⁶Oui, monsieur. Il y a un restaurant en face du château.	THE EMPLOYEE — ⁶*Yes, sir. There is a restaurant across from the château.*
JEAN — ⁷Merci beaucoup.	JOHN — ⁷*Thank you very much.*
L'EMPLOYÉ — ⁸De rien, monsieur.	THE EMPLOYEE — ⁸*You are welcome, sir.*

Château de Chantilly

Dans la rue	On the Street
JEAN — ⁹(*A un passant*) Pardon, monsieur. Où est le bureau de poste?	JOHN — ⁹(To a passer-by) *Pardon me, sir. Where is the post office?*
LE PASSANT — ¹⁰La poste* est sur la place, là-bas, à gauche.	THE PASSER-BY — ¹⁰*The post office is on the square, over there, to the left.*
JEAN — ¹¹Y a-t-il un bureau de tabac† près d'ici?	JOHN — ¹¹*Is there a tobacco shop near here?*
LE PASSANT — ¹²Mais oui, monsieur. Il y a un bureau de tabac dans la rue de la Paix.	THE PASSER-BY — ¹²*Oh, yes, sir. There is a tobacco shop on (in) the Rue de la Paix.*
JEAN — ¹³Où est la rue de la Paix?	JOHN — ¹³*Where is the Rue de la Paix?*
LE PASSANT — ¹⁴A droite, monsieur.	THE PASSER-BY — ¹⁴*To the right, sir.*
JEAN — ¹⁵Merci beaucoup.	JOHN — ¹⁵*Thank you very much.*

---

* Both **la poste** and **le bureau de poste** are commonly used.
† A **bureau de tabac** is a tobacco shop in which one can buy also stamps, stationery, newspapers, and in which there is sometimes a bar.

9

Parle plus lentement
(speak more slowly)

I. Exercices de rythme.*

A. QUATRE SYLLABES:

1. Où est le château?
2. Où est le musée?

B. CINQ SYLLABES:

1. Où est le bureau de poste?
2. Où est le restaurant?

C. SIX SYLLABES:

1. Où est le bureau de tabac?
2. Où est la rue de la Paix?
3. Y a-t-il un restaurant . . . ?
4. Il y a un restaurant . . . ?

D. SEPT SYLLABES:

1. Où est le château, s'il vous plaît?
2. Où est le musée, s'il vous plaît?

II. Substitutions. *Répétez les phrases suivantes, en substituant les mots indiqués* (Repeat the following with the suggested substitutions):

1. Où est le château?

   le musée/ le bureau de tabac/ le bureau de poste/ le restaurant

2. Le château est près d'ici. *near here*

   Le musée/ Le bureau de tabac/ La poste/ Le restaurant

3. Le musée est près d'ici.

   là-bas, à droite/ là-bas, à gauche/ sur la place/ près du château

4. Il y a un restaurant près du château.

   près d'ici/ sur la place/ dans la rue de la Paix/ dans le château

5. Y a-t-il un restaurant près d'ici?

   près du château/ dans le château/ sur la place/ dans la rue de la Paix

---

10   * For additional pronunciation exercises, see pp. 379–381.

III. *Comptez en français de un à dix* (Count in French from 1 to 10):

1. un (1), deux (2), trois (3), quatre (4), cinq (5). **2.** six (6), sept (7), huit (8), neuf (9), dix (10). **3.** un franc, deux francs, trois francs. **4.** quatre francs, cinq francs, six francs. **5.** sept francs, huit francs, neuf francs, dix francs. **6.** un étudiant, deux étudiants, trois étudiants. **7.** quatre étudiants, cinq étudiants, six étudiants. **8.** sept étudiants, huit étudiants, neuf étudiants, dix étudiants.

IV. *Demandez-moi:*

EX.:—Demandez-moi où est le château.
   —**Où est le château, s'il vous plaît?**

1. Demandez-moi où est la gare. **2.** Demandez à un autre étudiant où est la gare. **3.** Demandez-moi s'il y a un restaurant près d'ici. **4.** Demandez à un autre étudiant s'il y a un restaurant près d'ici. **5.** Demandez-moi s'il y a un bureau de tabac près d'ici. **6.** Demandez à un autre étudiant s'il y a un bureau de tabac près d'ici.

V. *Répondez en français, d'après le texte* (according to the dialog):

1. Où est le château, s'il vous plaît? **2.** Où est le musée? **3.** Où est la poste? **4.** Y a-t-il un restaurant près du château? **5.** Où est le bureau de poste? **6.** Y a-t-il un bureau de tabac près d'ici? **7.** Où est la rue de la Paix? **8.** Comment allez-vous? **9.** Parlez-vous français? **10.** Parlez-vous anglais?

VI. Mini-dialogues.

another

1. A. Demandez à un autre étudiant s'il parle français.
    B. Répondez que vous parlez un peu français.
    A. Demandez où est le château.
    B. Répondez que le château est sur la place.
    A. Dites merci à l'autre étudiant.

2. A. Demandez à un autre étudiant s'il y a un restaurant près d'ici.
    B. Répondez qu'il y a un restaurant en face du château.
    A. Demandez où est le musée.
    B. Répondez que le musée est dans le château.

3. A. Demandez à un autre étudiant s'il y a un bureau de tabac près d'ici.
    B. Répondez qu'il y a un bureau de tabac dans la rue de la Paix.
    A. Demandez où est le bureau de poste.
    B. Répondez que la poste est sur la place, là-bas, à gauche.

VII. Dictée d'après la Conversation 1, p. 3.

La Seine

CONVERSATION 3

 *Getting a Hotel*

Dans la rue	On the Street
JEAN – ¹Pardon, où est l'hôtel du Cheval blanc?	JOHN – ¹*Pardon me, where is the White Horse Hotel?*
UN AGENT DE POLICE – ²Sur la place, monsieur.	A POLICEMAN – ²*On the square, sir.*
JEAN – ³Est-ce que c'est loin d'ici?	JOHN – ³*Is it far from here?*
L'AGENT – ⁴Non, ce n'est pas loin d'ici.	THE POLICEMAN – ⁴*No, it isn't far (from here).*
JEAN – ⁵Est-ce que c'est un bon hôtel?	JOHN – ⁵*Is it a good hotel?*
L'AGENT – ⁶Oui, monsieur, c'est un très bon hôtel.	THE POLICEMAN – ⁶*Yes, sir, it is a very good hotel.*
JEAN – ⁷Est-ce que la cuisine est bonne?	JOHN – ⁷*Is the food (cuisine) good?*
L'AGENT – ⁸Certainement, monsieur. La cuisine est excellente.	THE POLICEMAN – ⁸*Certainly, sir. The food is excellent.*
JEAN – ⁹Y a-t-il un autre hôtel ici?	JOHN – ⁹*Is there another hotel here?*
L'AGENT – ¹⁰Oui, il y a un hôtel en face de l'église.	THE POLICEMAN – ¹⁰*Yes, there is a hotel opposite the church.*
JEAN – ¹¹Merci beaucoup.	JOHN – ¹¹*Thank you very much.*

A l'hôtel du Cheval blanc	At the White Horse Hotel
JEAN – ¹²Quel est le prix de la pension?	JOHN – ¹²*What is the price of board and room?*
L'HÔTELIER – ¹³Soixante-dix francs* par jour, monsieur, ¹⁴avec le petit déjeuner, le déjeuner et le dîner —¹⁵ et la chambre comprise, bien entendu.	THE HOTEL MANAGER – ¹³*Seventy francs per day, sir,* ¹⁴*with breakfast, lunch and dinner —* ¹⁵*and room included, of course.*

---

* 1 franc is currently worth about 23 cents.

13

I. Substitutions. *Répétez les phrases suivantes, en substituant les mots indiqués:**

1. Est-ce que c'est près d'ici?

près du château/ près de la gare/ loin de la gare/ loin d'ici

2. Est-ce que l'hôtel est loin d'ici?

l'hôtel du Cheval blanc/ l'autre hôtel/ la gare/ le musée

3. L'hôtel n'est pas loin d'ici.

Le musée/ La poste/ L'autre hôtel/ La rue de la Paix

4. Y a-t-il un bon restaurant près d'ici?

sur la place/ près de la gare/ près du musée/ en face du musée

5. Il y a un hôtel en face de l'église.

en face de la poste/ près de la poste/ en face du château/ près du château

II. *Comptez en français de onze à vingt:*

1. onze (11), douze (12), treize (13). **2.** quatorze (14), quinze (15), seize (16).
3. dix-sept (17), dix-huit (18), dix-neuf (19), vingt (20). **4.** onze étudiants, douze
étudiants, treize étudiants, quatorze étudiants, quinze étudiants, seize étudiants,
dix-sept étudiants, dix-huit étudiants, dix-neuf étudiants, vingt étudiants.
5. Donnez les nombres pairs de deux à vingt (Give the even numbers from 2 to
20). **6.** Donnez les nombres impairs (odd numbers) de un à dix-neuf. **7.** Dites
en français: 1 franc, 11 francs; 2 francs, 12 francs; 3 francs, 13 francs; 4 francs,
14 francs; 5 francs, 15 francs; 6 francs, 16 francs; 7 francs, 17 francs; 8 francs,
18 francs; 9 francs, 19 francs; 10 francs, 20 francs.

---

14   * For pronunciation exercises, see pp. 382–384.

III. *Mettez les phrases suivantes à la forme interrogative en plaçant* **est-ce qu(e)** . . . ? *devant chacune d'elles* (Put the following sentences in the interrogative form by placing **est-ce qu(e)** . . . ? in front of each of them):

EX.:—Il y a un bon hôtel près d'ici.
    —**Est-ce qu'il y a un bon hôtel près d'ici?**

1. L'hôtel du Cheval blanc est près d'ici. 2. L'hôtel du Cheval blanc est loin d'ici. 3. Il y a un bon restaurant près d'ici. 4. Il y a un restaurant en face de l'église. 5. Il y a un bureau de tabac dans la rue de la Paix. 6. Il y a un bureau de tabac en face de la gare. 7. Il y a un restaurant dans la gare. 8. La cuisine de l'hôtel du Cheval blanc est bonne.

IV. *Demandez en français:*

1. où est l'hôtel du Cheval blanc. 2. si c'est loin d'ici. 3. si c'est un bon hôtel. 4. si la cuisine est bonne. 5. s'il y a un autre hôtel ici. 6. le prix des chambres. 7. le prix des repas (meals).

V. *Répondez en français:*

1. Où est l'hôtel du Cheval blanc? 2. Est-ce que c'est loin d'ici? 3. Est-ce que c'est un bon hôtel? 4. Est-ce que la cuisine est bonne? 5. Y a-t-il un autre hôtel ici? 6. Quel est le prix de la pension?

VI. Mini-dialogues.

1. A. Demandez à un autre étudiant où est l'hôtel du Cheval blanc.
   B. Répondez qu'il est sur la place.
   A. Demandez si c'est loin d'ici.
   B. Répondez que c'est près d'ici.

2. A. Demandez à un autre étudiant s'il y a un autre hôtel ici.
   B. Répondez qu'il y a un autre hôtel en face de la gare.
   A. Demandez si c'est un bon hôtel.
   B. Répondez que c'est un très bon hôtel.

3. A. Demandez à un autre étudiant le prix de la pension.
   B. Répondez: Soixante-dix francs par jour.
   A. Demandez si la cuisine est bonne.
   B. Répondez que la cuisine est excellente.

VII. Dictée d'après la Conversation 2, pp. 8–9.

Catching a Train

A l'hôtel	At the Hotel
L'HÔTELIER – ¹Comment ça va,* monsieur?	THE INNKEEPER – ¹*How are you, sir?*
JEAN – ²Ça va bien, merci. ³Quelle heure est-il?	JOHN – ²*Fine, thanks.* ³*What time is it?*
L'HÔTELIER – ⁴Il est onze heures.	THE INNKEEPER – ⁴*It is eleven o'clock.*
JEAN – ⁵Est-ce que le déjeuner est prêt?	JOHN – ⁵*Is lunch ready?*
L'HÔTELIER – ⁶Non, monsieur, pas encore. ⁷A quelle heure voulez-vous déjeuner?	THE INNKEEPER – ⁶*No, sir, not yet.* ⁷*At what time do you want to have lunch?*
JEAN – ⁸A onze heures et quart, ⁹ou à onze heures et demie.	JOHN – ⁹*At a quarter past eleven,* ⁹*or at half past eleven.*
L'HÔTELIER – ¹⁰A quelle heure allez-vous à la gare?	THE INNKEEPER – ¹⁰*At what time are you going to the station?*
JEAN – ¹¹Je vais à la gare à midi. ¹²Le train pour Paris arrive à midi et quart, n'est-ce pas?	JOHN – ¹¹*I am going to the station at noon. The train for Paris arrives at a quarter past twelve, doesn't it?*
L'HÔTELIER – ¹³Non, monsieur. Il arrive à deux heures moins le quart.	THE INNKEEPER – ¹³*No, sir. It comes at a quarter of two.*
JEAN – ¹⁴Ah bon, alors, je vais déjeuner à midi, comme d'habitude. ¹⁵Est-ce que le bureau de poste est ouvert cet après-midi?	JOHN – ¹⁴*Oh, fine, then I am going to have lunch at noon, as usual.* ¹⁵*Is the post office open this afternoon?*
L'HÔTELIER – ¹⁶Certainement, monsieur. ¹⁷Il est ouvert de huit heures du matin à sept heures du soir.	THE INNKEEPER – ¹⁶*Certainly, sir.* ¹⁷*It is open from eight o'clock in the morning to seven o'clock in the evening.*

---

* **Comment ça va?** is less formal than **comment allez-vous?**

I. Substitutions. *Répétez les phrases suivantes, en substituant les mots indiqués:*

1. Il est <u>onze heures</u>.

dix heures et demie/ neuf heures et quart/ huit heures moins le quart/ midi

2. A quelle heure allez-vous <u>à la gare?</u>

à l'hôtel/ au restaurant/ au musée/ à la poste

3. Je vais à la gare <u>à midi</u>.

à six heures/ à dix heures et quart/ à cinq heures et demie/ à midi moins le quart

4. Il est ouvert de <u>huit heures</u> du matin à sept heures du soir.

neuf heures/ dix heures/ onze heures

5. Je vais au musée <u>ce matin</u>.

ce soir/ cet après-midi/ à midi et demi

6. Je vais déjeuner <u>à midi</u> comme d'habitude.

à midi moins le quart/ à midi et quart/ à midi et demi/ à une heure moins le quart

II. Exercices d'application.

A. *Mettez les phrases suivantes à la forme interrogative en plaçant* **Est-ce qu(e)** *. . . devant chacune d'elles:*

1. Le déjeuner est prêt. **2.** Le bureau de poste est ouvert cet après-midi. **3.** Le dîner est prêt. **4.** Le musée est dans le château. **5.** Il y a un restaurant près du château. **6.** Il y a un bureau de tabac en face du château. **7.** Il y a un train pour Paris cet après-midi. **8.** Il y a un bon restaurant sur la place. **9.** Le train pour Paris arrive à midi et quart. **10.** Il y a un bureau de tabac dans la rue de la Paix.

B. *Mettez les phrases suivantes à la forme négative:*

EX.:—Je parle français.
—**Je ne parle pas français.**

1. Je suis M. Hughes. **2.** Je parle anglais. **3.** Je vais à la gare. **4.** Je vais déjeuner à onze heures et demie. **5.** C'est loin d'ici. **6.** C'est un bon hôtel. **7.** Le déjeuner est prêt. **8.** Le dîner est prêt. **9.** Le bureau de poste est ouvert. **10.** Il est ouvert à huit heures.

III. *Demandez à quelqu'un* (Ask someone):

(1)

1. comment ça va. **2.** quelle heure il est. **3.** si le déjeuner est prêt. **4.** si le train pour Paris arrive à midi et quart. **5.** si le bureau de poste est ouvert cet après-midi. **6.** si le bureau de poste est loin d'ici. **7.** s'il y a un bureau de tabac près d'ici. **8.** s'il y a un train pour Paris cet après-midi.

(2)

1. s'il parle français. **2.** s'il parle anglais. **3.** comment ça va. **4.** comment il va. **5.** à quelle heure il va à la gare. **6.** s'il va au musée cet après-midi. **7.** à quelle heure il va déjeuner. **8.** à quelle heure il veut (*wants to*) déjeuner. **9.** s'il veut déjeuner à midi. **10.** s'il veut déjeuner à midi et quart.

IV. *Répondez en français, d'après le texte:*

1. Comment ça va? **2.** Quelle heure est-il? **3.** Est-ce que le déjeuner est prêt? **4.** A quelle heure voulez-vous déjeuner? **5.** A quelle heure allez-vous à la gare? **6.** Le train pour Paris arrive à midi et quart, n'est-ce pas? **7.** Est-ce que le bureau de poste est ouvert cet après-midi? **8.** Est-il ouvert à midi? **9.** Est-ce qu'il est ouvert à six heures du soir? **10.** Est-ce que le train pour Paris arrive à midi et demi?

19

V. Mini-dialogues.

1. **A.** Demandez à un autre étudiant comment ça va.
   B. Répondez que ça va bien.
   A. Demandez s'il parle français.
   B. Répondez que vous parlez un peu français.
   A. Demandez si le bureau de poste est ouvert cet après-midi.
   B. Répondez qu'il est ouvert de huit heures du matin à sept heures du soir.
   A. Remerciez l'autre étudiant.

2. **A.** Demandez à un autre étudiant quelle heure il est.
   B. Répondez qu'il est onze heures et demie.
   A. Demandez si le déjeuner est prêt.
   B. Répondez que le déjeuner n'est pas encore prêt.
   A. Demandez à quelle heure arrive le train pour Paris.
   B. Répondez qu'il arrive à deux heures moins le quart.
   A. Remerciez l'autre étudiant.

VI. Dictée d'après la Conversation 3, p. 13.

Articles and Prepositions de *and* à

1. *Masculine and feminine gender.*

In French, nouns fall into two classes, or, as they are traditionally (and somewhat misleadingly) called, *genders:* masculine and feminine. Those with which **le** or **un** is used are masculine, and those with which **la** or **une** is used are feminine. While in English grammar the question of gender is a very simple matter, it is very complicated in French, because the form of articles, adjectives, pronouns, and even some verbs must conform to the gender of the noun to which they refer.

The way to master this all–pervasive problem in French is to practice using each noun with the proper form of an article or adjective. For example, you have already learned to say correctly and with confidence «**Où est le musée?**» and «**Où est la gare?**» Now, although you did not consciously learn that **musée** is masculine and that **gare** is feminine, you will always know that one says **le musée** and **la gare** — which is all you need to know in order to use the two words correctly. If anyone (or you, yourself) should happen to say **la musée**(!) or **le gare**(!), your ear would tell you immediately that it is wrong. The exercises in this book will give you systematic practice in hearing and using nouns with the proper form of articles, adjectives, etc. in meaningful contexts. You will find that the meaning of phrases, their sound, their intonation, their rhythm, their context — everything will help you recall all the parts of the phrases, including the form of articles and adjectives. In this way the complicated problem of gender will practically take care of itself.

There is no dependable rule of thumb for figuring out the gender of nouns in French. It is true that the gender of those that refer to persons usually corresponds to their sex, but the vast majority (those that refer to things, places, activities, abstractions, materials, measurements, etc.) have nothing whatever to do with sex. Therefore, even in Grammar Units, we will work primarily with complete phrases rather than with words out of context.

21

2. Indefinite article **un, une** (*a, an*).

The masculine form **un** is used with masculine singular nouns; the feminine form **une,** with feminine singular nouns:

un restaurant	*a* restaurant
un bureau de tabac	*a* tobacco shop
un hôtel	*a* hotel
un bon hôtel	*a* good hotel
un autre hôtel	*an*other hotel
une lettre	*a* letter
une gare	*a* railroad station
une place	*a* public square
une rue	*a* street
une église	*a* church
une autre église	*an*other church

3. Definite article **le, la, l', les** (*the*).

A. Form **le**:

The form **le** (masculine singular) is used before nouns or adjectives that are masculine and singular if they begin with a consonant other than a mute **h***:

le bureau de tabac	*the* tobacco shop
le déjeuner	lunch, or *the* lunch
le restaurant	*the* restaurant
le bon restaurant	*the* good restaurant
le bon hôtel	*the* good hotel
le petit hôtel	*the* little hotel

---

* Although all **h**'s in French are silent in everyday conversation, they fall into two groups traditionally known as mute **h**'s and aspirate **h**'s:

Before a word beginning with a mute **h**, linking and elision take place precisely as if the word began with a vowel. Ex.: **l'hôtel, les̬hôtels.**

Before a word beginning with an aspirate **h**, linking and elision do not take place. Ex.: **Le /héros** (*the hero*), **les /héros.**

In the vocabulary of this book, and in most dictionaries, words beginning with an aspirate **h** are marked with an asterisk.

For a discussion of linking, see pp. 381–382.

B. Form **la**:

The form **la** (feminine singular) is used before nouns or adjectives that are
feminine and singular if they begin with a consonant other than a mute **h**:

la gare	*the* railroad station
la rue	*the* street
la poste	*the* post office
la cuisine	*the* cooking
la bonne cuisine	good cooking
la chambre	*the* room
la pension	board and room

C. Form **l'**:

The form **l'** (masculine or feminine singular) is used before nouns or adjectives of either gender if they begin with a vowel or mute **h**:

l'agent de police *m.*	*the* policeman
l'hôtel *m.*	*the* hotel
l'autre hôtel	*the* other hotel
l'église *f.*	*the* church
l'autre église	*the* other church
l'autre restaurant *m.*	*the* other restaurant
l'autre gare *f.*	*the* other station

In order to explain the form **l'**, it is usually said that the vowel of **le** or **la** is
elided or that elision takes place. However, do not infer that this is an opera-
tion that *you* are supposed to perform: As the elision took place centuries ago,
there is no point in imagining a vowel and then eliding it! Just say, think, and
write **l'hôtel** and be done with it.

D. Form **les**:

The form **les** is used before any plural noun or adjective:

les restaurants	*the* restaurants
les autres restaurants	*the* other restaurants
les églises	*the* churches
les hôtels	*the* hotels
les bons restaurants	*the* good restaurants
les autres hôtels	*the* other hotels

(1) Note that the **s** of **les** is linked (and pronounced **z**) if the noun or adjective
which follows begins with a vowel or mute **h**.

23

(2) In writing, the plural of most French nouns is formed by adding "s" to the singular. This "s" is of course not pronounced.

In speaking, the plural of most nouns is distinguished from the singular by the article used: **le restaurant**—**les restaurants, la gare**—**les gares.**

---

4. *Preposition* **de** (*of, from*).

A. du

When the preposition **de** is used with a noun before which the definite article **le** would normally stand, you say **du**—never *de le.*

le déjeuner	le prix **du** déjeuner	the price *of* lunch
le château	près **du** château	near *the* château
le musée	loin **du** musée	far *from the* museum

B. de la

When the preposition **de** is used with a noun before which the definite article **la** would normally stand, you say **de la**—just as you would expect.

la pension	la prix **de la** pension	the price *of* board and room
la chambre	le prix **de la** chambre	the price *of the* room
la gare	près **de la** gare	near *the* station
la place	loin **de la** place	far *from the* square

C. de l'

When the preposition **de** is used with a noun before which the definite article **l'** would normally stand, you say **de l'**—as you would expect.

l'hôtel	la cuisine **de l'**hôtel	*the* hotel's cooking
l'église	près **de l'**église	near *the* church
l'autre hôtel	près **de l'**autre hôtel	near *the* other hotel

D. des

When the preposition **de** is used with a noun before which the definite article **les** would normally stand, you say **des**—never *de les.*

les repas	le prix **des** repas	the price *of* meals
les chambres	le prix **des** chambres	the price *of* rooms
les hôtels	la cuisine **des** hôtels	*the* hotels' cooking

5. *Preposition* à (*to, at, in*).

A. au

When the preposition **à** is used with a noun before which the definite article **le** would normally stand, you say **au** — never *à le.*

le château	Je vais **au** château.	I am going *to the* château.
le restaurant	Je vais **au** restaurant.	I am going *to the* restaurant.
le musée	Je vais **au** musée.	I am going *to the* museum.

B. à la

When the preposition **à** is used with a noun before which the definite article **la** would normally stand, you say **à la** — as you would expect.

la gare	Je vais **à la** gare.	I am going *to the* station.
la poste	Je vais **à la** poste.	I am going *to the* post office.
la concierge	Je parle **à la** concierge.	I speak *to the* concierge.

C. à l'

When the preposition **à** is used with a noun before which the definite article **l'** would normally stand, you say **à l'** — as you would expect.

l'hôtel	Je vais **à l'**hôtel.	I am going *to the* hotel.
l'agent de police	Je parle **à l'**agent de police.	I speak *to the* policeman.
l'église	Je vais **à l'**église.	I am going *to (the)* church.

D. aux

When the preposition **à** is used with a noun before which the definite article **les** would normally stand, you say **aux** — never *à les.*

les bons restaurants	Je vais **aux** bons restaurants.	I go *to the* good restaurants.
les employés	Je parle **aux** employés.	I speak *to the* employees.
les étudiants	Je parle **aux** étudiants.	I speak *to the* students.

6. *Use of the definite article.*

The definite article is used much more commonly in French than in English. Specific cases of its use or omission will be studied later. But meanwhile, note that in French you say:

Quel est le prix **de la** pension?	What is the price *of* board and room?
Quel est le prix **des** repas?	What is the price *of* meals?
Je vais **à l'**église.	I am going *to* church.
Le déjeuner et **le** dîner.	Lunch and dinner.

I. Substitutions. *Répétez les phrases suivantes en substituant les mot indiqués:*

1. Jean est <u>à l'hôtel du Cheval blanc.</u>

    à la gare/ au musée/ au restaurant/ au bureau de tabac

2. Le restaurant est <u>près du musée.</u>

    près de la place/ près de l'hôtel du Cheval blanc/ près de la gare/ près du château

3. Je vais <u>au bureau de tabac.</u>

    à la poste/ au château/ à l'église/ à la gare

4. Je parle <u>à la concierge.</u>

    à l'employé/ à l'hôtelier/ au passant/ aux étudiants.

II. Exercices d'application.

A. *Répétez en remplaçant l'article défini* (**le, la, l'**) *par l'article indéfini* (**un, une**):

    EX.:—le restaurant
       —**un restaurant**

1. le bureau de tabac, le musée, le déjeuner.
2. la gare, la place, la rue.
3. l'hôtel, l'agent de police, l'église.

B. *Répétez en remplaçant l'article défini* (**le, la, l'**) *par* **au, à la,** *ou* **à l':**

    EX.:—le déjeuner
       —**au déjeuner**

1. le bureau de poste, le dîner, le passant.
2. la gare, la rue, la place.
3. l'hôtelier, l'employé, l'étudiant.

C. *Répétez en remplaçant l'article défini* (**le, la, l'**) *par* **du, de la, de l':**

    EX.:—le déjeuner
       —**du déjeuner**

1. le bureau de poste, le dîner, le passant.
2. la gare, la rue, la place.
3. l'hôtelier, l'employé, l'étudiant.

D. *Donnez le pluriel des mots suivants:*

1. le dîner, le repas, le train.
2. la gare, la rue, la place.
3. l'employé, l'hôtelier, l'église.
4. l'autre hôtel, l'autre église, l'autre train.
5. le bon dîner, le bon restaurant, le petit restaurant.

E. *Répétez et remplacez l'article défini* (**les**) *par* **aux**:

    EX.:—les employés
      —**aux employés**

1. les restaurants, les bons restaurants, les repas.
2. les étudiants, les étudiantes (*f.*), les autres étudiants.

III. *Complétez les phrases suivantes, en employant les mots indiqués:*

1. Je vais (à) . . .

    EX.:—(le) restaurant
      —**Je vais au restaurant.**

      (le) musée/ (le) château/ (le) petit hôtel/ (le) bureau de poste

2. Je parle (à) . . .

    EX.:—(les) passants
      —**Je parle aux passants.**

      (les) étudiants/ (les) agents de police/ (les) employés
      (la) concierge/ (l')étudiante/ (l')hôtelier

3. L'autre hôtel est près (de) . . .

    EX.:—(le) château
      —**L'autre hôtel est près du château.**

      (le) musée/ (le) bureau de poste/ (le) bureau de tabac
      (la) gare/ (la) place/ (la) rue de la Paix
      (l')église/ (l')autre gare/ (l')autre place

IV. *Demandez en français à quelqu'un:*

1. s'il y a un restaurant près d'ici. **2.** si c'est un bon restaurant. **3.** si la cuisine est bonne. **4.** si l'hôtel du Cheval blanc est un bon hôtel. **5.** si c'est loin d'ici. **6.** le prix de la pension.

V. *Répondez en français:*

1. A quelle heure allez-vous à la gare? **2.** A quelle heure allez-vous au musée? **3.** A quelle heure allez-vous à l'hôtel? **4.** Où allez-vous déjeuner? **5.** Où allez-vous dîner? **6.** Y a-t-il un restaurant près du château? **7.** Y a-t-il un bon restaurant près de l'église? **8.** Y a-t-il un bon hôtel près de la gare? **9.** Quel est le prix de la pension?

VI. Mini-dialogues.

1 A. Demandez à un autre étudiant comment ça va.
   B. Répondez que ça va bien.
   A. Demandez-lui à quelle heure il va à la gare.
   B. Répondez que vous allez à la gare à midi.

2 A. Demandez à un autre étudiant où est le musée.
   B. Répondez que le musée est dans le château.
   A. Demandez s'il y a un bon restaurant près de la gare.
   B. Répondez qu'il y a un bon restaurant en face de la gare.

3 A. Demandez à un autre étudiant le prix de la pension.
   B. Répondez: Soixante-dix francs par jour.
   A. Demandez si la chambre est comprise.
   B. Répondez que la chambre est comprise, bien entendu.

CONVERSATION 5

 *A la préfecture de police**

L'EMPLOYÉ – ¹Comment vous appelez-vous, monsieur?

JEAN – ²Je m'appelle Jean Hughes.

L'EMPLOYÉ – ³Quelle est votre nationalité?

JEAN – ⁴Je suis Américain.

L'EMPLOYÉ – ⁵Où êtes-vous né?

JEAN – ⁶Je suis né à Philadelphie.

L'EMPLOYÉ – ⁷Quel âge avez-vous?

JEAN – ⁸J'ai vingt et un ans.

L'EMPLOYÉ – ⁹Quelle est votre profession?

JEAN – ¹⁰Je suis ingénieur-chimiste.

L'EMPLOYÉ – ¹¹Où demeurez-vous?

JEAN – ¹²Je demeure à Paris.

THE EMPLOYEE – ¹*What is your name, sir?*

JOHN – ²*My name is John Hughes.*

THE EMPLOYEE – ³*What is your nationality?*

JOHN – ⁴*I am an American.*

THE EMPLOYEE – ⁵*Where were you born?*

JOHN – ⁶*I was born in Philadelphia.*

THE EMPLOYEE – ⁷*How old are you?*

JOHN – ⁸*I am twenty-one.*

THE EMPLOYEE – ⁹*What is your profession?*

JOHN – ¹⁰*I am a chemical engineer.*

THE EMPLOYEE – ¹¹*Where do you live?*

JOHN – ¹²*I live in Paris.*

* Administrative offices of Prefect of Police (in Paris).

L'EMPLOYÉ – [13]Quelle est votre adresse à Paris?

THE EMPLOYEE – [13]*What is your Paris address?*

JEAN – [14]Quinze, avenue de l'Observatoire.

JOHN – [14]*Fifteen Observatory Avenue.*

L'EMPLOYÉ – [15]Où habitent vos parents?

THE EMPLOYEE – [15]*Where do your parents live?*

JEAN – [16]Mon père habite à Philadelphie. [17]Je n'ai plus ma mère.

JOHN – [16]*My father lives in Philadelphia.* [17]*My mother is no longer alive.*

L'EMPLOYÉ – [18]Vous avez des parents en France?

THE EMPLOYEE – [18]*Have you any relatives in France?*

JEAN – [19]Non, je n'ai pas de parents en France.

JOHN – [19]*No, I haven't any relatives in France.*

L'EMPLOYÉ – [20]Voilà votre carte d'identité.

THE EMPLOYEE – [20]*Here is your identification card.*

JEAN – [21]Merci, monsieur.

JOHN – [21]*Thank you, sir.*

31

15, Avenue de l'Observatoire

I. **Substitutions.** *Répétez les phrases suivantes, en substituant les mots indiqués:*

1. Quelle est <u>votre nationalité?</u>

votre profession/ votre adresse/ la nationalité de Jean/
la profession de Jean/ l'adresse de Jean

2. Quel est le prix <u>de la pension?</u>

du déjeuner/ du dîner/ du petit déjeuner/ des chambres

3. J'ai <u>vingt et un</u> ans.

dix-huit/ dix-sept/ dix-neuf/ vingt-deux

4. Je n'ai pas encore <u>vingt et un</u> ans.

vingt/ dix-neuf/ vingt-deux/ vingt-cinq

5. Vous avez des parents <u>en France?</u>

à Paris/ à Chantilly/ à Philadelphie/ en Amérique

6. <u>Mon père</u> habite à Philadelphie.

Mon frère (*brother*)/ Ma sœur (*sister*)/ Mon oncle (*uncle*)/ Ma tante (*aunt*)

II. **Nombres.**

(1) *Répétez en français les nombres suivants:*
vingt et un (21), vingt-deux (22), vingt-trois (23), vingt-quatre (24), vingt-cinq
(25), vingt-six (26), vingt-sept (27), vingt-huit (28), vingt-neuf (29), trente (30).
(2) *Comptez par cinq (by fives) de cinq à trente.*
(3) *Comptez par trois de trois à trente.*
(4) *Dites en français:* 1, 11, 21   2, 12, 22   3, 13, 23   4, 14, 24

III. *Demandez à un autre étudiant (à une autre étudiante):*

1. comment il (elle) s'appelle.   **2.** où il (elle) est né (née).   **3.** quel âge il (elle) a. **4.** où il (elle) demeure.   **5.** quelle est son (*his or her*) adresse.   **6.** quelle est sa (*his or her*) nationalité.   **7.** quelle est sa profession.   **8.** s'il (si elle) a des parents en France.   **9.** s'il (si elle) a des frères.   **10.** s'il (si elle) a des sœurs.   **11.** s'il (si elle) a des oncles.   **12.** s'il (si elle) a des tantes.   **13.** où habitent ses (*his or her*) parents.   **14.** si ses parents demeurent près d'ici.

IV. *Répondez en français à chacune des questions suivantes, d'après le texte* (according to the text):

1. Comment vous appelez-vous?   **2.** Quelle est votre nationalité?   **3.** Où êtes-vous né?   **4.** Quel âge avez-vous?   **5.** Quelle est votre profession?   **6.** Où demeurez-vous?   **7.** Quelle est votre adresse?   **8.** Où habitent vos parents? **9.** Avez-vous des parents en France?

V. *Répondez en français à chacune des questions personnelles suivantes:*

1. Comment vous appelez-vous?   **2.** Quelle est votre nationalité?   **3.** Où êtes-vous né(e)?   **4.** Quel âge avez-vous?   **5.** Quelle est votre profession? (étudiant, étudiante).   **6.** Où demeurez-vous?   **7.** Quelle est votre adresse?   **8.** Où habitent vos parents?   **9.** Avez-vous des parents en France?

VI. Mini-dialogues.

1. A. Demandez à un autre étudiant comment il s'appelle.
B. Répondez que vous vous appelez Jean Hughes.
A. Demandez où il demeure.
B. Répondez que vous demeurez à Paris.
A. Demandez s'il a des parents en France.
B. Répondez négativement.

2. A. Demandez à un autre étudiant quelle est son adresse.
B. Répondez: Quinze, avenue de l'Observatoire.
A. Demandez où il est né.
B. Répondez que vous êtes né à Philadelphie.
A. Demandez où habitent ses parents.
B. Répondez qu'ils habitent à Philadelphie.
A. Demandez quelle est sa profession.
B. Répondez que vous êtes étudiant.

VII. Dictée d'après la Conversation 4, p. 17.

A Paris

Arrivée à Paris

Jean Hughes, jeune ingénieur–chimiste américain, arrive à Paris pour travailler dans les laboratoires d'une compagnie américaine établie en France. Il va en taxi au numéro quinze, avenue de l'Observatoire, fait la connaissance de la concierge et s'installe dans sa nouvelle chambre. Il passe les premiers jours à voir les endroits célèbres de la capitale, l'île de la Cité, la place de la Concorde, les Champs-Élysées, Montmartre, etc. Tout est nouveau pour lui, et les premiers jours dans un pays étranger sont toujours difficiles, même s'ils sont très intéressants.

Habiter un pays où tout le monde parle français, même les enfants qui ne vont pas encore à l'école, est pour Jean

une expérience nouvelle. Il comprend assez bien ce qu'on lui dit. Mais les gens qui lui parlent essayent de se rendre aussi compréhensibles que possible. Il remarque qu'ils parlent un peu plus lentement que d'habitude, qu'ils essayent d'employer des mots que tout le monde peut comprendre. Il ne comprend pas toujours, mais au moins il peut d'habitude deviner ce qu'on lui dit. Il observe aussi qu'un certain nombre de jeunes gens lui parlent anglais, mais que beaucoup de «personnes d'un certain âge», comme on dit en français, parlent français — exclusivement.

Un jour qu'il visite Notre-Dame, Jean va à la préfecture de police, voisine de la cathédrale, se procurer la carte

37

d'identité obligatoire pour les étrangers qui habitent en France. Le commissaire lui demande son âge, sa profession, son adresse à Paris, le nom et l'adresse de ses parents. Avec sa carte d'identité dans sa poche, Jean a la satisfaction d'être en règle avec la police française.

Au cours de sa première visite au laboratoire, Jean fait la connaissance d'un jeune chimiste français, Roger Duplessis. Les deux jeunes chimistes sont bientôt de bons amis. Un jour, Roger invite Jean à aller avec lui à Chantilly voir les célèbres courses de chevaux. Un autobus conduit les deux jeunes gens à la gare du Nord. Une heure plus tard, le train arrive à Chantilly.

Le château est situé près d'une rivière et le champ de courses est près du château. «C'est un endroit magnifique pour des courses de chevaux, pense Jean. Le beau château, les jardins, les chevaux, tout donne l'impression d'une autre époque et d'un autre monde». Jean remarque dans l'assistance des femmes très chics, qui attirent l'attention des spectateurs. «Ce sont des mannequins des grandes maisons de couture parisiennes, explique Roger. Les courses de chevaux sont un rendez-vous de la société élégante, et par conséquent un excellent endroit pour lancer les nouvelles modes.» Jean conclut qu'après tout l'élégance n'est pas encore morte.

QUESTIONS

1. Quelle est la nationalité de Jean Hughes? **2.** Quelle est sa profession? **3.** Pourquoi est-il à Paris? **4.** Où demeure Jean? **5.** Où habitent ses parents? **6.** Comprend-il tout ce qu'on lui dit? **7.** Beaucoup de personnes d'un certain âge parlent-elles anglais? **8.** Pourquoi est-ce que Jean va à la préfecture de police? **9.** Est-ce que la préfecture de police est loin de Notre-Dame? **10.** Qui est Roger Duplessis? **11.** Où est situé le château de Chantilly? **12.** Est-ce que le champ de courses est loin du château?

CONVERSATION 6

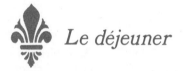 *Le déjeuner*

John Hughes is going out to lunch with Roger Duplessis, a young French engineer who is employed in the research laboratory where John works.

JEAN – ¹Il est midi et j'ai faim.	JOHN – ¹*It is noon and I am hungry.*
ROGER – ²Moi aussi.	ROGER – ²*So am I.*
JEAN – ³Allons déjeuner.	JOHN – ³*Let's go have lunch.*
ROGER – ⁴Voici un restaurant. Entrons.	ROGER – ⁴*Here's a restaurant. Let's go in.*
JEAN – ⁵Voilà une table. Asseyons-nous.	JOHN – ⁵*Here's a table. Let's sit down.*
LE GARÇON – ⁶Voici la carte, messieurs. ⁷Voulez-vous des *hors-d'œuvre?	THE WAITER – ⁶*Here's the menu, gentlemen.* ⁷*Do you want hors d'œuvres?*
ROGER – ⁸Oui, apportez-nous des hors-d'œuvre.	ROGER – ⁸*Yes, bring us some hors d'œuvres.*
LE GARÇON – ⁹Qu'est-ce que vous voulez comme plat de viande?	THE WAITER – ⁹*What do you want for your meat course?*
ROGER – ¹⁰Je vais prendre un biftek-frites.	ROGER – ¹⁰*I'll take a small steak and French fried potatoes.*
LE GARÇON – ¹¹Et vous, monsieur?	THE WAITER – ¹¹*And you, sir?*
JEAN – ¹²Moi aussi.	JOHN – ¹²*So will I.*

* The **h** in **hors-d'oeuvre** is aspirate (*See note, p. 22*).

LE GARÇON – [13]Voulez-vous du vin blanc ou du vin rouge?

THE WAITER – [13]*Do you want white wine or red wine?*

ROGER – [14]Du vin rouge.

ROGER – [14]*Red wine.*

LE GARÇON – [15]Et qu'est-ce que vous voulez comme dessert?

THE WAITER – [15]*And what will you have for dessert?*

ROGER – [16]Qu'est-ce que vous avez?

ROGER – [16]*What have you?*

THE WAITER – [17]Nous avons des fruits — des pommes, des bananes, des poires et du raisin.

THE WAITER – [17]*We have fruit — apples, bananas, pears, and grapes.*

ROGER – [18]Apportez-moi une poire.

ROGER – [18]*Bring me a pear.*

JEAN – [19]Je vais prendre du raisin.

JOHN – [19]*I'll have some grapes.*

LE GARÇON – [20]Voulez-vous du café?

THE WAITER – [20]*Do you want coffee?*

ROGER – [21]Oui, donnez-moi du café noir.

ROGER – [21]*Yes, give me some black coffee.*

JEAN – [22]Non, merci. Je n'aime pas le café.

JOHN – [22]*No, thank you. I don't like coffee.*

Plus tard

Later

ROGER – (au garçon) [23]L'addition s'il vous plaît.

ROGER – (*to the waiter*) [23]*The bill please.*

LE GARÇON – [24]Tout de suite, monsieur.

THE WAITER – [24]*Right away, sir.*

I. **Substitutions.** *Répétez les phrases suivantes, en substituant les mots indiqués:*

1. Allons déjeuner au restaurant.

à l'hôtel/ à l'hôtel du Cheval blanc/ à l'autre hôtel/ à l'autre restaurant

2. Voulez-vous des hors-d'œuvre?

du vin blanc/ du rosbif (*roast beef*)/ des pommes frites*/ du café

3. Apportez-moi des hors-d'œuvre.

du vin rouge/ du café noir/ un biftek aux pommes*/ une poire

4. Qu'est-ce que vous voulez comme plat de viande?

comme dessert/ comme hors-d'œuvre/ comme vin/ comme légumes (*vegetables*)

5. Je vais prendre un biftek-frites.

des hors-d'œuvre/ du vin rouge/ du vin blanc/ du café noir

6. Nous avons des pommes.

des bananes/ des poires/ du raisin/ des pommes de terre frites*

7. Je n'aime pas le café.

le café noir/ le vin rouge/ le lait (*milk*)/ le chocolat

8. J'aime beaucoup les hors-d'œuvre.

le rosbif/ le poulet (*chicken*)/ les gâteaux (*pastry*)/ la soupe

* **pommes de terre frites, pommes frites, frites,** and **pommes** (in **biftek aux pommes**) all mean *French fried potatoes.*

42

II. *Dites-moi:*

1. Dites-moi qu'il est midi. **2.** que vous avez faim. **3.** qu'il y a un restaurant en face. **4.** que c'est un bon restaurant. **5.** que la cuisine est excellente. **6.** qu'il y a une table libre là-bas à droite. **7.** que vous allez prendre un biftek-frites. **8.** que vous allez prendre du raisin.

III. *Demandez à un autre étudiant (à une autre étudiante):*

1. s'il a faim. **2.** à quelle heure il va déjeuner. **3.** à quelle heure il va dîner. **4.** où il va déjeuner. **5.** s'il veut des hors-d'œuvre. **6.** s'il veut du café.

IV. *Répondez en français à chacune des questions suivantes:*

1. Quelle heure est-il? **2.** Avez-vous faim? **3.** A quelle heure allez-vous déjeuner? **4.** Y a-t-il un restaurant près d'ici? **5.** Où est le restaurant? **6.** Y a-t-il une table libre? **7.** Voulez-vous des hors-d'œuvre? **8.** Voulez-vous du vin rouge ou du vin blanc? **9.** Qu'est-ce que vous voulez comme plat de viande? **10.** Qu'est-ce que vous voulez comme dessert? **11.** Qu'est-ce que vous avez comme dessert? **12.** Voulez-vous du café noir? **13.** Aimez-vous le café? **14.** Aimez-vous les hors-d'œuvre? **15.** Aimez-vous les gâteaux?

V. Révision. *Demandez à quelqu'un:*

1. s'il est Jean Hughes. **2.** comment il va. **3.** s'il parle français. **4.** où est le château. **5.** s'il y a un restaurant près du château. **6.** si c'est un bon restaurant. **7.** s'il y a un bon hôtel sur la place. **8.** si la cuisine est bonne. **9.** quel est le prix de la pension. **10.** quelle heure il est. **11.** à quelle heure il veut déjeuner. **12.** à quelle heure il va à la gare. **13.** si le bureau de poste est ouvert cet après-midi. **14.** comment il s'appelle. **15.** quelle est sa nationalité. **16.** où il est né. **17.** quel âge il a. **18.** quelle est sa profession. **19.** où il demeure. **20.** quelle est son adresse. **21.** où habitent ses parents.

VI. Dictée d'après la Conversation 5, pp. 30–31.

VII. Petits dialogues.

1. Dans la rue. Vous proposez à un ami (une amie) d'aller déjeuner (dîner).
2. Au restaurant. Vous commandez un repas.

43

Nouns Used in a Partitive Sense

7. *Explanations of nouns used in a partitive sense.*

—Voulez-vous **du café**?   Do you want *some coffee?*
—Voulez-vous **des pommes**?   Do you want *some apples?*
—Apportez-moi **des hors-d'œuvre**.   Bring me *some hors d'œuvres.*
—Avez-vous **des parents** en France?   Have you *any relatives* in France?

The nouns **café, pommes, hors-d'œuvre,** and **parents** are taken in a partitive sense; i.e., they refer to A PART OF the beverage, the fruit, the food, or the people in question.

In English the partitive sense is frequently expressed by the words *some* or *any*, but it is often implied rather than expressed. You can say: *Do you want some coffee? Do you want any coffee?* or *Do you want coffee?* In French, however, the only possible way to express the idea is **Voulez-vous du café?**

8. *The use of* **du, de la, de l', des** *in expressing the partitive.*

When nouns are used in a partitive sense in affirmative statements, commands, and questions, they are preceded by one of the special partitive forms, **du, de la, de l',** or **des.**

A. The form **du** is used with a masculine singular noun before which **le** would normally stand:

le café   Voulez-vous **du café**?   Do you want *(some) coffee?*
le café noir   Voulez-vous **du café noir**?   Do you want *(some) black coffee?*   **45**

B. De la is used with a feminine singular noun before which **la** would normally stand:

la crème	Donnez-moi **de la crème.**	Give me *some cream.*
la monnaie	Avez-vous **de la monnaie?**	Have you *any change?*

C. De l' is used with a masculine or feminine singular noun before which **l'** would normally stand:

l'argent (*m.*)	Avez-vous **de l'argent?**	Have you *any money?*
l'eau (*f.*)	Donnez-moi **de l'eau.**	Give me *some water.*

D. Des is used with masculine or feminine plural nouns:

les fruits (*m.*)	Avez-vous **des fruits?**	Have you *any fruit?*
les pommes (*f.*)	Nous avons **des pommes.**	We have *apples.*
les poires (*f.*)	Voulez-vous **des poires?**	Do you want *pears?*

9. *Use of* de *alone.*

A. De is used instead of **du, de la, de l', des,** with a noun in the partitive sense if it is the direct object of the negative form of a verb:

—Nous **n'**avons **pas de café.**	We don't have *any coffee.*
BUT: Nous avons **du café.**	We have (*some*) *coffee.*
—Nous **n'**avons **pas de crème.**	We have *no cream.*
BUT: Avez-vous **de la crème?**	Have you *any cream?*
—Je **n'**ai **pas de parents** en France.	I have *no relatives* in France.
BUT: Avez-vous **des parents** en France?	Have you *any relatives* in France?
—Il **n'**y a **pas d'eau** sur la table.	There is *no water* on the table.
BUT: Y a-t-il **de l'eau** sur la table?	Is there *any water* on the table?

B. De is used instead of **un, une,** when the noun is the direct object of the negative form of a verb:

—Je **n'**ai **pas de carte d'identité.**	I have *no identification card.*
BUT: J'ai **une carte d'identité.**	I have *an identification card.*
—Il **n'**y a **pas d'hôtel** près d'ici.	There is *no hotel* near here.
BUT: Y a-t-il **un hôtel** près d'ici?	Is there *a hotel* near here?

C. De is frequently used instead of **des,** when the noun is preceded by an adjective:

—Il y a **de bons restaurants** sur la place.　There are *good restaurants* on the square.
　(BUT: Il y a **des restaurants** sur la place.) There are *restaurants* on the square.
—Y a-t-il **d'autres hôtels** ici?　Are there *other hotels* here?
　(BUT: Y a-t-il **des hôtels** ici?)　Are there *any hotels* here?

D. De alone is used after adverbs **beaucoup** *much* or *many,* **un peu** *a little,* and most expressions of quantity:

—Il y a **beaucoup de restaurants** sur　There are *many restaurants* on the
　la place.　square.
—Voulez-vous **un peu de café?**　Do you want *a little coffee?*

---

10. *Remarks about when to use the partitive forms.*

---

(1) With verbs such as *want, have, eat, order, bring,* etc., nouns are usually taken in a partitive sense because you are likely to want, have, order, etc., only a part of the thing or things you are talking about.

(2) With verbs such as *to like, to dislike, to detest,* nouns are taken in a general (not partitive) sense, and therefore you use the definite article **le, la, l', les** *whether the verb is affirmative or negative.* You say:

　　　—J'aime **le café.**　I like *coffee.*
　　　—J'aime **les bananes.**　I like *bananas.*
　　　—Je n'aime pas **le café.**　I don't like *coffee.*
　　　—Je n'aime pas **les bananes.**　I don't like *bananas.*

If you say "I like *some* coffee", you are still not using the noun in a partitive sense because you like *all* the particular kind of coffee you are referring to. The partitive could not be used to express this phrase which means "I like certain kinds of coffee."

(3) Observe the sense in which the nouns are taken in the following sentences and try to see how the different meanings are expressed:

　　　—Aimez-vous **les poires?**　Do you like *pears?* (in general)
　　　—Voulez-vous **une poire?**　Do you want *a pear?*
　　　—Voulez-vous **de la poire?**　Do you want *a part of the pear?*
　　　—Voulez-vous **des poires?**　Do you want *some pears?*

47

I. Substitutions. *Répétez les phrases suivantes en substituant les mots indiqués:*

A. *Emploi du partitif.*

1. Donnez-moi du café, s'il vous plaît.

  du vin rouge/ da la crème/ du sucre/ des fruits

2. Voulez-vous des hors-d'œuvre?

  du vin rouge/ du vin blanc/ du café noir/ du raisin

3. Je vais prendre des hors-d'œuvre.

  du vin rouge/ du vin blanc/ de la salade/ de la soupe

4. Je ne vais pas prendre de hors-d'œuvre.

  de vin rouge/ de crème/ de sucre/ de fruits

B. *Emploi de l'article défini.*

1. Aimez-vous le café?

  le vin blanc/ la crème/ le sucre/ les fruits

2. Je n'aime pas le café.

  le vin blanc/ la crème/ le sucre/ les fruits

II. Exercices d'application.

A. *Répondez affirmativement à chacune des questions suivantes:*

  EX.:—Avez-vous du café?
  —Oui, j'ai du café.

1. Avez-vous des bananes? **2.** Avez-vous de la crème? **3.** Avez-vous des hors-d'oeuvre? **4.** Avez-vous du vin rouge? **5.** Avez-vous des pommes? **6.** Avez-vous des parents en France? **7.** Avez-vous une carte d'identité?

B. *Répondez négativement aux mêmes questions:*

  EX.:—Avez-vous du café?
  —Non, je n'ai pas de café.

C. *Répondez affirmativement, puis négativement aux questions suivantes:*

  EX.:—Y a-t-il un restaurant près d'ici?
  —Oui, il y a un restaurant près d'ici.
  —Non, il n'y a pas de restaurant près d'ici.

1. Y a-t-il un bon restaurant près d'ici? **2.** Y a-t-il des restaurants sur la place?
3. Y a-t-il un bon hôtel sur la place? **4.** Y a-t-il des tables libres? **5.** Y a-t-il
du vin rouge sur la table? **6.** Y a-t-il de l'eau sur la table? **7.** Y a-t-il une
lettre pour moi? **8.** Y a-t-il des lettres pour moi?

D. *Dites au pluriel:*

> EX.:—une pomme
> —**des pommes**

1. une carte d'identité. **2.** une poire. **3.** un fruit. **4.** un hôtel. **5.** un agent
de police. **6.** un hôtelier. **7.** un passant. **8.** un employé.

E. *Répondez affirmativement, puis négativement aux questions suivantes:*

> EX.:—Aimez-vous le lait?
> —**Oui, j'aime le lait.** **Non, je n'aime pas le lait.**

1. Aimez-vous le vin? **2.** Aimez-vous les hors-d'œuvre? **3.** Aimez-vous les
fruits? **4.** Aimez-vous les bananes? **5.** Aimez-vous le café noir? **6.** Aimez-
vous le raisin?

F. *Employez* **beaucoup,** *puis* **un peu** *avec chacun des mots suivants:*

> EX.:—la monnaie
> —**Beaucoup de monnaie.** **Un peu de monnaie.**

1. l'argent. **2.** le raisin. **3.** l'eau. **4.** le vin. **5.** le lait. **6.** la salade. **7.** la
viande. **8.** le biftek.

III. *Demandez en français:*

A. *Demandez à un autre étudiant (à une autre étudiante):*

1. s'il (si elle) a un frère. **2.** s'il (si elle) a des sœurs. **3.** s'il y a un hôtel près
d'ici. **4.** s'il y a un autre hôtel près d'ici. **5.** s'il y a de bons hôtels ici.

B. *Imaginez que vous êtes dans un restaurant et demandez au garçon:*

1. s'il y a une table libre. **2.** s'il y a d'autres tables libres. **3.** s'il y a des poires.
4. s'il y a du raisin. **5.** s'il y a des fruits.

CONVERSATION 7

 *Voyage à Rouen*

JEAN – ¹Quelle est la date aujourd'hui?

ROGER – ²C'est aujourd'hui le vingt septembre. ³Quand vas-tu* à Marseille?

JEAN – ⁴Le mois prochain. ⁵Je compte partir le quinze octobre ⁶et revenir le premier novembre.

ROGER – ⁷Est-ce que tu es libre à la fin de la semaine?

JEAN – ⁸Oui, je suis libre vendredi, samedi et dimanche. ⁹Voyons . . . ¹⁰Nous sommes aujourd'hui mardi, n'est-ce pas?

ROGER – ¹¹Mais non, c'est aujourd'hui mercredi. ¹²Veux-tu venir à Rouen avec moi?

JEAN – ¹³Volontiers. ¹⁴Quel jour pars-tu?

ROGER – ¹⁵J'ai l'intention de partir jeudi soir.

JEAN – ¹⁶A quelle heure?

ROGER – ¹⁷Je crois que le train part à dix-huit heures. ¹⁸Il arrive à Rouen deux heures plus tard.

JEAN – ¹⁹Parfait . . . ²⁰C'est entendu donc. A jeudi après-midi.

JOHN – ¹*What's the date today?*

ROGER – ²*Today is September 20 (the twentieth of September). ³When are you going to Marseilles?*

JOHN – ⁴*Next month. ⁵I plan to leave on the fifteenth of October, ⁶and to come back on the first of November.*

ROGER – ⁷*Are you free this weekend?*

JOHN – ⁸*Yes, I'm free Friday, Saturday and Sunday. ⁹Let's see . . . ¹⁰Today is Tuesday, isn't it?*

ROGER – ¹¹*Oh no! Today is Wednesday. ¹²Do you want to go to Rouen with me?*

JOHN – ¹³*I'll be glad to. ¹⁴What day are you leaving?*

ROGER – ¹⁵*I'm planning to leave Thursday evening.*

JOHN – ¹⁶*What time?*

ROGER – ¹⁷*I think the train leaves at 6 P.M. ¹⁸It gets to Rouen two hours later.*

JOHN – ¹⁹*Fine . . . ²⁰It's agreed. I'll meet you Thursday afternoon.*

---

50   * See Grammar Unit 3, p. 55, for an explanation of the use of **tu** and **vous.**

Cathédrale de Rouen

I. Substitutions. *Répétez les phrases suivantes en substituant les mots indiqués:*

1. C'est aujourd'hui le vingt septembre.

    le 30 septembre/ le 30 décembre/ le 30 janvier/ le 30 mars

2. Je compte partir le quinze octobre.

    le 30 octobre/ le premier novembre/ le premier décembre/ le 25 décembre

3. Je compte revenir le premier novembre.

    le premier janvier/ le 10 janvier/ le 20 février/ le 4 mars

4. Est-ce que tu es libre à la fin de la semaine?

    cet après-midi/ ce soir/ cet après-midi à 5 h./ à midi

5. Nous sommes aujourd'hui mardi, n'est-ce pas?

    lundi/ mercredi/ jeudi/ vendredi

6. Le train part à 17 heures.

    à 17 h. 30/ à 18 h./ à 18 h. 59/ à 20 heures

II. *Répétez en français après moi:*

1. Premier (*m.*), première (*f.*) (*first*). 2. deuxième (*second*). 3. troisième (*third*). 4. quatrième (*fourth*). 5. cinquième (*fifth*). 6. sixième (*sixth*). 7. septième (*seventh*). 8. huitième (*eighth*). 9. neuvième (*ninth*). 10. dixième (*tenth*). 11. onzième (*eleventh*). 12. douzième (*twelfth*).

III. *Répondez en français à chacune des questions suivantes, d'après le texte:*

1. Quelle est la date aujourd'hui? 2. Quand vas-tu à Marseille? 3. Quand comptes-tu partir? 4. Quand comptes-tu revenir? 5. Es-tu libre à la fin de la semaine? 6. Quel jour sommes-nous aujourd'hui? 7. Veux-tu venir à Rouen avec moi? 8. Quand as-tu l'intention de partir? 9. A quelle heure part le train pour Rouen? 10. A quelle heure arrive-t-il à Rouen?

IV. *Demandez à un autre étudiant:*

(a) en employant le pronom **vous:**

1. à quelle heure il déjeune. 2. quand il va à Marseille. 3. quand il compte partir. 4. quand il compte revenir. 5. s'il est libre ce soir. 6. s'il est libre à la fin de la semaine. 7. s'il veut venir à Rouen avec vous. 8. quand il a l'intention de partir.

(b) en employant le pronom **tu (le tutoiement)**:

1. à quelle heure il déjeune. **2.** quand il va à Marseille. **3.** quand il compte partir. **4.** quand il compte revenir. **5.** s'il est libre ce soir. **6.** s'il est libre à la fin de la semaine. **7.** s'il veut venir à Rouen avec vous. **8.** quand il a l'intention de partir.

V. *Répétez après moi:*

1. Janvier, février, mars. **2.** Avril, mai, juin. **3.** Juillet, août, septembre. **4.** Octobre, novembre, décembre.

VI. *Répétez les phrases suivantes en substituant les mots indiqués:*

1. Janvier est le premier mois de l'année.

Mars . . . le troisième/ Juin . . . le sixième/ Juillet . . . le septième/ Août . . . le huitième.

2. Lundi est le premier jour de la semaine (en France).

Mardi . . . le deuxième/ Mercredi . . . le troisième/ Jeudi . . . le quatrième/ Vendredi . . . le cinquième

VII. *Répondez:*

(1)

1. Quel est le premier mois de l'année? **2.** Quel est le deuxième mois de l'année? **3.** *etc.*

(2)

1. Quel est le premier jour de la semaine? **2.** Quel est le deuxième jour de la semaine? **3.** *etc.*

VIII. Dictée d'après la Conversation 6, pp. 40–41.

IX. Petits dialogues improvisés.

1. Vous invitez un de vos amis (une de vos amies) (*a friend of yours*) à faire un voyage avec vous. Vous fixez un rendez-vous (*decide upon a time and place to meet for the trip*).

2. Vous invitez un de vos amis (une de vos amies) (*a friend of yours*) à aller avec vous au cinéma ce soir. Vous fixez un rendez-vous.

53

GRAMMAR UNIT 3

 Present Indicative of etre, *and* avoir;
Regular Verbs, First Conjugation

11. *How to learn verb forms.*

The best way to learn *anything* is to associate the thing to be learned with something that you already know. In studying the present indicative of the verb **être,** for example, you should bear in mind the forms that you have already mastered and relate the unfamiliar forms to them.

If you make it a point to think what each form means each time you say it or hear it, you will have little difficulty in learning verb forms.

12. *Present indicative of* **être** *(to be): irregular.*

—**Êtes-vous** Français?   *Are you* French?
—Non, **je ne suis pas** Français.   No, *I am not* French.
 Je suis Américain.   *I am* an American.
—Quelle heure **est-il?**   What time *is it?*
—**Il est** dix heures.   *It is* ten o'clock.
—Où **sont** Roger et Jean?   *Where are* Roger and John?
—**Ils sont** à Paris.   *They are* in Paris.

The forms of the present indicative of **être** are:

AFFIRMATIVE		NEGATIVE
je suis	*I am*	je ne suis pas (*I am not*)
tu es	*you are*	tu n'es pas
il est	*he* or *it is*	il n'est pas
elle est	*she* or *it is*	elle n'est pas
on est	*one is*	on n'est pas
nous sommes	*we are*	nous ne sommes pas
vous êtes	*you are*	vous n'êtes pas
ils sont	*they are (m.* or *m. and f.)*	ils ne sont pas
elles sont	*they are (f.)*	elles ne sont pas

54

INTERROGATIVE

est-ce que je suis? (*am I?*)
es-tu?
est-il?
est-elle?
est-on?
sommes-nous?
êtes-vous?
sont-ils?
sont-elles?

(1) The **vous** form, the second person plural, is used in speaking either to one person or to more than one — as in English *you:*

Vous êtes Américain, n'est-ce pas?	*You are* an American, aren't you?
Vous êtes Américains, n'est-ce pas?	*You are* Americans, aren't you?

(2) The **tu** form, the second person singular, was formerly used only in speaking to members of one's family, to children, or to very intimate friends; but today its use is more and more common, especially among young people — even if they are not close friends. This usage is called **le tutoiement.** Jean Hughes naturally uses the **tutoiement** in talking with Roger, because they work together in the same research laboratory and feel a certain group solidarity. But he very properly uses the **vous** form in speaking to the **concierge,** the **employé,** the **hôtelier,** the **agent de police,** etc., because he does not "identify" with them. In fact it would be bad taste for him to use the **tutoiement** in speaking to people with whom he has little or nothing in common.

Instructors will normally say **vous** to their students, and students will naturally say **vous** to them. On the other hand, students will get practice in using the **tutoiement** with each other in a number of exercises as well as in the "mini-dialogues" and in the "dialogues improvisés."

If you go to France or to other countries where French is spoken, you will of course use the **vous** form most of the time; but if you get to know people of your age group or of your interest group, you will need to use the **tutoiement.** Note, however, that you should *never* use the **tutoiement** to a French person unless he (or she) has already used it in speaking to you. It might seem patronizing or even insulting! When in doubt, it is much better to say **vous.**

(3) **Il, elle, ils, elles** are used to refer to persons or things that have already been definitely identified in the context.

Jean et Roger ont faim. **Ils** vont déjeuner.
Voilà une pomme. **Elle** est rouge.

(4) **On** is an indefinite pronoun that is often used somewhat as we use *one, we, they,* or *people.* It is always used with the third person singular of verbs.

On est en retard.	*We* are late.
On va à l'hôtel.	*We* are going to the hotel.
A Paris, **on** dîne à 8 heures.	In Paris, *they* have dinner at 8 o'clock.
	In Paris, *people* dine at 8 o'clock.

(5) The form given for the first person singular of the interrogative is **Est-ce que je suis?** This form is given because the inverted form **suis-je** is hardly ever used except in literary style. **Est-ce que?** may of course be used with the other forms.

13. *Present indicative of* **avoir** (*to have*): *irregular.*

—**Avez-vous** des frères?	*Have you* any brothers?
—Non, **je n'ai pas** de frères.	No, *I have no* brothers.
—Qu'est-ce que **vous avez** comme dessert?	What *do you have* for dessert?
—**Nous avons** des pommes et des poires.	*We have* apples and pears.

The forms of the present indicative of **avoir** are:

AFFIRMATIVE		NEGATIVE
j'ai	*I have*	je n'ai pas (*I have not*)
tu as	*you have*	tu n'as pas
il a	*he, it has*	il n'a pas
elle a	*she, it has*	elle n'a pas
on a	*one has*	on n'a pas
nous avons	*we have*	nous n'avons pas
vous avez	*you have*	vous n'avez pas
ils ont	*they have (m.)*	ils n'ont pas
elles ont	*they have (f.)*	elles n'ont pas

INTERROGATIVE

est-ce que j'ai? (*have I?*)
as-tu?
a-t-il?
a-t-elle?
a-t-on?
avons-nous?
avez-vous?
ont-ils?
ont-elles?

Note that in the inverted form of the third person singular, the subject pronoun (**il, elle, on**) is always preceded by the sound *t*. For verbs whose third person singular ends in a **t** (or **d**), it is simply a matter of linking the final consonant. EX.: **Est-il?** For verbs whose third person does not end in a **t** (or **d**), a **t** is inserted between the verb and pronoun subject anyway. EX.: **A-t-il? Déjeune-t-il?**

14. *Present indicative of* **déjeuner** *(to lunch): first conjugation, regular.*

—A quelle heure **déjeunez-vous?**	At what time *do you have lunch?*
—**Je déjeune** à midi et quart.	*I have lunch* at a quarter past twelve.
—A quelle heure Roger **déjeune-t-il?**	At what time *does* Roger *have lunch?*
—**Il déjeune** à midi et demi.	*He lunches* at half past twelve.
—A quelle heure **déjeunent** vos parents?	At what time *do* your parents *have lunch?*
—**Ils déjeunent** à une heure.	*They lunch* at one o'clock.
—Ici **on** déjeune à midi.	*We* (or *people*) have lunch at noon here.
—A Paris, **on** déjeune à une heure.	In Paris, *they* (or *people*) have lunch at one o'clock.

The forms of the present indicative of **déjeuner** are:

AFFIRMATIVE	NEGATIVE	INTERROGATIVE
je déjeune	je ne déjeune pas	est-ce que je déjeune?
I have lunch	*I do not have lunch*	*Am I having lunch?*
I am having lunch	*I am not having lunch*	*Do I have lunch?*
tu déjeunes	tu ne déjeunes pas	déjeunes-tu?
il (elle) (on) déjeune	il (elle) (on) ne déjeune pas	déjeune-t-il (elle) (on)?
nous déjeunons	nous ne déjeunons pas	déjeunons-nous?
vous déjeunez	vous ne déjeunez pas	déjeunez-vous?
ils (elles) déjeunent	il (elles) ne déjeunent pas	déjeunent-ils (elles)?

(1) Note that the endings of the first, second, and third person singular and of the third person plural are all silent, and that the verb forms in **je déjeune, tu déjeunes, il déjeune,** and **ils déjeunent** are all pronounced alike.

(2) The present indicative of regular verbs of the first conjugation consists of a stem and endings: the stem may be found* by dropping the **-er** of the infinitive; the endings are **-e, -es, -e, -ons, -ez, -ent.**

(3a) The first conjugation has by far the largest number of verbs. You have already met the following verbs of this conjugation: **parler, apporter, donner, dîner, entrer, demeurer, habiter, arriver, fermer, s'appeler,** as well as **demander,** and **compter.**

(3b) Verbs ending in **-ier (étudier,** *to study*) are of course conjugated like **déjeuner: J'étudie, tu étudies, il étudie, nous étudions, vous étudiez, ils étudient** [etydi, etydi, etydi, etydjõ, etydje, etydi].

I. Substitutions. *Répétez les phrases suivantes, en substituant les mots indiqués:*

1. Jean est au restaurant.

> Je suis/ Nous sommes/ Jean et Roger sont/ Ils sont/ Tu es/ Il est

2. Il a des parents en France.

> Nous avons/ J'ai/ Elle a/ A-t-elle . . .?/ Avez-vous . . .?/ As-tu . . .?

3. Je déjeune à midi.

> Tu déjeunes/ Nous déjeunons/ Vous déjeunez/ Il déjeune
> (*3rd sg.*)/ Ils déjeunent (*3rd pl.*)/ Déjeunez-vous . . .?

4. J'aime beaucoup les hors-d'œuvre.

> Il aime/ Nous aimons/ Aimez-vous . . .?/ Aimes-tu . . .?/ Elle aime/ Elles aiment

5. Le garçon apporte des poires et du raisin.

> Il apporte/ J'apporte/ Nous apportons/ Apportez-vous . . .?/
> Apportes-tu . . .?/ Elle apporte/ Elles apportent

---

* For a few verbs in which the final vowel of the stem is an **e** (e.g., **acheter**), it is necessary to note that this **e** is silent in forms in which the ending is pronounced (**nous achetons, vous achetez**), and that it is pronounced like the **è** in **père** in the persons whose endings are silent (**j'achète, tu achètes, il achète,** and **ils achètent**). For **acheter,** this difference in pronunciation is indicated by writing **è** instead of **e**.

In **appeler,** however, this difference in pronunciation of the final vowel of the stem is indicated by writing **ll** instead of **l** in the singular and in the third person plural: **appelle, appelles, appelle, appelons, appelez, appellent.** Ex.:—Comment vous **appelez**-vous? —Je m'**appelle** Jean Hughes.

II. Exercices d'application.

A. *Mettez les phrases suivantes au pluriel :*

EX. :—Je suis Américain.
   —**Nous sommes Américains.**

(*a*) **1.** Je suis étudiant.   **2.** Je suis libre ce soir.   **3.** Je ne suis pas libre ce soir.
4. J'ai faim.   **5.** Je n'ai pas faim.   **6.** J'ai de la monnaie.   **7.** Je n'ai pas de
monnaie.   **8.** J'ai une carte d'identité.

(*b*) **1.** Il est ingénieur-chimiste.   **2.** Il n'est pas Américain.   **3** Où est-il?   **4.** Il
a faim.   **5.** Elle a vingt et un ans.   **6.** Il n'a pas de monnaie.   **7.** Quel âge a-t-il?
8. Elle est Américaine.   **9.** Elle n'est pas Française.

(*c*) **1.** Je déjeune à midi.   **2.** Je dîne à sept heures.   **3.** Je demeure avenue de
l'Observatoire.   **4.** J'habite à Paris.   **5.** J'arrive le 30 novembre.   **6.** J'entre.
7. Je parle un peu français.   **8.** Je ne parle pas anglais.   **9.** J'étudie le français
10. Je n'étudie pas l'anglais.

(*d*) **1.** A quelle heure déjeunes-tu?   **2.** A quelle heure dînes-tu?   **3.** Demeures-
tu avenue de l'Observatoire?   **4.** Habites-tu à Paris?   **5.** Parles-tu anglais?
6. Tu es Américain?   **7.** Tu es libre cet après-midi?   **8.** As-tu des parents en
France?   **9.** Tu étudies le français?   **10.** Est-ce que tu aimes les hors-d'œuvre?

(*e*) **1.** Il habite à Paris.   **2.** Il arrive le 29 novembre.   **3.** Il parle anglais.
4. Elle entre.   **5.** Elle déjeune à l'hôtel.   **6.** A quelle heure arrive-t-il?   **7.** Où
demeure-t-elle?   **8.** Parle-t-il français?   **9.** Il n'habite pas à Paris.   **10.** N'habite-
t-il pas à Paris?

B. *Répondez affirmativement, puis négativement :*

EX. :—Êtes-vous Américain?
   —**Je suis Américain.   Je ne suis pas Américain.**

1. Êtes-vous étudiant?   **2.** Êtes-vous libre dimanche?   **3.** Est-ce que le déjeuner
est prêt?   **4.** Le bureau de poste est-il ouvert cet après-midi?   **5.** Avez-vous
faim?   **6.** Sommes-nous Américains?   **7.** Êtes-vous étudiants? (*Réponse au
pluriel.*)   **8.** Étudiez-vous le français?

59

III. *Répondez en français:*

1. A quelle heure dînez-vous? **2.** A quelle heure déjeunez-vous? **3.** Où demeurez-vous? **4.** Parlez-vous français? **5.** Comment vous appelez-vous? **6.** A quelle heure Roger déjeune-t-il? **7.** A quelle heure dîne-t-il? **8.** Où demeure-t-il? **9.** Parle-t-il français? **10.** A quelle heure déjeunez-vous? (*Réponse au pluriel.*) **11.** A quelle heure dînez-vous (*Rép. au pl.*) **12.** Parlez-vous français? (*Rép. au pl.*) **13.** Où demeurez-vous? (*Rép. au pl.*) **14.** Où Jean et Roger demeurent-ils? **15.** Où dînent-ils? **16.** Est-ce qu'ils parlent français? **17.** Le garçon apporte-t-il des hors-d'œuvre? **18.** Qu'est-ce qu'il apporte comme plat de viande?

IV. *Demandez à un autre étudiant* (*à une autre étudiante*) *en employant la forme* **vous:**

1. s'il (si elle) est libre ce soir. **2.** s'il (si elle) est Français (Française). **3.** s'il (si elle) est ingénieur-chimiste. **4.** où il (elle) va. **5.** quand il (elle) est libre. **6.** quelle est son adresse. **7.** quelle est sa nationalité. **8.** sa profession. **9.** la date. **10.** s'il (si elle) a faim. **11.** quel âge il (elle) a. **12.** s'il (si elle) a de la monnaie. **13.** s'il (si elle) a des frères. **14.** combien de frères il (elle) a. **15.** à quelle heure il (elle) déjeune aujourd'hui. **16.** à quelle heure il (elle) dîne d'habitude. **17.** où il (elle) demeure. **18.** à quelle heure il (elle) arrive. **19.** s'il (si elle) étudie le français.

V. *Même exercice en employant le* **tutoiement.**

Bureau de tabac

 Au bureau de tabac

ROGER – ¹Où vas-tu?

JEAN – ²Je vais acheter un journal. ³Où vend-on des journaux?

ROGER – ⁴On vend des journaux au bureau de tabac ou au kiosque.

Au bureau de tabac

JEAN – ⁵Avez-vous des journaux, madame?

MME COCHET – ⁶Mais oui, monsieur. Les voilà.

JEAN – ⁷Donnez-moi *Le Figaro*, s'il vous plaît.

MME COCHET – ⁸Le voici, monsieur.

JEAN – ⁹C'est combien?

MME COCHET – ¹⁰Cinquante centimes, monsieur.

ROGER – ¹*Where are you going?*

JOHN – ²*I am going to buy a paper. Where do they sell papers?*

ROGER – ⁴*They sell papers at tobacco shops or at newsstands.*

At the Tobacco Shop

JOHN – ⁵*Do you have newspapers, madam?*

MME COCHET – ⁶*Yes, sir. Here they are.*

JOHN – ⁷*Give me* Le Figaro, *please.*

MME COCHET – ⁸*Here it is, sir.*

JOHN – ⁹*How much is it?*

MME COCHET – ¹⁰*Fifty centimes, sir.*

JEAN – [11]Avez-vous des revues américaines?

MME COCHET – [12]Je regrette beaucoup, monsieur. Nous n'avons pas de revues américaines. [13]Mais nous avons l'édition parisienne du *New York Herald.*

JEAN – [14]Non, merci, j'ai l'habitude de lire les journaux français . . . [15]Combien coûte ce plan de Paris?

MME COCHET – [16]Six francs, monsieur. [17]Il est très utile, même pour les Parisiens.

JEAN – [18]Je n'ai qu'un billet de cent francs. [19]Avez-vous de la monnaie?

MME COCHET – [20]Je crois que oui. La voilà. [21]Est-ce que c'est tout, monsieur?

JEAN – [22]Oui, je crois que c'est tout pour aujourd'hui.

JOHN – [11]*Do you have any American magazines?*

MME COCHET – [12]*I'm very sorry, sir. We have no American magazines.* [13]*But we have the Parisian edition of the* New York Herald.

JOHN – [14]*No, thank you. I am used to reading French newspapers . . .*[15]*How much does this map of Paris cost?*

MME COCHET – [16]*Six francs, sir.* [17]*It's very useful, even to Parisians.*

JOHN – [18]*I have only a 100 franc bill.* [19]*Do you have change?*

MME COCHET – [20]*I think so. Here it is.* [21]*Is that all, sir?*

JOHN – [22]*Yes, I think that's all for today.*

I. Substitutions.

1. Je vais acheter un journal.

    des journaux/ des revues américaines/ une revue américaine/ un plan de Paris

2. On vend des journaux au bureau de tabac.

    au kiosque/ dans la rue/ à la librairie (*bookstore*)/ en face de l'hôtel

3. C'est 50 centimes, monsieur.

    75 centimes/ 1 franc/ 5 francs/ 10 francs

4. Combien coûte ce plan de Paris?

    Le Figaro/ cette revue américaine/ cette revue française/
    l'édition parisienne du *New York Herald*

5. Nous n'avons pas de revues américaines.

    plans de Paris/ revues françaises/ monnaie

6. Je n'ai qu'un billet de cent francs.

    cinquante/ vingt-cinq/ cinq cents/ mille

II. *Répétez les phrases suivantes en remplaçant le nom par le pronom* **le, la,** *ou* **les:**

     EX.:—Voilà Le Figaro.
          —**Le voilà.**

1. Voilà les journaux. **2.** Voilà le plan de Paris. **3.** Voilà votre carte d'identité.
4. Voilà un billet de 50 francs. **5.** Voilà la monnaie. **6.** Voilà le journal.
7. Voilà l'agent de police. **8.** Voilà l'employé.

III. *Répondez affirmativement et puis négativement à chacune des questions suivantes:*

    EX.:—Avez-vous des journaux?
          —**Oui, j'ai des journaux. Non, je n'ai pas de journaux.**

1. Avez-vous des revues américaines? **2.** Aimez-vous le café? **3.** Avez-vous
des fruits? **4.** Aimez-vous les fruits? **5.** Avez-vous de la monnaie? **6.** Aimez-
vous le vin rouge?

IV. *Répondez aux questions suivantes d'après le texte:*

1. Où allez-vous? **2.** Où vend-on des journaux? **3.** Avez-vous des journaux? **4.** Avez-vous *Le Figaro?* **5.** Combien est-ce? **6.** Avez-vous des revues améri-caines? **7.** Avez-vous l'habitude de lire les journaux français? **8.** Avez-vous l'édition parisienne du *New York Herald?* **9.** Combien coûte le plan de Paris? **10.** A qui le plan de Paris est-il utile?

V. *Posez la question à laquelle répond chacune des phrases suivantes* (Ask the question to which each of the following sentences is the answer):

EX.:—C'est trente centimes.
—**Combien est-ce?**

1. C'est loin d'ici. **2.** C'est un bon hôtel. **3.** C'est tout. **4.** J'ai de la monnaie. **5.** Le plan coûte six francs. **6.** Le train arrive à midi. **7.** Je déjeune à midi. **8.** J'étudie la chimie.

VI. *Demandez à un autre étudiant (à une autre étudiante):*

1. où il (elle) va. **2.** pourquoi (*why*) il va au bureau de tabac. **3.** si on vend des journaux au bureau de tabac. **4.** si on vend des revues au bureau de tabac. **5.** quel journal il (elle) va acheter. **6.** combien coûte *Le Figaro.* **7.** s'il (si elle) a des revues américaines. **8.** s'il (si elle) aime les revues américaines. **9.** s'il (si elle) a la monnaie de cinquante francs. **10.** où on achète des journaux en France.

VII. Dictée d'après la Conversation 7, p. 50.

VIII. Petits dialogues improvisés.

1. Dans un restaurant. Vous demandez l'addition et vous la payez.
2. Au kiosque. Vous achetez un journal.

 *Numbers*

15. *Cardinal numbers (one, two, three, etc.).** *

1	un, une	22	vingt-deux	73	soixante-treize
2	deux	23	vingt-trois	80	quatre-vingts
3	trois	30	trente	81	quatre-vingt-un
4	quatre	31	trente et un	82	quatre-vingt-deux
5	cinq	32	trente-deux	83	quatre-vingt-trois
6	six	33	trente-trois	90	quatre-vingt-dix
7	sept	40	quarante	91	quatre-vingt-onze
8	huit	41	quarante et un	92	quatre-vingt-douze
9	neuf	42	quarante-deux	100	cent
10	dix	43	quarante-trois	101	cent un
11	onze	50	cinquante	102	cent deux
12	douze	51	cinquante et un	103	cent trois
13	treize	52	cinquante-deux	200	deux cents
14	quatorze	53	cinquante-trois	300	trois cents
15	quinze	60	soixante	1000	mille†
16	seize	61	soixante et un	1100	onze cents
17	dix-sept	62	soixante-deux	1200	douze cents
18	dix-huit	63	soixante-trois	1300	treize cents
19	dix-neuf	70	soixante-dix	1400	quatorze cents
20	vingt	71	soixante et onze	1900	dix-neuf cents
21	vingt et un	72	soixante-douze	2000	deux mille‡

2100	deux mille cent		
2110	deux mille cent dix	100.000	cent mille
20.000	vingt mille§	1.000.000	un million

---

* For phonetic transcription of numbers, see pp. 392–393.

† From 1100 to 1900 you may also say: **mille cent, mille deux cents,** etc., though **onze cents, douze cents,** etc., are somewhat more commonly used.

‡ Beginning with 2,000, you always count in thousands in French. In English you may say: *twenty-one hundred, twenty-two hundred,* etc., but in French you may say only: **deux mille cent, deux mille deux cents,** etc.

§ In French numbers, a period is used where we use a comma, and vice versa: ENGLISH: 12,000.85; FRENCH: 12.000,85.

(1) The French count by tens from 1 to 60 but by twenties from 61 to 100. The Celts, whose language was spoken in Gaul before the Roman conquest, counted by twenties. The Romans counted by tens. The French system of numbers is a combination of the two.

(2) **Et** is used in the numbers 21, 31, 41, 51, 61, and 71.

(3) Pronunciation of final consonant of numbers:
(*a*) The final consonant of numbers is ordinarily silent when the word immediately following the number begins with a consonant. EX.: **cinq francs; six pommes; huit lettres; dix poires; vingt francs,** etc. Note however that the final **t** is pronounced in **vingt-deux, vingt-trois,** etc.

(*b*) The final consonant of numbers is pronounced when the word immediately following the number begins with a vowel or a mute **h.** EX.: **trois ans; cinq ans; six étudiants; sept heures; huit étudiants; cent ans,** etc. Note, however, that in **cent un** (101) the **t** is not pronounced, and that the **f** in **neuf heures** and in **neuf ans** is pronounced **v.**

(*c*) The final consonant of **cinq, six, sept, huit, neuf** and **dix** is pronounced when the numbers are used alone, in counting, or at the end of a phrase or sentence. EX.: **Combien de frères avez-vous? —Cinq.**

---

16. *Ordinal numbers (first, second, third, etc.).*

—Lundi est **le premier** jour de la semaine.	Monday is *the first* day of the week.
—Quel est **le troisième** mois de l'année?	What is *the third* month of the year?
—C'est un étudiant de **deuxième** année.	He is a *second* year student.

premier, première	*first*	huitième	*eighth*
second, seconde; deuxième	*second*	neuvième	*ninth*
troisième	*third*	dixième	*tenth*
quatrième	*fourth*	onzième	*eleventh*
cinquième	*fifth*	douzième	*twelfth*
sixième	*sixth*	vingtième	*twentieth*
septième	*seventh*	vingt et unième	*twenty-first*

Note that the word **an** is used with cardinal numbers but that **année** is used with ordinals. EX.: **trois ans** (*three years*)*;* **la troisième année** (*the third year*).

67

17. *Dates.*

C'est aujourd'hui **le onze juin.**
Je vais à Marseille **le huit octobre.**
Louis XIV est mort **en 1715** (dix-sept cent quinze).

Today is *the eleventh of June.*
I am going to Marseilles *on October 8th.*
Louis XIV died *in 1715.*

(1) You always use the cardinal numbers for the days of the month except for the first of the month. EX.: le **deux** mai, le **trois** mai, etc., but **le premier** mai.

(2) In English, we say: *seventeen fifteen, seventeen hundred fifteen,* or *seventeen hundred and fifteen.* In French 1715 can be read in only two ways: **dix-sept cent quinze** or **mille sept cent quinze.** Do not omit the word **cent.**

(3) Note that the **e** of **le** is not elided before **onze** or **huit.**

18. *Time of day.*

A. In conversation:

—Quelle heure est-il?
—Il est onze heures et quart.
—Il est onze heures et demie.
—Il est midi moins le quart.
—Il est midi. Il est minuit.
—Il est trois heures vingt-cinq.
—Il est quatre heures moins dix.

What time is it?
It is quarter past eleven.
It is half past eleven.
It is a quarter to twelve.
It is noon. It is midnight.
It is twenty-five minutes past three.
It is ten minutes to four.

(1) To express the quarter-hours, you say **et quart** (*quarter past*), **et demie** (*half past*), **moins le quart** (*quarter to*).

(2) To express minutes between the hour and the half hour following (*e.g.* *4:00–4:30*), you say **quatre heures cinq** (*4:05*); **quatre heures dix** (*4:10*); **quatre heures vingt-cinq** (*4:25*).

But to express minutes between the half hour and the following hour (*e.g.* *4:30–5:00*) you measure back from the next hour. Thus *4:35* is **cinq heures moins vingt-cinq**; *4:50* is **cinq heures moins dix.**

(3) To express A.M., you say **du matin**; for P.M., you say **de l'après-midi** (*in the afternoon*) or **du soir** (*in the evening*). EX.: **Neuf heures du matin** (*9:00 A.M.*); **trois heures de l'après-midi** (*3:00 P.M.*); **onze heures du soir** (*11:00 P.M.*).

B. Official time (twenty-four hour system):

une heure trente (1 h. 30)	1:30 A.M.
treize heures trente (13 h. 30)	1:30 P.M.
six heures cinquante (6 h. 50)	6:50 A.M.
dix-huit heures cinquante (18 h. 50)	6:50 P.M.
zéro heure vingt (0 h. 20)	12:20 A.M.
douze heures vingt (12 h. 20)	12:20 P.M.

(1) The twenty-four hour system is used in all official announcements: railroads, banks, stores, theatres, offices, army, navy, etc.

(2) In this system, fractions of an hour are always expressed in terms of minutes after the hour.

I. Exercice sur les nombres.

1. Comptez par dix de dix à cent.

2. Comptez par cinq de cinquante à cent.

3. Dites en français: 21, 31, 41, 51, 61, 71, 81, 91, 101.

4. Dites en français: 1, 11; 2, 12, 22; 3, 13, 30; 4, 14, 40, 44; 5, 15, 50, 55; 6, 16, 60, 66, 76; 7, 17, 77; 8, 18, 80, 88, 98; 9, 19, 90, 99; 20, 24, 80, 84, 40, 24.

II. Substitutions.

1. Mon petit frère à dix ans.

neuf/ huit/ sept/ six

2. Ma sœur a quinze ans.

dix-sept/ vingt et un/ dix-huit/ vingt-deux

3. Ce plan de Paris coûte six francs.

5 fr 50 (cinq francs cinquante)/ 5 fr 60/ 5 fr 75/ 5 fr 80

4. Ces tomates coûtent deux francs le kilo.

2 fr 50/ 2 fr 75/ 3 fr 50/ 3 fr 75

5. Cette auto coûte sept mille francs.

huit mille/ dix mille/ douze mille cinq cents/ quinze mille

6. Lundi est le premier jour de la semaine.

mardi . . . deuxième/ mercredi . . . troisième/ jeudi . . . quatrième/ vendredi . . . cinquième

69

III. *Répondez en français par une phrase complète à chacune des questions suivantes:*

1. Combien de jours y a-t-il en avril? **2.** Combien de jours y a-t-il en février? **3.** Combien de jours y a-t-il en décembre? **4.** Combien de jours y a-t-il dans une année? **5.** Quel est le premier jour de la semaine? **6.** Quel est le troisième jour de la semaine? **7.** Quel est le troisième mois de l'année? **8.** Quel âge avez-vous?

IV. *Lisez* (Read) *en français les heures suivantes d'après le système officiel et donnez l'équivalent anglais de chaque heure indiquée:*

1. 1 h. 10, 2 h. 27, 4 h. 55. **2.** 5 h. 33, 6 h. 05, 8 h. 31. **3.** 9 h. 37, 10 h. 45, 12 h. 10. **4.** 13 h. 08, 14 h. 22, 16 h. 50. **5.** 17 h. 50, 18 h. 55, 20 h. 39. **6.** 21 h. 39, 22 h. 13, 23 h. 14, 0 h. 45.

V. *Répétez après moi:*

1. le 10 mai, le 13 mai, le 21 mai. **2.** le 5 juin, le 5 août, le 5 juillet. **3.** le 31 décembre, le 31 mars, le 31 janvier. **4.** le 1er avril, le 1er mars, le 1er août. **5.** le 1er février, le 11 février, le 21 février.

VI. Exercice sur les nombres.

1. *Comptez en français:* onze cents, douze cents, etc. jusqu'à dix-neuf cents. **2.** *Lisez les dates suivantes en français:* (*a*) 1900, 1940, 1945, 1845, 1745. (*b*) 1645, 1545, 1515, 1615, 1715. (*c*) 1815, 1915, 1950, 1960, 1962, 1972, 1982.

VII. Petite causerie improvisée.

1. Dites votre âge et puis l'âge de votre père, de votre mère, et de votre grand-père.
2. Dites en quelle année vous êtes né(e) et puis en quelle année sont nés vos parents.

CONVERSATION 9

 Quelques dates

Marie Bonnier, Roger's fiancée, is checking up on John's knowledge of French history.

MARIE – ¹Connaissez-vous* l'histoire de France?

JEAN – ²Certainement, je connais Jeanne d'Arc et Napoléon.

MARIE – ³Qu'est-ce que vous savez* de Jeanne d'Arc?

JEAN – ⁴Pas grand-chose. ⁵Je ne sais pas quand elle est née, ⁶mais je sais qu'elle est morte à Rouen.

MARIE – ⁷Savez-vous où est né Napoléon?

JEAN – ⁸Il est né en Corse au dix-huitième siècle.

MARIE – ⁹Savez-vous la date de la bataille de Waterloo?

JEAN – ¹⁰Dix-huit cent quinze, je crois.

MARIE – ¹¹Et Louis XIV, en quelle année est-il mort?

MARIE – ¹*Do you know the history of France?*

JOHN – ²*Certainly. I know about Joan of Arc and Napoleon.*

MARIE – ³*What do you know about Joan of Arc?*

JOHN – ⁴*Nothing much.* ⁵*I don't know when she was born, but I know she died in Rouen.*

MARIE – ⁷*Do you know where Napoléon was born?*

JOHN – ⁸*He was born in Corsica in the 18th century.*

MARIE – ⁹*Do you know the date of the battle of Waterloo?*

JOHN – ¹⁰*1815, I think.*

MARIE – ¹¹*And Louis 14th? In what year did he die?*

---

* **Connaître** and **savoir** both have the meaning *to have knowledge of.*

Savoir may be used (1) with a noun or pronoun object referring primarily to dates, time, name, age, prices, etc., (2) with clauses introduced by **que, quand, où, combien, si, ce que,** etc.; and (3) with an infinitive — with the meaning *to know how:* **Je sais jouer de la guitare.**

Connaître, however, can be used only with a noun or pronoun object, and usually refers to persons, places, books, fields of learning, works of art, etc.

Jeanne d'Arc

JEAN – ¹²En dix-sept cent quinze, si j'ai bonne mémoire. ¹³Mais vous me posez beaucoup de questions.

MARIE – ¹⁴Encore une. ¹⁵Vous connaissez le quatorze juillet, n'est-ce pas?

JEAN – ¹⁶C'est le jour de la fête nationale en France.

MARIE – ¹⁷Savez-vous pourquoi?

JEAN – ¹⁸Parce que c'est le jour de la prise de la Bastille, en 1789. ¹⁹Vous voyez que je suis bien renseigné.

MARIE – ²⁰Évidemment.²¹Je ne vais plus vous poser de questions. ²²Vous savez tout — ou presque.

JOHN – ¹²*In 1715, if I remember correctly.* ¹³*But you are asking me a lot of questions.*

MARIE – ¹⁴*One more.* ¹⁵*You know about July 14th, don't you?*

JOHN – ¹⁶*It's the day of the French national holiday.*

MARIE – ¹⁷*Do you know why?*

JOHN – ¹⁸*Because it's the day of the Fall (Capture) of the Bastille, in 1789.* ¹⁹*You see I'm well informed.*

MARIE – ²⁰*Obviously.* ²¹*I'm not going to ask you any more questions. You know everything — or almost everything.*

73

I. Substitutions. *Répétez les phrases suivantes en substituant les mots indiqués:*

1. Connaissez-vous l'histoire de France?

    Le Figaro/ le château de Chantilly/ le 14 juillet/ Jeanne d'Arc et Napoléon

2. Qu'est-ce que vous savez de Jeanne d'Arc?

    Napoléon/ Louis XIV/ Waterloo/ la prise de la Bastille

3. Je sais la date de la prise de la Bastille.

    où est née Jeanne d'Arc/ l'adresse de Jean Hughes/ qu'il est ingénieur–chimiste/
    pourquoi il est à Paris

4. Savez-vous chanter?

    danser/ jouer de la guitare/ parler français/ faire la cuisine (*to cook*)

5. Je ne vais plus vous poser de questions.

    vous demander quel jour nous sommes/ vous parler de l'histoire de France/
    vous dire quel jour nous sommes/ vous parler anglais

II. *Demandez à quelqu'un:*

1. s'il connaît l'histoire de France. **2.** s'il sait où est née Jeanne d'Arc. **3.** s'il
sait où est morte Jeanne d'Arc. **4.** s'il sait quand elle est morte. **5.** s'il sait
quand Louis XIV est mort. **6.** s'il sait la date de la prise de la Bastille.

Tombeau de Napoléon

III. *Répondez en français, d'après le texte, aux questions suivantes:*

1. Connaissez-vous l'histoire de France? **2.** Savez-vous où est née Jeanne d'Arc? **3.** Où est-elle morte? **4.** En quelle année est mort Louis XIV? **5.** Quelle est la date de la bataille de Waterloo? **6.** Connaissez-vous le 14 juillet? **7.** Quelle est la date de la prise de la Bastille? **8.** Savez-vous où est né Napoléon?

IV. *Répondez en français aux questions suivantes:*

1. En quelle année sommes-nous? **2.** Quelle est la date aujourd'hui? **3.** Quel jour de la semaine sommes-nous? **4.** Quel âge a votre père? **5.** En quelle année est-il né? **6.** En quelle année êtes-vous né (née)? **7.** Quelle est la date de votre anniversaire (*birthday*)? **8.** Étudiez-vous l'économie politique?

V. *Lisez les dates suivantes:*

(*a*) **1.** Le 29 septembre 1975. **2.** Le 1ᵉʳ juin 1939. **3.** Le 27 avril 1889. **4.** Le 14 juillet 1789. **5.** Le 3 août 1698. **6.** Le 4 juillet 1776. **7.** Le 14 octobre 1492. **8.** Le 4 septembre 1870.

(*b*) **1.** En 1980. **2.** En 1850. **3.** En 1790. **4.** En 1776. **5.** En 1066. **6.** En 1914. **7.** En 1860. **8.** En l'an 2000.

(*c*) **1.** Au 20ᵉᵐᵉ siècle. **2.** Au 19ᵉᵐᵉ siècle. **3.** Au 18ᵉᵐᵉ siècle. **4.** Au 17ᵉᵐᵉ siècle. **5.** Au 11ᵉᵐᵉ siècle. **6.** Au 2ᵉᵐᵉ siècle av. J.-C. (Au deuxième siècle avant Jésus-Christ [ʒezykʀi]).

VI. Dictée d'après la Conversation 8, pp. 62–63.

VII. Mini-dialogues.

1. **A.** Demandez à votre voisin s'il sait quand est né Washington.
   B. Répondez qu'il est né en 1732.
   A. Demandez où est né Washington.
   B. Répondez qu'il est né en Virginie.
   A. Demandez quand il est mort.
   B. Répondez qu'il est mort en 1799.

2. **A.** Demandez à votre voisin s'il connaît le 4 juillet.
   B. Répondez que c'est le jour de la fête nationale américaine.
   A. Demandez s'il sait pourquoi.
   B. Répondez que le 4 juillet 1776 est le jour de la Déclaration de l'Indé-pendance américaine.

75

 Mariage d'une amie

MARIE – ¹Connaissez-vous Louise Bedel?

JEAN – ²Non, je ne la connais pas.

MARIE – ³Mais si.* ⁴Je crois que vous avez fait sa connaissance chez Suzanne samedi dernier.

JEAN – ⁵Est-ce† une petite jeune fille brune?

MARIE – ⁶Mais non. C'est une grande blonde.

JEAN – ⁷Oh, vous parlez de la jeune fille habillée en bleu foncé, ⁸qui a joué de la guitare et qui chante si bien?

MARIE – ⁹Oui. Avec les cheveux longs, le teint clair et de grands yeux bleus.

MARIE – ¹*Do you know Louise Bedel?*

JOHN – ²*No, I don't know her.*

MARIE – ³*Yes you do.* ⁴*I think you met her at Suzanne's last Saturday.*

JOHN – ⁵*Is she a small brunette?*

MARIE – ⁶*No, no. She's a tall blond.*

JOHN – ⁷*Oh, you are talking about the girl dressed in dark blue,* ⁸*who played the guitar and who sings so well?*

MARIE – ⁹*Yes. With long hair, a light complexion, and big blue eyes.*

---

* **Si** meaning *yes* is used only to contradict a negative statement.

† Note that *He is* or *She is* is expressed by **C'est** when **est** is directly followed by the article **le, la, un** or **une.**

JEAN – [10]Eh bien? Qu'est-ce qui lui arrive?

JOHN – [10]*Well, what about her (What is happening to her)?*

MARIE – [11]Elle va se marier jeudi prochain.

MARIE – [11]*She's getting married next Thursday.*

JEAN – [12] Avec qui?

JOHN – [12]*To whom?*

MARIE – [13]Avec Charles Dupont.

MARIE – [13]*To Charles Dupont.*

JEAN – [14]Je connais très bien Charles.

JOHN – [14]*I know Charles very well.*

MARIE – [15]Qu'est-ce qu'il fait?

MARIE – [15]*What does he do?*

JEAN – [16]Il est‡ ingénieur–électricien.

JOHN – [16]*He's an electrical engineer.*

MARIE – [17]Que pensez-vous de ce mariage?

MARIE – [17]*What do you think of this marriage?*

JEAN – [18]Je pense que Charles a de la chance. [19]Il est gentil, riche, et sympathique.§ [20]Sa future femme est ravissante et elle a beaucoup de talent.

JOHN – [18]*I think Charles is lucky.* [19]*He is friendly, rich, and attractive.* [20]*His future wife is enchanting and she is very talented.*

---

‡ Note that *He is*, *She is* is usually expressed in French by **Il est, Elle est** when **est** is directly followed by an adjective standing alone or by an unmodified noun.

§ Young people often say **sympa** instead of **sympathique.**

I. Substitutions. *Répétez les phrases suivantes en substituant les mots indiqués:*

1. Vous avez fait sa connaissance <u>chez Suzanne</u> samedi dernier.

    chez ma sœur/ chez Roger/ au laboratoire/ au musée

2. C'est une <u>petite</u> jeune fille brune.

    grande/ gentille/ jolie petite/ ravissante

3. Elle a <u>les cheveux longs.</u>

    le teint clair/ les cheveux blonds/ les cheveux courts/ de grands yeux bleus

4. Elle va se marier <u>jeudi prochain.</u>

    la semaine prochaine/ le mois prochain/ au mois de juin/ le neuf janvier

5. Il est <u>ingénieur-électricien.</u>

    agent de police/ hôtelier/ Américain/ Français

6. C'est un <u>ingénieur–électricien.</u>

    agent de police/ hôtelier/ Américain/ Français

II. *Répondez en français aux questions suivantes, d'après le texte:*

1. Connaissez-vous Louise Bedel? 2. Où avez-vous fait sa connaissance? 3. Est-ce une petite jeune fille brune? 4. A-t-elle joué de la guitare? 5. Est-ce qu'elle chante bien? 6. A-t-elle le teint clair? 7. Est-elle brune ou blonde? 8. Quand va-t-elle se marier? 9. Avec qui va-t-elle se marier? 10. Quelle est la profession de Charles Dupont? 11. Que pensez-vous de Charles? 12. Comment s'appelle sa future femme? 13. A-t-elle beaucoup de talent? 14. Comment Jean trouve-t-il Louise Bedel?

III. *Dites en français en employant l'expression indiquée.*

A. Il est, Elle est

1. ＿＿ ingénieur. 2. ＿＿ hôtelier. 3. ＿＿ agent de police. 4. ＿＿ grand.
5. ＿＿ grande. 6. ＿＿ gentille. 7. ＿＿ concierge. 8. ＿＿ jolie. 9. ＿＿
Français. 10. ＿＿ Française. 11. ＿＿ Américaine. 12. ＿＿ très gentille.

B. C'est un, C'est une

1. ⎯⎯ grande jeune fille blonde. 2. ⎯⎯ petite jeune fille blonde. 3. ⎯⎯ bon hôtel. 4. ⎯⎯ bon déjeuner. 5. ⎯⎯ petite jeune fille brune. 6. ⎯⎯ bon journal. 7. ⎯⎯ bonne pomme. 8. ⎯⎯ bonne poire. 9. ⎯⎯ grand restaurant. 10. ⎯⎯ bon petit restaurant.

C. Il est, Elle est, ou **C'est un, C'est une**

1. ⎯⎯ petite jeune fille brune. 2. ⎯⎯ très gentille. 3. ⎯⎯ ingénieur (two ways). ⎯⎯ ingénieur. 4. ⎯⎯ très bon ingénieur. 5. ⎯⎯ bon journal. 6. ⎯⎯ jolie. 7. ⎯⎯ Américain. 8. ⎯⎯ étudiant. 9. ⎯⎯ Américiane. 10. ⎯⎯ étudiante. 11. ⎯⎯ jeune Américain. 12. ⎯⎯ jeune Américaine.

IV. Dictée d'après la Conversation 9, pp. 72–73.

V. Mini-dialogues.

1.   A. Demandez à un autre étudiant s'il connaît Louise Bedel.
     B. Répondez négativement.
     A. Dites qu'il a fait sa connaissance samedi dernier.
     B. Demandez si c'est une petite jeune fille brune.
     A. Dites qu'elle est grande et blonde.
     B. Demandez si elle a joué de la guitare.
     B. Répondez affirmativement.

2.   A. Demandez à un autre étudiant quand Louise Bedel va se marier.
     B. Répondez qu'elle va se marier jeudi prochain.
     A. Demandez avec qui elle va se marier.
     B. Répondez à sa question.
     A. Demandez si Charles Dupont est ingénieur–chimiste.
     B. Répondez, s'il vous plaît.

VI. Causerie.

Décrivez un ami ou une amie.

79

Un grand
restaurant

Place du Tertre

La cuisine française

Roger et Jean dînent ensemble dans un des grands restaurants de la capitale. Leur table est près d'une fenêtre,
d'où ils ont une belle vue sur la Seine. Malgré la nuit qui
tombe, on voit fort bien les tours de Notre–Dame.

—Pensez–y un peu, dit Roger, cette cathédrale a été
commencée il y a plus de huit cents ans. Malgré tout, elle est
encore debout.

—Ce que j'admire le plus, répond Jean, c'est moins son
âge que ses proportions. Comment les gens qui l'ont construite ont-ils pu bâtir un tel édifice avec leurs moyens
limités?

—C'est le résultat d'un enthousiasme énorme est d'un
travail qui a duré plus d'un siècle. Voilà pourquoi Notre–
Dame existe.

81

A ce moment-là, le garçon apporte la carte avec tout le sérieux d'un diplomate. Jean examine le menu avec curiosité.

—Je suis toujours surpris du talent des Français dans la présentation des plats, dit-il à son ami. Aux États-Unis, les noms des plats sont d'habitude purement descriptifs, sans aucun ornement. Ici, ils font venir l'eau à la bouche. Voici par exemple, dans la liste des plats de poisson, l'indication «Filets de sole Tante-Marie.» Quelle différence entre «Filets de sole Tante-Marie» et simplement *Fillet of Sole*! Un appel au sentiment familial, une allusion à la chère tante Marie, de son vivant si bonne cuisinière, et les filets de sole deviennent quelque chose de rare, d'unique. Les gens qui inventent de telles appellations sont certes d'excellents psychologues.

—Puisque tu parles de l'art de présenter les plats, répond Roger, regarde dans les «Spécialités recommandées.» Il y a là un soufflé avec la description suivante: «Mariage forcé de la glace et du feu. Plat délicieux spécialement recommandé. (Commander vingt minutes à l'avance)» . . . Ce «mariage forcé de la glace et du feu» est une jolie invention. Cela fait penser aux quatre éléments, à l'hostilité traditionnelle de l'eau et du feu, aux volcans couverts de neige de l'Islande. Le plaisir qu'on a à manger ce soufflé est à la fois d'ordre corporel et d'ordre spirituel!

Le repas terminé, Jean et Roger quittent le restaurant, très satisfaits spirituellement et corporellement. Ils s'arrêtent un instant devant un kiosque à journaux. Jean remarque qu'il y a là des journaux et des revues de tous les grands pays du monde, journaux américains, anglais, allemands, russes, italiens. Plusieurs sont dans une langue qu'il ne peut pas même identifier. Après tout, pense-t-il, Paris est une ville si cosmopolite qu'il y a des gens pour les acheter, et pour les lire.

QUESTIONS

1. Où Jean et Roger dînent-ils ensemble? **2.** Où est leur table? **3.** Qu'est-ce qu'on voit de leur table? **4.** Qu'est-ce que Jean admire le plus? **5.** Qu'est-ce que le garçon apporte à Jean et à Roger? **6.** Quel plat de poisson y a-t-il sur la carte? **7.** Quelle description la carte donne-t-elle du soufflé? **8.** Quand Jean et Roger quittent-ils le restaurant? **9.** Sont-ils satisfaits de leur dîner? **10.** Où s'arrêtent-ils un instant? **11.** Qu'est-ce que Jean remarque quand il est devant le kiosque à journaux? **12.** Est-ce qu'il peut identifier tous les journaux? **13.** Quels journaux peut-il identifier? **14.** Est-ce que Paris est une ville très cosmopolite?

Une petite cuisine

GRAMMAR UNIT 5

 Word Order in ⟨Asking Questions

---

19. *Questions by inversion and with* **Est-ce que?**

A. When the subject of the verb is a personal pronoun:

—**Êtes-vous** libre dimanche?
—**Est-ce que vous êtes** libre dimanche? } *Are you* free Sunday?

—**Connaissez-vous** Louise Bedel?
—**Est-ce que vous connaissez** Louise Bedel? } *Do you know* Louise Bedel?

When the subject of the verb is a *personal pronoun*, you ask a question *either* by inverting the order of subject and verb *or* by using the expression **est-ce que** and normal order of subject and verb. Both patterns are commonly used in French.

If you use an interrogative word or expression such as **où?** (*where*), **quand?** (*when*), **combien?** (*how much*), **à quelle heure?** (*at what time*), etc., the interrogative word or expression comes first and is followed *either* (1) by inverted order of subject and verb *or* (2) by **est-ce que?** and normal order.

—Où **allez-vous?**
—Où **est-ce que vous allez?** } Where *are you going?*

—A quelle heure **voulez-vous** déjeuner?
—A quelle heure **est-ce que vous voulez** déjeuner? } At what time *do you want* to have lunch?

B. When the subject of the verb is a noun:

—Le déjeuner **est-il** prêt?
—**Est-ce que** le déjeuner **est** prêt?
} *Is* lunch ready?

—Le train **arrive-t-il** à cinq heures?
—**Est-ce que** le train **arrive** à cinq heures?
} *Does* the train *arrive* at five o'clock?

When the subject of the verb is a *noun*, you *either* express the noun-subject, the corresponding pronoun-subject and the verb in the following order: noun-subject, verb, pronoun-subject, *or* use **est-ce que?** and normal word order.

If you use an interrogative word or expression, such as **où?, quand?, combien?, à quelle heure?,** the interrogative word or expression comes first and is followed by either of the patterns described above.

—**Où** vos parents **demeurent-ils?**
—**Où est-ce que** vos parents **demeurent?**
} *Where do* your parents *live?*

—**A quelle heure** le train **arrive-t-il?**
—**A quelle heure est-ce que** le train **arrive?**
} *At what time does* the train *arrive?*

Note also that in questions introduced by an interrogative word or expression, it is very common to ask a question simply by inverting the order of the noun-subject and the verb, *if the noun-subject is final in the question.*

—**Où demeurent vos parents?**   Where *do your parents live?*
—A quelle heure **arrive l'avion?**   At what time *does the plane arrive?*

If the noun-subject would not be final, only the two patterns described above are possible.

—**Où votre père achète-t-il** son journal?   —Quand **votre père va-t-il** en France?
—**Où est-ce que votre père achète** son journal?   —Quand **est-ce que votre père va** en France?

---

20. *Questions with* **n'est-ce pas?** *and by intonation.*

A. N'est-ce pas?

—Vous connaissez Louise Bedel, **n'est-ce pas?**   You know Louise Bedel, *don't you?*
—Oui, je la connais.   Yes, I know her.
—Vous ne connaissez pas sa sœur, **n'est-ce pas?**   You don't know her sister, *do you?*
—Non, je na la connais pas.   No, I don't know her.

You often ask a question by simply adding **n'est-ce pas** to a declarative statement — especially if you expect an answer that agrees with what you have said. **N'est-ce pas?** corresponds to a number of expressions in English, such as: *don't you think so?, don't I?, don't you?, will you not?, wouldn't you?, didn't you?,* etc.

B. By intonation.

As in English, one often asks questions by making a declarative statement with an interrogatory intonation.

—**C'est tout?**	*That's all?*
—**C'est combien?**	*How much is it?* (lit. *It's how much?*)
—**Le train est à l'heure?**	*The train is on time?*
—**Le déjeuner est prêt?**	*Lunch is ready?*

This way of asking questions may imply surprise on the part of the speaker:

—**Il est à Paris?**	*Is he in Paris?* or
	Is he really in Paris?
—**C'est tout ce que vous avez?**	*Is that all you have?*

---

21. *Negative questions.*

—**N'avez-vous pas** faim?	⎫ *Aren't you hungry?*
—**Est-ce que** vous **n'avez pas** faim?	⎭
—**Si,** j'ai faim.	*Yes (on the contrary), I am hungry.*
—**Ne voulez-vous pas** de café?	⎫ *Don't you want any coffee?*
—**Est-ce que** vous **ne** voulez **pas** de café?	⎭
—**Si,** donnez-moi du café.	*Yes (on the contrary), give me some coffee.*

You ask a negative question by putting **ne** before the inverted form and **pas** after it.

Avez-vous? —N'avez-vous **pas?** —A-t-il? —N'a-t-il **pas?**

In answering a negative question, you say **Si** instead of **Oui.**

N'avez-vous **pas** faim? —**Si,** j'ai faim.

I. Substitutions. *Répétez les phrases suivantes en substituant les mots indiqués:*

1. L'avion est-il à l'heure?

parti/ arrivé/ en retard/ en avance

2. A quelle heure l'avion part-il?

le train/ l'autobus/ l'autocar (*tourist bus*)/ l'express de Paris

3. Où votre père achète-t-il son journal?

ses revues/ ses cigares/ son essence (*gasoline*)/ ses billets

4. Ne voulez-vous pas de hors-d'œuvre? Si, donnez-moi des hors-d'œuvre.

pas de vin . . . du vin/ pas de poire . . . une poire/ pas de viande . . . de la viande/ pas de crème . . . de la crème

5. N'y a-t-il pas de restaurant près d'ici? Si, il y a un restaurant là-bas.

pas d'hôtel . . . un hôtel/ pas de garage . . . un garage/ pas de bureau de tabac . . . un bureau de tabac/ pas de taxi . . . un taxi

6. De quelle couleur sont ses cheveux?

est sa robe/ est son auto/ est son pull–over/ sont ses yeux

II. *Mettez chacune des phrases suivantes à la forme interrogative par inversion.*

EX.:—Vous êtes étudiant.
   —**Êtes-vous étudiant?**

(*a*) **1.** Vous êtes en France.   **2.** Vous allez à la gare.   **3.** Ils sont à Paris.
4. Elles sont à Paris.   **5.** Elles ont des frères.   **6.** Il y a un restaurant près d'ici.
7. C'est une grande jeune fille blonde.   **8.** Elle va se marier.   **9.** Elle va au théâtre.

(*b*) **1.** Le bureau de poste est sur la place.   **2.** L'hôtel est près d'ici.   **3.** Louise Bedel est à Paris.   **4.** Charles Dupont a de la chance.   **5.** Louise a beaucoup de talent.   **6.** Charles est ingénieur-chimiste.   **7.** Louise chante bien.   **8.** Louise va se marier jeudi prochain.

III. *Demandez en français, en employant la forme interrogative par inversion:*

1. si l'hôtel Continental est sur la place.   **2.** si c'est loin d'ici.   **3.** si c'est un bon hôtel.   **4.** si c'est un grand hôtel.   **5.** s'il y a un autre hôtel près de la gare.
6. s'il y a d'autres hôtels sur la place.   **7.** si Jean est à Paris.   **8.** si son père est ici.   **9.** si Jean et Roger sont au laboratoire.   **10.** si Louise Bedel a joué de la guitare.   **11.** si Louise a les cheveux longs.

IV. *Posez la question à laquelle répond chacune des phrases suivantes, en commençant par* **où?, quand?, combien?, quel?, comment?,** *etc.* (Ask the question to which each of the following sentences is the answer — beginning with **où?, quand?,** etc.)

EX.:—Je demeure à Paris.
—**Où demeurez-vous?**

1. Mes parents demeurent à Paris. **2.** Napoléon est mort en 1821. **3.** *Le Figaro* coûte 50 centimes. **4.** Il est trois heures. **5.** Le train arrive à six heures. **6.** C'est aujourd'hui jeudi. **7.** Mercredi est le troisième jour de la semaine. **8.** Je vais très bien. **9.** Le train part à huit heures. **10.** Elle va se marier jeudi prochain. **11.** Louis XIV est mort en 1715. **12.** François Premier est mort en 1547.

V. *Posez les questions suivantes par l'inversion du nom sujet:*

EX.:—Quand Jean Hughes est-il né?
—**Quand est né Jean Hughes?**

1. Où Jean Hughes est-il né? **2.** Dans quelle ville Jean Hughes est-il né? **3.** Où son père demeure-t-il? **4.** Quel âge Charles Dupont a-t-il? **5.** A quelle heure l'avion part-il? **6.** Comment votre mère va-t-elle? **7.** En quelle année Jean Hughes est-il né? **8.** Quand Napoléon est-il né?

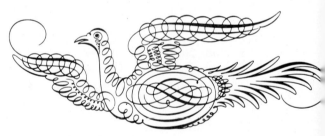

VI. *Mettez les questions suivantes à la forme négative.*

EX.:—Voulez-vous du vin?
—**Ne voulez-vous pas de vin?**

1. Voulez-vous du café? **2.** Voulez-vous des hors-d'œuvre? **3.** Avez-vous des journaux américains? **4.** Aimez-vous les revues américaines? **5.** Y a-t-il un hôtel dans la rue de la Paix? **6.** Y a-t-il des hôtels sur la place? **7.** Y a-t-il de bons restaurants près du château? **8.** Demeurez-vous à Paris? **9.** Roger demeure-t-il à Paris? **10.** Savez-vous quand Jeanne d'Arc est morte? **11.** Savez-vous quel jour nous sommes aujourd'hui? **12.** Savez-vous à quelle heure on dîne à Paris?

VII. Révision.

(a) Demandez à quelqu'un:

1. quelle heure il est.   **2.** à quelle heure part le train.   **3.** ce que fait Charles Dupont.   **4.** combien coûte *Le Figaro*.   **5.** combien coûtent les journaux.   **6.** le prix de la pension.   **7.** la date.   **8.** quel jour nous sommes.   **9.** en quelle année il est né.   **10.** quel âge il a.

(b) Dites en français à quelqu'un:

1. qu'il a de la chance.   **2.** qu'il n'a pas de chance.   **3.** que nous avons de la chance.   **4.** que nous n'avons pas de chance.   **5.** que c'est entendu.   **6.** que vous ne connaissez pas Louise Bedel.   **7.** que vous avez fait sa connaissance samedi dernier.   **8.** que vous avez de la monnaie.   **9.** que vous n'avez pas de monnaie.   **10.** que vous n'êtes pas libre la semaine prochaine.

La Bastille

89

Une Promenade

JEAN – [1]Voulez-vous faire* une promenade?

JOHN – [1]*Do you want to take a walk?*

MARIE – [2]Je veux bien. Quel temps fait-il?

MARIE – [2]*I'll be glad to. How's the weather?*

JEAN – [3]Il fait beau. Mais il fait du vent.

JOHN – [3]*The weather is fine. But it's windy.*

MARIE – [4]Est-ce qu'il fait froid?

MARIE – [4]*Is it cold?*

JEAN – [5]Non, pas du tout. [6]Il ne fait ni trop chaud ni trop froid. [7]C'est un beau temps pour une promenade.

JOHN – [5]*No, not at all.* [6]*It is neither too hot nor too cold.* [7]*It's fine weather for a walk.*

MARIE – [8]Faut-il prendre un imperméable, ou un parapluie?

MARIE – [8]*Must one take a raincoat or an umbrella?*

JEAN – [9]Ce n'est pas la peine. [10]Il ne va pas pleuvoir.

JOHN – [9]*It isn't worth the trouble.* [10]*It isn't going to rain.*

MARIE – [11]Vous êtes sûr qu'il ne va pas pleuvoir?

MARIE – [11]*Are you sure it isn't going to rain?*

JEAN – [12]Bien sûr. [13]Regardez le ciel bleu. [14]Le soleil brille et il n'y a pas un seul nuage. [15]C'est un temps presque idéal.

JOHN – [12]*Absolutely.* [13]*Look at the blue sky.* [14]*The sun is shining and there isn't a single cloud.* [15]*The weather is practically ideal.*

MARIE – [16]Bon. Je vous crois. [17]Comme toujours, j'ai confiance en vous.

MARIE – [16]*Good. I believe you.* [17]*As always, I have confidence in you.*

(Une heure plus tard)

(One hour later)

MARIE – [18]Il pleut, il pleut à verse. [19]Je suis mouillée jusqu'aux os. [20]C'est votre faute.

MARIE – [18]*It's raining. It's pouring! I'm wet to the skin* (lit. *to the bones*). [20]*It's your fault.*

JEAN – [21]Ma faute? Comment cela?

JOHN – [21]*My fault? How (can you say) that?*

MARIE – [22]Vous savez bien. Je n'ai plus confiance en vous.

MARIE – [22]*You know very well. I no longer have confidence in you.*

---

* **Faire,** like the English word *do*, is used in many expressions and with a great variety of meanings, such as: **Faire une promenade, Qu'est-ce qu'il fait?, Il fait beau, Il fait froid,** etc. *Cf.* English: *What does he do? He is doing well. He is doing time*(!). *It will not do. He is done. He was done in*(!).

91

I. **Substitutions.** *Répétez les phrases suivantes en substituant les mots indiqués:*

1. Il fait beau.

froid/ chaud/ du vent/ très beau/ très froid/ très chaud/ trop froid/ trop chaud/ trop de vent

2. Il ne fait pas froid.

pas très froid/ pas trop froid/ pas chaud/ pas très chaud/ pas trop chaud/ pas de vent/ pas beaucoup de vent/ pas trop de vent

3. Êtes-vous sûr qu'il ne va pas pleuvoir?

faire froid/ faire chaud/ faire du vent/ faire trop de vent

4. Faut-il prendre un imperméable?

un parapluie/ un pull–over (*sweater*)/ un pardessus (*top coat*)/ un manteau (*ladies' top coat*)

5. Ce n'est pas la peine de prendre un imperméable.

un parapluie/ un pull–over/ un pardessus/ un manteau

II. *Demandez à quelqu'un:*

1. s'il veut faire une promenade. **2.** quel temps il fait. **3.** s'il fait froid. **4.** s'il fait trop froid. **5.** s'il fait trop chaud. **6.** s'il fait du vent. **7.** si c'est un beau temps pour une promenade. **8.** s'il faut prendre un imperméable. **9.** si c'est la peine de prendre un imperméable. **10.** s'il est sûr qu'il ne va pas pleuvoir.

III. *Répondez en français, d'après le texte, à chacune des questions suivantes:*

1. Voulez-vous faire une promenade? **2.** Quel temps fait-il? **3.** Est-ce qu'il fait froid? **4.** Fait-il chaud? **5.** Est-ce un beau temps pour une promenade? **6.** Faut-il prendre un imperméable? **7.** Est-ce la peine de prendre un imperméable? **8.** Ne va-t-il pas pleuvoir? **9.** De quelle couleur est le ciel? **10.** Êtes-vous sûr qu'il ne va pas pleuvoir? **11.** Avez-vous confiance en moi? **12.** [*Une heure plus tard*] Est-ce qu'il pleut maintenant (*now*)? **13.** Êtes-vous mouillé(e)? **14.** Est-ce ma faute?

IV. *Répondez en français à chacune des questions suivantes:*

1. Quel temps fait-il aujourd'hui? **2.** Est-ce qu'il fait du vent? **3.** Est-ce qu'il pleut? **4.** Est-ce qu'il va pleuvoir? **5.** Quel temps fait-il au mois de juillet? **6.** Quel temps fait-il au mois de décembre? **7.** Fait-il du vent au mois de mars? **8.** Fait-il très froid ici au mois de janvier? **9.** Y a-t-il des nuages dans le ciel aujourd'hui?

V. *Mettez les phrases suivantes à la forme négative en employant* **ne . . . pas,** *puis* **ne . . . plus.**

EX.:—J'ai confiance en vous.
　　—Je n'ai pas confiance en vous.
　　—Je n'ai plus confiance en vous.

1. J'ai faim. **2.** Nous avons des revues américaines. **3.** Il pleut. **4.** Il fait du vent. **5.** Il fait froid. **6.** Elle est étudiante. **7.** Elle a de la monnaie. **8.** C'est un bon hôtel. **9.** Il y a un restaurant dans le musée. **10.** Je déjeune à la maison **11.** Je sais où Jeanne d'Arc est née. **12.** Je vais vous poser des questions.

VI. *Combinez deux phrases en une seule, en employant* **ne . . . ni . . . ni.***

EX.:—Il ne fait pas chaud. Il ne fait pas froid.
　　—Il ne fait ni chaud ni froid.

1. Il ne fait pas trop chaud. Il ne fait pas trop froid. **2.** Elle n'est pas petite. Elle n'est pas grande. **3.** Elle n'est pas brune. Elle n'est pas blonde. **4.** Je ne parle pas français. Je ne parle pas anglais. **5.** Je n'ai pas de frères.* Je n'ai pas de sœurs. **6.** Nous n'avons pas de vin rouge. Nous n'avons pas de vin blanc. **7.** Nous n'avons pas de pommes. Nous n'avons pas de poires. **8.** Il n'y a pas d'hôtel ici. Il n'y a pas de restaurant ici.

VII. Dictée d'après la Conversation 10, pp. 76–77.

VIII. Petits dialogues improvisés.

　　1. Le temps qu'il fait aujourd'hui.
　　2. Vous fixez un rendez-vous pour une promenade.

---

* With **ne . . . ni . . . ni,** nouns are used without a definite article and without the preposition **de.**
EX.: **Elle n'a ni frères ni sœurs.**

CONVERSATION 12

 *Les Saisons*

ROGER – ¹Regarde la neige!

JEAN – ²Tiens! C'est la première fois qu'il neige* cette année.

ROGER – ³Je n'aime pas du tout l'hiver.

JEAN – ⁴Pourquoi pas? ⁵L'hiver a ses plaisirs, comme les autres saisons. ⁶On peut patiner, aller au théâtre, ou bien jouer aux cartes, écouter des disques, regarder la télévision . . .

ROGER – ⁷Oui, mais l'hiver dure trop long-temps.

ROGER – ¹*Look at the snow!*

JOHN – ²*Well! It's the first time it has snowed this year.*

ROGER – ³*I don't like winter at all.*

JOHN – ⁴*Why not? ⁵Winter has its pleasures, like the other seasons. ⁶You can skate, go to the theatre, or else play cards, listen to records, look at T.V. . . .*

ROGER – ⁷*Yes, but winter lasts too long.*

---

* Note that in French, the present tense is used in this phrase and that in English we normally use the present perfect to express the same idea.

JEAN – 8Quelle saison préfères-tu, alors?

ROGER – 9Je crois que je préfère l'été. 10J'aime nager, prendre des bains de soleil, faire de la voile, aller à la campagne.

JEAN – 11Mais la campagne est aussi agréable en automne qu'en été. 12Surtout, il fait moins chaud.

ROGER – 13Oui, l'automne commence bien, 14mais il finit mal. 15Moi, j'aime mieux le printemps.

JEAN – 16Tu as raison. 17Tout le monde est heureux de voir venir le printemps, 18peut-être parce que c'est le commencement de la belle saison.

JOHN – 8*Well, what season do you prefer?*

ROGER – 9*I think I prefer summer.* 10*I like to swim, take sun baths, go sailing, go to the country.*

JOHN – 11*But the country is as pleasant in autumn as in summer.* 12*Above all, it isn't so hot.*

ROGER – 13*Yes, autumn begins well,* 14*but it ends badly.* 15*As for me, I prefer spring.*

JOHN – 16*You are right.* 17*Everybody is happy to see spring arrive,* 18*perhaps because it is the beginning of fine weather.*

95

I. Substitutions. *Répétez les phrases suivantes en substituant les mots indiqués:*

1. Je n'aime pas du tout l'hiver.

la neige/ le vent/ le froid/ la pluie

2. Aimez-vous faire du ski?

patiner/ jouer aux cartes/ écouter des disques/ regarder la télévision

3. Tout le monde est heureux de voir venir le printemps.

l'automne/ l'été/ le beau temps/ la belle saison

4. Je préfère l'été, parce que j'aime nager.

prendre des bains de soleil/ faire du canotage (*boating*)/
faire de la voile (*sailing*)/ aller à la campagne

5. La campagne est aussi agréable en automne qu'en été.

en octobre qu'en juin/ en novembre qu'en mai/ en septembre qu'en mars/
au printemps qu'en été

6. L'automne commence bien, mais il finit mal.

Le mois de septembre/ Le mois d'octobre/ Le mois de novembre/ L'été

7. Savez-vous jouer de la guitare?

du piano/ du violon/ de la clarinette/ du cor (*French horn*)

II. *Demandez à quelqu'un:*

1. quel temps il fait. **2.** s'il pleut. **3.** s'il neige. **4.** si c'est la première fois qu'il neige cette année. **5.** si Roger aime l'hiver. **6.** ce qu'on peut faire en hiver (*what one can do in winter*). **7.** si l'hiver dure trop longtemps ici. **8.** quelle saison il préfère. **9.** pourquoi Roger préfère l'été. **10.** si la campagne est belle en automme. **11.** s'il fait moins chaud en automne qu'en été. **12.** si tout le monde est content de voir venir le printemps. **13.** quand commence le printemps. **14.** quand finit le printemps.

III. *Répondez en français à chacune des questions suivantes:*

1. Quel temps fait-il? **2.** Est-ce la première fois qu'il neige cette année?
3. Est-ce que Roger aime l'hiver? **4.** Qu'est-ce qu'on peut faire en hiver?
5. Est-ce que l'hiver dure longtemps ici? **6.** Quelle saison préférez-vous?
7. Pourquoi Roger préfère-t-il l'été? **8.** En quelle saison peut-on prendre des
bains de soleil? **9.** En quelle saison peut-on faire de la voile? **10.** Va-t-on
d'habitude à la campagne en hiver? **11.** Aimez-vous la campagne en automne?
12. Est-ce que la campagne est belle en automne? **13.** Est-ce que la campagne
est aussi belle en automne qu'en été? **14.** Est-ce qu'il fait moins chaud en
automne qu'en été? **15.** Est-ce que l'automne commence bien? **16.** Est-ce
que l'automne finit bien?

IV. Dictée d'après la Conversation 11, p. 91.

V. Petites causeries.

1. Décrivez le temps qu'il fait. (*3 ou 4 phrases*)
2. Dites quelques mots sur les saisons.

97

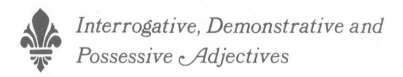

Interrogative, Demonstrative and Possessive Adjectives

---

22. *Interrogative adjectives.*

—**Quel** âge avez-vous?   How old are (*what* age have) you?
—**Quelle** heure est-il?   *What* time is it?
—**Quelle** est votre adresse?   *What* is your address?
—A **quelle** heure arrive le train? At *what* time does the train come?
—**Quels** sont les mois de l'année? *What* are the months of the year?

A. Forms.

The forms of the interrogative adjective are:

	SINGULAR	PLURAL
MASCULINE:	quel?	quels?
FEMININE:	quelle?	quelles?

B. Agreement.

Like all adjectives, they agree in gender and number with the noun that they modify.

C. Use.

Do not confuse **Quel? Quelle?** etc. (*What?*), with **Que? Qu'est-ce que?** (*What?*). As **quel? quelle?** etc., are forms of the interrogative *adjective*, they are used only to modify nouns. The noun modified may stand next to the adjective (**Quel âge . . . ? Quelle heure . . . ?**) or it may be separated from it by a form of the verb être (**Quelle est votre adresse?**). But **Que? (Qu'est-ce que?)** is a pronoun and cannot of course modify a noun. EX.: **Que** pensez-vous de Charles? or **Qu'est-ce que** vous pensez de Charles?

23. *Demonstrative adjectives.*

—Quel temps fait-il **ce** matin?	How is the weather *this* morning?
—Êtes-vous libre **cet** après-midi?	Are you free *this* afternoon?
—C'est la première fois qu'il neige **cette** année.	It is the first time it has snowed *this* year.
—Je n'aime pas **ces** fruits.	I don't like *this* fruit.

A. Forms.

The forms of the demonstrative adjective are:

	SINGULAR	PLURAL
MASCULINE:	ce, (cet)	ces
FEMININE:	cette	ces

B. Use.

Ce is used before masculine singular nouns or adjectives that begin with a consonant other than a mute *h*. **Cet** is used before those beginning with a vowel or mute *h*. EX.: **Ce** matin. **Ce** soir. BUT: **Cet** après-midi. **Cet** hôtel.

The suffix **-là** is often added to the noun following a demonstrative adjective — especially with expressions of time. The difference between **ce matin** and **ce matin-là** is *this* morning and *that* morning. Compare: **cet été** and **cet été-là, cette année** and **cette anné-là.**

The suffix **-ci** is seldom used with demonstrative adjectives except in expressions of time. EX.: **Ces** jours-**ci** (*these* days, some time soon).

24. *Possessive adjectives.*

—Où habitent **vos** parents?	Where do *your* parents live?
—**Mes** parents habitent à Paris.	*My* parents live in Paris.
—Voulez-vous **mon** imperméable?	Do you want *my* raincoat?

A. Forms.

The forms of the possessive adjectives are:

SINGULAR		PLURAL	
MASCULINE	FEMININE	MASCULINE AND FEMININE	
mon	ma (mon)	mes	*my*
ton	ta (ton)	tes	*your*
son	sa (son)	ses	*his, her, its*
notre	notre	nos	*our*
votre	votre	vos	*your*
leur	leur	leurs	*their*

B. Agreement and use.

Possessive adjectives agree in gender and number with the noun they modify. EX.:

—Roger parle de **son** père et de **sa** mère.   Roger speaks of *his* father and mother.
—Marie parle de **son** père et de **sa** mère.   Mary speaks of *her* father and mother.

Note especially the difference between the possessive adjective of the third person singular (**son, sa, ses**) and that of the third person plural (**leur, leurs**):

(1) In referring to one person, you would use the third person singular forms:

—Où demeure **son** père?   Where does *his* (*her*) father live?
—Où demeure **sa** mère?   Where does *his* (*her*) mother live?
—Où demeurent **ses** parents?   Where do *his* (*her*) parents live?

(2) In referring to two or more persons, you would use the third person plural forms:

—Où demeure **leur** père?   Where does *their* father live?
—Où demeure **leur** mère?   Where does *their* mother live?
—Où demeurent **leurs** parents?   Where do *their* parents live?

(3) The forms **ma, ta, sa,** are used before feminine singular nouns or adjectives beginning with a consonant, the **mon, ton, son** forms before those beginning with a vowel or mute **h**.

ma sœur, **ma** petite sœur   BUT: **mon** autre sœur
ma petite auto   BUT: **mon** auto
ma nouvelle adresse   BUT: **mon** adresse

I. Substitutions. *Répétez les phrases suivantes en substituant les mots indiqués:*

1. Roger aime bien <u>son père</u>.

    sa mère/ son petit frère/ sa petite sœur/ son cousin/ sa cousine

2. Marie aime bien <u>son père</u>.

    sa mère/ son petit frère/ sa petite sœur/ son cousin/ sa cousine

3. Je vais au labo <u>ce matin</u>.

    cet après-midi/ ce soir/ à cette heure-ci/ ces jours-ci

4. L'employé a demandé à Jean <u>son âge</u>.

    sa profession/ sa nationalité/ son adresse/ sa nouvelle adresse

5. L'employé a demandé à Marie <u>son âge</u>.

    sa profession/ sa nationalité/ son adresse/ sa nouvelle adresse

II. *Demandez en français à quelqu'un:*

1. quelle heure il est. 2. quel temps il fait. 3. quel âge il a. 4. quel jour nous sommes. 5. quelle saison il préfère. 6. à quelle heure il va déjeuner. 7. à quelle heure le train arrive. 8. à quelle gare le train arrive. 9. à quel restaurant il déjeune d'habitude. 10. en quelle saison on peut patiner et faire du ski. 11. en quel mois nous sommes. 12. en quelle année il est né. 13. quelle est son adresse. 14. sa nationalité. 15. sa profession. 16. la date de son anniversaire. 17. quels sont les jours de la semaine. 18. quels sont les mois de l'année. 19. quel est le premier jour de la semaine. 20. quel est le dernier mois de l'année.

III. Exercices d'application.

A. *Répétez chacun des mots suivants, en employant un adjectif démonstratif:*

(*a*) EX.:—le matin
    —**ce matin**

1. le soir, le journal, les journaux, le château, le cheval, les chevaux, le jardin.
2. l'été, l'hôtel, les hôtels, l'hôpital, les hôpitaux, l'arbre (*tree*), l'après-midi, l'hiver, l'automne. 3. la fleur (*flower*), la rue, la jeune fille, les jeunes filles, l'adresse, la semaine, l'année.

(*b*) EX.:—ce matin (this morning)
    —**ce matin-là** (that morning)

101

1. ce soir. **2.** cet après-midi. **3.** cette nuit. **4.** cette semaine. **5.** cette année. **6.** cet hiver. **7.** cet été. **8.** aujourd'hui (*Réponse:* ce jour-là).

B. *Répétez les phrases suivantes, en employant l'adjectif possessif:*

> EX.:—le frère de Marie
> —**son frère**
> —le frère de Jean
> —**son frère**

1. le père de Marie. **2.** le père de Roger. **3.** la mère de Roger. **4.** la mère de Marie. **5.** la sœur de Jean. **6.** la sœur de Marie. **7.** l'adresse de Marie. **8.** l'adresse de Roger. **9.** les parents de Jean. **10.** les parents de Marie. **11.** la fiancée de Charles. **12.** les yeux de Louise. **13.** les yeux de Charles. **14.** les cheveux de Louise. **15.** les parents de Roger et de Marie. **16.** les cousines de Roger et de Marie. **17.** la nationalité de Roger et de Marie. **18.** la profession de Jean et de Roger. **19.** les promenades de Roger et de Marie. **20.** les heures de laboratoire de Jean et de Roger.

C. *Dites au pluriel:*

> EX.:—votre frère
> —**vos frères**

1. mon cousin, ma cousine, mon journal. **2.** votre cousin, votre cousine, votre journal. **3.** notre cousin, notre cousine, notre journal.

IV. *Répondez en français à chacune des questions suivantes, en employant l'adjectif possessif convenable:*

1. Où demeurent vos parents? **2.** Où habitent les parents de Jean? **3.** Où habite le père de Jean? **4.** Est-ce que Jean a toujours sa mère? **5.** Est-ce que les frères de Jean sont en Amérique? **6.** Est-ce que ses sœurs sont aussi en Amérique? **7.** Comment s'appelle la fiancée de Charles Dupont? **8.** Comment s'appelle le fiancé de Louise Bedel? **9.** Savez-vous l'adresse de Charles Dupont? **10.** Savez-vous l'adresse de Louise Bedel?

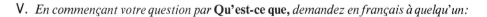

V. *En commençant votre question par* **Qu'est-ce que,** *demandez en français à quelqu'un:*

EX.:—ce qu'il a comme dessert.
—**Qu'est-ce que vous avez comme dessert?**

1. ce qu'il veut comme dessert. **2.** ce qu'il veut comme plat de viande. **3.** ce qu'il veut comme vin. **4.** ce qu'il a comme hors-d'œuvre. **5.** ce qu'il a comme fruits. **6.** ce qu'il pense de Charles. **7.** ce qu'il pense de Marie. **8.** ce qu'il sait de Jeanne d'Arc. **9.** ce qu'il sait du 14 juillet. **10.** ce qu'on peut faire en hiver. **11.** ce qu'on peut faire au printemps. **12.** ce qu'on peut faire quand il neige.

VI. *Dites en français à quelqu'un:*

EX.:—de vous donner son adresse.
—**Donnez-moi votre adresse.**

1. de vous donner son imperméable. **2.** d'apporter son imperméable. **3.** de vous donner son parapluie. **4.** de vous donner son adresse à Paris. **5.** de vous donner l'adresse de ses parents. **6.** de vous parler de ses projets.

VII. Révision.

(a) Demandez à quelqu'un:

1. quand Charles va se marier. **2.** s'il a de la monnaie. **3.** s'il a la monnaie de cent francs. **4.** ce qu'il veut comme dessert. **5.** s'il veut du café. **6.** s'il ne veut pas de café. **7.** si c'est la première fois qu'il neige cette année. **8.** la date de la fête nationale en France.

(b) Dites en français à quelqu'un:

1. qu'il a raison. **2.** qu'il a de la chance. **3.** que l'hiver dure trop longtemps. **4.** que vous n'aimez pas du tout l'hiver. **5.** que vous allez à Bordeaux au mois de décembre. **6.** que le déjeuner n'est pas encore prêt. **7.** que vous allez prendre du vin rouge comme d'habitude. **8.** que vous n'avez pas de chance.

103

 Jean fait des courses

JEAN – ¹J'ai des courses à faire. ²Je veux d'abord acheter du pain. ³On vend du pain à l'épicerie, n'est-ce pas?

MARIE – ⁴Non. Il faut aller à la boulangerie.

JEAN – ⁵Ensuite, je veux acheter de la viande.

MARIE – ⁶Quelle espèce de viande?

JEAN – ⁷Du bœuf et du porc.

MARIE – ⁸Pour le bœuf, allez à la boucherie. ⁹Pour le porc, allez à la charcuterie.

JEAN – ¹⁰Faut-il aller à deux magasins différents?

MARIE – ¹¹Oui. En France, les charcutiers vendent du porc. ¹²Les bouchers vendent les autres espèces de viande.

JOHN – ¹*I have some errands to do.* ²*First I want to buy some bread.* ³*They sell bread at the grocery store, don't they?*

MARIE – ⁴*No. You have to go to the bakery.*

JOHN – ⁵*Then I want to buy some meat.*

MARIE – ⁶*What sort of meat?*

JOHN – ⁷*Beef and pork.*

MARIE – ⁸*For beef, go to the butcher's.* ⁹*For pork, go to the pork butcher's.*

JOHN – ¹⁰*Must one go to two different stores?*

MARIE – ¹¹*Yes. In France, pork butchers sell pork.* ¹²*Butchers sell the other kinds of meat.*

JEAN – 13Je veux acheter aussi du papier à lettres. 14On vend du papier à lettres à la pharmacie, n'est-ce pas?

MARIE – 15Non. Les pharmaciens ne vendent que des médicaments.

JEAN – 16Où faut-il aller, alors?

MARIE – 17Allez à la papeterie ou au bureau de tabac.

JEAN – 18Ainsi, les bouchers ne vendent pas de porc, les pharmaciens ne vendent que des médicaments, et on vend du papier à lettres dans les bureaux de tabac!

MARIE – 19Vous pouvez aller au super-marché, si vous voulez. 20On trouve là un peu de tout, comme en Amérique.

JEAN – 21Oh non! J'aime bien causer avec les marchands.

JOHN – 13I want also to buy some stationery. 14They sell stationery at the drug store, don't they?

MARIE – 15No. Pharmacists sell only medicines.

JOHN – 16Where must one go, then?

MARIE – 17Go to the stationery store or the tobacco shop.

JOHN – 18Thus, the butchers don't sell pork, the pharmacists sell only medicines, and they sell stationery in the tobacco shops!

MARIE – 19You can go to the supermarket, if you want to. 20You find a little of everything there, just as in America.

JOHN – 21Oh no! I like to chat with the shopkeepers.

I. Substitutions.

1. Où faut-il aller pour acheter du pain?

   du bœuf/ du porc/ des médicaments/ des livres

2. Il faut aller à la boulangerie.

   à la boucherie/ à la charcuterie/ à la pharmacie/ à la librairie

3. Il faut aller chez le boulanger.

   chez le boucher/ chez le charcutier/ chez le pharmacien/ chez le libraire

4. J'aime bien causer avec les marchands.

   causer avec mes amis (amies)/ faire des courses/ parler du temps qu'il fait/
   parler de la pluie et du beau temps (*talk about the weather*)

5. Pour acheter du bœuf, allez à la boucherie.

   des livres . . . à la librairie/ du beurre et du fromage (*butter and cheese*) . . . à la crémerie/
   du sel et du poivre (*salt and pepper*) . . . à l'épicerie/ des couteaux et des fourchettes
   (*knives and forks*) . . . à la quincaillerie

II. *Demandez à quelqu'un:*

1. s'il a des courses à faire.   2. où on vend du pain.   3. si on vend du pain à
l'épicerie.   4. quelle espèce de viande il veut acheter.   5. où il faut aller pour
acheter du bœuf.   6. où il faut aller pour acheter du porc.   7. si le charcutier
vend du bœuf.   8. si le boucher vend du porc.   9. s'il faut aller à deux magasins
différents.   10. si on vend du papier à lettres à la pharmacie.   11. où il faut
aller pour acheter du papier à lettres.   12. ce qu'on trouve au supermarché.

III. *Répondez en français à chacune des questions suivantes:*

1. Avez-vous des courses à faire?   2. Que voulez-vous acheter d'abord?   3. Est-
ce qu'on vend du pain à l'épicerie?   4. Où faut-il aller pour acheter du pain?
5. Qu'est-ce que vous voulez acheter ensuite?   6. Quelle espèce de viande
voulez-vous acheter?   7. Où faut-il aller pour acheter du bœuf?   8. Où est-ce
qu'il faut aller pour acheter du porc?   9. Est-ce que les charcutiers vendent du
bœuf?   10. Est-ce que les bouchers vendent du porc?   11. Où est-ce qu'on vend
du papier à lettres?   12. Qu'est-ce qu'on achète à la pharmacie?   13. Qu'est-ce
qu'on achète à la crémerie?   14. Où est-ce qu'on achète des fourchettes et des
couteaux?

IV. *Répétez les phrases suivantes en employant* **ne . . . que . . .** (only, nothing but).

    EX.:—Les pharmaciens vendent des médicaments.
       —Les pharmaciens ne vendent que des médicaments.

    1. Les charcutiers vendent du porc.   **2.** Les bouchers vendent de la viande.
3. Mme Cochet a des revues françaises.   **4.** Jean aime les revues américaines.
5. Jean a un billet de cent francs.   **6.** Il y a un restaurant sur la place.   **7.** J'ai
des frères.   **8.** J'ai une sœur.

V. Dictée d'après la Conversation 12, pp. 94–95.

VI. Petits dialogues improvisés.

    1. Vous voulez acheter un journal, du papier à lettres et de l'aspirine. Vous
demandez à quelqu'un où on vend ces différents articles.
2. Vous voulez faire un pique-nique. Vous demandez à quelqu'un où on vend
les provisions que vous voulez acheter.

Descriptive Adjectives

25. *Forms and agreement of adjectives.*

un **petit** garçon	a *little* boy
une **petite** fille	a *little* girl
deux **petits** garçons	two *little* boys
deux **petites** filles	two *little* girls

A. Agreement.

Adjectives agree in gender and number with the noun modified.

B. Forms.

When the masculine singular form of an adjective ends in a consonant, you can often find the feminine by adding an **e** to the masculine singular. In these adjectives, the final consonant, which is normally silent in the masculine form, is pronounced in the feminine forms.

EX.: content — contente, grand — grande, français — française, vert — verte (*green*), brun — brune (*brown*).

When the masculine singular form of an adjective ends in an **e**, the masculine and feminine forms are identical:

EX.: **jeune** (*young*), **jaune** (*yellow*), **rouge** (*red*), **mince** (*thin*), **pâle** (*pale*), **russe** (*Russian*), **maigre** (*thin, too thin*), etc.

You obtain the plural form of most descriptive adjectives by adding an **s** to the singular: EX.: petit — petits (*m.*), petite — petites (*f.*). This **s** is pronounced only in linking.

A few adjectives have slightly irregular forms:

SINGULAR		PLURAL	
MASCULINE	FEMININE	MASCULINE	FEMININE
actif	active	actifs	actives (*active*)
neuf	neuve	neufs	neuves (*new*)
heureux	heureuse	heureux	heureuses (*happy*)
sérieux	sérieuse	sérieux	sérieuses (*serious*)
doux	douce	doux	douces (*gentle*)
gras	grasse	gras	grasses (*fat*)
blanc	blanche	blancs	blanches (*white*)
italien	italienne	italiens	italiennes (*Italian*)

---

26. *In English, adjectives precede the nouns they modify. In French, only a few adjectives normally precede.*

A. Adjectives that precede:

—Est-ce que c'est un **bon** hôtel?   Is it a *good* hotel?
—C'est un **grand jeune** homme.   He's a *tall* young man.
—C'est une **petite jeune** fille.   She's a *small* girl.
—C'est un **vieux** monsieur.   He's an *old* gentleman.
—Ce sont de **jolis** dessins.   They are *pretty* drawings.

The following adjectives normally precede the noun they modify:

(1) Regular: **grand** (*tall*), **petit** (*small*), **mauvais** (*bad*), **joli** (*pretty*), **jeune** (*young*).

(2) Irregular:

beau (bel)	belle	beaux	belles (*beautiful*)
bon	bonne	bons	bonnes (*good*)
gros	grosse	gros	grosses (*large, bulky*)
long	longue	longs	longues (*long*)
vieux (vieil)	vieille	vieux	vieilles (*old*)
nouveau (nouvel)	nouvelle	nouveaux	nouvelles (*new*)

The masculine forms **bel, vieil,** and **nouvel** are used only before masculine words that begin with a vowel or mute **h**: Un **bel** enfant, un **vieil** employé, un **nouvel** hôtel.

B. Adjectives that normally follow the noun modified:

—Elle a les yeux **bleus.**   She has *blue* eyes.
—L'hôtel du Cheval **blanc.**   The *White* Horse Hotel.
—Elle a les cheveux **blonds.**   She has *blond* hair.
—C'est un ingénieur **français.** He is a *French* engineer.
—Ce sont des gens **heureux.**   They are *lucky* (*happy*) people.

—C'est un garçon **maigre** (*thin*), **adroit** (*skilful*), **maladroit** (*awkward*),
  sérieux (*serious*), **poli** (*polite*).
—Elle porte une robe **bleue, verte** (*green*), **noire, rouge.**
—C'est une jeune fille **mince** (*slender*), **heureuse, sérieuse, douce, active.**
—Son père est d'origine **allemande** (*German*), **russe, espagnole** (*Spanish*),
  italienne (*Italian*).

Note (1) that adjectives of nationality always follow and those of color practically always do;
(2) Most adjectives normally follow the noun modified but occasionally they are placed before the noun for stylistic effect, for special emphasis, or for a special meaning; but it is scarcely useful to try to distinguish between «C'est une jeune fille charmante» and «C'est une charmante jeune fille» or between «C'est un dîner excellent» and «C'est un excellent dîner».

27. *Comparative of adjectives: regular.*

A. Superiority is expressed by **plus . . . que***

Jean est **plus grand que** sa sœur. John is *taller than* his sister.
Il fait **plus froid qu'**hier.   It is *colder than* yesterday.

B. Equality is expressed by **aussi . . . que**

Roger est **aussi intelligent que** Jean. Roger is *as intelligent as* John.
La campagne est **aussi belle** en automne The country is *as beautiful* in fall *as* in
 qu'au printemps.   spring.

---

* It is necessary to distinguish between **plus . . . que,** which is used in comparisons, and **plus de** which is an expression of quantity. EX.: Marie a **plus de dix** cousins. Marie has more than ten cousins.

C. Inferiority is expressed by **moins . . . que**

Marie est **moins grande que** son frère.	Marie is *less tall than* her brother.
En automne, il fait **moins chaud qu'en** été.	In fall, it is *cooler (less hot) than* in summer.

---

28. *Superlative of adjectives: regular.*

A. le plus (la plus, les plus)

Marie est **la plus jolie** jeune fille de la classe.	Mary is *the prettiest* girl in the class.
Henri est l'étudiant **le plus intelligent.**	Henry is *the most intelligent* student.
Ce sont les étudiants **les plus gentils.**	They are *the nicest* students.

B. le moins (la moins, les moins)

L'hiver est **la moins belle** saison de l'année.	Winter is *the least beautiful* season of the year.
C'est aussi **la moins agréable.**	It is also *the least agreeable.*

(1) To express the superlative degree of adjectives, you insert the appropriate definite article before the comparative form. The comparative and superlative of the adjective **grand** (*tall*) have the following forms:

COMPARATIVE	SUPERLATIVE
plus (moins) grand *taller (less tall)*	le plus (moins) grand *the tallest (the*
plus grande	la plus grande *least tall)*
plus grands	les plus grands
plus grandes	les plus grandes

(2) Superlative forms of adjectives normally stand in the same position in relation to the noun modified as their positive forms.

(*a*) ADJECTIVES WHICH PRECEDE:

le **petit** garçon	**le plus petit** garçon
la **jolie** jeune fille	**la plus jolie** jeune fille

(*b*) ADJECTIVES WHICH FOLLOW:

l'étudiant **intelligent**	l'étudiant **le plus intelligent**
la chambre **agréable**	la chambre **la plus agréable**

111

Note that when the superlative form of an adjective which follows the noun modified is used, the definite article is used twice — once before the noun and once as a part of the superlative form of the adjective.

---

29. *Irregular comparative and superlative of adjective* **bon** *and adverb* **bien.**

A. Adjective **bon**:

—L'hôtel Continental est un **bon** hôtel.   The Continental is a *good* hotel.
—L'hôtel du Cheval blanc est **meilleur**.   The White Horse Hotel is *better*.
—C'est **le meilleur** hôtel de la ville.   It is *the best* hotel in town.

The forms are:

bon (*good*)	meilleur (*better*)	le meilleur (*best*)
bonne	meilleure	la meilleure
bons	meilleurs	les meilleurs
bonnes	meilleures	les meilleures

B. Adverb **bien**:

On mange **bien** à l'hôtel Continental.   The food is *good* at the Continental. (You eat *well* at the Continental.)

On mange **mieux** chez Jacques.   The food is *better* at Jack's.
C'est là qu'on mange **le mieux**.   That is where the food is *best*.
Je vais **bien**.   I am *well*.
Je vais **mieux**.   I am *better*.
Je vais **le mieux** du monde.   I couldn't possibly be better.

The forms are: **bien** (*well*)   **mieux** (*better*)   **le mieux** (*best*).

Note that in English the comparative and superlative of the adjective *good* and the adverb *well* are identical. We say *good, better, best,* and *well, better, best;* consequently we do not have to know whether *best* is an adjective or an adverb in such sentences as: *Spring is the best season,* and *It is the season I like best.* But in French you have to know whether the adjective or the adverb is called for in order to choose the correct form:

Le printemps est **la meilleure** saison (*adj.*).
C'est la saison que j'aime **le mieux** (*adv.*).

I. Substitutions. *Répétez les phrases suivantes, en substituant les mots indiqués:*

1. Marie a une nouvelle robe <u>blanche</u>.

   rouge/ noire/ bleue/ rose/ jaune

2. C'est un jeune homme <u>maigre</u>.

   poli/ sérieux/ adroit/ maladroit

3. C'est une petite jeune fille <u>brune</u>.

   blonde/ grasse/ mince/ gaie/ douce

4. Il fait <u>plus beau</u> aujourd'hui qu'hier.

   plus chaud/ plus mauvais/ plus froid/ plus de vent/ moins chaud/ moins froid/ moins de vent

5. Marie est plus <u>grande</u> que sa cousine.

   jeune/ jolie/ intelligente/ gentille/ agréable

6. Louise est moins <u>grande</u> que sa cousine.

   jolie/ gentille/ intelligente/ active

7. C'est une vieille légende <u>bretonne</u> (*from Brittany*).

   irlandaise/ allemande/ norvégienne/ suédoise

II. Exercices d'application.

A. *Employez la forme convenable de l'adjectif indiqué avec chacun des mots suivants:*

1. **Beau, bel, belle.**

   EX.:—un château
   —**C'est un beau château.**

   une jeune fille/ un arbre/ un hôtel/ une maison/ un printemps/ un été

2. **Vieux, vieil, vieille.**

   EX.:—une église
   —**C'est une vieille église.**

   un restaurant/ un arbre/ un hôtel/ une maison/ une rue/ un ami

113

3. Bon petit, bonne petite.

EX.:—un restaurant
—**C'est un bon petit restaurant.**

un garçon/ une fille/ une jeune fille/ un vin blanc/ un hôtel/ une librairie

4. Actif, active.

EX.:—un homme
—**C'est un homme actif.**

un garçon/ une jeune fille/ une femme/ un jeune homme/ une personne

5. Heureux, heureuse.

EX.:—un garçon
—**C'est un garçon heureux.**

un homme/ une femme/ une jeune fille/ un enfant/ une personne

B. *Mettez au pluriel:*

EX.:—C'est un joli château.
—**Ce sont de jolis châteaux.**

1. C'est une jolie jeune fille.   **2.** C'est un vieil ami.   **3.** C'est un bel enfant.
4. C'est une longue histoire.   **5.** C'est un mauvais restaurant.   **6.** C'est une
histoire intéressante.   **7.** C'est une femme charmante.   **8.** C'est une voiture
neuve.   **9.** C'est un enfant heureux.   **10.** C'est une personne charmante.

C. *Répétez, en employant le superlatif et* **de la ville:**

EX.:—C'est un bon restaurant.
—**C'est le meilleur restaurant de la ville.**

C'est un bon hôtel/ C'est une bonne boulangerie/ C'est une belle place/
C'est une longue rue/ C'est un joli jardin

D. *Répétez les phrases suivantes en substituant les mots indiqués:*

1. Aujourd'hui, je vais <u>bien</u>.

mal/ très mal/ mieux qu'hier/ moins bien qu'hier/ le mieux du monde

2. Ici, on mange <u>bien</u>.

mieux qu'à l'autre hôtel/ beaucoup mieux qu'à l'autre hôtel/
moins bien qu'à l'autre hôtel/ beaucoup moins bien qu'à l'autre hôtel

114

3. J'aime mieux les pommes que les bananes.

> le printemps . . . l'hiver/ les arbres . . . les fleurs/ les blondes . . . les brunes/
> le vin blanc . . . le vin rouge/ le tabac américain . . . le tabac français

III. *Répondez en français à chacune des questions suivantes:*

1. De quelle couleur est le ciel quand il fait beau? **2.** De quelle couleur est le ciel quand il pleut? **3.** De quelle couleur est la campagne quand il neige? **4.** Est-ce que la campagne est aussi agréable en automne qu'en été? **5.** Est-ce que la campagne est aussi belle au printemps qu'en automne? **6.** Est-ce qu'il fait plus froid aujourd'hui qu'hier (*yesterday*)? **7.** Est-ce qu'il fait plus chaud aujourd'hui qu'hier? **8.** Quel est le mois le plus chaud de l'année? **9.** Quelle est la plus belle saison de l'année? **10.** Quelle est la plus mauvaise saison? **11.** Quelle est la meilleure saison pour faire du ski? **12.** Est-ce qu'il fait moins chaud au mois d'octobre qu'au mois de juin? **13.** Aimez-vous mieux le printemps que l'été? **14.** Aimez-vous mieux les blondes que les brunes? **15.** Est-ce que Jean est aussi grand que sa sœur? **16.** Marie est-elle aussi intelligente que son frère?

IV. Causeries.

1. Description d'une personne que vous aimez.
2. Description d'une personne que vous n'aimez pas.

CONVERSATION 14

Une Invitation

JEAN – ¹Je suis invité chez les Brown. Les connais-tu?

ROGER – ²Non, je ne les connais pas. ³Est-ce qu'ils sont Américains?

JEAN – ⁴M. Brown est Américain, mais sa femme est Française.

ROGER – ⁵Quand ce M. Brown est-il venu en France?

JEAN – ⁶Je ne sais pas au juste. ⁷Je crois qu'il est venu en France il y a cinq ou six ans.

ROGER – ⁸Est-il venu directement* des États-Unis?

JEAN – ⁹Non. Je crois qu'il a passé deux ou trois ans en Angleterre.

ROGER – ¹⁰Voilà un homme qui se déplace. ¹¹Qu'est-ce qu'il est venu faire en France?

JOHN – ¹*I'm invited to the Browns'. Do you know them?*

ROGER – ²*No, I don't know them.* ³*Are they Americans?*

JOHN – ⁴*Mr. Brown is an American, but his wife is French.*

ROGER – ⁵*When did this Mr. Brown come to France?*

JOHN – ⁶*I don't know precisely.* ⁷*I think he came to France five or six years ago.*

ROGER – ⁸*Did he come directly from the United States?*

JOHN – ⁹*No. I think he spent two or three years in England.*

ROGER – ¹⁰*There's a man who moves around.* ¹¹*What did he come to France to do?*

---

* Adverbs are often formed by adding **-ment** to the feminine form of adjectives: **directe**ment, **vive**ment **heureuse**ment.

L'Opéra

JEAN – [12]Il est banquier. [13]Sa banque se trouve près de l'Opéra.† [14]Il habite près du Bois de Boulogne.‡

ROGER – [15]Est-ce qu'il parle français?

JEAN – [16]Très couramment, mais, hélas, avec un fort accent américain.

ROGER – [17]Tu le connais depuis longtemps?

JEAN – [8]C'est un vieil ami de mon père. [19]Je l'ai vu bien souvent chez nous à Philadelphie. [20]Sa femme et lui ont toujours été très aimables pour moi.

JOHN – [12]*He's a banker.* [13]*His bank is near the Opera House.* [14]*He lives near the Bois de Boulogne.*

ROGER – [15]*Does he speak French?*

JOHN – [16]*Very fluently, but, alas, with a strong American accent.*

ROGER – [17]*Have you known him long?*

JOHN – [18]*He's an old friend of my father.* [19]*I've seen him very often at our house in Philadelphia.* [20]*His wife and he have always been very nice to me.*

---

† The Paris Opera House, which dominates the Place de l'Opéra, the Grands Boulevards, and the Avenue de l'Opéra, is one of the landmarks of Paris.

‡ The Bois de Boulogne is a large and beautiful park (2100 acres) west of Paris.

I. Substitutions. *Répétez les phrases suivantes, en substituant les mots indiqués:*

1. Je crois qu'il est venu en France il y a <u>cinq ou six ans</u>.

   deux ou trois ans/ deux ou trois mois/ deux ou trois semaines/ quelques années

2. Je crois qu'il a passé <u>deux ou trois ans</u> en Angleterre.

   un ou deux ans/ un an/ six mois/ quelque temps

3. Voilà un homme <u>qui se déplace</u>.

   qui se déplace volontiers/ qui se déplace facilement/
   qui aime à se déplacer/ qui a l'habitude de se déplacer

4. Où se trouve <u>sa banque</u>?

   sa maison/ le Bois de Boulogne/ l'Opéra/ l'avenue de l'Observatoire

5. C'est un <u>vieil</u> ami de mon père.

   bon/ grand/ ancien/ nouvel

6. <u>Où</u> avez-vous fait sa connaissance?

   Quand/ Comment/ Chez qui/ A quelle époque

7. Sa femme et lui ont toujours été aimables <u>pour moi</u>.

   pour nous/ pour eux/ pour Jean/ pour nos amis

8. Il est <u>banquier</u>.

   agent de change (*investment broker*)/ avocat (*lawyer*)/
   négociant en vins (*wholesale wine merchant*)/ fonctionnaire (*government employee*)

Le Bois de Boulogne

II. *Demandez à quelqu'un:*

1. chez qui Jean est invité. **2.** si Roger connaît les Brown. **3.** si ce M. Brown est Américain. **4.** quand M. Brown est venu en France. **5.** s'il est venu directement des États-Unis. **6.** où demeurent les Brown. **7.** ce que fait M. Brown. **8.** où se trouve sa banque. **9.** où Jean a fait sa connaissance. **10.** si Jean le connaît depuis longtemps. **11.** si M. Brown parle français avec un accent américain. **12.** s'il parle français couramment.

III. *Répondez en français:*

1. Chez qui Jean est-il invité? **2.** Est-ce que Roger connaît les Brown? **3.** Est-ce que ce M. Brown est Américain? **4.** Est-ce que sa femme est Américaine? **5.** Monsieur Brown parle-t-il français avec un accent américain? **6.** Quand M. Brown est-il venu en France? **7.** Est-ce qu'il est venu directement des États-Unis? **8.** Où se trouve la banque de M. Brown? **9.** Où demeurent les Brown? **10.** Où Jean a-t-il fait la connaissance de M. Brown? **11.** Est-ce que M. Brown et sa femme ont été aimables pour Jean? **12.** Est-ce que Jean les connaît depuis longtemps?

IV. Dictée d'après la Conversation 13, pp. 104–105.

V. Causeries.

1. Vous expliquez à un ami (une amie) pourquoi vous ne pouvez pas accepter son invitation à dîner.
2. Faites une description d'un ami de votre père.

 *The* Passé Composé

30. *Meaning and formation of the* **passé composé.**

The **passé composé** (compound past) tense is used to indicate that the action or condition described by the verb took place in the past. It corresponds both to the English present perfect (*He has gone home*) and the simple past (*He went home*).

This tense is a combination of the past participle of a verb and the present indicative of an auxiliary verb. While in English the compound tenses of all verbs use the auxiliary verb *to have*, in French some verbs are conjugated with **avoir** and some with **être**. The first group is much more numerous than the second.

31. **Passé composé** *of verbs conjugated with auxiliary* **avoir.**

A. Passé composé of **être** (*to be*)*:* Irregular:

—**Avez-vous été** malade la semaine dernière? *Were you* sick last week?
—Oui, **j'ai été** malade. Yes, *I was* sick.

(1) The forms of the **passé composé** of **être** are:
J'ai été, *I was, I have been,* **tu as été, il (elle) a été, nous avons été, vous avez été, ils (elles) ont été.**

(2) This tense is composed of the present indicative of **avoir** and the past participle of **être,** i.e., **été.**

(3) For the negative of the **passé composé** of **être,** you use the negative form of the present indicative of **avoir** with the past participle **été.** EX.: **Je n'ai pas été.**

(4) For the interrogative of this tense, you use the interrogative of the auxiliary with the past participle **été.** EX.: **Avez-vous été?**

B. Passé composé of **avoir** (*to have*)*:* Irregular:

—**Avez-vous eu** le temps de déjeuner à midi? *Did you have time* to lunch at noon?
—**Non, je n'ai pas eu** le temps de déjeuner.   No, *I didn't have* time to lunch.

(1) The forms of the **passé composé** of **avoir** are:
J'ai eu, *I had, I have had,* **tu as eu, il (elle) a eu, nous avons eu, vous avez eu, ils (elles) ont eu.**

(2) This tense is composed of the present indicative of **avoir** and the past participle of **avoir,** i.e., **eu.**

(3) For the negative and interrogative forms, you use the negative and interrogative forms of the auxiliary verb. EX.: **Je n'ai pas eu. Avez-vous eu?**

C. Passé composé of **déjeuner** (*to lunch, to eat lunch, to have lunch*): First Conjugation:

—**Avez-vous déjeuné** à midi?	*Did you lunch* at noon?
—**Non, j'ai déjeuné** à midi et demi.	No. *I lunched* at half past twelve.
—**A quelle heure Roger a-t-il dîné?**	What time *did* Roger *have dinner?*
—**Il a dîné** à six heures et quart.	*He had dinner* at a quarter past six.
—**Avez-vous acheté** un journal?	*Did you buy* a paper?
—**Oui, j'ai acheté** *Le Figaro.*	Yes, *I bought Le Figaro.*

(1) The forms of the **passé composé** of **déjeuner** are: **J'ai déjeuné,** *I had lunch, I have had lunch, I ate lunch, I have eaten lunch,* **tu as déjeuné, il (elle) a déjeuné, nous avons déjeuné, vous avez déjeuné, ils (elles) ont déjeuné.**

(2) This tense is composed of the present tense of the verb **avoir** and the past participle of **déjeuner,** i.e., **déjeuné.**

(3) You can always find the past participle of regular verbs of the first conjugation by substituting **-é** for the **-er** ending of the infinitive.

(4) For the negative and interrogative forms, you use the negative and interrogative of the auxiliary. EX.: **Je n'ai pas déjeuné. Avez-vous déjeuné?**

The following regular verbs with which you are familiar will be used in the oral practice exercises: **dîner,** *to dine;* **acheter,** *to buy;* **parler,** *to speak;* **habiter, demeurer,** *to live in;* **apporter,** *to bring;* **commencer,** *to begin;* **donner,** *to give;* **jouer,** *to play;* **écouter,** *to listen to;* **regarder,** *to look at.*

121

32. Passé composé *of verbs conjugated with auxiliary* être.

—Quand êtes-vous arrivé à Paris?   When *did you get* to Paris?
—Je suis arrivé hier.   *I arrived* yesterday.
—Quand M. Brown est-il venu en France?   When *did Mr. Brown come* to France?
—Il est venu en France il y a deux ou   *He came* to France two or three years
    trois ans.   ago.
—Êtes-vous déjà allé chez les Brown?   *Have you been* (*gone*) to the Brown's before?
—Oui, je suis allé chez eux plusieurs fois.   Yes, *I have been* to their house several times.

Aside from reflexive verbs (which will be studied later), the following verbs are the only common ones that are conjugated with être:

INFINITIVE	PAST PARTICIPLE	INFINITIVE	PAST PARTICIPLE
aller (*to go*)	allé	monter (*to go up*)	monté
venir (*to come*)	venu	descendre (*to go down*)	descendu
		tomber (*to fall*)	tombé
entrer (*to go in*)	entré		
sortir (*to go out*)	sorti	naître (*to be born*)	né
		devenir (*to become*)	devenu
partir (*to leave*)	parti	mourir (*to die*)	mort
arriver (*to arrive*)	arrivé		
rester (*to stay*)	resté		
retourner (*to return*)	retourné		

(1) Note also that revenir, *to come back;* rentrer, *to go back in, to go back home,* and other compounds of the verbs listed above are conjugated with être.

(2) The forms of the passé composé of aller, if the subject is masculine, are: Je suis allé, *I went, I have gone,* tu es allé, il est allé, nous sommes allés, vous êtes allé(s), ils sont allés.

(3) In compound tenses of the verbs listed above, the past participle agrees in gender and number with the subject of the verb. The feminine and plural forms of the participle follow the pattern of adjectives. EX.: Il est allé. —Elle est allée. —Ils sont allés. —Elles sont allées.

122

I. Substitutions. *Répétez les phrases suivantes, en employant les formes du verbe indiquées.*

> EX.: J'ai été malade.
> **Il a été malade.**

1. J'ai acheté un journal.
   > Tu .../ Il .../ Nous .../ Vous

2. Il n'a pas encore déjeuné.
   > Nous .../ Elle .../ Je .../ Vous

3. Je suis allé chez eux plusieurs fois.
   > Il .../ Tu .../ Nous .../ Vous

4. Êtes-vous resté(e)(s) à la maison hier soir?
   > ... il/ ... elle/ ... tu/ ... ils

II. Exercices d'application.

A. *Mettez les phrases suivantes à la forme négative:*

> EX.:—J'ai dîné.
> **—Je n'ai pas dîné.**

1. J'ai déjeuné à midi. **2.** Le garçon a apporté la carte. **3.** Il a parlé à Roger.
4. Nous avons déjeuné. **5.** Nous avons parlé français. **6.** Nous avons habité
à Paris. **7.** Nous avons été malades. **8.** Ils ont commencé à parler français.
9. Ils ont passé trois ans en Angleterre. **10.** J'ai regardé la télévision. **11.** Il a
apporté son imperméable. **12.** Je suis allé à la gare. **13.** Il a écouté. **14.** Il
est arrivé hier. **15.** Nous sommes arrivés hier. **16.** Il est venu chez nous.
17. Il est né en France. **18.** Nous sommes nés en France. **19.** Nous avons
joué aux cartes.

B. *Mettez les phrases suivantes à la forme interrogative:*

> EX.:—Roger a dîné.
> **—Roger a-t-il dîné?**

1. Roger a déjeuné à midi. **2.** Roger a acheté un journal. **3.** Le garçon a
apporté la carte. **4.** Le garçon a donné l'addition. **5.** Jean a parlé à la concierge. **6.** Jean et Roger ont dîné au restaurant. **7.** Jean est allé à la préfecture de police. **8.** Jean est déjà allé chez les Brown. **9.** M. Brown est venu
des États-Unis. **10.** Jean est né à Philadelphie. **11.** Roger a regardé la
télévision. **12.** Louis XIV est mort en 1715.

123

C. *Mettez les phrases suivantes au passé composé:*

> EX.:—Le train part à six heures.
> —**Le train est parti à six heures.**

1. J'achète le journal. **2.** Tu dînes à six heures, n'est-ce pas? **3.** Le garçon apporte la carte. **4.** Jean demande l'addition. **5.** Jean et Roger déjeunent à midi. **6.** Jean va chez les Brown. **7.** Nous allons à la sauterie. **8.** Nos amis arrivent aujourd'hui. **9.** Nous écoutons des disques. **10.** Jean et Roger rentrent à cinq heures. **11.** Tu es à Paris? **12.** Mon père est banquier.

III. *Répondez en français à chacune des questions suivantes:*

1. A quelle heure avez-vous déjeuné? **2.** A quelle heure êtes-vous venu(e) à l'université? **3.** A quelle heure avez-vous dîné hier? **4.** A quelle heure êtes-vous entré(e) dans la classe de français? **5.** A quelle heure les autres étudiants sont-ils entrés dans la classe de français? **6.** Avez-vous acheté un journal aujourd'hui? **7.** Avez-vous commencé à parler français? **8.** Avez-vous regardé la télévision hier soir? **9.** Êtes-vous allé(e) à New York l'été dernier? **10.** Êtes-vous venu(e) à l'université hier? **11.** Avez-vous eu le temps de déjeuner? **12.** Avez-vous joué aux cartes hier soir?

IV. *Répondez négativement:*

1. Avez-vous acheté un journal ce matin? **2.** Avez-vous passé deux ans en Angleterre? **3.** Avez-vous été malade l'été dernier? **4.** Êtes-vous allé(e) au laboratoire hier après-midi? **5.** Roger a-t-il regardé la télévision hier soir? **6.** Avez-vous apporté votre imperméable? **7.** Marie a-t-elle apporté son parapluie? **8.** Vos parents sont-ils allés en France? **9.** Êtes-vous sorti(e) hier soir? **10.** Êtes-vous rentré(e) à dix heures?

124

Bridge

SUR LE PONT D'AVIGNON

Sur le pont d'Avignon

L'on y danse, l'on y danse;

Sur le pont d'Avignon

L'on y danse tout en rond.

1. Les messieurs font comme ci,
   Et puis encore comme ça;

2. Les dames font comme ci,
   Et puis encore comme ça;

3. Les soldats font comme ci,
   Et puis encore comme ça.

4. Les abbés font comme ci,
   Et puis encore comme ça.

FRÈRE JACQUES

Frère Jacques (bis)

Dormez-vous (bis)

Sonnez les matines (bis)

Ding Dang Dong (bis)

Alouette;

ALOUETTE

Alouette, gentille Alouette,

Alouette, je te plumerai.

Je te plumerai la tête (bis)

Et la tête, et la tête (bis)

Ohhhhhh!

2. Je te plumerai le bec (bis)
   Et le bec (bis)
   Et la tête (bis) Ohhhhh!

   (Refrain)

4. Je te plumerai le cou (bis)
   Et le cou (bis)
   Et les pattes (bis)
   Et le bec (bis)
   Et la tete (bis) Ohhhhh!

   (Refrain)

3. Je te plumerai les pattes (bis)
   Et les pattes (bis)
   Et le bec (bis)
   Et la tete (bis) Ohhhhh!

5. Je te plumerai le dos (bis)
   Et le dos (bis)
   Et le cou (bis)
   Et les pattes (bis)
   Et le bec (bis)
   Et la tete (bis) Ohhhhh!

V. *Demandez à quelqu'un:*

(a) en employant la forme **vous:**

1. s'il a acheté un journal aujourd'hui.   **2.** s'il est né à Chicago.   **3.** s'il a donné son adresse à la concierge.   **4.** si son père est allé à Paris.   **5.** où il est né.   **6.** où son père est né.   **7.** à quelle heure il a dîné hier soir.   **8.** à quelle heure il a déjeuné aujourd'hui.

(b) en employant la forme **tu:**

1. s'il a acheté un journal aujourd'hui.   **2.** s'il est né à Chicago.   **3.** quand il est venu à Paris.   **4.** à quelle heure il déjeune d'habitude.   **5.** à quelle heure il a déjeuné hier.   **6.** s'il connaît les Brown.   **7.** s'il a de la monnaie.   **8.** s'il a écouté des disques hier soir.

CONVERSATION **15**

JEAN – ¹Où êtes-vous allée cet après-midi?

JOHN – ¹*Where did you go this afternoon?*

MARIE – ²Je suis allée en ville.

MARIE – ²*I went downtown.*

JEAN – ³Qu'est-ce que vous avez fait?

JOHN – ³*What did you do?*

MARIE – ⁴J'ai fait des courses.

MARIE – ⁴*I did some errands.*

JEAN – ⁵Qu'est-ce que vous avez acheté d'intéressant?

JOHN – ⁵*What did you buy that was of interest?*

MARIE – ⁶Beaucoup de choses. Je suis d'abord allée au Prisunic.

MARIE – ⁶*Lots of things. First I went to the Prisunic.*

JEAN – ⁷Un Prisunic? Qu'est-ce que c'est que ça?

JOHN – ⁷*A Prisunic? What's that?*

MARIE – ⁸C'est un magasin où on vend de tout à bon marché.

MARIE – ⁸*It's a store where they sell all sorts of things at low prices.*

JEAN – ⁹Avez-vous fait de bonnes affaires?

JOHN – ⁹*Did you get any bargains?*

MARIE – ¹⁰Et comment! J'ai découvert une robe sensationnelle et pas chère du tout.

MARIE – ¹⁰*And how! I came across a fantastic dress that was not expensive at all.*

JEAN – ¹¹La robe que vous portez?

JOHN – ¹¹*The dress you have on?*

MARIE – ¹²Mais oui. Comment la trouvez-vous?

MARIE – ¹²*Yes indeed. How do you like it?*

JEAN – ¹³Elle est originale, et elle vous va à ravir.

JOHN – ¹³*It's new and different, and it's extremely becoming.*

MARIE – ¹⁴J'ai marché tout l'après-midi. Je suis un peu fatiguée.

MARIE – ¹⁴*I walked all afternoon. I'm a little tired.*

JEAN – ¹⁵Vous êtes allée en ville à pied?

JOHN – ¹⁵*You walked downtown?*

MARIE – ¹⁶Oui, j'ai voulu profiter du beau temps. ¹⁷En tout cas, cette promenade m'a fait beaucoup de bien. ¹⁸Surtout, j'ai trouvé une robe qui me plaît— exactement ce que je voulais.

MARIE – ¹⁶*Yes, I wanted to take advantage of the fine weather.* ¹⁷*In any case, that walk did me a lot of good.* ¹⁸*Most of all, I found a dress that pleases me — exactly what I wanted.*

I. Substitutions. *Répétez les phrases suivantes en substituant les mots indiqués:*

1. Cet après-midi j'ai fait <u>des courses.</u>

de bonnes affaires/ une promenade/ peu de chose/ pas mal de choses

2. Je suis d'abord allée <u>au Prisunic.</u>

chez la couturière (*dressmaker*)/ chez le tailleur (*tailor*)/
chez le cordonnier (*shoemaker*)/ chez l'antiquaire (*antique dealer*)

3. J'ai découvert une robe <u>sensationnelle</u> et pas chère du tout.

extraordinaire/ ravissante/ très chic/ très originale

4. J'ai voulu <u>profiter du beau temps.</u>

acheter un pull-over (*sweater*)/ faire des courses/
faire une longue promenade/ aller en ville

5. En tout cas, <u>cette promenade</u> m'a fait beaucoup de bien.

le beau temps/ le soleil/ cet après-midi en ville/ cette promenade à la campagne

II. *Répondez d'après le texte aux questions suivantes:*

1. Où Marie est-elle allée cet après-midi? **2.** Qu'est-ce qu'elle a fait? **3.** A quel magasin est-elle allée d'abord? **4.** Qu'est-ce que c'est qu'un Prisunic? **5.** A-t-elle fait de bonnes affaires au Prisunic? **6.** Qu'est-ce qu'elle a découvert au Prisunic? **7.** Comment Jean trouve-t-il la robe qu'elle a achetée? **8.** Pourquoi Marie est-elle un peu fatiguée? **9.** Comment est-elle allée en ville? **10.** Pourquoi est-elle allée en ville à pied? **11.** Qu'est-ce qu'elle pense de cette promenade?

III. *Demandez à quelqu'un:*

(a) en employant la forme **vous:**

1. où il est allé cet après-midi. **2.** ce qu'il a fait en ville. **3.** s'il a fait de bonnes affaires. **4.** ce qu'il a acheté. **5.** ce qu'il a découvert au Prisunic. **6.** comment il trouve la nouvelle robe. **7.** Comment il est allé en ville. **8.** pourquoi il est allé en ville à pied.

(b) même exercice en employant le **tutoiement.**

IV. *Répondez en français aux questions suivantes:*

1. Qu'est-ce qu'on vend dans un Prisunic? **2.** Qu'est-ce que c'est qu'une boulangerie? **3.** Qu'est-ce que c'est qu'une charcuterie? **4.** Qu'est-ce qu'on vend dans une boucherie? **5.** Où vend-on des journaux? **6.** Où peut-on acheter des médicaments? **7.** Où vend-on du papier à lettres? **8.** Où est-ce qu'on vend de la viande?

V. *Répétez les phrases suivantes en ajoutant* **et je suis un peu fatigué:**

1. Je suis allé en ville à pied. **2.** J'ai marché tout l'après-midi. **3.** J'ai passé tout l'après-midi en ville. **4.** Je suis allé à plusieurs magasins différents. **5.** J'ai passé des heures à faire des courses. **6.** J'ai passé des heures à chercher exactement ce que je voulais.

VI. Dictée d'après la Conversation 14, pp. 116–117.

VII. Causerie.

Vous racontez (*tell*) comment vous avez passé l'après-midi.

 *Scènes parisiennes*

Marie et Jean marchent ensemble dans le Jardin du Luxembourg. C'est un beau jardin près de l'Université, qui a été dessiné au dix-septième siècle et qui maintenant est très fréquenté par les étudiants.

Nous sommes à la fin de septembre. C'est le moment où l'été finit et où l'automne commence. Les feuilles des arbres sont déjà jaunes et la terre est couverte de feuilles mortes. Il y a un de ces légers brouillards si fréquents à Paris en automne, et l'humidité est assez pénétrante. Cependant l'automne parisien est d'ordinaire une saison charmante, juste assez triste pour être poétique.

Jean demande à Marie s'il fait froid à Paris pendant l'hiver.

—Pas particulièrement, répond Marie. La température ne descend pas souvent au dessous de zéro degré centigrade et il neige rarement. Mais le ciel est souvent couvert et les pluies sont fréquentes, de sorte que l'hiver à Paris paraît

Le Jardin du Luxembourg

plus froid qu'il ne l'est véritablement. Par contre, le printemps est une très jolie saison. Beaucoup des avenues
parisiennes sont plantées de marronniers, et lorsqu'au
printemps ces marronniers sont couverts de fleurs blanches
et roses, c'est un spectacle magnifique.

Quittant le Jardin du Luxembourg, Jean et Marie
descendent vers Saint-Germain-des-Prés. Tout à coup,
derrière une grille, ils voient de vieux murs noircis par le
temps.

—Qu'est-ce que c'est que ça? demande Jean.

—Ça, mon cher ami, ce sont les Thermes (bains publics),
bâtis par les Romains. Vous savez que ces gens-là ont occupé
autrefois la Gaule, et vous connaissez Jules César. Or, les
Romains ont aimé construire des aqueducs et des bains
publics dans les villes, et ils ont été d'admirables construc-
teurs. Admirez l'épaisseur et la solidité de ces murs. Ils sont
là pour l'éternité.

131

Passé les Thermes, Jean s'arrête un instant à la vitrine d'un libraire pour regarder les livres nouveaux.

—La plupart de ces livres ont une apparence bien austère, dit-il à Marie. Sur la couverture en papier jaune ou gris, il n'y a guère que le nom de l'auteur et le titre du livre. Aux États-Unis, il y a presque toujours sur la couverture de nos livres une image destinée à attirer l'attention, une jolie femme autant que possible . . .

—On achète un livre pour le lire et non pas pour la jolie femme sur la couverture, répond Marie. Les illustrations, même sur la couverture, sont réservées d'ordinaire aux livres de voyages et aux livres sur l'art, pour lesquels ces illustrations ont une espèce de valeur documentaire. Mais à quoi bon avoir une image sur la couverture d'un roman?

—Simplement parce que la figure ou la silhouette d'une jolie femme est toujours agréable à contempler, répond Jean.

QUESTIONS

1. Où se trouve le Jardin du Luxembourg? **2.** Quand a-t-il été dessiné? **3.** Par qui est-il fréquenté? **4.** Quand commence l'automne? **5.** Quel temps fait-il ce jour-là? **6.** Est-ce qu'il neige souvent à Paris pendant l'hiver? **7.** En quelle saison les marronniers sont-ils en fleurs? **8.** De quelle couleur sont les fleurs des marronniers? **9.** Où vont Jean et Marie lorsqu'ils quittent le Jardin du Luxembourg? **10.** Qu'est-ce qu'ils voient tout à coup derrière une grille? **11.** Qui a construit les premiers bains publics à Paris? **12.** Pourquoi Jean s'arrête-t-il un instant à la vitrine d'un libraire? **13.** Pourquoi dit-il que les livres français ont une apparence bien austère? **14.** Qu'est-ce qu'il y a souvent sur la couverture des livres aux États-Unis?

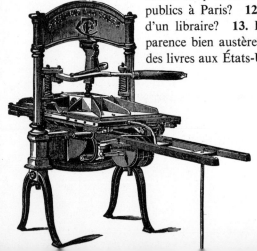

Dans une librairie

GRAMMAR UNIT 9

 Present Indicative and Passé Composé
Second and Third Conjugations,
and Reflexive Verbs

---

33. *Present indicative of* **finir** *(to finish): second conjugation, regular.*

—A quelle heure **finissez-vous** votre travail?   At what time *do you finish* your work?

—**Je finis** vers cinq heures, mais les autres   *I finish* around five o'clock, but the other
étudiants **finissent** d'habitude avant moi.   students usually *finish* before I do.

—**J'obéis** à la loi.   *I obey* the law.

(1) The affirmative forms of the present indicative of **finir** are: **Je finis,** *I finish,*
I am finishing, **tu finis, il (elle) finit, nous finissons, vous finissez, ils (elles) finissent.**

(2) The negative and interrogative forms follow the usual pattern. EX.: **Il ne
finit pas. Finit-il?**

(3) There are relatively few common verbs which belong to the second conjugation. **Choisir,** *to choose,* and **obéir à,** *to obey,* which are conjugated like **finir,**
will be used in the oral practice exercises.

---

34. **Passé composé** *of* **finir.**

—A quelle heure **avez-vous fini** votre travail   At what time *did you finish* your work
hier soir?   last night?

—**J'ai fini** mon travail vers onze heures.   *I finished* my work at about eleven
o'clock.

(1) The forms of the **passé composé** of **finir** are: **J'ai fini,** *I finished, I have finished,*
tu as fini, il a fini, nous avons fini, vous avez fini, ils ont fini.

(2) For the negative and interrogative forms, you use the negative and interrogative of the auxiliary verb. EX.: **Avez-vous fini? —Non, je n'ai pas fini.**

(3) The past participle of **finir** and other regular verbs of the second conjugation is found by substituting the ending **-i** for the infinitive ending **-ir.**

134

35. *Present indicative of* **répondre** (*to answer*): *third conjugation, regular.*

—**Répondez-vous** toujours aux coups de télé-phone?

Do you always *answer* the téléphone?

—Oui, **je réponds** toujours aux coups de téléphone.

Yes, *I* always *answer* the telephone.

(1) The affirmative forms of the present indicative of **répondre** are: **je réponds,** *I answer*, *I am answering*, **tu réponds, il répond, nous répondons, vous répondez, ils répondent.**

(2) The negative and interrogative forms follow the usual pattern. Note, however, that in **répond-il?** the **d** is linked and pronounced **t.**

(3) There are relatively few very common verbs which belong to the third conjugation. **Vendre,** *to sell*, and **entendre,** *to hear*, **attendre,** *to wait for*, **perdre,** *to lose*, which are conjugated like **répondre,** will be used in the oral practice exercises.

36. **Passé composé** *of* **répondre.**

—**Avez-vous répondu** à la demande de M. Duval?

Have you answered Mr. Duval's request?

—Oui, **j'ai répondu** à sa demande.

Yes, *I answered* his request.

(1) The forms of the **passé composé** of **répondre** are: **J'ai répondu,** *I answered*, *I have answered*, **tu as répondu, il a répondu, nous avons répondu, vous avez répondu, ils ont répondu.**

(2) The past participle of regular verbs of the third conjugation is found by substituting the ending **-u** for the infinitive ending **-re.**

37. *Present indicative of* **se dépêcher** (*to hurry*): *reflexive first conjugation, regular.*

—**Vous dépêchez-vous** pour arriver à l'heure à l'université?

Do you hurry to get to the University on time?

—Beaucoup d'étudiants **se dépêchent,** mais **je ne me dépêche pas.**

Many students *hurry*, but *I do not hurry*.

135

(1) A reflexive verb always has a pronoun object which refers to the subject of the verb. We have a few reflexive verbs in English (I hurt myself, you hurt yourself, etc.), but in French they are very common.

(2) The forms of the present indicative of **se dépêcher** are:

AFFIRMATIVE	NEGATIVE
Je me dépêche (*I hurry*)	Je ne me dépêche pas
Tu te dépêches	Tu ne te dépêches pas
Il se dépêche	Il ne se dépêche pas
Nous nous dépêchons	Nous ne nous dépêchons pas
Vous vous dépêchez	Vous ne vous dépêchez pas
Ils se dépêchent	Ils ne se dépêchent pas

INTERROGATIVE

Est-ce que je me dépêche?
Te dépêches-tu?
Se dépêche-t-il?
Nous dépêchons-nous?
Vous dépêchez-vous?
Se dépêchent-ils?

Note that in the affirmative forms both the pronoun subject (**il**) and the pronoun object (**se**) precede the verb. In the negative forms, **ne** follows the subject (**il**) and **pas** follows the verb — as you would expect. In the interrogative forms, the pronoun object (**se**) precedes the verb and the pronoun subject (**il**) follows it.

(3) When the subject of a reflexive verb is a noun, it of course takes the place of the pronoun subject (**il, elle, on**); but the pronoun object (**se**) must always be expressed. EX.: **Charles ne se dépêche pas. Charles se dépêche-t-il?**

(4) There are reflexive verbs in all conjugations, but in the oral practice exercises only the following ones will be used: **se coucher,** *to lie down, to go to bed;* **se lever,** *to get up, to rise;* **se réveiller,** *to wake up;* **se promener,** *to take a walk*, and **s'appeler,** *to be named.*

---

38. Passé composé *of* se dépêcher.

—**Vous êtes-vous dépêché** pour finir votre travail?   *Did you hurry* to finish your work?
—Oui, **je me suis dépêché.**   Yes, *I hurried.*

All reflexive verbs are conjugated with **être**. The easiest way to get the forms of the **passé composé** clearly in mind is to think of the auxiliary verb **être** as a reflexive verb (**je me suis**) and place the past participle (**dépêché**) after it.

(1) The forms of the **passé composé** of **se dépêcher** for MASCULINE subject* are:

AFFIRMATIVE	INTERROGATIVE
Je me suis dépêché (*I hurried*)	Est-ce que je me suis dépêché?
Tu t'es dépêché	T'es-tu dépêché?
Il s'est dépêché	S'est-il dépêché?
Nous nous sommes dépêchés	Nous sommes-nous dépêchés?
Vous vous êtes dépêché(s)	Vous êtes-vous dépêché(s)?
Ils se sont dépêchés	Se sont-ils dépêchés?

NEGATIVE

Je ne me suis pas dépêché
Tu ne t'es pas dépêché
etc.

(2) If the subject is a noun, you follow the same word order as for the present tense (see par. 37). Of course the past participle comes at the end. EX.: **Charles s'est dépêché. Charles ne s'est pas dépêché. Charles s'est-il dépêché?**

I. Substitutions. *Répétez les phrases suivantes en substituant les mots indiqués:*

1. J'ai fini mon travail hier soir.

mon rapport/ cet exercice/ ce livre/ mes examens

2. Il a répondu au coup de téléphone.

à cette demande/ à ce télégramme/ à cette lettre/ à ses questions

3. Je me suis dépêché pour arriver à l'heure.

pour être à l'heure/ pour finir à l'heure/ pour arriver plus tôt/ pour ne pas être en retard

II. Exercices d'application.

A. *Répondez au singulier, puis au pluriel:*

EX.:—Finissez-vous?
—**Je finis. Nous finissons.**

1. Choisissez-vous? **2.** Obéissez-vous? **3.** Finit-il? **4.** Choisit-il? **5.** Obéit-il?

---

*As the rule for agreement of the past participle in compound tenses of reflexive verbs is complicated (and of comparatively little importance for practical purposes), there is no point in trying to master it at this time. It will be explained in par. 74.

B. *Répétez, puis dites négativement:*

EX.:—Je finis.
　　—**Je finis.　Je ne finis pas.**

1. Tu finis. **2.** Tu choisis. **3.** Tu obéis. **4.** Il finit. **5.** Il choisit. **6.** Il obéit. **7.** Nous finissons. **8.** Nous choisissons. **9.** Nous obéissons. **10.** Vous finissez. **11.** Vous choisissez. **12.** Vous obéissez. **13.** Ils finissent.

C. *Répondez au singulier, puis au pluriel:*

1. Répondez-vous? **2.** Vendez-vous? **3.** Entendez-vous? **4.** Attendez-vous? **5.** Répond-il? **6.** Vend-il? **7.** Entend-il? **8.** Perdez-vous votre temps?

D. *Répétez, puis dites négativement:*

1. Je réponds. **2.** Je vends. **3.** J'entends. **4.** J'attends. **5.** Tu entends. **6.** Tu attends. **7.** On vend. **8.** On entend. **9.** Nous répondons. **10.** Nous entendons. **11.** Vous répondez. **12.** Vous vendez. **13.** Vous entendez. **14.** Ils répondent. **15.** Ils entendent. **16.** Ils vendent. **17.** Il perd son temps.

E. *Mettez les phrases suivantes au* **passé composé:**

1. Je finis à cinq heures. **2.** J'obéis à la loi. **3.** Je choisis du papier à lettres. **4.** Nous obéissons à la loi. **5.** Nous répondons aux lettres. **6.** Je réponds au téléphone. **7.** Tu réponds au téléphone. **8.** Il répond à sa demande. **9.** Il vend son auto. **10.** Entendez-vous le téléphone? **11.** Répondez-vous au téléphone? **12.** Réponds-tu au téléphone? **13.** Je ne vends pas de journaux. **14.** Ils n'obéissent pas. **15.** Je perds mon temps. **16.** J'attends l'avion.

III. *Répondez en français à chacune des questions suivantes:*

(*a*) **1.** A quelle heure vous levez-vous le* dimanche? **2.** A quelle heure vous couchez-vous d'habitude? **3.** A quelle heure finissez-vous votre travail? **4.** Est-ce que vous obéissez à la loi? **5.** Répondez-vous aux lettres de vos amis? **6.** Est-ce qu'en France les pharmaciens vendent des journaux?

(*b*) **1.** A quelle heure vous êtes-vous couché hier soir? **2.** A quelle heure vous êtes-vous levé ce matin? **3.** A quelle heure vous êtes-vous réveillé ce matin? **4.** A quelle heure avez-vous fini votre travail hier soir? **5.** A quelle heure êtes-vous venu à l'université? **6.** Vous êtes-vous dépêché pour arriver à l'heure à l'université?

---

*Le dimanche means *on Sunday* or *on Sundays*. This use of the definite article is explained in par. 113.

IV. *Demandez à quelqu'un:*

(*a*) en employant la forme **vous:**

1. comment il s'appelle. **2.** à quelle heure il se couche d'habitude. **3.** s'il se promène le dimanche. **4.** à quelle heure il se lève le dimanche. **5.** à quelle heure il se lève les autres jours de la semaine. **6.** comment s'appelle sa sœur. **7.** à quelle heure il s'est couché hier soir. **8.** s'il s'est promené dimanche. **9.** à quelle heure il s'est levé ce matin. **10.** à quelle heure il finit d'habitude son travail.

(*b*) même exercice en employant la forme **tu:**

Jean loue un appartement

Jean et Roger ont décidé de louer un appartement. Jean va au numéro huit, rue du Docteur Roux, dans le quinzième arrondissement.

JEAN – ¹Bonjour, madame. Vous avez un appartement à louer, n'est-ce pas?

JOHN – ¹*Good morning, (Madam). You have an apartment to rent, don't you?*

MME DUVAL – ²Mais oui, monsieur. J'en ai un au premier.*

MRS. DUVAL – ²*Yes, sir. I have one on the second floor.*

JEAN – ³Est-ce que je peux le voir?

JOHN – ³*May I see it?*

MME DUVAL – ⁴Certainement, monsieur. Par ici, s'il vous plaît. ⁵C'est la première porte à droite, en †haut de l'escalier. ⁶Voulez-vous bien monter?

MRS. DUVAL – ⁴*Certainly, sir. This way, please. ⁵It's the first door on the right at the top of the stairs. ⁶Would you like to (Will you please) go up?*

JEAN – ⁷Volontiers.

JOHN – ⁷*I'll be glad to.*

MME DUVAL – ⁸Voici l'appartement. Comment le trouvez-vous?

MRS. DUVAL – ⁸*Here's the apartment. How do you like it?*

JEAN – ⁹Je le trouve vraiment très agréable.

JOHN – ⁹*I think it is really very nice.*

MME DUVAL – ¹⁰Et il est très tranquille, monsieur. ¹¹Il n'y a jamais de bruit dans le quartier.

MRS. DUVAL – ¹⁰*And it is very quiet, sir. ¹¹There is never any noise in this part of town.*

JEAN – ¹²Tant mieux, car nous avons souvent besoin de travailler le soir.

JOHN – ¹²*So much the better, for we often have to (need to) work in the evening.*

MME DUVAL – ¹³Voici la salle de bains. Nous avons le chauffage central, bien entendu, et l'eau chaude toute la journée.

MRS. DUVAL – ¹³*Here's the bathroom. We have central heating, of course, and hot water all day.*

---

*Le premier (étage) is one flight up from the ground floor.
†The h of the word haut is aspirate; therefore the n is not linked.

JEAN – ¹⁴Quel est le loyer, s'il vous plaît?

MME DUVAL – ¹⁵Huit cent cinquante francs par mois, monsieur.

JEAN – ¹⁶Je crois que cet appartement nous conviendra tout à fait. ¹⁷Mon ami viendra le voir demain. ¹⁸Est-ce que demain matin vous convient?

MME DUVAL – ¹⁹Mais oui, monsieur, parfaitement. Je vous attendrai.

JEAN – ²⁰C'est entendu. A demain donc, madame.

JOHN – ¹⁴*What is the rent, please?*

MRS. DUVAL – ¹⁵*850 francs per month, sir.*

JOHN – ¹⁶*I think this apartment will suit us perfectly. ¹⁷My friend will come to see it tomorrow. ¹⁸Is tomorrow morning all right with you?*

MRS. DUVAL – ¹⁹*Yes, perfectly. I'll expect you.*

JOHN – ²⁰*All right. See you tomorrow.*

141

I. **Substitutions.** *Répétez les phrases suivantes en substituant les mots indiqués:*

1. Vous avez <u>un appartement</u> à louer, n'est-ce pas?

des chambres/ une maison/ une chambre meublée (*furnished*)/ un piano

2. Vous avez <u>une maison</u> à vendre, n'est-ce pas?

une auto/ une bicyclette/ un cheval/ un chien (*dog*)

3. J'en ai <u>un</u> au premier.

deux/ trois/ quelques-uns/ plusieurs

4. Voulez-vous bien <u>monter</u>?

entrer/ vous asseoir/ voir la salle de bains/ descendre

5. Je crois que <u>cet appartement</u> nous conviendra tout à fait.

cette maison/ ce quartier/ cette bicyclette/ cette auto

6. Nous avons souvent besoin de travailler <u>le soir</u>.

la nuit/ le matin/ toute la matinée/ toute la journée

II. *Répétez les phrases suivantes, en remplaçant le nom par* **le, la, les**:

EX.—Comment trouvez-vous l'appartement?
—**Comment le trouvez-vous?**

1. Comment trouvez-vous la maison?　**2.** Comment trouvez-vous la chambre?
3. Comment trouvez-vous les fruits?　**4.** Comment trouvez-vous cette omelette?
5. Comment trouvez-vous ce vin rouge?　**6.** Comment trouvez-vous les hors-
d'œuvre?　**7.** Comment trouvez-vous cette poire?

III. *Demandez à quelqu'un:*

1. s'il a un appartement à louer.　**2.** si vous pouvez voir l'appartement.　**3.** si
l'appartement est au premier.　**4.** où se trouve la porte de l'appartement.　**5.** si
l'appartement est tranquille.　**6.** s'il y a du bruit dans le quartier.　**7.** si demain
matin lui convient.　**8.** quel est le loyer.

IV. *Répondez d'après le texte aux questions suivantes:*

1. Avez-vous un appartement à louer? **2.** Est-ce que je peux le voir? **3.** Comment trouvez-vous l'appartement? **4.** Est-ce que l'appartement est tranquille? **5.** Y a-t-il du bruit dans le quartier? **6.** Jean a-t-il souvent besoin de travailler le soir? **7.** Y a-t-il une salle de bains? **8.** Y a-t-il le chauffage central? **9.** Quel est le loyer? **10.** Est-ce que l'appartement plaît à Jean? **11.** Quand Roger va-t-il venir le voir? **12.** Est-ce que demain matin convient à Mme Duval?

V. *Répétez les phrases suivantes en remplaçant* **ne . . . pas** *par* **ne . . . jamais:**

EX.:—Je n'ai pas d'argent.
—**Je n'ai jamais d'argent.**

1. Il n'y a pas de bruit dans le quartier. **2.** Ma tante n'est pas à l'heure. **3.** Ils ne sont pas à la maison. **4.** Je ne réponds pas aux lettres. **5.** Nous ne travaillons pas la nuit. **6.** Je ne finis pas mon travail avant cinq heures. **7.** Je ne vends pas mes livres. **8.** Je ne vais pas à la campagne. **9.** Elle ne répond pas au téléphone. **10.** Il ne vient pas me voir. **11.** Je ne me dépêche pas. **12.** Je ne me couche pas avant minuit.

VI. Dictée d'après la Conversation 15, p. 127.

VII. Causerie.

Faites la description de votre appartement.

Unstressed Forms of Personal Pronouns

---

39. *Remark about the forms of personal pronouns.*

The French personal pronouns have two sets of forms: the unstressed forms, which are used only in conjunction with verbs (i.e., as subject or object of verbs), and the stressed forms, which will be studied later. The unstressed forms are sometimes called "conjunctive" pronouns and the stressed forms "disjunctive" pronouns.

---

40. *Unstressed forms of personal pronouns used as subjects of a verb.*

—**Je** vais à l'hôtel.   *I* am going to the hotel.
—**Il** est Américain.   *He* is an American.
—Qu'est-ce que **vous** voulez?   What do *you* want?

The subject forms are: **je, tu, il (elle, on), nous, vous, ils (elles).**

---

41. *Unstressed personal pronouns used as direct objects of a verb.*

—Allez-vous venir **me** voir?   Are you going to come to see *me?*
—Oui, je vais venir **vous** voir.   Yes, I am going to come to see *you.*
—Voici la chambre. Comment **la** trouvez-vous? Here is the room. How do you like *it?*
—Je **la** trouve très agréable.   I think *it* is very nice.
—Aimez-vous les pommes?   Do you like apples?
—Oui, je **les** aime assez.   Yes, I like *them* all right.

144

A. Forms.

The direct object forms are: **me, te, le (la), nous, vous, les.**

B. Use and position.

(1) **Le, la,** and **les** refer either to persons or things. EX.: Comment trouvez-vous **la chambre?** —Je **la** trouve très agréable. Comment trouvez-vous **Marie?** —Je **la** trouve très gentille.

(2) The direct object pronoun precedes the verb.* In compound tenses it precedes the auxiliary verb.

---

42. *Unstressed personal pronouns used as indirect objects of a verb — referring only to persons.*

—Avez-vous donné votre adresse à la concierge?	Did you give your address to the concierge?
—Oui, je **lui** ai donné mon adresse.	Yes, I have given *her* my address.
—Avez-vous parlé aux étudiants?	Did you speak to the students?
—Oui, je **leur** ai parlé.	Yes, I spoke *to them*.

Note that in «Je lui ai donné mon adresse», **lui** is the indirect object of **J'ai donné,** *I gave (it) to her;* in «Je leur ai parlé», **leur** is the indirect object of **J'ai parlé,** *I spoke to them.*

A. Forms.

The indirect object forms used to refer to persons are: **me, te, lui, nous, vous, leur.**

Note that **lui, leur,** replace either a masculine or feminine noun. Thus: «**Je lui ai donné mon adresse**» answers both the question «**Avez-vous donné votre adresse à Charles?**» and the question «**Avez-vous donné votre adresse à Marie?**»

B. Position.

The personal pronoun object precedes the verb.†
If you have both a direct and an indirect object pronoun, they stand in the following order before the verb:

---

*The only exception, that of affirmative imperative, will be studied in par. 52.
†Except affirmative imperatives.

(1)　　INDIRECT OBJECT　　　　　　　　DIRECT OBJECT

me		
te		le
nous	*precede*	la
vous		les

Roger me montre le journal.	le
la revue.	Roger me la montre.
les romans.	les

(2)　　DIRECT OBJECT　　　　　　　　INDIRECT OBJECT

le		lui
la	*precede*	leur
les		

Roger donne le journal à Jean (Marie).	Roger le lui donne.
la revue	la lui
les livres	les lui

43. *Personal pronoun* **y** *used as indirect object of a verb — referring only to things.*

—Avez-vous répondu à la lettre?	Did you answer the letter?
—Oui, j'y ai répondu.	Yes, I answered (replied to) *it*.
—Avez-vous répondu aux lettres?	Did you answer the letters?
—Oui, j'y ai répondu.	Yes, I answered (replied to) *them*.

44. *Use of* **en** *as a partitive pronoun.*

A. To replace nouns in a partitive sense.

En is used here* as a pronoun object to replace nouns that are used in a partitive sense (**du pain, de la viande, des pommes**):

—Avez-vous du pain?	Have you any bread?
—Oui, j'**en** ai.	Yes, I have *some* (of it).
—Avez-vous acheté de la viande?	Have you bought any meat?
—Oui, j'**en** ai acheté.	Yes, I bought *some* (of it).
—Voici des pommes. **En** voulez-vous?	Here are some apples. Do you want *some?*

*En used to replace a noun object of the preposition **de** will be studied in par. 51.

B. With expressions of quantity.

If you use expressions of quantity (**beaucoup, un peu, pas,** etc.) or numbers in such phrases, **en** must still be expressed:

—Avez-vous une chambre à louer?   Have you a room for rent?
—Oui, j'**en** ai **une.**   Yes, I have *one* (of them).
—Avez-vous des cousins?   Have you any cousins?
—Oui, j'**en** ai **beaucoup.**   Yes, I have *a lot* (of them).
—Voici des pommes.   Here are some apples.
—**En** voulez-vous **une?**   Do you want *one* (of them)?

C. Position.

When there is another personal pronoun object of a verb, the pronoun **en** always comes last. EX.: **Est-ce qu'il vous a donné des poires?** —Oui, il **m'en** a donné. —**Est-ce que vous avez donné des pommes à Charles?** —Oui, je **lui en** ai donné.

I. Substitutions. *Répétez les phrases suivantes en substituant les mots indiqués:*

1. (le journal) Il <u>me</u> l'a donné.

   nous/ te/ vous

2. (les hors-d'œuvre) Il <u>nous</u> les a apportés.

   me/ te/ vous

3. (des fruits) Il <u>vous</u> en a donné beaucoup.

   m(e)/ t(e)/ nous/ lui

4. (une pomme) Elle <u>me</u> l'a donnée.

   nous/ te/ vous

5. (du raisin) Mon père <u>m</u>'en a envoyé.

   vous/ lui/ nous/ leur

147

II. Exercices d'application. *Répétez en remplaçant les mots en italique* (in italics) *par un pronom personnel:*

A. le, la, les

1. Je trouve *la chambre* très agréable. **2.** J'aime bien *les revues françaises*. **3.** Je n'aime pas *les bananes*. **4.** Jean trouve *la nouvelle robe de Marie* très jolie. **5.** Il connaît *Louise Bedel*. **6.** Il connaît très bien *les Brown*. **7.** Roger ne connaît pas *les Brown*. **8.** Comment avez-vous trouvé *la chambre?** **9.** J'ai trouvé *la chambre* agréable. **10.** Comment Jean et Roger ont-ils trouvé *le dîner?* **11.** Ils ont trouvé *le dîner* très bon. **12.** Le garçon apporte *la carte*.

B. en

1. J'ai *des fruits*. **2.** Je n'ai pas *de fruits*. **3.** Roger n'a pas *de frères*. **4.** Mme Cochet n'a pas *de revues américaines*. **5.** Elle a *des journaux français*. **6.** Jean n'a pas acheté *de romans policiers*. **7.** Avez-vous *des cousins?* **8.** A-t-il *des cousins?* **9.** Combien *de cousins* a-t-il? **10.** Il n'y a pas *de hors-d'œuvre*. **11.** Il n'y a plus *de hors-d'œuvre*.

C. en . . . un, une; en . . . un peu; en . . . plusieurs, etc.

1. J'ai *une chambre* au premier. **2.** J'ai acheté *un journal*. **3.** J'ai acheté *deux journaux*. **4.** J'ai acheté beaucoup *de fruits*. **5.** Je n'ai pas acheté beaucoup *de papier à lettres*. **6.** Il y a *une table* là-bas. **7.** Il y a *deux tables* par ici. **8.** Jean a mangé un peu *de viande*. **9.** Il a mangé un peu *de salade*. **10.** Il a mangé plusieurs *olives*. **11.** Roger a plusieurs *frères*. **12.** Marie a plusieurs *cousines*.

D. lui, leur

1. J'ai parlé *à la concierge*. **2.** J'ai parlé *à Jean*. **3.** Il n'obéit pas *à sa femme*. **4.** Elle n'obéit pas *à son mari* (husband). **5.** Jean a dit bonjour *à la concierge*. **6.** Il a dit au revoir *à Roger*. **7.** Il a dit au revoir *à ses cousins*. **8.** J'ai répondu *au professeur*. **9.** J'ai répondu *à mes parents*.

E. y

1. J'ai répondu *à la lettre*. **2.** Je n'ai pas répondu *à la lettre*. **3.** Je n'ai pas répondu *aux questions*. **4.** Je vais *à la gare*. **5.** Je suis allé *à la gare*. **6.** A quelle heure allez-vous *à la gare?* **7.** Quand allez-vous répondre *à cette lettre?* (y répondre). **8.** Je vais répondre *à cette lettre* demain matin.

---

*If this exercise is to be written, see par. 74 for agreement of past participle of verbs conjugated with **avoir.**

III. Exercices d'application. *Compléments directs et indirects.*

A. *Répétez les phrases suivantes en substituant les mots indiqués et puis en remplaçant les noms par des pronoms personnels:*

EX.:—Il m'a donné le paquet.
    —**Il me l'a donné.**

1. Il m'a donné le journal.

    la carte/ les fleurs/ des fleurs/ ma monnaie

2. Il nous a donné le journal.

    la carte/ les fleurs/ des fleurs/ notre monnaie

3. Vous a-t-il apporté le journal?

    la carte/ les fleurs/ des fleurs/ votre monnaie

4. Il nous a apporté le dessert.

    la carte/ le plat de viande/ les fruits/ des fruits

IV. *Répondez en français en remplaçant les noms par les pronoms convenables:*

1. Connaissez-vous Louise Bedel? 2. Connaissez-vous M. Brown? 3. Connaissez-vous les Brown? 4. Avez-vous apporté votre imperméable? 5. Avez-vous des frères? 6. Combien de frères avez-vous? 7. Avez-vous acheté des journaux aujourd'hui? 8. Avez-vous des parents en France? 9. Est-ce que Jean a parlé au pharmacien? 10. Est-ce que vous avez répondu à la concierge? 11. Avez-vous répondu au télégramme? 12. Allez-vous au cinéma ce soir? 13. Êtes-vous allé au cinéma hier soir? 14. Avez-vous donné votre adresse à l'agent de police? 15. Avez-vous donné de l'argent à l'agent de police? 16. Est-ce que votre père vous a donné de l'argent? 17. Est-ce que le boulanger vous a donné votre monnaie? 18. Vous a-t-il donné de la monnaie?

149

 Marie va en ville

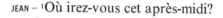

JEAN – ¹Où irez-vous cet après-midi?

MARIE – ²J'irai en ville.

JEAN – ³Qu'est-ce que vous ferez?

MARIE – ⁴Je ferai des courses.

JEAN – ⁵Qu'est-ce que vous achèterez?

MARIE – ⁶J'achèterai quelque chose pour Roger — un pull-over ou autre chose. ⁷C'est demain son anniversaire.

JEAN – ⁸Comment irez-vous en ville?

MARIE – ⁹J'irai à pied, s'il fait beau.

JEAN – ¹⁰Vous serez bientôt fatiguée. ¹¹Pourquoi ne prenez-vous pas le métro?

MARIE – ¹²Je n'aime pas prendre le métro. ¹³Aux heures d'affluence, il y a trop de monde.

JEAN – ¹⁴Qu'est-ce que vous ferez s'il pleut?

MARIE – ¹⁵S'il pleut, je prendrai un taxi.

JEAN – ¹⁶A quelle heure rentrerez-vous?

MARIE – ¹⁷Je rentrerai de bonne heure, avant cinq heures.

JOHN – ¹*Where are you going this afternoon?*

MARIE – ²*I am going downtown.*

JOHN – ³*What are you going to do?*

MARIE – ⁴*I shall do some errands.*

JOHN – ⁵*What are you going to buy?*

MARIE – ⁶*I'll buy something for Roger — a sweater or something else.* ⁷*Tomorrow is his birthday.*

JOHN – ⁸*How will you go downtown?*

MARIE – ⁹*I'll walk, if the weather is fine.*

JOHN – ¹⁰*You'll soon be tired out.* ¹¹*Why don't you take the subway?*

MARIE – ¹²*I don't like to take the subway.* ¹³*During rush hours, there are too many people.*

JOHN – ¹⁴*What will you do if it rains?*

MARIE – ¹⁵*If it rains, I'll take a taxi.*

JOHN – ¹⁶*What time will you get home?*

MARIE – ¹⁷*I'll get back early, before five o'clock.*

JEAN – [18]N'oubliez pas que nous allons tous les trois au cinéma ce soir.

MARIE – [19]Soyez tranquille. Je n'oublierai pas.

JEAN – [20]A quelle heure Roger viendra-t-il vous chercher?

MARIE – [21]Il viendra me chercher à huit heures précises, dit-il. [22]Venez donc vers huit heures.

JEAN – [23]Entendu. A ce soir.

JOHN – [18]*Don't forget that the three of us are going to the movies this evening.*

MARIE – [19]*Don't worry. I won't forget.*

JOHN – [20]*What time will Roger come for you?*

MARIE – [21]*At eight o'clock sharp, he says.* [22]*So come around eight o'clock.*

JOHN – [23]*Okay. See you this evening.*

I. Substitutions. *Répétez les phrases suivantes en substituant les mots indiqués:*

1. Où irez-vous cet après-midi?

ce soir/ demain/ la semaine prochaine/ l'année prochaine

2. J'irai en ville.

au cinéma/ chez Marie/ à la bibliothèque/ au théâtre

3. Je rentrerai de bonne heure.

avant cinq heures/ vers six heures/ vers minuit/ à minuit

4. Il viendra me chercher à huit heures précises.

à sept heures précises/ à onze heures/ vers sept heures/ avant huit heures

5. S'il pleut, je prendrai un taxi.

je prendrai l'autobus/ je prendrai le métro/ j'irai au cinéma/ je rentrerai tout de suite

6. J'irai chercher Marie.

Roger/ les Brown/ ma cousine/ Louise Bedel

II. *Répétez en remplaçant les noms par les pronoms convenables:*

EX.:—Je viendrai chercher Jean.
—**Je viendrai le chercher.**

1. Je viendrai chercher Roger.

Marie/ Jean et Roger/ Marie et Louise/ les Brown

2. J'irai chercher les Brown.

Louise Bedel/ Charles Dupont/ ma mère/ mes cousines/ mon imperméable

III. *Demandez à quelqu'un:*

1. où il ira cet après-midi. **2.** ce qu'il fera en ville. **3.** ce qu'il achètera. **4.** comment il ira en ville. **5.** ce qu'il fera, s'il pleut. **6.** pourquoi il ne prend pas le métro. **7.** à quelle heure il rentrera. **8.** à quelle heure Roger viendra chercher Marie.

IV. *Répondez d'après le texte aux questions suivantes:*

1. Où irez-vous cet après-midi? **2.** Qu'est-ce que vous ferez en ville? **3.** Qu'est-ce que vous achèterez? **4.** Comment irez-vous en ville? **5.** Pourquoi ne prenez-vous pas le métro? **6.** Qu'est-ce que vous ferez s'il pleut? **7.** A quelle

152

heure rentrerez-vous? **8.** A quelle heure Roger viendra-t-il chercher Marie? **9.** Où vont-ils ensemble ce soir? **10.** Pourquoi Marie achètera-t-elle quelque chose pour Roger?

V. Exercices d'application. *Verbes pronominaux.* (Reflexive verbs).

A. *Répétez les phrases suivantes en substituant les mots indiqués:*

1. Je vais me coucher.

me lever/ m'habiller/ me dépêcher/ me promener

2. Il va se coucher.

se lever/ s'habiller/ se dépêcher/ se promener

3. Nous allons nous coucher.

nous lever/ nous habiller/ nous dépêcher/ nous promener

B. *Demandez en français à quelqu'un:*

1. comment il s'appelle. **2.** à quelle heure il s'est couché hier soir. **3.** à quelle heure il se couche d'habitude. **4.** à quelle heure il se lève d'habitude. **5.** à quelle heure il s'est levé ce matin. **6.** à quelle heure il s'habille le dimanche. **7.** à quelle heure il s'est habillé ce matin. **8.** s'il se dépêche le dimanche matin. **9.** s'il va se lever de bonne heure demain. **10.** s'il veut s'habiller pour aller en ville. **11.** à quelle heure il va se lever. **12.** si les étudiants se couchent de bonne heure le samedi soir.

153

VI. Révision. *Pronoms personnels. Répétez en remplaçant les noms par les pronoms convenables:*

EX.:—La concierge m'a donné la lettre.
  —**Elle me l'a donnée.**

1. J'ai acheté le journal. **2.** Je l'ai donné à Jean. **3.** J'ai acheté les journaux.
4. J'ai acheté des journaux. **5.** J'ai acheté deux journaux. **6.** J'ai acheté un journal. **7.** Le marchand (*merchant*) m'a donné le journal. **8.** Le marchand vous a donné le journal. **9.** La concierge m'a donné la lettre. **10.** Elle vous a donné la lettre. **11.** Elle vous a donné les lettres. **12.** Elle vous a donné des lettres.

VII. Dictée d'après la Conversation 16, pp. 140-141.

VIII. Dialogue.

Un rendez-vous pour samedi soir.

Rue du Docteur Roux

Future Tense and Imperative

45. *Formation of the future of regular verbs.*

—**Déjeunerez-vous** en ville?	*Will you have lunch* in town?
—Oui, **je déjeunerai** à l'hôtel du Cheval blanc.	Yes, *I shall have lunch* at the White Horse Hotel.
—Quand **finirez-vous** votre travail?	When *will you finish* your work?
—**Je finirai** de bonne heure.	*I shall finish* early.
—**Je finirai** tard.	*I shall finish* late.
—**Je finirai** avant minuit.	*I'll finish* before midnight.
—**Je finirai** après minuit.	*I'll finish* after midnight.
—**Répondrez-vous** à sa lettre?	*Shall you answer* his (her) letter?
—Oui, **je répondrai** bientôt à sa lettre.	Yes, *I shall answer* his (her) letter soon.
—**Vous dépêcherez-vous** de finir votre travail?	*Will you hurry* to finish your work?
—Oui, **je me dépêcherai.**	Yes, *I shall hurry.*

The forms of the future tense of regular verbs are:

FIRST CONJUGATION	SECOND CONJUGATION	THIRD CONJUGATION
je déjeunerai	je finirai	je répondrai
I shall have lunch	*I shall finish*	*I shall answer*
tu déjeuneras	tu finiras	tu répondras
il déjeunera	il finira	il répondra
nous déjeunerons	nous finirons	nous répondrons
vous déjeunerez	vous finirez	vous répondrez
ils déjeuneront	ils finiront	ils répondront

(1) The future tense of regular verbs may be found by adding the future endings **-ai, -as, -a, -ons, -ez, -ont** to the infinitive, except that in the case of verbs of the third conjugation (ending in **-re**) the final **e** of the infinitive is omitted.

(2) Reflexive verbs follow the usual pattern. EX.: **Je me dépêcherai, tu te dépêcheras, il se dépêchera,** etc.

155

(3) Although the use of *shall* and *will* in English is somewhat delicate, the future tense in French simply denotes futurity. **Irez-vous** and **Voulez-vous aller . . .** are quite different in meaning; the former indicates futurity and the latter indicates willingness.

46. *Future tense of* **être** *and* **avoir.**

—Vos parents **seront** contents de vous voir.　Your parents *will be* glad to see you.
—**Je serai** content aussi de les voir.　　　*I'll be glad* to see them too.
—Est-ce que **j'aurai** le temps de déjeuner?　*Will I have* time to have lunch?

The forms of **être** and **avoir** are:

être	avoir
je serai (*I shall be*)	j'aurai (*I shall have*)
tu seras	tu auras
il sera	il aura
nous serons	nous aurons
vous serez	vous aurez
ils seront	ils auront

47. *Use of the future tense.*

—**Je ferai** des courses demain.　　　*I shall do* some errands tomorrow.
—S'il pleut, **je prendrai** un taxi.　　If it rains, *I'll take* a taxi.

(1) Generally speaking, the future tense is used as in English. Note particularly that it is used in the result clause of conditional sentences which express what will happen if a given condition is fulfilled. EX.: **Je prendrai un taxi** (*the result*), **s'il pleut** (*the condition*).

(2) As in English, (*a*) the present tense is frequently used for the future. EX.: **Il part pour l'Europe la semaine prochaine.** (*b*) the present tense of **aller** with an infinitive is commonly used for the future. EX.: **Il va faire des courses demain matin.**

(3) Contrary to English usage, however, the future tense is always used in temporal clauses introduced by **quand,** *when;* **lorsque,** *when*, etc., if the future time is implied. EX.: Je déjeunerai **quand je rentrerai.** I shall have lunch, *when I get home.* **Lorsqu'il neigera,** je ferai du ski. *When it snows,* I shall go skiing.

48. *Formation and use of the imperative.*

A. Imperative of regular verbs:

—**Regardez** la neige!   *Look at* the snow!
—**Répondez** tout de suite à sa lettre.   *Reply* to his letter at once.
—J'ai faim. **Allons** déjeuner.   I'm hungry. *Let's go* have lunch.
—Voici un restaurant. **Entrons.**   Here's a restaurant. *Let's go in.*
—**Donnez-moi** la carte, s'il vous plaît.   *Give me* the menu, please.

(1) Forms of the imperative of regular verbs:

FIRST CONJUGATION		SECOND CONJUGATION	
regarde(s)*	*look* (**tu** form)	finis	*finish* (**tu** form)
regardons	*let's look*	finissons	*let's finish*
regardez	*look* (**vous** form)	finissez	*finish* (**vous** form)

THIRD CONJUGATION	
réponds	*answer* (**tu** form)
répondons	*let's answer*
répondez	*answer* (**vous** form)

(2) The imperative of regular verbs is the same as the second person singular* and the first and second person plural of the present indicative without the subject pronoun.

(3) The negative imperative is found by placing **ne** before the forms and **pas** after them: ne regarde pas, ne regardons pas, ne regardez pas.

B. Imperative of reflexive verbs:

—**Dépêchez-vous!**   *Hurry!*
—**Asseyez-vous.**   *Sit down.*

(1) Forms of the imperative of reflexive verbs:

AFFIRMATIVE	
dépêche-toi	*hurry* (**tu** form)
dépêchons-nous	*let's hurry*
dépêchez-vous	*hurry* (**vous** form)

NEGATIVE	
ne te dépêche pas	*don't hurry*
ne nous dépêchons pas	*let's not hurry*
ne vous dépêchez pas	*don't hurry*

---

*The **tu** form of the imperative of the first conjugation has an s only when it is followed by **y** or **en**.   **157**

(2) The reflexive object must always be expressed. With affirmative imperative, the object follows (dépêchez-**vous**); with negative imperative, the object precedes the verb (ne **vous** dépêchez pas).

C. Imperative of **être** and **avoir**:

(1) Forms of the imperative of **être** and **avoir**:

sois	*be* (**tu** form)		aie	*have* (**tu** form)
soyons	*let's be*		ayons	*let's have*
soyez	*be* (**vous** form)		ayez	*have* (**vous** form)

(2) The imperative of **être** and **avoir** is used primarily in set expressions such as:

—**Sois sage.**	*Behave yourself* (*to a child*).
—**Soyez tranquille.**	*Don't worry.*
—**Ayez la bonté de** vous asseoir.	*Please* (i.e., *Have the kindness to . . .*)

I. Substitutions. *Répétez les phrases suivantes en substituant les mots indiqués:*

1. Je finirai de bonne heure.

    tard/ avant minuit/ après minuit/ vers minuit

2. Quand je serai à la campagne (*in the country*), je me lèverai tard.

    je jouerai aux cartes/ je jouerai du piano/ j'écouterai des disques/ je regarderai la télévision

3. Si tu es libre demain, nous irons au cinéma.

    nous irons à la campagne/ nous déjeunerons ensemble/ je viendrai te voir/ nous étudierons ensemble

4. Roger sera content quand vous arriverez.

    quand le printemps viendra/ quand il fera chaud/ quand vous serez ici/ quand Marie rentrera

II. Exercices d'application.

A. *Mettez les formes suivantes au pluriel:*

    EX.:—Je déjeunerai.
        —**Nous déjeunerons.**

1. Je parlerai. **2.** Je rentrerai. **3.** Je me coucherai. **4.** Je finirai. **5.** J'obéirai. **6.** Je choisirai. **7.** Je répondrai. **8.** Je vendrai. **9.** J'entendrai. **10.** J'attendrai. **11.** J'irai. **12.** Je ferai. **13.** Je serai. **14.** Je prendrai. **15.** J'aurai.

B. *Mettez au pluriel:*

ex.:—Il parlera.
  —**Ils parleront.**

1. Il dînera. **2.** Il rentrera. **3.** Il se couchera. **4.** Il se promènera. **5.** Il finira. **6.** Il achètera. **7.** Il donnera. **8.** Il partira. **9.** Il arrivera. **10.** Il prendra. **11.** Il aura. **12.** Il sera. **13.** Il regardera. **14.** Il fera. **15.** Il se lèvera.

C. *Mettez au singulier:*

1. Nous irons. **2.** Vous rentrerez. **3.** Ils vendront. **4.** Ils viendront. **5.** Vous partirez. **6.** Ils feront. **7.** Vous serez. **8.** Ils finiront. **9.** Vous finirez. **10.** Vous aurez. **11.** Nous prendrons. **12.** Nous rentrerons.

D. *Mettez chacune des phrases suivantes au futur:*

1. Je prends un taxi. **2.** Il fait beau. **3.** Il fait des courses. **4.** Il a vingt et un ans. **5.** Il vend son auto. **6.** Il est ici. **7.** Nous avons faim. **8.** Il va en ville. **9.** Le train part à cinq heures. **10.** Je déjeune à la maison. **11.** Il y a de la neige en hiver. **12.** Y a-t-il beaucoup de monde? **13.** Avez-vous le temps d'aller au bureau de poste? **14.** A-t-il besoin de son auto? **15.** Est-il content de vous voir?

E. *Dites en français à quelqu'un:*

(a) en employant la forme **vous:**

1. d'entrer. **2.** de parler français. **3.** de regarder. **4.** de rentrer de bonne heure. **5.** d'aller à la charcuterie. **6.** de finir son travail. **7.** de se dépêcher. **8.** de regarder la neige. **9.** de s'asseoir. **10.** de ne pas entrer. **11.** d'être tranquille. **12.** de ne pas oublier votre rendez-vous. **13.** de ne pas se dépêcher. **14.** de ne pas vendre son auto.

(b) en employant la forme **tu:**

1. de se lever. **2.** de se coucher. **3.** de se dépêcher. **4.** de s'asseoir. **5.** d'y aller. (Vas-y.) **6.** de s'en aller. (Va-t-en!) **7.** de ne pas oublier notre rendez-vous. **8.** de ne pas se dépêcher.

III. *Répondez en français à chacune des questions suivantes:*

(a) **1.** Qu'est-ce que Marie fera cet après-midi? **2.** Où ira-t-elle? **3.** Qu'est-ce qu'elle achètera? **4.** Comment ira-t-elle en ville? **5.** Qu'est-ce qu'elle fera s'il   **159** pleut?   **6.** A quelle heure rentrera-t-elle?   **7.** Qu'est-ce que Roger fera cet après-midi?   **8.** A quelle heure finira-t-il son travail?

(*b*) **1.** Qu'est-ce que Marie fera s'il pleut?   **2.** Qu'est-ce qu'elle fera si elle ne trouve pas de taxi?   **3.** Qu'est-ce qu'elle fera quand elle rentrera?   **4.** Qu'est-ce que vous ferez quand vous rentrerez ce soir?   **5.** Où irez-vous cet après-midi s'il fait beau?   **6.** Qu'est-ce que vous ferez cet hiver quand il neigera?

IV. *Répétez chacune des phrases suivantes en remplaçant* **quand** *par* **lorsque:**

1. Quand il neigera, je ferai du ski.   **2.** Quand j'irai en ville, je ferai des courses. **3.** Je serai content quand l'été arrivera.   **4.** Soyez prêt quand je viendrai vous chercher.   **5.** Je serai prêt quand vous viendrez me chercher.

V. *Répétez en remplaçant* **si** *et le présent par* **quand** *et le futur:*

EX.:—Si je suis . . ., . . .
   —**Quand je serai . . ., . . .**

1. S'il fait beau, je ferai une promenade.   **2.** Si nous avons le temps, nous irons au cinéma.   **3.** Si je suis libre, je viendrai vous voir.   **4.** Si Jean vient me voir, je serai content.   **5.** S'il y a de la neige, je ferai du ski.   **6.** J'irai en France si j'ai de l'argent.   **7.** Parlerez-vous français si vous allez en France?   **8.** Il finira son travail s'il a le temps.

VI. Révision de quelques expressions de temps:

1. Je reviendrai tout à l'heure.

   de bonne heure/ bientôt/ tard/ très tard

2. J'ai travaillé toute la journée.*

   toute la matinée/ toute la soirée/ tout l'après-midi/ toute la semaine

3. Nous sommes ici depuis longtemps.

   très longtemps/ trop longtemps/ peu de temps/ deux heures

4. Je vais quelquefois au cinéma.

   souvent/ rarement/ une fois par semaine/ une ou deux fois par an

---

160   ***La journée,** all day;* **la matinée,** *the morning hours, all morning;* **la soirée,** *the evening hours, all evening;* **l'année,** *the year* (duration).

VII. Thème d'imitation.

John Hughes is a young American chemical engineer. He lives in Paris. He has rented a room near the Observatory, in the Latin Quarter, in the house of (*chez*) an old lady, Mrs. Duval. She is seventy years old, she has white hair, and she is very nice to John, because she likes Americans. John is happy. He likes (**Il aime bien**) his room, and autumn in Paris is one of the most beautiful seasons of the year. The trees of the Avenue of the Observatory are very beautiful in the month of October. The month of November is usually less pleasant, because it is cold and it rains a good deal. But John forgets the bad weather and he thinks he is lucky to be (**d'être**) in Paris.

NOTE ON THE *Thèmes d'imitation*

The *Thèmes d'imitation* which will occur in some Grammar Units from now on are little themes that are based upon one or more of the dialogs you have already studied. Their purpose is to give you additional practice in using authentic French word patterns. They are scarcely more difficult than the dialogs you have been doing orally, but they call for more conscious effort because they call into play a greater variety of expressions and make use of longer sentences.

The best way to turn out a good, correct, and idiomatic French *Thème* is to work through it orally, sentence by sentence, before putting pen to paper. When you cannot recall the right word or phrase, it is better to try to find it in a dialog than in the vocabulary; for if an expression is used in a dialog, you know precisely what it means and how it is used. When you *do* refer to the vocabulary, look for ways to express what you are trying to say. You cannot possibly produce a good *Thème* by merely "looking up" all the words and copying them down. YOU HAVE TO THINK THE THING THROUGH IN FRENCH.

When you have worked on a sentence orally until it sounds right to you, write it down, taking care to spell words correctly, to use the proper forms, etc. Then after you have written each sentence, reread it to be sure that it expresses the idea you set out to express.

CONVERSATION 18

Jean va à Reims

Au guichet, à la gare de l'Est	At the Ticket Window of the Eastern Railway Station
JEAN – ¹Je voudrais un billet aller et retour pour Reims.	JOHN – ¹*I'd like a round-trip ticket to Rheims.*
L'EMPLOYÉ – ²Quelle classe, monsieur?	THE EMPLOYEE – ²*Which class, sir?*
JEAN – ³Seconde, s'il vous plaît. ⁴Combien de temps ce billet est-il bon?	JOHN – ³*Second, please. ⁴How long is this ticket good?*
L'EMPLOYÉ – ⁵Quinze jours,* monsieur.	THE EMPLOYEE – ⁵*Two weeks, sir.*
JEAN – ⁶Est-ce que je dois changer de train en route?	JOHN – ⁶*Do I have to change trains on the way?*
L'EMPLOYÉ – ⁷Oui, vous devez changer à Épernay.	THE EMPLOYEE – ⁷*Yes, you have to change trains at Epernay.*
JEAN – ⁸Combien de temps faut-il attendre la correspondance?	JOHN – ⁸*How long do you have to wait for the connection?*
L'EMPLOYÉ – ⁹Vous aurez à peu près une demi-heure à Épernay.	THE EMPLOYEE – ⁹*You will have about half an hour at Epernay.*

*The French say **quinze jours** (15 days) for *two weeks* and **huit jours** for *a week.*

Gare de l'Est

Sur le quai, à Épernay	On the Platform at Epernay
JEAN – ¹⁰Pardon, sur quelle voie le train de Reims arrive-t-il?	JOHN – ¹⁰*Pardon me. On which track does the Rheims train come in?*
L'EMPLOYÉ – ¹¹Ici, monsieur, sur la première voie.	THE EMPLOYEE – ¹¹*Here, sir. On the first track.*
JEAN – ¹²Le train est-il à l'heure?	JOHN – ¹²*Is the train on time?*
L'EMPLOYÉ – ¹³Oui, monsieur. En France, les trains ne sont jamais en retard.	THE EMPLOYEE – ¹³*Yes, sir. In France trains are never late.*
JEAN – ¹⁴Oh, vraiment? En ce cas-là, est-ce que j'aurai le temps d'aller au buffet?	JOHN – ¹⁴*Oh really? In that case, will I have time to go to the lunchroom?*
L'EMPLOYÉ – ¹⁵Vous pouvez essayer, mais dépêchez-vous. ¹⁶Le train s'arrête seulement trois minutes. ¹⁷Si vous manquez ce train, vous serez obligé de passer la nuit à Épernay.	THE EMPLOYEE – ¹⁵*You can try it, but hurry.* ¹⁶*The train stops just three minutes.* ¹⁷*If you miss this train, you will have to spend the night at Epernay.*

163

I. Substitutions. *Répétez les phrases suivantes en substituant les mots indiqués:*

1. Je voudrais un billet aller et retour pour <u>Reims</u>.

Lyon/ Marseille/ Bruxelles/ Rome

2. Je voudrais bien aller <u>voir M. Brown</u>.

le voir/ lui parler/ leur parler/ les voir

3. Est-ce que je dois changer <u>de train</u>?

de gare/ de chambre/ d'hôtel/ de chemise (*shirt*)

4. Vous devez changer <u>de train</u>.

de gare/ de chambre/ d'hôtel/ de robe/ de souliers (*shoes*)

5. Le train est <u>à l'heure</u>.

juste à l'heure/ en retard/ en avance d'une ou deux minutes

6. En ce cas-là, est-ce que j'aurai le temps <u>d'aller au buffet</u>?

de déjeuner/ de dîner/ de téléphoner à Marie/ d'acheter des cartes-postales

II. *Demandez à quelqu'un:*

1. un billet aller et retour pour Reims. **2.** combien de temps votre billet est bon.
3. si vous devez changer de train en route. **4.** où vous devez changer de train.
5. combien de temps il faut attendre la correspondance. **6.** sur quelle voie
arrive le train de Reims. **7.** si le train est à l'heure. **8.** si le train est en retard.
9. combien de temps le train s'arrête. **10.** s'il s'arrête dix minutes. **11.** si vous
aurez le temps d'aller au buffet. **12.** ce que c'est que le buffet d'une gare.

III. *Répondez en français, d'après le texte, à chacune des questions suivantes:*

1. Où va Jean? **2.** Quelle espèce de billet veut-il? **3.** Quelle classe? **4.** Combien de temps son billet est-il bon? **5.** Est-ce qu'il doit changer de train en route? **6.** Combien de temps faut-il attendre la correspondance? **7.** Le train est-il en retard? **8.** Est-ce que Jean aura le temps d'aller au buffet? **9.** Qu'est-ce qu'il sera obligé de faire s'il manque la correspondance? **10.** Combien de temps le train s'arrête-t-il?

IV. Exercices d'application.

    A. *Posez la question à laquelle répond chacune des phrases suivantes, en commençant par* **combien de temps:**

      EX.:—Il faut attendre vingt minutes.
        —Combien de temps faut-il attendre?

    1. Il faut travailler deux heures.   **2.** Monsieur Brown a passé deux ans en Angleterre.   **3.** Ce billet est bon quinze jours.   **4.** Je serai ici deux jours. **5.** L'hiver dure longtemps.   **6.** Il faut une demi-heure pour aller en ville. **7.** Il faut cinq minutes pour aller à la pharmacie.

    B. *Répétez en remplaçant* **à** (at) *par* **vers** (at about):

    1. Il arrive à cinq heures.   **2.** Je déjeune à midi.   **3.** Je me couche à onze heures. **4.** Je vais rentrer à six heures.

    C. *Répétez en employant* **à peu près** (about) *devant le nombre indiqué:*

    1. Vous aurez vingt minutes à Épernay.   **2.** Il a passé dix ans en Angleterre. **3.** Il faut une heure pour dîner.   **4.** Il est venu en France il y a cinq ans.

    D. *Remplacez l'impératif par* **vous devez** *et l'infinitif:*

      EX.:—Parlez français.
        —Vous devez parler français.

    1. Allez à la boulangerie.   **2.** Finissez votre travail.   **3.** Couchez-vous de bonne heure.   **4.** Dépêchez-vous.   **5.** Soyez à l'heure.   **6.** Allez voir ce film. **7.** Commencez tout de suite.   **8.** Travaillez davantage.

V. Dictée d'après la Conversation 17, pp. 150-151.

VI. Dialogue.

    Vous demandez des renseignements (*information*) au guichet d'une gare.

165

CONVERSATION 19

 *A la Samaritaine*

LE VENDEUR – [1]Tiens, bonjour, monsieur Duplessis. [2]Comment allez-vous?

ROGER – [3]Ça va bien. [4]Et vous-même?

LE VENDEUR – [5]Bien, merci. [6]Qu'est-ce que je peux faire pour vous?

ROGER – [7]Tout d'abord, j'ai besoin de gants.

LE VENDEUR – [8]De quelle couleur?

ROGER – [9]Gris clair ou gris foncé, je ne sais pas au juste.

LE VENDEUR – [10]En voici une jolie paire qui ne coûte que quarante-cinq francs. [11]Pour le prix, vous ne trouverez rien de meilleur.

ROGER – [12]En avez-vous d'autres? [13]Je crois que je préfère des gants gris clair.

LE VENDEUR – [14]En voici qui sont très bien, eux aussi.

ROGER (*Il les essaie*) – [15]Bon, donnez-les-moi. [16]Combien coûtent ces mouchoirs?

LE VENDEUR – [17]Cinq francs pièce.

ROGER – [18]Donnez-m'en une demi-douzaine.

LE VENDEUR – [19]Autre chose, monsieur?

THE SALESMAN – [1]*Well, good morning, Mr. Duplessis. [2]How are you?*

ROGER – [3]*I am fine. [4]How are you?*

THE SALESMAN – [5]*I am fine too. [6]What can I do for you?*

ROGER – [7]*First of all, I need gloves.*

THE SALESMAN – [8]*What color?*

ROGER – [9]*Light gray or dark gray, I don't know exactly.*

THE SALESMAN – [10]*Here is a nice pair, which costs only forty-five francs. [11]For the price, you won't find anything better.*

ROGER – [12]*Have you any others? [13]I think I prefer light gray gloves.*

THE SALESMAN – [14]*Here are some which are very nice too.*

ROGER (He tries them on) – [15]*All right, I'll take them. [16]How much do these handkerchiefs cost?*

THE SALESMAN – [17]*Five francs each.*

ROGER – [18]*I'll take half a dozen.*

THE SALESMAN – [19]*Something else, sir?*

166

ROGER – ²⁰Quel est le prix de cette ceinture?

LE VENDEUR – ²¹Vingt-cinq francs, monsieur.

ROGER – ²²Je la prendrai aussi. ²³Cela fait combien en tout?

LE VENDEUR – ²⁴Cela fait quatre-vingt-quinze francs.

ROGER – ²⁵Malheureusement, je ne rentre pas chez moi maintenant.

LE VENDEUR – ²⁶Cela ne fait rien, nous vous enverrons vos achats cet après-midi. ²⁷Vous recevrez la facture à la fin du mois, comme d'habitude.

ROGER – ²⁰*What is the price of this belt?*

THE SALESMAN – ²¹*Twenty-five francs, sir.*

ROGER – ²²*I'll take it too.* ²³*How much is it in total?*

THE SALESMAN – ²⁴*That will be ninety-five francs.*

ROGER – ²⁵*Unfortunately, I'm not going home now.*

THE SALESMAN – ²⁶*It makes no difference. We'll send you your purchases this afternoon.* ²⁷*You'll get the bill at the end of the month, as usual.*

I. Substitutions. *Répétez les phrases suivantes en substituant les mots indiqués:*

1. Tout d'abord, j'ai besoin de gants.

de mouchoirs/ de souliers (*shoes*)/ de chaussettes (*socks*)/
de chemises (*shirts*)

2. En voici une jolie paire qui ne coûte que 45 francs.

50 francs/ 60 francs/ 65 francs/ 75 francs

3. Ces mouchoirs coûtent 5 francs pièce.

4 francs pièce/ 3 francs 50 pièce/ 6 francs pièce/ 4 francs 75 pièce

4. Je ne rentre pas chez moi maintenant.

tout de suite/ à midi/ pour déjeuner/ avant minuit

5. Nous vous enverrons vos achats cet après-midi.

demain après-midi/ demain matin/ demain soir/ après-demain (*day after tomorrow*)

6. Pour le prix vous ne trouverez rien de meilleur.

de plus joli/ de plus élégant/ de plus durable/ de plus chaud

II. *Demandez à quelqu'un:*

1. ce que vous pouvez faire pour lui. **2.** de quoi Roger a besoin. **3.** le prix des gants. **4.** combien coûtent ces gants. **5.** combien de mouchoirs Roger achète. **6.** si Roger a besoin d'autre chose. **7.** si Roger rentre chez lui maintenant. **8.** quand le vendeur lui enverra ses achats. **9.** combien ça fait en tout. **10.** quand Roger recevra la facture.

III. *Répondez en français, d'après le texte:*

1. A qui Roger parle-t-il? **2.** De quoi a-t-il besoin? **3.** Sait-il au juste la couleur des gants qu'il veut acheter? **4.** Combien coûte la jolie paire de gants gris clair? **5.** Combien coûtent les mouchoirs? **6.** Combien de mouchoirs achète-t-il? **7.** Qu'est-ce qu'il achète d'autre? **8.** Roger rentre-t-il chez lui tout de suite? **9.** Quand le vendeur lui enverra-t-il ses achats? **10.** Quand Roger recevra-t-il la facture?

IV. *Dites en français à quelqu'un:*

1. d'entrer. **2.** de vous donner son adresse. **3.** de vous la donner. **4.** de vous envoyer la facture. **5.** de vous l'envoyer. **6.** d'attendre une minute.

V. *Répétez les phrases suivantes en remplaçant le nom par le pronom convenable:*

EX.:—Avez-vous d'autres* gants?
   —**En avez-vous d'autres?**

1. Voici des gants qui sont très bien. **2.** Voici d'autres gants. **3.** Voici une jolie paire de gants. **4.** Voici des gants jaunes.* **5.** Vous ne trouverez pas de meilleurs gants. **6.** Vous ne trouverez pas de plus beaux mouchoirs. **7.** Voilà une jolie paire de gants. **8.** Je prendrai une demi-douzaine de mouchoirs.

VI. *Répétez les phrases suivantes en remplaçant l'adjectif numéral par le nom et la préposition* **de:**

EX.:—Il y a dix personnes dans le restaurant.
   —**Il y a une dizaine de personnes dans le restaurant.**

1. J'ai passé quinze jours à la campagne. **2.** Il y a vingt étudiants dans la classe. **3.** Il y a trente personnes dans l'autobus. **4.** Ces gants m'ont coûté cinquante francs. **5.** Il y a cent personnes dans cet avion. **6.** J'ai acheté douze tulipes.

VII. Dictée d'après la Conversation 18, pp. 162–163.

VIII. Dialogue.

Vous achetez une douzaine d'oranges. Discutez le prix et la qualité des fruits.

---

*Note that with adjectives that precede nouns, you normally say **de** (Avez-vous **d'autres gants?** En avez-vous **d'autres?**); but with adjectives that follow nouns, you say **du, de la,** or **des** (Avez-vous **des gants jaunes?** En avez-vous **des jaunes?**).

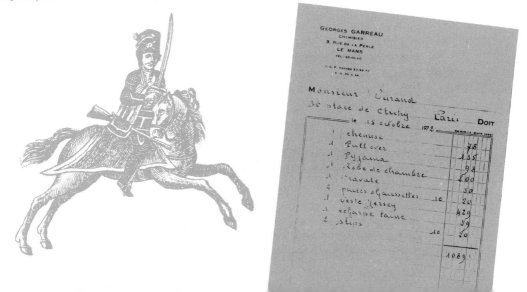

S'tressed Forms of Personal Pronouns

---

49. *Distinction between stressed forms and unstressed forms of personal pronouns.*

The stressed forms of personal pronouns differ from the unstressed forms in both form and usage. You have learned that the unstressed forms are ordinarily used as subject, direct object, and indirect object of verbs. The stressed forms are commonly used after prepositions and, in certain circumstances, with verbs.

---

50. *Stressed forms of personal pronouns.*

—Où allez-vous?	Where are you going?
—Je vais **chez moi.**	I am going *home.*
—Allez-vous chez M. Brown?	Are you going to Mr. Brown's?
—Oui, je vais **chez lui.**	Yes, I am going *to his house.*
—Êtes-vous déjà allé chez les Brown?	Have you been to the Brown's before?
—Oui, je suis déjà allé **chez eux.**	Yes, I have already been *to their house.*
—Êtes-vous allé au bal avec Marie?	Did you go to the dance with Mary?
—Oui, j'y suis allé **avec elle.**	Yes, I went *with her.*

The stressed forms of personal pronouns are: **moi, toi, lui (elle), nous, vous, eux (elles).**

Note carefully that the third person of *stressed* forms has different forms for masculine and feminine (**lui** and **elle, eux** and **elles**), whereas the third person of *unstressed* forms has only one form (**lui**) for the singular and one form (**leur**) for the plural.

51. *Use of the stressed forms of personal pronouns.*

A. As object of a preposition (**de, avec, sans, chez, pour,** etc.):

—Voulez-vous venir **avec moi?**	Do you want to go along *with me?*
—Si Marie ne rentre pas, je déjeunerai **sans elle.**	If Mary does not come back, I will have lunch *without her.*
—Connaissez-vous ses cousines?	Do you know his (*or* her) cousins?
—Oui, je suis allé **chez elles** plusieurs fois.	Yes, I have gone *to their house* several times.
—Avez-vous peur de votre père?	Are you afraid of your father?
—Non, je n'ai pas peur **de lui.**	No, I am not afraid *of him.*

The stressed forms are generally used only to refer to persons:

—Parlez-vous de **Charles?** —Oui, nous parlons de **lui.**
—Parlez-vous de **Marie?** —Oui, nous parlons d'**elle.**
—Avez-vous besoin de **moi?** —Non, je n'ai pas besoin de **vous.**

When speaking of things, instead of the prepositions **de** with a stressed form of the personal pronoun, you use the pronoun **en** (*of it, of them*).

—Parlez-vous **de votre voyage?** —Oui, nous **en** parlons.
—Avez-vous besoin **de gants?** —Oui, **j'en** ai besoin.
—Avez-vous peur **des examens?** —Non, je **n'en** ai pas peur.

B. After **c'est, ce sont** (whether expressed or understood):

—Qui est là? —C'est **moi.** (or **Moi.**)	Who is there? It's *I* or It's *me.* (*I* or *me*)
—Qui a écrit cette lettre?	Who wrote that letter?
—C'est **elle.** (or **Elle.**)	It was *she.* (or *She did.*)
—Qui sont ces jeunes filles? Est-ce que ce sont vos cousines?	Who are those girls? Are they your cousins?
—Oui, ce sont **elles.**	Yes, it is *they.*

C. To specify the persons indicated by a plural form of a personal pronoun:

—**Elle et moi,** nous sommes allés au cinéma ensemble.	*She and I* (we) went to the movies together.
—**Lui et elle** sont allés en ville.	*He and she* went downtown.

171

D. In addition to, or instead of, an unstressed form of personal pronouns for emphasis:

—**Moi,** je ne sais pas.	*I* don't know.
—**Moi,** je suis Américain.	*I* am an American.
—**Lui** aussi est Américain.	*He* too is an American.

E. When combined with the word **même** the stressed forms are even more emphatic:

—Je l'ai fait **moi-même.**	I did it *myself.*
—Il est venu **lui-même.**	He came *in person.*
—Faites-le **vous-même.**	Do it *yourself.*

52. *Use of personal pronouns with the imperative.*

A. With the affirmative imperative:

Personal pronoun objects follow the affirmative imperative:

> —Mettez-**le** dans un carton. (dir. obj.)
> —Donnez-**en** aussi à Roger. (dir. obj. partitive)
> —Garçon, donnez-**moi** des hors-d'œuvre. (indir. obj.)

(1) For direct object you use the forms **le, la, les; en.** For indirect object the forms are: **moi (m'), toi (t'), lui, nous, vous, leur.**

(2) When you have both a direct and an indirect object pronoun, the indirect object comes last except when **en** is used.

(*a*)	Montrez-moi le journal.	Montrez-**le-moi.**
	Montrez-moi la carte.	Montrez-**la-moi.**
	Apportez-moi les hors-d'œuvre.	Apportez-**les-moi.**
	Donnez-lui le journal.	Donnez-**le-lui.**
	Donnez-nous le journal.	Donnez-**le-nous.**
	Donnez-leur le journal.	Donnez-**le-leur.**
(*b*)	Donnez-moi du café.	⎫ Donnez-**m'en.**
	Donnez-moi de la crème.	⎭
	Passez-moi le journal.	Passez-**le-moi.**

B. With the negative imperative:

With negative imperatives, the unstressed forms of personal pronouns are used and stand in the order of pronoun objects that is normal in declarative sentences (par. 42).

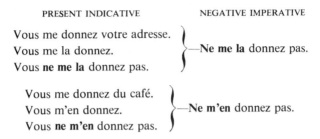

| PRESENT INDICATIVE | NEGATIVE IMPERATIVE |

Vous me donnez votre adresse.
Vous me la donnez.
Vous **ne me la** donnez pas.
—**Ne me la** donnez pas.

Vous me donnez du café.
Vous m'en donnez.
Vous **ne m'en** donnez pas.
—**Ne m'en** donnez pas.

I. Substitutions. *Répétez les phrases suivantes en substituant les mots indiqués:*

1. Il a passé la soirée chez moi.

  toi/ lui/ elle/ eux/ elles

2. Qu'est-ce que je peux faire pour vous?

  toi/ lui/ elle/ eux

3. Nous avons parlé d(e) vous.

  toi/ lui/ elle/ eux

4. Elle et moi nous avons écouté des disques.

  Lui et moi/ Toi et moi/ Vous et moi/ Elles et moi

Normandie

II. Exercices d'application.

A. *Répétez les phrases suivantes en remplaçant les noms par les pronoms convenables:*

  EX.:—Je suis allé chez les Brown.
    —**Je suis allé chez eux.**

1. Nous avons parlé de nos amis. **2.** J'ai passé la soirée chez mes parents.
3. Jean est allé à la sauterie avec Marie. **4.** Nous y sommes allés avec nos cousines. **5.** Je suis parti sans mon père. **6.** J'ai acheté quelque chose pour mon petit frère.

173

B. *Répétez les phrases suivantes en remplaçant les noms par* **en** *ou* **y:**

1. Nous avons parlé de nos voyages. **2.** J'ai passé la soirée au cinéma. **3.** Avez-vous répondu à cette lettre? **4.** Avez-vous répondu à toutes les questions? **5.** Je n'ai pas peur des examens. **6.** Nous n'avons pas peur de la pluie.

C. *Répétez les phrases suivantes en ajoutant le pronom convenable:*

> EX.:—Je suis allé la chercher.
> —**Je suis allé la chercher moi-même.**

1. Il a lavé son auto. **2.** Elle s'est occupée de sa bicyclette. **3.** Mon père est allé chercher le journal. **4.** Nous ferons des courses. **5.** Ils vont en ville.

III. *Répondez affirmativement en français à chacune des questions suivantes, en remplaçant les noms par les pronoms convenables:*

1. Êtes-vous déjà allé(e) chez M. Brown? **2.** Êtes-vous allé(e) au cinéma avec Marie? **3.** Êtes-vous déjà allé(e) chez Marie et chez Alice? **4.** Est-ce que vous avez déjeuné avec Roger? **5.** Avez-vous déjeuné avec votre ami? **6.** Êtes-vous allé(e) au bal samedi soir avec Marie? **7.** Êtes-vous parti(e) sans Marie? **8.** Avez-vous fait des courses pour votre mère? **9.** Avez-vous acheté des gants pour votre mère? **10.** Avez-vous confiance en votre père?

IV. *Répondez négativement, en employant le pronom convenable:*

1. Avez-vous besoin de moi? **2.** Avez-vous besoin de mon frère? **3.** Avez-vous besoin de mon auto? **4.** Est-ce que vous avez parlé de l'examen? **5.** Avez-vous parlé de votre travail? **6.** Avez-vous parlé de Jean et de Roger? **7.** Avez-vous peur de votre père? **8.** Avez-vous peur de vos parents? **9.** Avez-vous peur des trains? **10.** Avez-vous peur des agents de police? **11.** Avez-vous peur des taxis? **12.** Avez-vous confiance en moi? **13.** Est-ce que Marie a confiance en Jean? **14.** Est-ce que Jean a loué un appartement chez Mme Cochet?

V. Exercices d'application. *Impératif.*

A. *Répétez en remplaçant les noms par les pronoms convenables:*

> EX.:—Apportez-moi les fruits.
> —**Apportez-les-moi.**

1. Apportez-moi l'addition. **2.** Apportez-moi les hors-d'œuvre. **3.** Apportez-nous le plat de viande. **4.** Apportez-nous du raisin. **5.** Apportez-moi de la crème. **6.** Apportez-nous des fruits.

B. *Mettez les phrases suivantes à la forme négative:*

> EX.:—Donnez-moi la carte.
> —**Ne me donnez pas la carte.**

1. Donnez-lui l'addition. **2.** Envoyez-lui la facture. **3.** Envoyez-lui de l'argent.
4. Apportez-nous du café. **5.** Donnez-moi du café.

VI. *Dites à quelqu'un:*

> EX.:—de vous montrer une paire de gants. **Montrez-moi une paire de gants.**
> —de vous en donner une paire. **Donnez-m'en une paire.**

1. de vous donner une douzaine de mouchoirs. **2.** de vous en donner une douzaine. **3.** de vous apporter une pomme. **4.** de vous en apporter une. **5.** de vous en apporter une demi-douzaine. **6.** de vous donner un peu de café. **7.** de vous en donner un peu. **8.** de ne pas vous en donner beaucoup. **9.** de ne pas vous donner de crème. **10.** de ne pas vous en donner trop.

VII. Thème d'imitation.

Friday afternoon, John and Roger did some errands. They went into[1] a drug-store and John said to the druggist: "I would like some writing paper and some post cards." The pharmacist said to him: "If you need writing paper and post cards, sir, go to the stationer's or the tobacco shop. They do not sell medicines in tobacco shops, and I have neither[2] writing paper nor post cards." Roger thought[3] the incident[4] very funny;[5] but John thought it was less amusing.[6]

---

[1](entrer dans). [2]Cf. **Il ne fait ni trop froid ni trop chaud.** [3]a trouvé. [4]l'incident (*m.*). [5]drôle.
[6]amusant.

CONVERSATION 20

 *A l'arrêt de l'autobus*

ROGER – ¹Bonjour, Marie. Qu'est-ce que tu fais ici?

MARIE – ²Tu vois, j'attends l'autobus.

ROGER – ³Est-ce que tu l'attends* depuis longtemps?

MARIE – ⁴Voilà bien un quart d'heure que je l'attends.

ROGER – Vraiment? Il n'est pas passé† d'autobus depuis un quart d'heure?

MARIE – ⁶Si. Il en est passé un.

ROGER – ⁷Pourquoi ne l'as-tu pas pris?

MARIE – ⁸Je n'ai pas pu monter. Pas de place.

ROGER – ⁹En voici un qui arrive.

MARIE – ¹⁰Je vois des gens debout.

ROGER – ¹¹Ça ne fait rien. Montons tout de même.

ROGER – ¹*Hi, Marie. What are you doing here?*

MARIE – ²*You (can) see, I'm waiting for the bus.*

ROGER – ³*Have you been waiting for it long?*

MARIE – ⁴*I've been waiting for it for a good quarter of an hour.*

ROGER – ⁵*Really? No bus has passed for a quarter of an hour?*

MARIE – ⁶*Yes. One went by.*

ROGER – ⁷*Why didn't you take it?*

MARIE – ⁸*I couldn't get on. No room.*

ROGER – ⁹*Here comes one. (Here's one coming.)*

MARIE – ¹⁰*I see people standing.*

ROGER – ¹¹*That makes no difference. Let's get on anyway.*

---

*When the present indicative of the verb is used with **depuis,** it indicates that the action began in the past and is still going on at the time the statement is made.

†When the **passé composé** is used with **depuis,** it indicates a simple past action.

176

Dans l'autobus

In the bus

MARIE – ¹²On est un peu serré, beaucoup même.

MARIE – ¹²*It's a little crowded, in fact a lot.*

ROGER – ¹³Il y aura sans doute de la place plus loin, quand les gens commenceront à descendre.

ROGER – ¹³*There will no doubt be room further on, when people begin to get off.*

MARIE – ¹⁴Je l'espère bien.

MARIE – ¹⁴*I certainly hope so.*

ROGER – ¹⁵Où descends-tu?

ROGER – ¹⁵*Where do you get off?*

MARIE – ¹⁶A l'arrêt de la rue de Rivoli. ¹⁷Je vais faire des emplettes.

MARIE – ¹⁶*At the bus stop rue de Rivoli.* ¹⁷*I'm going to buy some things.*

ROGER – ¹⁸Moi, je vais chez le coiffeur me faire couper les cheveux. ¹⁹Si tu veux, je ferai un petit bout de chemin avec toi.

ROGER – ¹⁸*I'm going to the barber's to have my hair cut.* ¹⁹*If you wish, I'll walk a bit of the way with you.*

MARIE – ²⁰Fort bien. Ce sera gentil de ta part.

MARIE – ²⁰*Very good. That will be nice of you.*

Rue de la Paix

177

I. Substitutions. *Répétez les phrases suivantes en substituant les mots indiqués:*

1. Voilà bien un quart d'heure qu(e) <u>je l'attends.</u>

je suis ici/ il pleut/ je vous attends/ je t'attends

2. Il n'est pas passé d'autobus depuis <u>un quart d'heure?</u>

dix minutes/ vingt minutes/ une demi-heure/ quelque temps

3. Si. Il en est passé <u>un.</u>

deux ou trois/ un ou deux/ quelques-uns/ plusieurs

4. Je n'ai pas pu <u>monter.</u>

trouver un taxi/ trouver une place/ aller au buffet/ entrer

5. <u>Pas</u> de place.

Plus/ Pas encore/ Pas assez/ Pas beaucoup

6. Je descends à l'arrêt de <u>la rue de Rivoli.</u>

la rue d'Anjou/ la rue de la Paix/ la rue Scribe/ la rue du Quatre septembre*

II. *Demandez à quelqu'un:*

1. ce qu'il fait ici. **2.** s'il attend l'autobus depuis longtemps. **3.** s'il n'est pas passé d'autobus depuis un quart d'heure. **4.** pourquoi il ne l'a pas pris. **5.** quand il y aura de la place. **6.** où il descend. **7.** pourquoi Marie descend à l'arrêt de la rue de Rivoli. **8.** pourquoi Roger va chez le coiffeur.

III. *Répondez d'après le texte:*

1. Que fait Marie à l'arrêt de l'autobus? **2.** Est-ce qu'elle l'attend depuis longtemps? **3.** Depuis combien de temps l'attend-elle? **4.** N'est-il pas passé d'autobus depuis un quart d'heure? **5.** Pourquoi Marie ne l'a-t-elle pas pris? **6.** Que voit-elle dans l'autobus qui arrive? **7.** Quand y aura-t-il de la place? **8.** Où Marie descend-elle? **9.** Qu'est-ce qu'elle va faire? **10.** Où va Roger? **11.** Qu'est-ce que Roger propose de faire? **12.** Que dit Marie quand Roger propose de faire un petit bout de chemin avec elle?

IV. *Répétez chacune des phrases suivantes (a) en ajoutant* **depuis longtemps:**

EX.:—Je n'ai pas vu d'autobus.
—**Je n'ai pas vu d'autobus depuis longtemps.**

*Date de la proclamation de la Troisième République, le 4 septembre 1870.

1. Je n'ai pas vu mon père. **2.** Je ne suis pas allé(e) au cinéma. **3.** Jean n'est pas allé chez les Brown. **4.** Je n'ai pas pris l'autobus. **5.** Je n'ai pas fait de longue promenade. **6.** Nous n'avons pas écrit de lettres. **7.** Nous ne sommes pas sorti(e)s. **8.** Je ne suis pas allé(e) chez le coiffeur.

(*b*) *Même exercice en commençant par* **Il y a quelque temps que . . .:**

V. *Complétez chacune des phrases suivantes en employant* **temps, heure,** *ou* **fois** *selon le cas:*

1. Quelle . . . . . . est-il? **2.** Quel . . . . . . fait-il? **3.** Il fait mauvais . . . .

4. J'ai passé quelque . . . . . . à Québec. **5.** Je ne sais pas quelle . . . . . . il est.

6. Il est dix . . . . **7.** J'ai visité ce musée plusieurs . . . . **8.** Je n'ai pas

le . . . . . . d'y aller aujourd'hui. **9.** J'y suis allé deux ou trois . . . . **10.** Deux

. . . . . . cinq font dix. **11.** Combien de . . . . . . l'hiver dure-t-il? **12.** Combien

de . . . . . . y a-t-il que vous m'attendez?

VI. Révision. *Répondez en français à chacune des questions suivantes, en remplaçant les mots en italique par l'adverbe* **y** (there):

EX.:—Allez-vous *à la gare?*
    —**Oui, j'y vais.**

1. Allez-vous *chez le coiffeur?* **2.** Allez-vous *au bureau de tabac?* **3.** Allez-vous *à la banque* ce matin? **4.** Allez-vous *au cinéma* demain soir? **5.** Roger va-t-il *chez le coiffeur?* **6.** Marie va-t-elle *au Bon Marché?* **7.** Avez-vous besoin d'aller *chez le coiffeur?* **8.** Avez-vous besoin d'aller *à la banque?* **9.** Jean et Roger sont-ils montés *dans l'autobus?* **10.** Jean et Roger sont-ils allés *en ville* ensemble? **11.** Irez-vous *au cinéma* ce soir? ANSWER: Oui, j'irai. (**Y** is omitted before the future of **aller.**)

VII. Dictée d'après la Conversation 19, pp. 166–167.

VIII. Causerie.

Ce que j'ai vu en attendant l'autobus.

Voyage à Reims

Jean et Roger ont décidé de profiter des derniers beaux jours de l'automne pour faire un petit voyage en province. Ils n'ont pas l'intention d'aller très loin, car ils ne disposent que de deux ou trois jours. Finalement, leur choix s'arrête sur Reims. Jean n'a jamais vu la cathédrale de Reims, et Reims est juste à la distance convenable.

Roger consulte l'horaire des chemins de fer.

—Tout s'arrange admirablement, dit-il à Jean. Nous n'aurons pas besoin d'aller à Épernay et d'y attendre la correspondance. La ligne Mézières-Charleville passe par Reims. Si nous prenons l'express qui quitte Paris à 8h. 30, nous arriverons à notre destination à 10h. Et l'horaire du retour est tout aussi commode. En quittant Reims à 21h. 7, nous serons à Paris à 22h. 38, assez tôt pour avoir une bonne nuit de sommeil et être frais et dispos pour le travail de lundi.

Le lendemain matin, nos deux amis prennent le train à la gare de l'Est. Le compartiment où ils s'installent est très confortable. L'express roule à toute vitesse. Au delà des maisons grises de la capitale, il traverse la banlieue parisienne, avec ses jardins potagers et ses jolies maisons de pierre blanche, chacune d'elles entourée de murs.

181

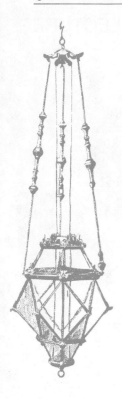

—Pourquoi ces gens construisent-ils des murs tout autour de leur propriété? demande Jean. Ce n'est pas amusant pour le propriétaire de ne voir que des murs autour de lui.

—C'est sans doute un reste de méfiance de la part du propriétaire. Je suis sûr que beaucoup de ces gens-là ne connaissent pas leurs voisins, ou que, s'ils les connaissent, leurs rapports avec eux restent quelque peu distants.

Du train, Jean regarde l'agréable et paisible campagne de l'Île-de-France, avec ses champs fertiles, ses arbres verts et ses petits villages aux toits rouges groupés autour de leur vieux clocher. Dans le voisinage de Reims, les vignes couvrent le flanc des collines.

C'est la saison des vendanges, et partout dans les vignobles, hommes et femmes sont en train de cueillir les lourdes grappes de raisin.

—Sais-tu que le vin de champagne est en grande partie fabriqué avec du raisin rouge? dit Roger. Pour avoir un vin blanc, il suffit de laisser fermenter le jus du raisin sans la peau. C'est elle qui contient les pigments.

Tout de suite après leur arrivée à Reims, Jean et Roger vont voir la cathédrale. Jean est très impressionné. Malheureusement, une partie de la façade est cachée par des échafaudages.

—Je n'ai jamais encore vu une seule cathédrale sans échafaudages, remarque Roger. On est toujours en train de travailler quelque part, de réparer quelque chose, et ici encore plus qu'ailleurs. A la fin de la première guerre mondiale, la pauvre cathédrale de Reims, brûlée, mutilée, était presque en ruines. A travers d'énormes trous dans la voûte, on pouvait voir le ciel. Même maintenant, bien des statues, bien des sculptures portent encore des traces de ces mauvais jours. Et malgré tout, la vieille cathédrale où l'on couronnait les rois de France est toujours debout.

Un vignoble

   Le lendemain, les deux jeunes gens visitent les vastes caves souterraines d'une des maisons de champagne. Un guide leur explique comment on prépare le vin de champagne, comment les bouteilles sont laissées un certain temps dans une certaine position, puis placées dans une autre. Jean ne savait pas que la préparation du champagne était une opération si longue et si compliquée.

   Leur visite terminée, Jean et Roger dînent dans un des bons restaurants de la ville. Puis ils vont prendre le train qui les ramènera à Paris.

QUESTIONS

1. Pourquoi Jean et Roger n'ont-ils pas l'intention de faire un long voyage? **2.** Comment iront-ils à Reims? **3.** A quelle heure quitteront-ils Paris? **4.** A quelle gare vont-ils le lendemain? **5.** Qu'est-ce qu'il y a dans la banlieue parisienne? **6.** Pourquoi les propriétaires construisent-ils des murs tout autour de leur propriété? **7.** Connaissent-ils très bien leurs voisins? **8.** Où se trouvent les vignes de Champagne? **9.** Pourquoi y a-t-il beaucoup d'hommes et de femmes au milieu des vignes? **10.** Est-ce que le vin de champagne est toujours fabriqué avec des raisins blancs? **11.** Qu'est-ce qu'il y a sur la façade de la cathédrale de Reims? **12.** Pourquoi y a-t-il souvent des échafaudages sur les cathédrales? **13.** Est-ce que la cathédrale de Reims a beaucoup souffert de la première guerre mondiale? **14.** Est-ce que la préparation du vin de champagne est une opération simple?

183

 Quand j'avais douze ans

JEAN – ¹A quelle école allais-tu quand tu avais douze ans?

ROGER – ²J'allais au collège, c'est-à-dire à l'école secondaire.

JEAN – ³Où habitais-tu à ce moment-là?

ROGER – ⁴J'habitais une petite ville des Alpes.

JEAN – ⁵Y es-tu jamais retourné?

ROGER – ⁶Oui, j'y suis retourné il y a quelques années. ⁷On y a construit une usine de produits chimiques. ⁸A part ça, la ville a peu changé. ⁹Elle est encore à peu près telle que je la connaissais.

JOHN – ¹*To what school did you go, when you were twelve years old?*

ROGER – ²*I went to the "collège," that is to say, to the secondary school.*

JOHN – ³*Where did you live at that time?*

ROGER – ⁴*I was living in a little city in the Alps.*

JOHN – ⁵*Have you ever gone back there?*

ROGER – ⁶*Yes, I went back a few years ago. ⁷They have built a chemical factory there. ⁸Except for that, the city has not changed very much. ⁹It's still about the same as I knew it.*

JEAN – [10]Qu'est-ce que tu faisais à l'école?

ROGER – [11]Je travaillais huit heures par jour. [12]J'y allais tous les matins à huit heures et j'en sortais à quatre heures de l'après-midi. [13]Le pire, c'était l'hiver, quand il y avait de la neige.

JEAN – [14]Étiez-vous nombreux dans cette école?

ROGER – [15]Non, il n'y avait guère plus d'une centaine d'élèves.

JEAN – [16]Je crois qu'on travaillait trop dans ton école.

ROGER – [17]Je ne suis pas tout à fait de ton avis, Jean. [18]Je crois que, malgré tout, cette école m'a fait beaucoup de bien.

JOHN – [10]*What did you do at school?*

ROGER – [11]*I worked eight hours per day.* [12]*I went* (there) *every morning at eight, and I got out at four o'clock in the afternoon.* [13]*The worst of all was in winter, when there was snow.*

JOHN – [14]*Were there many of you in that school?*

ROGER – [15]*No, there were hardly any more than one hundred students.*

JOHN – [16]*I think that they worked too hard in your school.*

ROGER – [17]*I don't quite agree with you, John.* [18]*I think that in spite of everything, that school did me a great deal of good.*

I. Substitutions. *Répétez les phrases suivantes en substituant les mots indiqués:*

1. A quelle école allais-tu quand tu avais <u>12 ans?</u>

10 ans/ 15 ans/ 8 ans/ 16 ans

2. Où habitais-tu <u>à ce moment-là?</u>

l'année dernière/ il y a deux ans/ quand tu avais cinq ans/
quand tu avais trois ans

3. J'y suis retourné <u>il y a quelques années.</u>

l'année dernière/ l'an dernier/ il y a deux ans/ il y a deux ou trois ans

4. On y a construit <u>une usine de produits chimiques.</u>

de grandes usines/ une usine d'autos/ d'immenses usines/ quelques petites usines

5. Le pire, c'était l'hiver, <u>quand il y avait de la neige.</u>

quand il neigeait/ quand il faisait froid/ quand il pleuvait/ quand il fallait sortir

II. *Répétez les phrases suivantes en remplaçant le complément par* **y:**

EX.:—J'allais à l'école tous les matins.
    —**J'y allais tous les matins.**

1. J'allais à l'école tous les jours. **2.** J'allais à la pharmacie tous les soirs.
3. J'allais à la campagne tous les ans. **4.** J'allais au cinéma tous les samedis.
5. J'allais en ville tous les huit jours. **6.** J'allais chez le coiffeur tous les quinze
jours.

III. *Demandez à quelqu'un:*

1. à quelle école il allait quand il avait douze ans. **2.** où il habitait à ce moment-
là. **3.** à quelle heure il allait à l'école. **4.** à quelle heure il en sortait. **5.** s'il
allait à l'école à pied. **6.** s'il y avait beaucoup d'élèves dans cette école. **7.** si
on a construit une usine dans cette petite ville. **8.** si la ville a beaucoup changé.

IV. *Répondez d'après le texte:*

1. A quelle école allais-tu quand tu avais douze ans? **2.** Où habitais-tu à ce
moment-là? **3.** Est-ce que Roger est jamais retourné à cette ville? **4.** La
ville a-t-elle beaucoup changé? **5.** Quelle usine a-t-on construite dans cette
ville? **6.** A quelle heure Roger allait-il à l'école? **7.** A quelle heure en sortait-il?
8. Combien d'heures par jour travaillait-il? **9.** Quel était le pire moment de
l'année? **10.** Qu'est-ce que Roger pense de cette école?

V. *Répondez en français à chacune des questions personnelles suivantes:*

1. A quelle école alliez-vous quand vous aviez quatorze ans? **2.** Comment s'appelait cette école? **3.** Combien d'élèves y avait-il dans cette école? **4.** Est-ce que vous aimiez bien cette école? **5.** Est-ce que vous aviez beaucoup de travail dans cette école? **6.** Est-ce que l'école était loin de chez vous? **7.** A quelle heure en sortiez-vous?

VI. Substitutions.

A. *Durée:*

Il a travaillé <u>toute la journée</u> (*all day long*).

> toute la matinée/ tout l'après-midi/ toute la soirée/ toute l'année

B. *Moment précis:*

Il est parti <u>ce matin.</u>

> hier soir/ cette nuit/ samedi dernier/ vendredi matin

VII. Dictée d'après la Conversation 20, pp. 176–177.

VIII. Causerie.

Quand j'avais douze ans.

GRAMMAR UNIT 13

 *The Imperfect Tense*

53. *Remark about the imperfect tense.*

Generally speaking, the French imperfect tense expresses habitual actions in the past (**A quelle école allais-tu . . .**) or a state of affairs in the past (**quand tu avais douze ans**).

In order to distinguish clearly between the use of the imperfect and the **passé composé,** you could say that the **passé composé** expresses WHAT HAPPENED and that the imperfect describes the CIRCUMSTANCES or STATE OF AFFAIRS at the time. Examples:

Dimanche dernier, j'ai fait une promenade (*what happened*). Il faisait beau (*state of the weather*) et j'avais l'intention (*state of mind*) de faire le tour du lac. Mais j'ai rencontré Marie (*what happened*) qui m'a dit (*what happened*) qu'il y avait un excellent film (*state of affairs at the local movie house*) au Rivoli . . . Nous y sommes allés ensemble (*what happened*). Le film était en effet très amusant (*state of affairs as to the particular film*). Nous avons passé un excellent après-midi (*what happened*).

Many grammar books declare that the imperfect is used to express duration, but this is somewhat misleading. The **passé composé** is used to tell what happened, even if "what happened" lasted a hundred years. EX.: **L'empire romain a duré plusieurs siècles. La Guerre de Cent ans a duré cent ans. Louis XIV a régné pendant 73 ans. J'ai passé six ans à l'école secondaire.**

54. *Imperfect of regular verbs.*

—Où **déjeuniez-vous** quand **vous étiez** à Paris? | Where *did you use to have lunch* when *you were* in Paris?

—A quelle heure **finissiez-vous** d'habitude votre travail? | What time *did you* usually *finish* your work?

—**Je finissais** vers six heures. | *I used to finish* around six.

—Jean est entré pendant que **je répondais** à sa lettre. | John came in as *I was answering* his letter.

—**Nous nous dépêchions** tous les matins pour prendre l'autobus de sept heures. | *We used to hurry* every morning in order to get the seven-o'clock bus.

A. The forms of the imperfect tense are:

FIRST CONJUGATION	SECOND CONJUGATION	THIRD CONJUGATION
je déjeunais	je finissais	je répondais
I was having lunch,	*I was finishing,*	*I was answering,*
I used to have lunch,	*I used to finish,*	*I used to answer,*
etc.	*etc.*	*etc.*
tu déjeunais	tu finissais	tu répondais
il déjeunait	il finissait	il répondait
nous déjeunions	nous finissions	nous répondions
vous déjeuniez	vous finissiez	vous répondiez
ils déjeunaient	ils finissaient	ils répondaient

B. The imperfect tense is formed as follows:

(1) The imperfect stem is the same as that of the first person plural of the present indicative.

EXAMPLES: **déjeunons, déjeun-; finissons, finiss-; répondons, répond-.**

(2) The endings are: **-ais, -ais, -ait, -ions, -iez, -aient.** Thus, if you know the present indicative, you can always figure out the imperfect of regular verbs. For example:

PRESENT: **Nous déjeunons, nous finissons, nous répondons.**
IMPERFECT: **Nous déjeunions, nous finissions, nous répondions.**

Note that the three persons of the singular and the third person plural of the imperfect are pronounced alike, except in linking.

189

Une cave

C. Reflexive verbs follow the usual pattern.

EXAMPLES: **Je me dépêchais, tu te dépêchais,** etc.

55. *Imperfect of* **être** *and* **avoir.**

The forms of the imperfect of **être** and **avoir** are:

être		**avoir**	
j'étais	nous étions	j'avais	nous avions
I was		*I had, I used to have,* etc.	
tu étais	vous étiez	tu avais	vous aviez
il était	ils étaient	il avait	ils avaient

56. *The commonest uses of the imperfect.*

A. To describe a habitual action in the past (English *used to*):

—**J'allais** à l'école à sept heures du matin.　　*I used to go* to school at seven o'clock in the morning.

—**Je me levais** à six heures.　　*I used to get up* at six o'clock.

190

B. To describe what was going on when an action took place (English progressive past):

—**J'allais** en ville quand je l'ai rencontré.
I was going downtown when I met him.

—**Il pleuvait** quand j'ai quitté la maison.
It was raining when I left home.

—**Il faisait beau** quand je suis rentré(e).
It was fine weather when I got home.

Note that in these examples, **je l'ai rencontré, j'ai quitté la maison** and **je suis rentré(e)** are simple past actions, which are expressed by the **passé composé. J'allais en ville, il pleuvait** and **il faisait beau** describe what was going on when the specific action took place.

C. To describe a situation that existed in the past:

—L'école **n'était pas** loin de la maison.
The school *was not* far from my house.

—**Il n'y avait pas** beaucoup d'élèves dans cette école.
There were not many pupils in that school.

—Franklin **vivait** au dix-huitième siècle.
Franklin *lived* in the eighteenth century.

D. To describe one's impression, feeling or appearance in the past, especially with the verbs **croire,** *to believe, to think;* **penser,** *to think;* **espérer,** *to hope,* and with many expressions containing **être** or **avoir** (**être content, avoir froid,** etc.):

—**Je croyais** que **vous étiez** malade.
I thought that *you were* sick.

—**J'espérais** vous voir au bal samedi soir.
I was hoping to see you at the dance Saturday evening.

—**Il avait** l'air fatigué.
He looked tired.

E. With **depuis** and an expression of time, to report an action that had been going on for a specified period when another action took place.

—Jean **attendait** l'autobus **depuis un quart d'heure** quand Roger est arrivé.
John *had been waiting* for the bus *for a quarter of an hour* when Roger arrived.

—Il **neigeait depuis une demi-heure** quand je me suis levé.
It *had been snowing for a half hour* when I got up.

191

I. Substitutions. *Répétez les phrases suivantes en substituant les mots indiqués:*

1. Quand j'ai quitté la maison ce matin, il faisait beau.

   il pleuvait/ il faisait froid/ il faisait chaud/ il neigeait

2. Marie attendait l'autobus depuis un quart d'heure quand Roger est arrivé.

   dix minutes/ quelque temps/ longtemps/ peu de temps

3. Je croyais que vous étiez malade.

   à la campagne/ en Europe/ au laboratoire/ à la bibliothèque

4. Je comptais passer la soirée à la maison.

   à écouter des disques/ à regarder la télévision/
   à finir mon rapport/ à lire un bon roman

II. Exercices d'application.

A. *Répondez au singulier, puis au pluriel:*

   EX.:—Déjeuniez-vous?
       —**Je déjeunais. —Nous déjeunions.**

1. Parliez-vous?   2. Habitiez-vous?   3. Finissiez-vous?   4. Obéissiez-vous?
5. Répondiez-vous?   6. Attendiez-vous?   7. Étiez-vous?   8. Aviez-vous?
9. Vous couchiez-vous?   10. Vous leviez-vous?   11. Vous dépêchiez-vous?

B. *Répondez au singulier, puis au pluriel:*

   EX.:—Parlait-il?
       —**Il parlait. —Ils parlaient.**

1. Dînait-il?   2. Habitait-il?   3. Allait-il?   4. Obéissait-elle?   5. Entrait-elle?
6. Attendait-elle?   7. Se couchait-il?   8. S'habillait-il?   9. Avait-il?
10. Était-elle?

C. *Mettez les phrases suivantes à l'imparfait en ajoutant les mots* **à ce moment-là:**

   EX.:—Je parle au téléphone.
       —**Je parlais au téléphone à ce moment-là.**

1. Je demeure aux États-Unis.   2. Je me lève à huit heures.   3. Quel âge as-tu?
4. A quelle heure finis-tu ton travail?   5. Il n'est pas de mon avis.   6. Il attend
l'autobus.   7. Nous attendons l'autobus depuis longtemps.   8. Qu'est-ce que
vous faites?   9. A quelle heure allez-vous à l'école?   10. Ils étudient tous les
soirs.   11. Nous allons souvent au cinéma.   12. Ils ont de la chance.   13. Je
me couche de bonne heure.   14. Elle s'habille vite.

III. *Répondez en français:*

1. A quelle heure avez-vous quitté la maison ce matin? **2.** Est-ce qu'il pleuvait quand vous avez quitté la maison? **3.** Est-ce qu'il faisait beau quand vous vous êtes levé(e)? **4.** Quel temps faisait-il quand vous êtes arrivé(e) au laboratoire? **5.** Est-ce qu'il a neigé hier? **6.** Est-ce qu'il neigeait quand vous êtes rentré(e) hier soir? **7.** Êtes-vous allé(e) au cinéma hier? **8.** Est-ce que le film était bon? **9.** Y avait-il beaucoup de monde au cinéma? **10.** Aviez-vous faim quand vous êtes rentré(e)? **11.** A quelle heure vous êtes-vous couché(e) hier soir? **12.** Étiez-vous fatigué(e) quand vous vous êtes couché(e)?

IV. *Demandez à quelqu'un:*

1. s'il connaît l'histoire des États-Unis. **2.** s'il sait quand vivait Franklin. **3.** où demeurait Franklin. **4.** ce que faisait Franklin. **5.** si Franklin est allé en France. **6.** si Franklin parlait français. **7.** combien de temps Franklin est resté en France. **8.** où Franklin est allé quand il était en France. **9.** si La Fayette vivait à ce moment-là. **10.** si Louis XVI était roi (*king*) de France à ce moment-là. **11.** si Marie-Antoinette était reine (*queen*) de France.

V. *Mettez le paragraphe suivant au passé en remplaçant le présent de l'indicatif par* le **passé composé** *ou* **l'imparfait**, *selon le cas:*

Ce matin, comme d'habitude, Henri quitte la maison à huit heures pour aller à l'école. Comme il pleut à ce moment-là, sa mère lui dit de prendre son imperméable et de se dépêcher car il est presque huit heures. Comme l'école n'est pas loin de la maison, Henri décide qu'il n'a pas besoin de se dépêcher. En passant devant une boulangerie, il remarque de beaux croissants et s'arrête. Il cherche dans sa poche et trouve qu'il a juste assez d'argent pour en acheter un. Il l'achète, le mange tranquillement et arrive à l'école juste à l'heure.

VI. Thème d'imitation.

Last week, John and Roger took a trip[1] to Rheims. They took the train at the Eastern Railroad Station, and arrived at Rheims two hours later. John was hungry, and he went to the lunchroom of the station. After lunch they went through[2] the cathedral.[3] Then they saw the cellars[4] where champagne was made.[5] There were many bottles,[6] thousands[7] of bottles. They returned to Paris, very happy about[8] their trip.

---

[1]**faire un voyage.** [2]*to go through,* **visiter.** [3]*the cathedral,* **la cathédrale.** [4]*the cellar,* **la cave.** [5]*Lit.* one made the wine of Champagne. [6]*the bottle,* **la bouteille.** [7]**des milliers de.** [8]*happy about,* **content de.**

Paris

 *Un rhume*

JEAN – [1]Bonjour, Marie. Je ne vous ai pas vue à la sauterie des Bedel samedi soir. [2]J'espérais pourtant vous y voir.

MARIE – [3]Je suis restée à la maison ce soir-là. [4]Je ne me sentais pas très bien, et je me suis couchée de bonne heure.

JEAN – [5]J'espère que cela n'était rien.

MARIE – [6]Je l'espérais aussi. [7]Mais le lendemain, je toussais et j'avais mal à la gorge.

JEAN – [8]Avez-vous fait venir le médecin?

MARIE – [9]Faire venir le médecin! Vous plaisantez. [10]Maintenant, il faut aller le voir vous-même. [11]Non, je lui ai parlé au téléphone. [12]C'était tout simplement un rhume. [13]Il m'a conseillé de prendre de l'aspirine.

JEAN – [14]Le remède universel, celui qui guérit tout— ou presque tout!

MARIE – [15]Je suis restée à la maison deux jours, à lire au coin du feu. [16]Maintenant, je vais beaucoup mieux.

JEAN – [17]Mais comment avez-vous attrapé ça?

MARIE – [18]Je n'en sais rien du tout.

JEAN – [19]En tout cas, vous ferez bien de vous reposer. [20]Il faut se méfier des rhumes. [21]Soignez-vous bien.

MARIE – [22]Oh! je n'en mourrai pas!

JOHN – [1]*Hi! Marie. I didn't see you at the Bedel's dance last Saturday night. But I was hoping to see you there.*

MARIE – [3]*I stayed at home that evening. [4]I wasn't feeling very well, and I went to bed early.*

JOHN – [5]*I hope it wasn't anything serious.*

MARIE – [6]*I hoped so too. [7]But the next day, I was coughing and I had a sore throat.*

JOHN – [8]*Did you send for the doctor?*

MARIE – [9]*Send for the doctor! You are kidding. [10]Now you have to go to see him yourself. [11]No. I spoke to him on the phone. [12]It was just a cold. [13]He advised me to take aspirin.*

JOHN – [14]*The cure–all, the one that cures everything — or almost everything!*

MARIE – [15]*I stayed at home for two days, reading by the fireside. [16]Now I am much better.*

JOHN – [17]*But how did you catch it?*

MARIE – [18]*I have no idea whatever.*

JOHN – [19]*In any case, you will do well to take it easy. [20]You have to beware of colds. [21]Take good care of yourself.*

MARIE – [22]*Oh! I won't die of it.*

I. Substitutions. *Répétez les phrases suivantes en substituant les mots indiqués:*

1. Je ne vous ai pas vu <u>à la sauterie</u> des Bedel samedi dernier.

    à la réception/ à la soirée/ à la réunion/ au bal

2. Je ne me sentais pas très bien, et <u>je me suis couchée de bonne heure.</u>

    je suis restée à la maison/ j'ai téléphoné au médecin/ j'ai pris de l'aspirine/
    j'ai bu beaucoup de jus d'orange

3. J'espère que cela n'était <u>rien.</u>

    pas grave/ pas très grave/ pas douloureux/ pas très douloureux

4. Mais le lendemain, <u>je toussais.</u>

    j'avais mal à la gorge/ j'avais mal à la tête/
    j'étais fort enrhumée/ j'avais un peu de fièvre

5. Vous ferez bien <u>de vous reposer.</u>

    de vous bien soigner/ de rester au coin du feu/ de téléphoner au médecin/
    de vous méfier des rhumes/ de ne pas quitter la maison

II. *Demandez en français:*

1. si Jean a vu Marie à la sauterie des Bedel. **2.** s'il espérait l'y voir. **3.** ce qu'a fait Marie ce soir-la. **4.** pourquoi elle s'est couchée de bonne heure. **5.** si elle toussait le lendemain. **6.** si elle est allée voir le médecin. **7.** ce que le médecin lui a conseillé de prendre. **8.** combien de temps elle est restée à la maison. **9.** comment elle a attrapé ça. **10.** comment elle va maintenant. **11.** s'il faut se méfier des rhumes. **12.** ce que Jean lui recommande de faire.

III. *Répondez en français aux questions suivantes:*

1. Marie est-elle allée à la sauterie des Bedel samedi dernier? 2. Qu'est-ce qu'elle a fait ce soir-là? 3. Pourquoi n'est-elle pas allée à cette soirée? 4. A quelle heure s'est-elle couchée? 5. A-t-elle fait venir le médecin? 6. Pourquoi n'a-t-elle pas fait venir le médecin? 7. Comment allait-elle le lendemain? 8. Qu'est-ce que le médecin lui a conseillé de faire? 9. Qu'est-ce qu'elle a fait pendant deux jours? 10. Comment va-t-elle maintenant? 11. Comment a-t-elle attrapé ça? 12. Pensez-vous qu'il faut se méfier des rhumes? 13. Pensez-vous qu'on doit se soigner quand on a un rhume? 14. Est-ce que Marie croit qu'elle en mourra?

IV. *Mettez les phrases suivantes à* **l'imparfait**:

1. Je ne me sens pas très bien. 2. J'ai froid. 3. J'ai mal à la gorge. 4. Je tousse beaucoup. 5. J'espère que ce n'est rien. 6. Je n'en sais rien du tout. 7. Avez-vous un peu de fièvre? 8. Est-ce que vous avez mal à la tête? 9. Êtes-vous mouillé jusqu'aux os? 10. J'ai soif, mais je n'ai pas faim. 11. C'est un rhume. 12. Je n'ai pas peur d'en mourir.

V. *Mettez le paragraphe suivant au passé en remplaçant le présent de l'indicatif par le* **passé composé** *ou* **l'imparfait,** *selon le cas*:

Un jour Roger et Marie font une longue promenade. Ils marchent dans la neige jusqu'à la nuit. Quand Marie rentre chez elle, elle a froid et elle ne se sent pas très bien. Elle décide que ce n'est rien. Mais comme il fait froid, elle reste à la maison et se couche de bonne heure. Le lendemain, elle tousse et elle a mal à la gorge. Elle téléphone au médecin qui lui dit de rester au lit et lui recommande de boire beaucoup d'eau.

Quelques jours plus tard, elle rencontre Jean qui lui demande comment elle va. «Mal, répond Marie, mais beaucoup mieux que la semaine dernière».

VI. Dictée d'après la Conversation 21, pp. 184–185.

VII. Causerie.

Vous racontez une visite à un jardin zoologique. Vous avez vu des singes (*monkeys*), des ours [uʀs] (*bears,*) des lions, des hippopotames, des serpents, des oiseaux de toutes les couleurs, etc.

CONVERSATION 23

 *Où est ma cravate?*

ROGER – ¹Seras-tu bientôt prêt, Jean? ²Nous sommes invités pour sept heures et demie.* ³Il est presque l'heure de partir.

JEAN – ⁴Oui, tout à l'heure. ⁵Je cherche ma cravate rouge. ⁶J'ai cherché partout. ⁷Je ne sais pas où je l'ai mise.

ROGER – ⁸Je peux te prêter une des miennes, si tu veux.

JEAN – ⁹En as-tu une rouge?

ROGER – ¹⁰J'en ai une qui ressemble à la tienne. ¹¹La mienne est un peu plus foncée, mais elle fera l'affaire, je crois.

JEAN – ¹²Merci infiniment. J'aime mieux ta cravate que la mienne. (*Mettant la cravate*) ¹³A quelle heure ton ami vient-il nous chercher?

ROGER – ¹⁴A sept heures et quart. ¹⁵Il vient nous chercher dans sa nouvelle auto.

JEAN – ¹⁶Voici une auto qui s'arrête devant la porte. ¹⁷De quelle couleur est la sienne?

ROGER – ¹⁸C'est une auto grise.

ROGER – ¹*Will you be ready soon, John?* ²*We are invited for 7:30.* ³*It is almost time to leave.*

JOHN – ⁴*Yes, right away.* ⁵*I'm looking for my red tie.* ⁶*I've looked everywhere.* ⁷*I don't know where I put it.*

ROGER – ⁸*I can lend you one of mine, if you wish.*

JOHN – ⁹*Have you a red one?*

ROGER – ¹⁰*I have one that is somewhat like yours.* ¹¹*Mine is a little darker, but I think it will do.*

JOHN – ¹²*Thanks a lot. I like your tie better than mine.* (Putting on the tie) ¹³*What time is your friend coming for us?*

ROGER – ¹⁴*At 7:15.* ¹⁵*He is coming for us in his new car.*

JOHN – ¹⁶*Here's a car stopping in front of the door.* ¹⁷*What color is his?*

ROGER – ¹⁸*It's a gray car.*

* A Paris, on ne dîne jamais avant sept heures ou sept heures et demie.

JEAN – ¹⁹Il claxonne. C'est lui sans aucun doute. ²⁰Maintenant, où est mon portefeuille?

ROGER (*riant*) – ²¹Je peux te prêter le mien, si tu veux.

JEAN – ²²Ah! voilà le mien. ²³Merci pourtant de m'offrir le tien. ²⁴Voilà ce qui s'appelle être un ami dévoué.

JOHN – ¹⁹*He's blowing his horn. It's he without a doubt.* ²⁰*Now where's my wallet?*

ROGER (laughing) – ²¹*I can lend you mine, if you wish.*

JOHN – ²²*Ah! here's mine.* ²³*But thank you for offering me yours.* ²⁴*That's what you call being a devoted friend.*

199

I. Substitutions. *Répétez les phrases suivantes en substituant les mots indiqués:*

1. Seras-tu bientôt prêt?

> prêt à partir/ prêt à te mettre en route/ suffisamment élégant/
> suffisamment beau/ habillé

2. Je ne sais pas où je l'ai mise.

> où elle est/ où elle se trouve/ où elle peut se trouver/ où j'ai pu la mettre

3. J'en ai une qui ressemble à la tienne.

> ressemble beaucoup/ ressemble un peu/ ressemble plus ou moins/ ressemble assez

4. Je peux te prêter une des miennes, si tu veux.

> si elle te va/ si elle te convient/ si elle fera l'affaire/ si elle te plaît

5. Voilà une auto qui s'arrête devant la porte.

> devant l'immeuble (*apartment building*) en face/ de l'autre côté de la rue/
> devant la boulangerie/ en face

6. Voilà ce qui s'appelle être un ami dévoué.

> un vrai ami/ un véritable ami/ un grand ami

7. Peut-on porter une cravate rouge avec un complet bleu (*a blue suit*)?

> un complet gris/ une jaquette brune/ un chandail jaune/ une chemise rose

II. *Demandez à quelqu'un, en employant la forme* **tu:**

1. s'il sera bientôt prêt. **2.** ce qu'il cherche. **3.** où il l'a mise. **4.** s'il a une autre cravate rouge. **5.** comment il trouve la cravate de Roger. **6.** pour quelle heure il est invité chez les Brown.

III. *Répondez en français aux questions suivantes:*

1. Pour quelle heure Jean et Roger sont-ils invités? **2.** Qu'est-ce que Jean cherche? **3.** Où a-t-il regardé? **4.** Pourquoi Jean n'est-il pas prêt à partir? **5.** Roger a-t-il une cravate rouge? **6.** Est-ce qu'il croit que sa cravate fera l'affaire? **7.** Comment Jean trouve-t-il la cravate de Roger? **8.** A quelle heure l'ami de Roger vient-il les chercher? **9.** Où s'arrête l'auto qui arrive? **10.** De quelle couleur est l'auto de l'ami de Roger? **11.** Que fait l'ami de Roger pour annoncer son arrivée? **12.** Quand vous allez chercher quelqu'un, est-ce vous claxonnez pour annoncer votre arrivée?

IV. Révision. *Répétez les phrases suivantes en remplaçant* **beaucoup** *par* **trop** :

1. J'ai vu beaucoup de nouveaux films. 2. Nous avons commandé beaucoup de fruits. 2. Je n'ai pas beaucoup d'argent. 4. Il ne s'est pas beaucoup amusé. 5. Elle a lu beaucoup de romans policiers (*detective stories*). 6. Il y a beaucoup de voitures dans la rue. 7. Il n'a pas beaucoup d'amis. 8. Il a bu beaucoup de vin. 9. Il y a beaucoup de gens dans les grandes villes. 10. Il y a beaucoup de bruit dans ce quartier.

V. Dictée d'après la Conversation 22, p. 195.

VI. Dialogue.

Vous demandez à un camarade de vous prêter son imperméable. Il en a besoin et il offre de vous prêter son parapluie.

Possessive Pronouns

57. *Remark on possessive adjectives and possessive pronouns.*

Possessive adjectives and possessive pronouns differ both in form and use. You have learned that possessive adjectives (**mon, ton, son,** etc.) are used TO MODIFY NOUNS. These words correspond to English forms *my*, *your*, *her*, etc.

Possessive pronouns are used AS EQUIVALENT OF NOUNS MODIFIED BY A POSSESSIVE ADJECTIVE. They correspond to the English forms *mine*, *yours*, *his*, *hers*, etc. EX.: **My** (*adj.*) father is a doctor. **Mine** (*pron.*) is an engineer.

58. *Forms and use of possessive pronouns.*

—Voici mon adresse.	Here is my address.
—Donnez-moi **la vôtre.**	Give me *yours.*
—J'ai mes gants. Où sont **les vôtres?**	I have my gloves. Where are *yours?*
—**Les miens** sont dans ma poche.	*Mine* are in my pocket.
—Est-ce que Marie a **les siens?**	Does Marie have *hers?*
—Roger a apporté son imperméable.	Roger brought his raincoat.
—Marie a laissé **le sien** à la maison.	Marie left *hers* at home.

The forms of the possessive pronouns are:

SINGULAR		PLURAL		
MASCULINE	FEMININE	MASCULINE	FEMININE	
le mien	la mienne	les miens	les miennes	(*mine*)
le tien	la tienne	les tiens	les tiennes	(*yours*)
le sien	la sienne	les siens	les siennes	(*his, hers, its*)
le nôtre	la nôtre	les nôtres	les nôtres	(*ours*)
le vôtre	la vôtre	les vôtres	les vôtres	(*yours*)
le leur	la leur	les leurs	les leurs	(*theirs*)

They agree in gender and number with the things possessed. EX.: In answer to the question: —Avez-vous **vos gants?**, either John or Marie could answer: —Oui, j'ai **les miens.**

---

59. *Possessive pronouns with prepositions* **à** *or* **de.**

—J'ai écrit à mes parents. | I have written to my parents.
—Avez-vous écrit **aux vôtres?** | Have you written to *yours?*
—J'ai besoin de mon imperméable, et Marie a besoin **du sien.** | I need my raincoat and Marie needs *hers.*

When used with the preposition **à** or **de** the forms are:

au mien, à la mienne, aux miens, aux miennes, etc.
du mien, de la mienne, des miens, des miennes, etc.

---

60. *Use of* **être à** (*to belong to*) *to express possession.*

—Ces gants **ne sont pas à moi.** | These gloves *are not mine* (lit.: to me).
—**Sont-ils à vous?** | *Are they yours* (lit.: to you)?
—Non. Je crois **qu'ils sont à Charles.** | No. I think *they are Charles'* (lit.: to Charles).

Note (1) that *mine, yours, his,* etc., are rendered in French by the possessive pronouns when they are used as subject or object of a verb or when they are object of a preposition other than **à** in the expression **être à.** EX.: **Les miens** sont dans ma poche. Où avez-vous acheté **les vôtres?** Avez-vous besoin **des vôtres?** (2) After the verb **être,** *mine, yours, his,* etc., are normally rendered by the preposition **à** followed by the forms **moi, toi, lui, elle,** etc., or a noun. EX.: Ces gants sont **à moi.** Cette auto est **à mon père.**

203

I. Substitutions. *Répétez les phrases suivantes en substituant les mots indiqués:*

1. (a) Ces gants sont-ils <u>à vous</u>?

à lui/ à elle/ à toi/ à eux

(b) Est-ce que ce sont <u>les vôtres</u>?

les siens (*his*)/ les siens (*hers*)/ les tiens/ les leurs

2. C'est un de <u>mes</u> amis.

tes/ nos/ ses/ leurs

3. (a) (une auto)   Voilà <u>la mienne.</u>

la tienne/ la sienne/ la nôtre/ la leur

(b) (un imperméable)   Voilà <u>le mien.</u>

le tien/ le sien/ les vôtres/ le vôtre

4. (des cravates)   J'aime mieux les miennes que <u>les vôtres.</u>

les tiennes/ les siennes (*his*)/ les siennes (*hers*)/ les leurs

II. Exercices d'application. *Répétez les phrases suivantes en remplaçant le nom par le pronom possessif:*

EX.:—J'ai mon stylo.
  —**J'ai le mien.**

(*a*) **1.** J'ai mon portefeuille.   **2.** J'ai ma bicyclette.   **3.** J'ai mes gants.   **4.** Il a son imperméable.   **5.** Elle a son imperméable.   **6.** Il a sa voiture.   **7.** Elle a sa voiture.   **8.** Nous avons nos gants.   **9.** Avez-vous vos affaires (*things*)?

(*b*) **1.** Je peux vous prêter mon stylo.   **2.** Je peux vous prêter un de mes stylos. **3.** Je peux vous prêter ma voiture.   **4.** Je peux vous prêter une de mes voitures. **5.** Je peux vous prêter mes gants.   **6.** Je peux vous prêter une de mes cravates.

(*c*) **1.** Où avez-vous acheté votre journal?   **2.** Où avez-vous acheté votre bicyclette?   **3.** Où avez-vous acheté vos gants?   **4.** Où avez-vous trouvé votre pull-over? **5.** Où a-t-elle acheté son pull-over?   **6.** Où a-t-il acheté son pull-over?

(*d*) **1.** J'ai besoin de mes gants.   **2.** Roger a besoin de ses gants.   **3.** Marie a besoin de ses gants.   **4.** Nous avons besoin de notre voiture.   **5.** Nous avons besoin de nos voitures.   **6.** As-tu besoin de ta voiture?   **7.** As-tu besoin de ton stylo?

III. *Répondez aux questions suivantes, en remplaçant le nom par le pronom possessif:*

EX.:—Roger a-t-il son imperméable?
—**Oui, il a le sien.**

1. Marie a-t-elle son imperméable? **2.** Marie a-t-elle ses gants? **3.** Avez-vous vos gants? **4.** Avez-vous besoin de vos gants? **5.** Roger a-t-il besoin de ses gants? **6.** Jean et Roger ont-ils besoin de leurs gants? **7.** Où avez-vous acheté votre journal? **8.** Où Jean et Roger ont-ils acheté leurs journaux? **9.** Où avez-vous acheté votre plan de Paris? **10.** Aimez-vous mieux votre pull-over que le mien? **11.** Est-ce que votre chambre vous plaît? **12.** Est-ce que l'appartement de Jean lui plaît?

IV. Révision des Conversations 18 et 19, pp. 162-163 et 166-167.

1. Quelle espèce de billet Jean demande-t-il pour aller à Reims? **2.** En quelle classe voyage-t-il? **3.** Combien de temps son billet est-il bon? **4.** Est-ce que le train qu'il prend va directement à Reims? **5.** A quelle ville doit-il changer de train? **6.** Combien de temps doit-il attendre la correspondance? **7.** Est-ce que son train est à l'heure? **8.** Qu'est-ce qu'il veut faire avant l'arrivée du train? **9.** Qu'est-ce qui arrivera s'il manque son train? **10.** De combien de mouchoirs Roger a-t-il besoin? **11.** Quel est le prix de la paire de gants qu'il veut acheter? **12.** De quelle couleur sont les gants qu'il achète? **13.** Est-ce que Roger achète autre chose? **14.** Est-ce qu'il paie ses achats tout de suite? **15.** Pourquoi n'emporte-t-il pas ses achats? **16.** Quand est-ce qu'on lui enverra la facture?

V. Thème d'imitation.

Yesterday John did not feel very well. He took a long walk, and he was cold and (he was) wet when he got home. Roger said to him: "Go to bed. I am going to telephone the doctor. It is probably (**sans doute**) not very serious, but you never can tell"[1] . . . Roger telephoned the doctor who told him to take some aspirin, to drink lots of orange juice, and to stay in bed. Roger took John's temperature and gave him some aspirin. He had a little fever[2] and he had a sore throat. Roger told him to stay in bed and rest. He said: "You will not die of it; but you must always beware of colds."

Today, John is much better. He is going to get up tomorrow morning and go to his laboratory as usual.

---

[1]**on ne sait jamais.** [2]**un peu de fièvre.**

CONVERSATION **24**

Château de Combourg en Bretagne

Retour de vacances

JEAN – [1]Tiens, bonsoir, Marie! Vous êtes de retour? [2]Je suis content de vous revoir. [3]Avez-vous passé de bonnes vacances de Noël en Bretagne?

MARIE – [4]Oui, excellentes, merci; mais trop courtes, comme toutes les vacances.

JEAN – [5]Quand êtes-vous revenue?

MARIE – [6]Hier soir à vingt-trois heures.

JEAN – [7]Avez-vous fait bon voyage?

MARIE – [8]Oh! ne m'en parlez pas! [9]A Rennes, l'express de Paris était bondé. [10]J'ai à peine pu trouver une place. [11]Et puis, les gens fumaient, [12]et il faisait horriblement chaud dans le compartiment.

JEAN – [13]Vous n'avez pas de chance!

MARIE – [14]J'ai dîné au wagon-restaurant. [15]C'est la seule partie du voyage qui était supportable.

JEAN – [16]Aimez-vous dîner au wagon-restaurant?

MARIE – [17]Assez. C'est une façon de passer une demi-heure.

JEAN – [18]Qu'est-ce que vous avez fait le jour de Noël?

MARIE – [19]Ce qu'on fait partout ce jour-là. [20]Nous sommes allés à la messe de minuit. [21]Nous avons fait le réveillon* chez les Kerguélen. [22]Je me suis bien amusée.

JOHN – [1]Well, good evening, Marie! Are you back? [2]I am glad to see you again. [3]Did you have a good Christmas vacation in Brittany?

MARIE – [4]Yes, excellent, thank you; but too short, like all vacations.

JOHN – [5]When did you get back?

MARIE – [6]Last night at 11 o'clock.

JOHN – [7]Did you have a good trip?

MARIE – [8]Oh! Don't even mention it! [9]At Rennes the Paris express was crowded. [10]I could scarcely find a seat. [11]And then, people were smoking, [12]and it was terrifically hot in the compartment.

JOHN – [13]Tough luck!

MARIE – [14]I had dinner in the diner. [15]That's the only part of the trip that was bearable.

JOHN – [16]Do you like to dine in the diner?

MARIE – [17]Pretty well. It's a way of spending half an hour.

JOHN – [18]What did you do on Christmas Day?

MARIE – [19]What one does everywhere on that day. [20]We went to midnight mass. [21]We had a réveillon at the Kerguélens'. [22]I had a good time.

---

* Repas fait au milieu de la nuit, surtout la nuit de Noël. La pièce de résistance est d'ordinaire une oie (goose), une dinde (turkey), ou un jambon (ham).

I. Substitutions. *Répétez les phrases suivantes en substituant les mots indiqués:*

1. Je suis revenu(e) hier soir à vingt-trois heures.

> hier soir à huit heures et demie/ hier matin/ hier après-midi/
> avant-hier (*day before yesterday*)/ la semaine dernière

2. Je suis de retour depuis hier soir à vingt-trois heures.

> hier soir à huit heures et demie/ hier matin/ hier après-midi/
> avant-hier/ la semaine dernière

3. J'ai à peine pu trouver une place.

> trouver un taxi/ monter dans l'autobus/ aller en ville/ marcher

4. Je me suis bien amusé(e) le jour de Noël.

> la veille de (*the day before*) Noël/ le lendemain de Noël/ le jour de l'An (*New
> Year's Day*)/ pendant les vacances

5. C'est une façon de passer une demi-heure.

> de passer la soirée/ de passer le temps/ de tuer le temps (*to kill time*)/
> de se distraire (*to relax and have a good time*)

II. *Demandez à quelqu'un:*

1. si Marie a passé de bonnes vacances.   **2.** où Marie a passé les vacances de
Noël.   **3.** quand Marie est revenue.   **4.** si elle a trouvé les vacances trop courtes.
5. si elle a fait bon voyage.   **6.** s'il y avait beaucoup de monde dans l'express de
Paris.   **7.** si elle a pu facilement trouver une place.   **8.** s'il faisait chaud dans le
compartiment.   **9.** si les gens fumaient.   **10.** pourquoi elle aime dîner au
wagon-restaurant.   **11.** ce qu'elle a fait le jour de Noël.   **12.** si elle est allée à
la messe de minuit.   **13.** chez qui elle est allée faire le réveillon.   **14.** si elle s'est
bien amusée le jour de Noël.

III. *Répondez en français à chacune des questions suivantes:*

1. Où Marie a-t-elle passé les vacances de Noël?   **2.** A-t-elle passé de bonnes
vacances?   **3.** Est-ce qu'elle a trouvé les vacances trop courtes?   **4.** Quand
est-elle revenue?   **5.** A-t-elle fait bon voyage?   **6.** Y avait-il beaucoup de monde
dans l'express de Paris?   **7.** A-t-elle pu facilement (*easily*) trouver une place?
8. Est-ce qu'il faisait chaud dans le compartiment?   **9.** Est-ce que les gens
fumaient?   **10.** Pourquoi Marie aime-t-elle dîner au wagon-restaurant?
11. Qu'est-ce qu'elle a fait le jour de Noël?   **12.** A quelle heure est-elle allée à
la messe?   **13.** Chez qui est-elle allée faire le réveillon?   **14.** Est-ce que Marie
s'est bien amusée le jour de Noël?

IV. *Répétez en remplaçant le passé composé par le passé composé de* **pouvoir** *et l'infinitif:*

EX.:—Il n'a pas déjeuné ce matin.
—**Il n'a pas pu déjeuner ce matin.**

1. Il n'a pas fait ses courses. **2.** Il n'a pas travaillé hier soir. **3.** Il n'a pas été à l'heure. **4.** Il n'a pas trouvé de place. **5.** Il ne s'est pas levé de bonne heure. **6.** Il ne s'est pas couché avant minuit.

V. *Répondez affirmativement aux questions suivantes en remplaçant les noms par les pronoms convenables:*

1. Avez-vous téléphoné à votre père hier soir? **2.** Êtes-vous allé(e) au cinéma samedi dernier? **3.** Avez-vous parlé du film à votre frère? **4.** Est-ce que Roger vous a parlé du film? **5.** Est-ce que Marie vous a parlé de ses vacances? **6.** Est-ce qu'elle a pu trouver une place dans le train? **7.** Êtes-vous allé(e) au cinéma avec Roger? **8.** Êtes-vous allé(e) au cinéma avec Roger et Jean? **9.** Êtes-vous allé(e) au cinéma avec Marie? **10.** Avez-vous parlé de Charles? **11.** Avez-vous parlé de Marie? **12.** Marie s'est-elle bien amusée chez les Kerguélen?

VI. Dictée d'après la Conversation 23, pp. 198-199.

VII. Causerie.

Ce que vous avez fait pendant les vacances.

209

Le Ponte Vecchio à Florence

 *Si j'étais riche*

JEAN – ¹Qu'est-ce que tu ferais si tu étais riche, Roger?

ROGER – ²Je ne sais pas au juste.

JEAN – ³Ne voudrais-tu pas voyager?

ROGER – ⁴Si, bien entendu. ⁵Je voudrais visiter plusieurs pays étrangers.

JEAN – ⁶Où irais-tu?

ROGER – ⁷J'irais en Italie, visiter Florence et Rome, ⁸aux États-Unis voir les chutes du Niagara, ⁹en Chine et au Japon voir ce qui se passe là-bas.

JEAN – ¹⁰Est-ce que c'est tout?

ROGER – ¹¹Non. J'achèterais une grosse auto et j'irais m'amuser au bord de la mer.

JEAN – ¹²Tu serais vite fatigué de tout cela.

JOHN – ¹*What would you do if you were rich, Roger?*

ROGER – ²*I don't know exactly.*

JOHN – ³*Wouldn't you like to travel?*

ROGER – ⁴*Yes, of course.* ⁵*I'd like to visit several foreign countries.*

JOHN – ⁶*Where would you go?*

ROGER – ⁷*I'd go to Italy to visit Florence and Rome,* ⁸*to the U.S. to see the Niagara Falls,* ⁹*to China and to Japan to see what's going on there.*

JOHN – ¹⁰*Is that all?*

ROGER – ¹¹*No. I'd buy a big car and go to the seashore to have a good time.*

JOHN – ¹²*You'd soon be tired of all that.*

210

ROGER – [13]C'est possible. [14]Naturellement, je serais philanthrope. [15]Je viendrais à l'aide des malheureux, des déshérités.

JEAN – [16]Qu'est-ce que tu ferais, par exemple?

ROGER – [17]Je m'occuperais des problèmes de l'heure actuelle, [18]de la surpopulation, de la pollution de l'air, de l'usage des stupéfiants, etc.

JEAN – [19]N'oublie pas cependant que le sort des hommes est bien meilleur qu'autrefois. [20]Les villes étaient encore bien plus sales il y a deux ou trois cents ans.

ROGER – [21]C'est possible. Je suppose que chaque génération a ses propres problèmes.

ROGER – [13]*That's possible.* [14]*Naturally, I would be a philanthropist.* [15]*I would come to the aid of the unfortunate, of the disadvantaged.*

JOHN – [16]*What would you do, for instance?*

ROGER – [17]*I would concern myself with the problems of the moment,* [18]*with overpopulation, air pollution, use of drugs, and so on.*

JOHN – [19]*But don't forget that man's fate is much better than formerly.* [20]*The cities were much filthier two or three hundred years ago.*

ROGER – [21]*That's possible. I suppose each generation has its own problems.*

I. Substitutions. *Répétez les phrases suivantes en substituant les mots indiqués:*

1. Qu'est-ce que tu ferais si tu étais riche?

si tu étais millionnaire/ si tu n'avais pas d'argent/
si tu avais mal à la gorge/ si tu avais un rhume

2. Si j'étais riche, je voudrais visiter plusieurs pays étrangers.

les États-Unis/ l'Italie/ le Japon/ la Chine

3. Tu serais vite fatigué de tout cela.

de voyager/ des voyages/ des avions/ des aéroports

4. Je m'occuperais des problèmes de l'heure actuelle.

de la surpopulation/ de la pollution de l'air/
de l'usage des stupéfiants/ de l'encombrement des rues

5. Je voudrais savoir ce qui se passe au Japon et en Chine.

Je ne sais pas/ Voudriez-vous savoir/ Ne voudriez-vous pas savoir
Je voudrais bien savoir

6. Je voudrais aller en Italie et en Suisse.

en Angleterre et en Écosse (*Scotland*)/ en Grèce et en Turquie/
à Florence et à Rome/ à Pékin et à Tokyo

II. *Demandez à quelqu'un:*

1. ce qu'il ferait s'il était millionnaire. **2.** s'il ne voudrait pas voyager. **3.** s'il voudrait visiter des pays étrangers. **4.** où il irait. **5.** quelles villes il voudrait visiter en Italie. **6.** pourquoi il voudrait aller en Chine et au Japon. **7.** s'il achèterait une grosse automobile. **8.** où il irait s'amuser. **9.** s'il ne serait pas philanthrope. **10.** de quoi il s'occuperait. **11.** si les grandes villes étaient sales il y a deux cents ans. **12.** si chaque génération a ses problèmes.

212

III. *Répondez en français aux questions suivantes:*

1. Que feriez-vous si vous étiez riche? 2. Ne voudriez-vous pas voyager? 3. Quels pays voudriez-vous visiter? 4. Quelles villes italiennes aimeriez-vous visiter? 5. Achèteriez-vous une grosse auto? 6. Où iriez-vous vous amuser? 7. Ne seriez-vous pas philanthrope? 8. De qui viendriez-vous à l'aide? 9. De quoi vous occuperiez-vous? 10. Quels sont les problèmes de l'heure actuelle? 11. Est-ce que le sort des hommes est meilleur qu'autrefois? 12. Est-ce que les villes étaient plus propres (*clean*) autrefois? 13. Est-ce qu'il y avait moins de malheureux autrefois? 14. Croyez-vous que les problèmes de l'heure actuelle sont plus graves que les problèmes d'autrefois? 15. Qu'est-ce que Roger suppose au sujet des problèmes de chaque génération?

IV. Révision.

A. *Répétez les phrases suivantes en remplaçant* **appartenir** (to belong to) *par l'expression* **être à:**

EX.:—Cette auto m'appartient.
—**Cette auto est à moi.**

1. Ces gants m'appartiennent. 2. Ces gants ne m'appartiennent pas. 3. Ces gants vous appartiennent-ils? 4. Ces gants ne vous appartiennent-ils pas? 5. Ils appartiennent à Charles. 6. Ils lui appartiennent. 7. Ils appartiennent à Marie. 8. Ils ne lui appartiennent pas.

B. *Répétez les phrases suivantes en remplaçant l'adjectif possessif et le nom par le pronom possessif:*

EX.:—Mon auto est au garage.
—**La mienne est au garage.**

1. Mes gants sont à la maison. 2. Ce sont mes gants. 3. J'ai perdu mon parapluie. 4. J'ai laissé mon parapluie à la maison. 5. Marie a étudié sa leçon. 6. Charles n'a pas étudié sa leçon. 7. J'ai écrit à mes parents; avez-vous écrit à vos parents? 8. Quand avez-vous reçu un chèque de vos parents?

V. Dictée d'après la Conversation 24, p. 207.

VI. Causerie.

Votre idée d'une vie heureuse (six à huit phrases).

Dans les Alpes

En Bretagne

En province

Marie et Roger sont de retour à Paris, à la fin des vacances de Noël. Marie est allée passer ses vacances en Bretagne, où elle a de la famille, et Roger est allé revoir la petite ville des Alpes où il est né. Le lendemain de leur retour, Jean demande à ses amis leurs impressions.

—J'adore la Bretagne, dit Marie. Mon oncle et ma tante habitent à Saint-Malo, dans la partie de la ville encore entourée de vieilles fortifications. Avant la deuxième guerre mondiale, leur maison était une de ces grandes et belles demeures construites par les marchands d'autrefois, au temps où Saint-Malo était une ville prospère, enrichie par son commerce et par ses corsaires.

—Vraiment, je ne sais pas si je choisirais la Bretagne pour y passer mes vacances de Noël, remarque Jean. Il y a des endroits plus gais.

—En réalité, continue Marie, mes vacances m'ont beaucoup plu. Nous avons fait le réveillon chez des amis, les Kerguélen, qui ont un vieux château à quelque distance de Saint-Malo, près du Mont-Saint-Michel. Quand vous irez

215

au Mont-Saint-Michel, n'oubliez pas d'aller jusqu'à Saint-Malo. La partie la plus ancienne de la ville, celle au bord de la mer, a été à peu près complètement détruite par les Allemands au cours de la dernière guerre. Les vieilles et imposantes demeures des anciens armateurs étaient en ruines. Depuis, elles ont été admirablement reconstruites dans le style d'autrefois. Allez-y, vous ne regretterez rien.

—Entendu, répond Jean. Et toi, Roger, raconte-nous un peu ce que tu as fait pendant tes vacances dans les Alpes.

—J'avais quitté ma ville natale lorsque j'étais enfant, et je n'y étais jamais retourné. Je ne m'attendais pas aux changements que j'y ai trouvés. On était en train de démolir l'école où j'allais lorsque j'avais douze ans pour installer à cet endroit les bureaux d'une compagnie d'électricité qui exploite l'énergie d'un grand barrage construit dans le voisinage. Cela m'a fait quelque chose de voir disparaître mon ancienne école. Comme le temps passe!

—Que veux-tu, Roger, c'est la vie!, répond Jean. Marie a vu la France d'autrefois, celle de la Bretagne et des vieux châteaux, et toi, tu as vu la France d'aujourd'hui, celle des barrages et des grandes usines.

QUESTIONS

1. Où Marie est-elle allée passer les vacances de Noël? **2.** Quels parents a-t-elle en Bretagne? **3.** Dans quelle partie de Saint-Malo son oncle et sa tante habitent-ils? **4.** Quand Saint-Malo était-elle une ville très prospère? **5.** Qu'est-ce qui faisait à ce moment-là la prospérité de la ville? **6.** Qu'est-ce que Marie pense de ses vacances? **7.** Où Marie dit-elle à Jean d'aller quand il ira au Mont-Saint-Michel? **8.** Quand la vieille ville de Saint-Malo a-t-elle été détruite? **9.** Dans quel style a-t-elle été reconstruite? **10.** Qu'est-ce que Roger à fait pendant ses vacances de Noël? **11.** Est-ce qu'il s'attendait aux changements qu'il a trouvés dans sa ville natale? **12.** Qu'est-ce qu'on était en train de faire à ce moment-là? **13.** Pourquoi démolissait-on son ancienne école? **14.** Est-ce que ça lui a fait quelque chose de voir disparaître son ancienne école?

La côte br

 *The Conditional*

61. *Conditional of regular verbs.*

—**Je déjeunerais** à la maison, si j'avais le temps de rentrer.

I would lunch at home, if I had time to go home.

—**Je finirais** plus tôt, si je commençais plus tôt.

I would finish sooner, if I began sooner.

—**Je répondrais** à sa lettre, si j'avais son adresse.

I would answer his letter, if I had his address.

—**Je me dépêcherais,** si j'étais à votre place.

I would hurry, if I were in your place.

The forms of the conditional of regular verbs are:

FIRST CONJUGATION	SECOND CONJUGATION	THIRD CONJUGATION
je déjeunerais	je finirais	je répondrais
I would (should*) lunch	*I would (should*) finish*	*I would (should*) answer*
tu déjeunerais	tu finirais	tu répondrais
il déjeunerait	il finirait	il répondrait
nous déjeunerions	nous finirions	nous répondrions
vous déjeuncriez	vous finiriez	vous répondriez
ils déjeuneraient	ils finiraient	ils répondraient

The forms of the conditional of regular verbs may be found by adding the endings **-ais, -ais, -ait, -ions, -iez, -aient** to the infinitive, except that in the case of verbs of the third conjugation (ending in **-re**) the final **e** of the infinitive is omitted. As the endings are the same as those of the imperfect indicative, you should be able to learn the forms of the conditional at a glance.

Note that the three forms of the singular and the third person plural are all pronounced alike except for linking.

---

* Very careful speakers are likely to say *I should, you would*, etc., although most people say *I would, you would*, etc. Whatever pattern you happen to follow in English, you say **je finirais, tu finirais**, etc., in French. There is no alternative.

The conditional of reflexive verbs follows the usual pattern: **Je me dépêcherais, tu te dépêcherais,** etc.

62. *Conditional of* être *and* avoir.

—**Vous seriez** malheureux, si vous étiez riche.   *You would be* unhappy, if you were rich.
—**J'aurais** le temps, si je me levais de bonne heure.   *I would have time*, if I got up early.

The forms of the conditional of **être** and **avoir** are:

être	avoir
je serais	j'aurais
I would (should) be	*I would (should) have*
tu serais	tu aurais
il serait	il aurait
nous serions	nous aurions
vous seriez	vous auriez
ils seraient	ils auraient

63. *Commonest uses of the conditional.*

(1) The conditional is used in the result clause of certain conditional sentences:

—**Je répondrais** à sa lettre, si j'avais son adresse.   *I would answer* his letter, if I had his address.
—**Je travaillerais** davantage, si j'étais à votre place.   *I would work* more, if I were in your place.

In conditional sentences which describe *what would happen* if a certain condition were fulfilled, the conditional is used in the result clause (**Je répondrais à sa lettre**) and the imperfect is used in the if-clause (**si j'avais son adresse**).
Note the difference between this conditional sentence and those you have seen (see par. 47), which describe *what will happen* if a certain condition is fulfilled. EX.: **Je prendrai un taxi** (*fut.*) **s'il pleut** (*present*).

(2) The conditional is often used even though the if-clause is omitted. EX.: **Vous ne sauriez pas** dépenser votre argent. *You would not know* how to spend your money (i.e., if you were rich).

—A votre place, **je travaillerais** davantage.   (If I were) in your place, *I would work* harder.

(3) To express future action in indirect discourse which depends upon a verb in a past tense:

—Il a dit qu'**il irait** en Italie.　　　　He said *he would go* to Italy.
—Elle a dit qu'**elle ferait** des courses.　She said *she would do* some errands.

Note that this use of the conditional is parallel to English usage. If someone said: *I shall go to Italy*, you could report it by a direct quotation (direct discourse), or by an indirect quotation (indirect discourse). For example:

DIRECT: He said, "*I shall go to Italy*."　Il a dit: «**J'irai** en Italie.»
INDIRECT: He said *he would go* to Italy.　Il a dit qu'**il irait** en Italie.

64. *Remark about English* should *and* would.

While it is generally bad practice to think of French words and phrases in terms of their supposed English equivalents, it is particularly dangerous in the case of *should* and *would*. While these words are indeed used to form a conditional in English, they have other very common meanings which have nothing whatever to do with the conditional.

(1) *Should* denoting obligation (meaning "ought to"): To express in French "I should go to the library" (i.e., I ought to go to the library), you use a form of the verb **devoir**. This verb will be studied later. Meanwhile, remember that the conditional forms themselves carry no suggestion of obligation.

(2) *Would* denoting habitual action (meaning "used to"): You have seen in par. 56 that habitual action in the past is expressed in French by the imperfect indicative. EX.:

—**Il allait** au cinéma tous les soirs après le　*He would go* (used to go) to the movies
　　dîner.　　　　　　　　　　　　　　　　every evening after dinner.

I. Substitutions. *Répétez les phrases suivantes en substituant les mots indiqués:*

1. Je répondrais à sa lettre si j'avais son adresse.

　　si j'avais le temps/ si j'avais du papier à lettres/
　　si j'avais un stylo/ si je savais taper à la machine (*to type*)

2. (a) Il m'a dit: «J'irai en Italie.»

　　Je voudrais visiter Florence/ J'achèterai une grosse automobile/
　　Je serai philanthrope/ Je m'occuperai des malheureux

　　(b) Il m'a dit qu'il irait en Italie.

　　qu'il voudrait visiter Florence/ qu'il achèterait une grosse automobile/
　　qu'il serait philanthrope/ qu'il s'occuperait des malheureux

3. Si j'étais en retard, <u>j'irais plus vite.</u>

> je me dépêcherais/ je prendrais le métro/ je chercherais un taxi/
> je me dirais: «Tant pis (*too bad*) si je suis en retard.»

4. S'il commençait à pleuvoir, <u>je rentrerais tout de suite.</u>

> j'irais au cinéma/ je mettrais mon imperméable/
> je prendrais mon parapluie/ je prendrais le métro

II. Exercices d'application.

A. *Répétez, en remplaçant le futur par le conditionnel:*

1. Je lui parlerai. **2.** J'irai en ville. **3.** Je n'aurai pas le temps. **4.** Achèterez-vous ces gants? **5.** Déjeuneras-tu en ville? **6.** Lui répondrez-vous? **7.** Il se dépêchera. **8.** Vous dépêcherez-vous? **9.** Ils commenceront tout de suite. **10.** A quelle heure finiront-ils? **11.** Y aura-t-il de la place? **12.** Qu'est-ce que tu achèteras?

B. *Répétez, en remplaçant le présent par le conditionnel:*

1. J'achète le journal. **2.** Je me lève de bonne heure. **3.** Il obéit à la loi. **4.** Il est à l'heure. **5.** Tu as le temps. **6.** Vous avez le temps. **7.** Nous n'avons pas le temps. **8.** Ils vont en Italie. **9.** Ils font du ski. **10.** Que fais-tu? **11.** Que faites-vous? **12.** Je ne sais pas. **13.** Ne voulez-vous pas aller à Versailles? **14.** Pouvez-vous m'envoyer son adresse?

C. *Répétez les phrases suivantes, en remplaçant le présent et le futur par l'imparfait et le conditionnel:*

> EX.:—Si je commence plus tôt, je finirai plus tôt.
> —**Si je commençais plus tôt, je finirais plus tôt.**

1. Si j'ai le temps de rentrer, je déjeunerai à la maison. **2.** S'il fait beau, j'irai en ville. **3.** Si mon père m'envoie un chèque, j'achèterai un manteau. **4.** Nous monterons s'il y a de la place. **5.** S'il neige, je prendrai un taxi. **6.** Si je me couche de bonne heure, je me lèverai de bonne heure. **7.** Si Roger ne finit pas son travail, il ne sera pas content.

D. *Mettez les phrases suivantes au conditionnel en remplaçant* **quand** *par* **si.**

> EX.:—Quand j'aurai le temps, j'irai voir ce film.
> —**Si j'avais le temps, j'irais voir ce film.**

1. Quand Marie aura de l'argent, elle achètera un pull-over. **2.** Il y aura de la place quand les gens descendront. **3.** Roger me téléphonera quand il sera de retour. **4.** Quand il fera beau, nous ferons une promenade ensemble. **5.** Quand mon père m'enverra un chèque, je vous inviterai à dîner. **6.** Je passerai quelque temps à Venise quand je serai en Italie.

E. *Mettez les phrases suivantes à la forme indirecte.*

> ex.:—Il a dit: J'irai en Italie.
> —**Il a dit qu'il irait en Italie.**

1. Il a dit: Je rentrerai à midi. **2.** Je lui ai dit: Je ferai des courses cet après-midi. **3.** Je lui ai dit: Je me coucherai de bonne heure. **4.** Il m'a dit: Je me dépêcherai. **5.** Ils nous ont dit: Nous serons à l'heure.

III. *Demandez à quelqu'un:*

1. s'il déjeunerait à la maison s'il avait le temps de rentrer. **2.** s'il achèterait une grosse automobile s'il était riche. **3.** ce qu'il ferait s'il commençait à pleuvoir. **4.** ce qu'il ferait s'il avait faim. **5.** ce qu'il ferait s'il avait mal à la gorge. **6.** ce qu'il ferait s'il était fatigué. **7.** s'il voudrait visiter Pékin et Tokyo. **8.** s'il aimerait être millionnaire.

IV. *Répondez aux questions suivantes:*

1. Irez-vous faire du ski s'il neige aujourd'hui? **2.** Feriez-vous du ski s'il neigeait aujourd'hui? **3.** Seriez-vous content s'il neigeait ce soir? **4.** Étiez-vous content quand il a neigé la semaine dernière? **5.** Si vous aviez le temps iriez-vous voir ce nouveau film? **6.** Répondriez-vous à cette lettre si vous aviez son adresse? **7.** Que feriez-vous si vous aviez un rhume? **8.** Si vous finissez votre travail ce matin que ferez-vous ce soir? **9.** Si vous finissiez votre travail ce matin que feriez-vous ce soir?

V. Révision des Conversations 20 et 21, pp. 176-177 et 184-185.

1. Qu'est-ce que Marie fait à l'arrêt de l'autobus? **2.** Depuis combien de temps attend-elle l'autobus? **3.** Est-ce qu'il y avait beaucoup de monde dans l'autobus qui est arrivé? **4.** Y a-t-il des gens debout dans l'autobus qui arrive? **5.** Est-ce qu'il y a de la place dans l'autobus? **6.** Est-ce que Marie et Roger sont montés tout de même? **7.** Quand est-ce qu'il y aura de la place? **8.** Pourquoi Roger descend-il à l'arrêt de la rue de Rivoli? **9.** Où Roger habitait-il quand il avait douze ans? **10.** A quelle école allait-il? **11.** Dans quelle région se trouve la ville où il habitait? **12.** A quelle heure partait-il pour l'école? **13.** A quelle heure en sortait-il? **14.** Y avait-il beaucoup d'élèves dans cette école? **15.** Roger croit-il que cette école lui a fait beaucoup de bien?

Saint-Malo

VI. Thème d'imitation.

Today is Christmas Day. After Midnight Mass, John and Roger went to the Christmas-Eve Party[1] at the Browns. On the table there was a beautiful turkey. John likes turkey very much. He thought[2] that turkey (was) delicious.[3] There was lots of wine, red and white.

John and Roger got home at four o'clock in the morning! When John woke up, at noon, he said to Roger: "Santa Claus[4] brought me a good headache.[5] But that doesn't make any difference. I had a very good time. The Browns are very nice and their turkey was excellent, wasn't it?

---

[1]*to go to the Christmas-Eve party*, **aller faire le réveillon.** [2]use **passé composé** because it describes John's reaction. [3]*delicious*, **délicieux** *m.*, **délicieuse** *f.* [4]*Santa Claus*, **le Père Noël.** [5]**un bon mal de tête.**

223

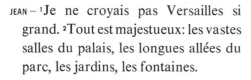

A Versailles

JEAN – ¹Je ne croyais pas Versailles si grand. ²Tout est majestueux: les vastes salles du palais, les longues allées du parc, les jardins, les fontaines.

ROGER – ³C'est Louis XIV qui, comme tu le sais, a fait construire Versailles. ⁴Il a fait travailler ici cinquante ans, plus ou moins. ⁵On dit qu'en seize cent quatre-vingt-cinq, trente mille ouvriers travaillaient à Versailles.

JEAN – ⁶Qu'est-ce que c'est que cette pièce d'eau là-bas, dans le lointain?

ROGER – ⁷On l'appelle la pièce d'eau des Suisses. ⁸Au temps du Grand Roi, il y avait là toute une flotte. ⁹Les soirs d'été, il venait quelquefois s'y promener en bateau, avec des musiciens, des torches, et naturellement la foule de ses courtisans.

JEAN – ¹⁰Tout cela est bien fini.

ROGER – ¹¹Hélas, oui. ¹²Mais faut-il le regretter? ¹³Il y avait tant de misère dans son royaume . . .

JOHN – *¹I did not think Versailles was so large. ²Everything is majestic: the enormous rooms of the palace, the long walks of the park, the gardens, the fountains.*

ROGER – *³It was Louis XIV who, as you know, had Versailles built. ⁴The work went on for fifty years, more or less. ⁵They say that in sixteen eighty-five, thirty thousand men were working at Versailles.*

JOHN – *⁶What is that body of water over there in the distance?*

ROGER – *⁷It is called the Lake of the Swiss. ⁸At the time of the Great King, there was a whole fleet there. ⁹On summer evenings he sometimes went boating there, with musicians, torches and naturally a crowd of courtiers.*

JOHN – *¹⁰All that's a thing of the past.*

ROGER – *¹¹Alas, yes. ¹²But must we regret it? ¹³There was so much misery in his kingdom . . .*

224

JEAN – ¹⁴Regarde cette magnifique vue sur le parc, avec ses larges allées et ses grands arbres. ¹⁵Il a l'air de continuer le palais.

ROGER – ¹⁶Il le continue en effet. ¹⁷L'accord est parfait entre le palais, les jardins et le parc.

JEAN – ¹⁸C'est une vue inoubliable. ¹⁹Après avoir entendu parler si souvent de Versailles, je suis vraiment très heureux d'être venu ici.

JOHN – ¹⁴*Look at that magnificent view of the park, with its wide walks and its tall trees.* ¹⁵*It seems to continue the palace.*

ROGER – ¹⁶*It does actually continue it.* ¹⁷*The balance is perfect between palace, gardens, and park.*

JOHN – ¹⁸*It is an unforgettable view.* ¹⁹*After having heard so often about Versailles, I am really very happy to have come here.*

Versailles

I. Substitutions. *Répétez les phrases suivantes en substituant les mots indiqués:*

1. Je ne croyais pas Versailles si grand.

les jardins si beaux/ les salles si vastes/ les allées
si longues/ les fontaines si nombreuses

2. Louis XIV a fait construire Versailles.

construire le palais/ dessiner les jardins/ aménager (*lay out*) le parc/
travailler ici cinquante ans

3. Il a fait travailler ici cinquante ans, plus ou moins.

à peu près cinquante ans/ environ cinquante ans/
une cinquantaine d'années/ pendant tout son règne

4. Le roi venait quelquefois s'y promener en bateau.

parfois/ le soir/ les soirs d'été/ de temps en temps

5. Il y avait tant de misère dans son royaume.

en France/ à Paris/ dans toutes les villes/ presque partout

6. Après avoir entendu parler si souvent de Versailles, je suis vraiment heureux d'être venu ici.

du palais de Versailles/ des jardins de Versailles/
des fontaines de Versailles/ du majestueux palais

II. *Demandez en français:*

1. si Jean croyait Versailles si grand.   **2.** qui a fait construire Versailles.
3. combien de temps le roi a fait travailler à Versailles.   **4.** combien d'ouvriers travaillaient à Versailles en 1685.   **5.** ce qu'il y avait sur la pièce d'eau des Suisses au temps du Grand Roi.   **6.** quand le Grand Roi venait s'y promener.
7. si tout cela est bien fini.   **8.** si le parc a l'air de continuer le palais.

III. *Répondez en français par une phrase complète à chacune des questions suivantes:*

1. De quel château parlent Jean et Roger?   **2.** Qu'est-ce qu'on trouve dans le palais?   **3.** Qu'est-ce qu'il y a dans le parc?   **4.** Qui a fait construire Versailles?
5. Combien de temps Louis XIV a-t-il fait travailler à Versailles?   **6.** Combien d'ouvriers y travaillaient en 1685?   **7.** Comment appelait-on Louis XIV?
8. Comment appelle-t-on la grande pièce d'eau dans le lointain?   **9.** Que faisait le roi quelquefois les soirs d'été?   **10.** Qui venait s'y promener avec lui?   **11.** Est-ce que les allées et les grands arbres du parc ont l'air de continuer le palais?
12. Comment Jean trouve-t-il la vue du palais et du parc?   **13.** Avait-il souvent entendu parler de Versailles?   **14.** Qu'est-ce qu'il en pense?

Versailles: Temple de l'amour

IV. *Répondez affirmativement, en remplaçant le nom par le pronom convenable:*

    EX.: (*Persons*)—Avez-vous entendu parler de Louis XIV?
            —Oui, j'ai entendu parler de lui.

        (*Things*)—Avez-vous entendu parler de Versailles?
            —Oui, j'en ai entendu parler.

1. Avez-vous entendu parler des rois de France? **2.** Avez-vous entendu parler de leur palais? **3.** Avez-vous entendu parler de Napoléon? **4.** Avez-vous entendu parler de Jeanne d'Arc? **5.** Avez-vous entendu parler du parc de Versailles? **6.** Avez-vous jamais entendu parler de la pièce d'eau des Suisses?

V. Révision. *Verbes pronominaux. Demandez à quelqu'un:*

1. comment il s'appelle. **2.** s'il se lève tard pendant les vacances. **3.** à quelle heure il se lève pendant les vacances. **4.** à quelle heure il s'est levé ce matin. **5.** à quelle heure il s'est couché hier soir. **6.** s'il s'est bien reposé dimanche dernier. **7.** comment s'appelle son professeur de français. **8.** s'il s'est bien amusé samedi soir.

VI. Dictée d'après la Conversation 25, pp. 210-211.

VII. Causerie.

Une visite à Versailles.

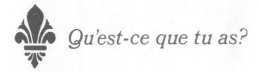 *Qu'est-ce que tu as?*

ROGER – ¹Qu'est-ce que tu as, Marie?

ROGER – ¹*What is the matter with you, Marie?*

MARIE – ²Je n'ai rien du tout, je t'assure.

MARIE – ²*Nothing is the matter, really.*

ROGER – ³Mais si, tu as quelque chose. ⁴Tu as l'air triste. ⁵A quoi penses-tu?

ROGER – ³*Yes there is. Something is wrong.* ⁴*You look very sad.* ⁵*What are you thinking about?*

MARIE – ⁶Je pense à Jeanne. La connais-tu?

MARIE – ⁶*I am thinking of Jeanne. Do you know her?*

ROGER – ⁷Non, je ne crois pas. Qui est-ce?

ROGER – ⁷*No, I don't think so. Who is she?*

MARIE – ⁸C'est une de mes cousines.

MARIE – ⁸*She's a cousin of mine.*

ROGER – ⁹Tu as tant de cousines! ¹⁰Laquelle de tes cousines est-ce?

ROGER – ⁹*You have so many cousins!* ¹⁰*Which of your cousins is she?*

MARIE – ¹¹C'est ma cousine qui demeure à Reims.

MARIE – ¹¹*She's my cousin who lives in Rheims.*

ROGER – ¹²Oh oui! tu m'as déjà parlé d'elle. ¹³Qu'est-ce qui lui est arrivé?

ROGER – ¹²*Oh yes! You have already spoken to me about her.* ¹³*What has happened to her?*

MARIE – ¹⁴J'ai reçu hier une lettre de ma tante Ernestine. ¹⁵Elle m'écrit que Jeanne va se marier jeudi prochain.

MARIE – ¹⁴*I had a letter from my aunt Ernestine yesterday.* ¹⁵*She writes me that Jeanne is going to get married next Thursday.*

ROGER – ¹⁶Quoi? Est-ce que cette nouvelle te rend triste? Tu es jalouse?

ROGER – ¹⁶*What? Does that news make you sad? Are you jealous?*

MARIE – ¹⁷Non, je ne suis ni triste ni jalouse.

MARIE – ¹⁷*No. I am neither sad nor jealous.*

ROGER – [18]Qu'est-ce qui t'ennuie, alors?

MARIE – [19]C'est que je ne pourrai pas aller à son mariage.

ROGER – [20]C'est dommage, en effet. [21]Avec qui ta cousine se marie-t-elle?

MARIE – [22]Avec un jeune architecte que je connaissais quand il avait dix ans. [23]Comme le temps passe!

ROGER – [18]*What is bothering you then?*

MARIE – [19]*It's that I cannot go to her wedding.*

ROGER – [20]*It is indeed too bad.* [21]*To whom is your cousin getting married?*

MARIE – [22]*To a young architect I knew when he was ten years old.* [23]*How time flies!*

I. **Substitutions.** *Répétez les phrases suivantes en substituant les mots indiqués:*

1. Tu as l'air <u>triste</u>.

fatigué/ malheureux/ heureux/ ennuyé (*bothered*)

2. Il a l'air d'avoir <u>chaud</u>.

faim/ soif (*thirsty*)/ quelque chose/ très chaud

3. Est-ce que cette nouvelle <u>te rend triste</u>?

te rend malheureuse/ t'ennuie/ te rend jalouse/ te fait plaisir

4. Je le connaissais quand <u>il avait dix ans</u>.

il était très jeune/ j'étais étudiant/ j'habitais dans les Alpes/ j'allais au collège

5. Qu'est-ce qui <u>te</u> rend triste?

le/ la/ les/ vous

6. Qu'est-ce qui <u>t'</u>ennuie alors?

le/ la/ les/ vous

II. *Répondez affirmativement, puis négativement à chacune des questions suivantes:*

EX.:—Avez-vous acheté quelque chose?
—**Oui, j'ai acheté quelque chose.**
—**Non, je n'ai rien acheté.**

1. Avez-vous reçu quelque chose? **2.** Avez-vous trouvé quelque chose?
3. Avez-vous entendu quelque chose? **4.** Avez-vous envoyé quelque chose?
5. Avez-vous fait quelque chose? **6.** Avez-vous quelque chose à faire? **7.** Avez-vous quelque chose?

III. *Remplacez le nom par le pronom convenable dans les phrases suivantes:*

A. penser à*

EX.:—Je pense à Jeanne. **Je pense à elle.**
—Je pense à mes examens. **J'y pense.**

1. Je pense à mes parents. **2.** Je pense à mon examen. **3.** Roger pense à son père. **4.** Il pense à son travail. **5.** Nous pensons à nos amis. **6.** Nous pensons à votre demande. **7.** Pensez-vous à cette lettre? **8.** Pensez-vous à votre mère? **9.** Il faut penser à vos examens.

---

*It is important to distinguish between **penser à** and **penser de.** While both are translated "to think of" in English, **penser à** means *to think of* a person or a thing, and **penser de** means *to think something about* a person or a thing, i.e. to hold an opinion.
Penser à. When the object of **penser à** is a personal pronoun which refers to a person or persons, the stressed form of the personal pronoun is used: Pensez-vous **à Marie?** Oui, je pense **à elle.** When the object of **penser à** is a pronoun referring to things, the form **y** is used: Pensez-vous **à vos examens?** Oui, j'y pense.

B. penser de*

EX.:—Que pensez-vous de Jeanne? **Que pensez-vous d'elle?**
—Que pensez-vous de ce journal? **Qu'en pensez-vous?**

1. Que pensez-vous de Louis XIV? **2.** Que pensez-vous de Versailles? **3.** Qu'est-ce que Jean pense de Versailles? **4.** Que pense-t-il de son auto? **5.** Que pensez-vous de ce film? **6.** Que pensez-vous de mes cousins? **7.** Que pensez-vous de mon chapeau? **8.** Que pensez-vous des Brown?

IV. *Demandez à quelqu'un en employant le* **tutoiement:**

1. ce qu'il a. **2.** s'il a quelque chose. **3.** pourquoi il a l'air triste. **4.** à quoi il pense. **5.** s'il a des cousines. **6.** de qui il parle. **7.** de quoi il parle. **8.** s'il a reçu une lettre ce matin. **9.** pourquoi il a l'air triste. **10.** ce qui l'ennuie. **11.** à qui il pense. **12.** à quoi il pensait.

V. *Répondez en français à chacune des questions suivantes:*

1. Qu'est-ce qu'a Marie? **2.** A-t-elle l'air triste? **3.** A quoi pense-t-elle? **4.** Est-ce que Roger connaît Jeanne? **5.** Qui est Jeanne? **6.** Est-ce que Marie a déjà parlé d'elle à Roger? **7.** De qui Marie a-t-elle reçu une lettre hier? **8.** Qu'est-ce que sa tante Ernestine lui dit dans sa lettre? **9.** Est-ce que cette nouvelle la rend triste? **10.** Est-ce que Marie est jalouse? **11.** Qu'est-ce qui l'ennuie? **12.** Quel âge avait le fiancé de Jeanne quand Marie le connaissait?

VI. *Répétez les phrases suivantes et posez la question qui correspond à chacune d'elles:*

EX.:—Tu as l'air triste.
—Tu as l'air triste. **Qu'est-ce que tu as?**

1. Vous avez l'air triste. **2.** Il a l'air triste. **3.** Elle a l'air triste. **4.** Ils ont l'air triste. **5.** Ils avaient l'air fâché (*angry*). **6.** Il avait l'air fâché. **7.** Elle avait l'air fâché. **8.** Elles avaient l'air fâché.

VII. Dictée d'après la Conversation 26, pp. 224-225.

VIII. Causerie.

Vous avez reçu une invitation à un mariage.

---

*Penser de. When the object of **penser de** is a personal pronoun which refers to a person or persons, the stressed form of the personal pronoun is used: Qu'est-ce que vous pensez **d'elle?** Je pense beaucoup de bien **d'elle.** When the object of **penser de** is a personal pronoun referring to things, the form **en** is used: Qu'est-ce que vous pensez **de ce livre?** Qu'est-ce que vous **en** pensez?

Interrogative Pronouns

65. *Interrogative pronouns referring to persons.*

    A. Subject forms: **qui?** or **qui est-ce qui?** (*who?*):

$$\begin{cases} \text{—\textbf{Qui} a dit cela?} \\ \quad\quad \text{OR} \\ \text{—\textbf{Qui est-ce qui} a dit cela?} \end{cases}$$
                                   Who said that?

    B. Object forms: **qui?** and **qui est-ce que?** (*whom?*):

$$\begin{cases} \text{—\textbf{Qui} avez-vous vu?} \\ \quad\quad \text{OR} \\ \text{—\textbf{Qui est-ce que} vous avez vu?} \end{cases}$$
                                   Whom did you see?

$$\begin{cases} \text{—\textbf{A qui} avez-vous parlé?} \\ \quad\quad \text{OR} \\ \text{—\textbf{A qui est-ce que} vous avez parlé?} \end{cases}$$
                                   To whom did you speak?

$$\begin{cases} \text{—\textbf{Avec qui} ta cousine se marie-t-elle?} \\ \quad\quad \text{OR} \\ \text{—\textbf{Avec qui est-ce que} ta cousine se marie?} \end{cases}$$
                                   To whom is your cousin getting married?

$$\begin{cases} \text{—\textbf{De qui} parlez-vous?} \\ \quad\quad \text{OR} \\ \text{—\textbf{De qui est-ce que} vous parlez?} \end{cases}$$
                                   About whom are you talking?

    Note that when **Qui?** is used as object of a verb or preposition, you invert the order of subject and verb. With **Qui est-ce qui?** or **Qui est-ce que?** you use normal word order.

    C. à qui? (*whose?*):

      —**A qui** sont ces gants?   *Whose* gloves are these?
      —**A qui** est ce chapeau?   *Whose* hat is this?

Note that **à qui?** is the interrogative form corresponding to **à moi, à vous,** etc., which you have seen in par. 60.

66. *Interrogative pronouns referring to things, etc. (i.e., not persons).*

A. Subject form: **qu'est-ce qui?** (*What?*):

—**Qu'est-ce qui** se passe?   *What* is happening?
—**Qu'est-ce qui** lui est arrivé?   *What* happened to him (*or* to her)?

The short form **que?** is also used as subject in such phrases as **Que** se passe-t-il? and **Qu'**arrive-t-il?

B. Direct object form: **que?** and **qu'est-ce que?** (*what?*):

   —**Que** vous a-t-il dit?   *What* did he say to you?
         OR
   —**Qu'est-ce qu'**il vous a dit?

   —**Que** lui avez-vous répondu?   *What* did you reply to him?
         OR
   —**Qu'est-ce que** vous lui avez répondu?

   —**Qu'**avez-vous?   *What* is the matter with you?
         OR
   —**Qu'est-ce que** vous avez?

C. Object of a preposition: **quoi?** (*what?*):

   —**A quoi** pensez-vous?*   *What* are you thinking *of?*
         OR
   —**A quoi est-ce que** vous pensez?

   —**De quoi** parlez-vous?   *What* are you talking *about?*
         OR
   —**De quoi est-ce que** vous parlez?

   —**De quoi** avez-vous besoin?   *What* do you need?
         OR
   —**De quoi est-ce que** vous avez besoin?

---

*Since the verb **penser** à means *to think of*, you naturally say: **A quoi pensez-vous?** (Cf. note on p. 230.)   **233**

67. Qu'est-ce que c'est que . . .? (*What is . . .?*)

—**Qu'est-ce que c'est qu'**un Prisunic?   *What is* a "Prisunic"?
—**Qu'est-ce que c'est que** cela?   *What is* that?

You use **Qu'est-ce que c'est que . . . ?** to ask for a description or a definition.

68. *Interrogative pronoun* lequel? laquelle? lesquels? lesquelles? (*which? which one? which ones?*) (persons or things)

A. Subject or object:

—**Laquelle** de tes cousines va se marier?   *Which one* of your cousins is getting married?

—Voici des livres. **Lesquels** voulez-vous?   Here are some books. *Which ones* do you want?

(1) **Lequel? laquelle?**, etc., are used to distinguish between two or more persons or things within a group. EX.: *Who* are those people? **Qui** sont ces gens? BUT: *Which one* is Mr. Duval? **Lequel** est M. Duval?

(2) These forms agree in gender and number with the nouns to which they refer.

B. With prepositions **à** or **de**:

—Voici deux livres. **Duquel** avez-vous besoin?   Here are two books. *Which one* do you need?

—**A laquelle** de tes cousines as-tu écrit?   *To which one* of your cousins did you write?

In combination with prepositions **à** and **de** the forms of **lequel?**, etc., are:

auquel? à laquelle? auxquels? auxquelles?
duquel? de laquelle? desquels? desquelles?

I. Substitutions. *Répétez les phrases suivantes en substituant les mots indiqués:*

1. Qui est ce monsieur?

cette dame/ ce jeune homme/ cette jeune fille/ ce garçon

2. Qu'est-ce qui <u>arrive?</u>

    lui arrive/ t'arrive/ vous arrive/ leur arrive

3. Que <u>fait-il?</u>

    fait-elle/ fais-tu/ faites-vous/ font-ils

4. Qu'est-ce qu'<u>il a fait?</u>

    tu as/ elle a/ vous avez/ ils ont

5. <u>A</u> qui avez-vous <u>parlé?</u>

    De . . . parlé/ Chez . . . dîné/ Avec . . . déjeuné/ Pour . . . acheté ça

II. Exercices d'application.

A. *Posez la question à laquelle répond chacune des phrases suivantes en remplaçant le sujet par* **Qui?** *puis par* **Qui est-ce qui?**

    EX.:—Mon père a dit cela.
        —**Qui a dit cela? Qui est-ce qui a dit cela?**

1. Roger est allé au laboratoire. **2.** Jean est rentré à la maison. **3.** Louis XIV a fait construire ce château. **4.** Jean a acheté ce journal. **5.** Jean est allé chez les Brown. **6.** Marie veut du café. **7.** Elle sait la date de la prise de la Bastille.

B. *Posez la question à laquelle répond chacune des phrases suivantes en remplaçant le complément par* **Qui?** *puis par* **Qui est-ce que?**

    EX.:—J'ai vu Marie.
        —**Qui avez-vous vu? Qui est-ce que vous avez vu?**

1. J'ai rencontré Marie. **2.** J'ai parlé à Marie. **3.** Je suis sorti avec elle. **4.** Jean a écrit à M. Brown. **5.** Roger a acheté des fleurs pour Marie. **6.** Il est allé à la sauterie avec elle.

C. *Posez la question à laquelle répond chacune des phrases suivantes en employant* **A qui . . .?**

    EX.:—Ces gants sont à moi.
        —**A qui sont ces gants?**

1. Cette bicyclette est à Charles. **2.** Ces photos sont à moi. **3.** Cette auto est à mon père. **4.** Cet imperméable est à mon frère. **5.** Ce pull-over est à ma sœur.

D. *Posez la question à laquelle répond chacune des phrases suivantes en remplaçant le sujet par* **Qu'est-ce qui?**

ex.:—Le vent fait ce bruit.
—**Qu'est-ce qui fait ce bruit?**

1. Mon auto fait ce bruit. **2.** Cette nouvelle me rend triste. **3.** Cette nouvelle m'ennuie. **4.** Rien ne m'ennuie. **5.** Rien ne se passe. **6.** Quelque chose de terrible est arrivé.

E. *Posez la question à laquelle répond chacune des phrases suivantes en remplaçant le complément par* **Qu'est-ce que?** *puis par* **Que?**

1. J'ai acheté des bonbons. **2.** Il a dit bonjour. **3.** Il a apporté des hors-d'œuvre. **4.** Elle n'a rien dit. **5.** Je n'ai rien du tout. **6.** Nous avons fait une promenade.

F. *Posez la question à laquelle répond chacune des phrases suivantes en remplaçant le complément par* **quoi?**

ex.:—Je pense à l'examen.
—**A quoi pensez-vous?**

1. Je pense aux vacances. **2.** J'ai besoin de papier à lettres. **3.** Nous parlons de notre voyage. **4.** Nous commencerons par des hors-d'œuvre. **5.** Je finirai par des fruits.

G. *Posez la question à laquelle répond chacune des phrases suivantes en remplaçant le nom par* **Lequel? Laquelle?** *etc.*

ex.:—Voilà plusieurs jeunes filles. Jeanne est la plus grande.
—**Laquelle est la plus grande?**

1. Marie est la plus jolie. **2.** Je préfère Marie. **3.** Suzanne est la plus intelligente. **4.** Hélène et Marguerite sont blondes. **5.** Je pense à Suzanne.

III. *Demandez à quelqu'un:*

1. qui a construit le château de Versailles. **2.** pour qui le château a été construit. **3.** ce que c'est qu'un château. **4.** laquelle des villes de France est la plus grande. **5.** de qui Marie a reçu une lettre hier. **6.** à qui pense Marie. **7.** ce qui ennuie Marie. **8.** ce que la tante de Marie a dit dans sa lettre. **9.** lesquelles des villes d'Italie Roger aimerait visiter. **10.** ce que Roger voudrait voir aux États-Unis.

IV. Révision des Conversations 22 et 23, p. 195 et pp. 198-199.

1. Pourquoi Marie n'est-elle pas allée à la sauterie samedi dernier? **2.** Comment se sentait-elle ce soir-là? **3.** Est-ce qu'elle était très malade? **4.** A-t-elle fait venir le médecin? **5.** Qu'est-ce que le médecin lui a dit de faire? **6.** Comment va-t-elle maintenant? **7.** Pourquoi fera-t-elle bien de se reposer? **8.** Pourquoi Jean n'est-il pas prêt à sortir? **9.** Qu'est-ce que Roger offre de lui prêter? **10.** Qu'est-ce que Jean pense de la cravate de Roger? **11.** De quelle couleur est l'auto qui s'arrête devant la porte? **12.** Que fait l'ami de Roger pour annoncer son arrivée? **13.** Qu'est-ce que Roger offre enfin de lui prêter? **14.** Que pense Jean de cette offre?

V. Thème d'imitation.

Louis XIV is doubtless the most famous (*célèbre*) of the kings of France. He was born in 1638 and he died in 1715. He had an enormous château built at Versailles. For (*pendant*) more than forty years the best artists (*artistes*) of the seventeenth century worked at Versailles. The magnificent rooms of the château, the long walks of the park, the beautiful gardens, everything gives an impression of splendor. Louis XIV had the sun as an emblem (*comme emblème*). It is at Versailles that one understands why they called him the Sun-King (*le Roi-Soleil*).

237

 Au commissariat de police

LE COMMISSAIRE DE POLICE – ¹Vous êtes bien M. Jean Hughes, ingénieur-chimiste, ²demeurant huit, rue du Docteur Roux?

JEAN – ³Oui, monsieur le commissaire.

LE COMMISSAIRE DE POLICE – ⁴Hier après-midi, vous avez été témoin de l'accident ⁵au cours duquel le docteur Lambert a été blessé?

JEAN – ⁶Oui, monsieur le commissaire.

LE COMMISSAIRE DE POLICE – ⁷Où étiez-vous au moment où l'auto du docteur, ⁸qui suivait la rue de Vaugirard, ⁹est entrée en collision avec un camion ¹⁰qui venait de l'avenue Pasteur?

JEAN – ¹¹J'étais devant l'Institut Pasteur.*

THE COMMISSAIRE DE POLICE – ¹*You are indeed Mr. John Hughes, a chemical engineer, ²who lives at 8 rue du Dr. Roux?*

JOHN – ³*Yes, sir.*

THE COMMISSAIRE DE POLICE – ⁴*Yesterday afternoon you were a witness of the accident ⁵in the course of which Dr. Lambert was hurt?*

JOHN – ⁶*Yes, sir.*

THE COMMISSAIRE DE POLICE – ⁷*Where were you at the moment when the doctor's car, ⁸which was going along Vaugirard Street, ⁹collided with a truck ¹⁰that was coming from Pasteur Avenue?*

JOHN – ¹¹*I was in front of the Pasteur Institute.*

---

* The Institut Pasteur, founded by the great Pasteur, consists of a hospital, a museum, and a research institute for biological chemistry.

LE COMMISSAIRE DE POLICE – ¹²Comment l'accident a-t-il eu lieu?

JEAN – ¹³La chaussée était très glissante, ¹⁴car il avait plu. ¹⁵Le docteur Lambert, dont l'auto allait très vite, ¹⁶n'a pas pu s'arrêter à temps.

LE COMMISSAIRE DE POLICE – ¹⁷A quelle vitesse le camion allait-il ¹⁸quand l'accident a eu lieu?

JEAN – ¹⁹A environ 30 kilomètres à l'heure.

LE COMMISSAIRE DE POLICE – ²⁰Je vous remercie, monsieur. ²¹Ce que vous venez de dire ²²est d'accord avec les renseignements que nous avons déjà.

THE COMMISSAIRE DE POLICE – ¹²*How did the accident take place?*

JOHN – ¹³*The street was very slippery,* ¹⁴*for it had been raining.* ¹⁵*Dr. Lambert, whose car was going very fast,* ¹⁶*couldn't stop in time.*

THE COMMISSAIRE DE POLICE – ¹⁷*How fast was the truck going* ¹⁸*when the accident took place?*

JOHN – ¹⁹*About 30 kilometers per hour.*

THE COMMISSAIRE DE POLICE – ²⁰*I thank you, sir.* ²¹*What you have just said* ²²*agrees with the information we already have.*

I. Substitutions. *Répétez les phrases suivantes en substituant les mots indiqués:*

1. Le docteur Lambert a été blessé.

Un passant/ Un médecin/ Un agent de police/ Un vieux monsieur

2. . . . l'accident au cours duquel le docteur Lambert a été blessé.

un passant/ un médecin/ un agent de police/ un vieux monsieur

3. Vous avez été témoin de l'accident au cours duquel le docteur Lambert a été blessé.

un passant/ un médecin/ un agent de police/ un vieux monsieur

4. Le docteur Lambert, dont l'auto allait très vite, n'a pas pu s'arrêter à temps.

assez vite/ trop vite/ beaucoup trop vite/ à trente kilomètres à l'heure

5. Où étiez-vous au moment où l'accident a eu lieu?

la collision/ l'incident/ la querelle/ la dispute

6. Où étiez-vous au moment de l'accident?

la collision/ l'incident/ la querelle/ la dispute

7. Ce que vous venez de dire . . .

faire/ acheter/ manger/ répondre/ chercher/ regarder

II. *Demandez à quelqu'un:*

1. à qui parle Jean Hughes. **2.** pourquoi le commissaire a fait venir Jean Hughes. **3.** l'adresse de Jean. **4.** sa profession. **5.** de quoi il a été témoin. **6.** où l'accident a eu lieu. **7.** quand l'accident a eu lieu. **8.** pourquoi l'accident a eu lieu. **9.** comment l'accident a eu lieu. **10.** s'il avait plu avant l'accident. **11.** pourquoi la chaussée était glissante. **12.** à quelle vitesse allait le camion au moment de l'accident.

III. *Répondez en français à chacune des questions suivantes:*

1. A qui Jean parle-t-il? **2.** Où la conversation a-t-elle lieu? **3.** Que fait Jean Hughes? **4.** Où demeure-t-il? **5.** De quoi a-t-il été témoin? **6.** Quand l'accident a-t-il eu lieu? **7.** Qui a été blessé au cours de l'accident? **8.** Quelle rue suivait l'auto du docteur Lambert? **9.** D'où venait le camion? **10.** Où était Jean au moment de l'accident? **11.** Pourquoi la chaussée était-elle glissante? **12.** Pourquoi le docteur Lambert n'a-t-il pas pu s'arrêter à temps? **13.** A quelle vitesse le camion allait-il quand l'accident a eu lieu? **14.** Est-ce que le commissaire a déjà parlé à des témoins de l'accident? **15.** Qu'est-ce que le commissaire a dit à Jean en le remerciant? **16.** Avez-vous jamais été témoin d'un accident d'auto?

IV. *Répétez, en remplaçant le passé composé par* **Je viens de** (I have just) *avec l'infinitif.*

     EX.:—J'ai déjeuné.
       —**Je viens de déjeuner.**

    1. J'ai acheté un journal.   **2.** J'ai trouvé ma cravate.   **3.** J'ai fini ma lettre.
    4. Je suis allé(e) à la pharmacie.   **5.** Je me suis levé(e).   **6.** Je me suis habillé(e).
    7. J'ai été témoin de l'accident.

V. Révision. **Avoir quelque chose,** (*to be the matter*), **arriver à** (*to happen to some-*
one), **ennuyer** (*to bother, to worry someone*). *Répétez les phrases suivantes en*
substituant les mots indiqués:

    A. 1. Qu'est-ce que tu as? (*What's the matter?*)
          il a/ elle a/ vous avez/ ils ont/ il y a

       2. Qu'est-ce que tu avais?
           il avait/ elle avait/ vous aviez/ ils avaient/ il y avait

       3. Je ne sais pas ce que j'avais.
           il avait/ elle avait/ ils avaient/ elles avaient

    B. 1. Qu'est-ce qui lui arrive? (*What's happening to him (her)?*)
          t(e)/ nous/ vous/ leur

       2. Qu'est-ce qui lui est arrivé?
           t(e)/ nous/ vous/ leur

       3. Qu'est-ce qui t'ennuie?
           l(e)/ l(a)/ les *m.*/ les *f.*

       4. Je ne sais pas ce qui lui est arrivé.
           t(e)/ nous/ vous/ leur

VI. Dictée d'après la Conversation 27, pp. 228-229.

VII. Causerie.

    Vous parlez d'un accident dont vous avez été témoin.

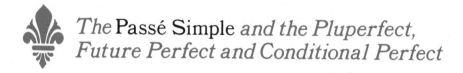

The Passé Simple *and the Pluperfect, Future Perfect and Conditional Perfect*

---

69. *Meaning and use of the* **passé simple.**

The names **passé simple** (*simple past*) and **passé composé** (*compound past*) are used to distinguish two tenses which, generally speaking, have the same meaning: both tenses are used to express simple past actions.

You have seen that the **passé composé** is commonly used in conversation. The **passé simple** is used only in literary narrative style and in rather formal speech. Even then, only the third person (singular and plural) is ordinarily used today.

EXAMPLE OF THE USE OF THE PASSÉ SIMPLE

A cette époque, il y **eut** une épidémie dans le pays des Troglodytes. Un médecin habile **arriva** du pays voisin et **donna** ses remèdes. Quand il **demanda** à ses clients de lui payer ses services, il ne **trouva** que des refus.

Le médecin **retourna** dans son pays et il y **arriva** très fatigué. Il **apprit** peu après que la même maladie ravageait de nouveau le pays des Troglodytes. Ils **allèrent** à lui tout de suite lui demander de revenir avec ses remèdes.

Le médecin **refusa.** Les Troglodytes **moururent** et **furent** victimes de leurs propres injustices.

At that time there *was* an epidemic in the land of the Troglodytes. A skillful doctor *arrived* from the neighboring country and *gave* his remedies. When he *asked* his patients to pay him for his services he *received* only refusals.

The doctor *returned* to his own country and he *arrived* there very tired. He *learned* soon afterwards that the same disease was again ravaging the land of the Troglodytes. They *went* to him immediately to ask him to come back with his remedies.

The doctor *refused.* The Troglodytes *died* and they *were* victims of their own injustice.

70. *Forms of the* passé simple.

A. Regular verbs:

FIRST CONJUGATION	SECOND CONJUGATION	THIRD CONJUGATION
je donnai	je finis	je répondis
I gave	*I finished*	*I answered*
tu donnas	tu finis	tu répondis
il donna	il finit	il répondit
nous donnâmes	nous finîmes	nous répondîmes
vous donnâtes	vous finîtes	vous répondîtes
ils donnèrent	ils finirent	ils répondirent

B. Être and avoir:

être	avoir
je fus	j'eus
I was	*I had*
tu fus	tu eus
il fut	il eut
nous fûmes	nous eûmes
vous fûtes	vous eûtes
ils furent	ils eurent

(The passé simple, which is primarily used in writing, will be used here only for aural practice and will appear only in exercise II, A.)

71. *Pluperfect* (plus-que-parfait) *of regular verbs and of* avoir *and* être.

—J'avais déjà accepté l'invitation de Robert, quand j'ai reçu la vôtre.

I had already *accepted* Robert's invitation when I received yours.

—La chaussée était très glissante, car il avait plu.

The surface of the street was very slippery, for *it had been raining.*

—Il était déjà parti, quand je lui ai téléphoné.

He had already *left*, when I telephoned him.

243

The forms of the pluperfect indicative are:

J'avais donné, etc. *I had given,* etc.
J'avais fini, etc. *I had finished,* etc.
J'avais répondu, etc. *I had answered,* etc.
J'avais été, etc. *I had been,* etc.
J'avais eu, etc. *I had had,* etc.
J'étais arrivé(e), etc. *I had arrived,* etc.
Je m'étais levé(e), etc. *I had got up,* etc.

(1) The pluperfect is formed like the **passé composé** except that the imperfect of the auxiliary is used.

(2) As in English, the pluperfect tense expresses an action that had already taken place when another past action took place. When the first action immedi-ately precedes the second, the pluperfect is usually replaced by the imperfect of **venir** followed by **de** and an infinitive. EX.: Je **venais d'**accepter l'invitation de Robert, quand j'ai reçu la vôtre.

---

72. *Future perfect tense* (futur antérieur).

—**J'aurai fini** mon travail quand il arrivera.   *I shall have finished* my work when he arrives.

The future perfect is formed like the other compound tenses except that the future of the auxiliary verb is used.

J'aurai donné, etc. *I shall have given,* etc.
Je serai arrivé(e), etc. *I shall have arrived,* etc.

As in English, the future perfect tense is used to express an action that will take place in the future before another future action takes place. In sentences in which you use a future perfect in one clause, the verb in the other clause is always in the future tense (cf. par. 47). EX.: **Je serai parti** quand elle **recevra** ma lettre. *I shall have left* when she gets my letter (*will receive*).

---

73. *The conditional perfect* (conditionnel passé).

—Si nous avions eu le temps, **nous serions allés** au bal.   If we had had time, *we would have gone* to the dance.

—**Je serais** volontiers **allé** avec lui, si je n'avais pas eu mal à la tête.   *I would have* gladly *gone* with him if I hadn't had a headache.

The conditional perfect is formed like the other compound tenses except that the conditional of the auxiliary verb is used.

> **J'aurais donné,** etc. *I would have given,* etc.
> **J'aurais répondu,** etc. *I would have answered,* etc.
> **Je serais arrivé(e),** etc. *I would have arrived,* etc.
> **Je me serais levé(e),** etc. *I would have got up,* etc.

It is most commonly used in conditional sentences in which the verb in the if-clause is in the pluperfect. It expresses an action which would have taken place, if another action had taken place (cf. par. 63).

---

74. *Agreement of the past participle in compound tenses.*

The agreement of the past participle is purely a matter of spelling in most cases and is therefore of comparatively little importance in spoken French.

A. Verbs conjugated with **avoir:**

> —J'ai **planté** des fleurs dans mon jardin. I have *planted* flowers in my garden.
> —Les fleurs que j'ai **plantées** n'ont pas The flowers I *planted* did not *grow.*
>   poussé.

When a verb is conjugated with **avoir,** the participle agrees in gender and number with a preceding direct object. If the direct object follows the participle, or if the verb has no direct object, there is of course no agreement and the masculine singular form of the participle is used.

Thus in **J'ai planté des fleurs,** there is no agreement because the direct object follows the participle.

In **Les fleurs que j'ai plantées n'ont pas poussé,** the participle **plantées** is feminine plural because the direct object **que,** which precedes the verb, refers to **les fleurs,** which is feminine plural. In the same sentence, **poussé** has no direct object and therefore cannot agree.

B. Verbs conjugated with **être** (not including reflexives):

> —**Jean** est **allé** en ville. John *went* downtown.
> —**Marie** est **allée** en ville. Marie *went* downtown.
> —**Ils** sont **arrivés** à dix heures. They (*masc.*) *arrived* at ten o'clock.
> —**Elles** sont **arrivées** à neuf heures. They (*fem.*) *arrived* at nine o'clock.

245

Except for reflexive verbs, when a verb is conjugated with **être,** the past participle agrees in gender and number with the subject of the verb. **Vous** may of course be masculine or feminine, singular or plural. EX.: **Marie, êtes-vous allée** au cinéma? **Henri, êtes-vous allé** au cinéma? **Êtes-vous allés** au cinéma ensemble?

C. Reflexive verbs:

—Roger s'est **levé** à sept heures.   Roger *got* up at seven o'clock.
—Marie s'est **levée** à neuf heures.   Marie *got* up at nine o'clock.

Although reflexive verbs are conjugated with **être,** their past participles agree as if they were conjugated with **avoir,** i.e. they agree with a preceding direct object. In the preceding examples, **se** is the preceding direct object in each case. In the first example, it refers to Roger and the agreement is masculine. In the second it refers to Marie and the agreement is feminine.

I. Substitutions. *Répétez les phrases suivantes en substituant les mots indiqués:*

1. J'avais fini mon travail quand vous avez téléphoné.

Je m'étais couché(e)/ J'étais sorti(e)/ Je n'avais pas encore dîné/
Je n'avais pas reçu votre lettre

2. Je venais de finir mon travail quand vous avez téléphoné.

Je venais de me coucher/ Je venais de rentrer/ Il venait de partir/
Nous venions de dîner

3. Il aurait fait des courses s'il avait eu le temps.

Il serait allé en ville/Il aurait répondu à cette lettre/ Il aurait fait une promenade/
Il se serait bien amusé à Paris

4. J'aurai fini mon travail quand vous arriverez.

quand vous serez prêt/ quand Marie sera prête/ quand vous viendrez me chercher/
quand Jean viendra me chercher

5. Je serai parti(e) avant six heures.

Tu sera parti/ Nous serons partis/ Serez-vous parti . . .?/ Seras-tu parti . . .?

II. Exercices d'application.

A. *Indiquez le temps de chacune des formes suivantes:*

EX.:—Il arriva: **passé simple.**   Il arrivera: **futur.**   Il arrive: **présent.**

1. Il entra. **2.** Il se leva. **3.** Il se lèvera. **4** Il répondit. **5.** Il répond.
6. Il répondra. **7.** Il acheta. **8.** Ils achètent. **9.** Ils achetèrent. **10.** Ils choisissent. **11.** Ils choisirent. **12.** Ils entrèrent. **13.** Ils entreront. **14.** Il eut.
15. Il vendit. **16.** Ils finirent. **17.** Ils furent. **18.** Ils auront. **19.** Ils eurent.
20. Il ne fut pas.

B. *Mettez les phrases suivantes au plus-que-parfait:*

> EX.:—Il a plu.
> —**Il avait plu.**

1. J'ai répondu à sa lettre. **2.** Il a fini son dîner. **3.** Nous avons fait nos courses. **4.** Le train est déjà parti. **5.** Nous sommes allés en ville. **6.** Je me suis couché de bonne heure. **7.** Ils sont arrivés en retard. **8.** J'ai toujours obéi à la loi. **9.** J'ai acheté une auto. **10.** A-t-il neigé?

C. *Employez le plus-que-parfait et le conditionnel passé dans les phrases suivantes:*

> EX.:—Si j'avais de l'argent, j'irais en Italie.
> —**Si j'avais eu de l'argent, je serais allé(e) en Italie.**

1. S'il faisait beau, j'irais en ville. **2.** S'il pleuvait, je prendrais un taxi. **3.** Si j'avais des courses à faire, je prendrais mon auto. **4.** Je répondrais à sa lettre, si j'avais son adresse. **5.** Elle irait au bal, si elle n'avait pas mal à la gorge.
6. Si nous manquions notre train, nous passerions la nuit à Épernay.

III. *Répondez en français à chacune des questions suivantes:*

1. Si vous aviez eu le temps, est-ce que vous seriez allé au cinéma hier soir?
2. Est-ce que la chaussée aurait été glissante s'il n'avait pas plu? **3.** Étiez-vous parti ce matin quand il a commencé à pleuvoir? **4.** Est-ce que vous aviez fini votre travail hier soir quand je vous ai téléphoné? **5.** Est-ce que vous aurez fini votre travail à cinq heures et demie? **6.** Est-ce que vous aurez fini votre travail quand votre frère arrivera?

IV. Révision. *Répondez en français à chacune des phrases suivantes:*

1. A quelle heure avez-vous déjeuné? **2.** A quelle heure dînerez-vous ce soir?
3. A quelle heure dîneriez-vous si vous alliez en ville? **4.** A quelle heure dînez-vous le dimanche? **5.** A quelle heure dîniez-vous pendant les vacances? **6.** Est-ce que vous vous couchez de bonne heure le dimanche? **7.** Est-ce que vous vous

247

couchez plus tard en été qu'en hiver? **8.** Vous êtes-vous levé(e) de bonne heure ce matin? **9.** Vous êtes-vous couché(e) tard hier soir? **10.** Est-ce que vous vous couchiez tard pendant les vacances? **11.** Est-ce que vous vous coucherez tard ce soir? **12.** Est-ce que vous vous coucheriez tard si vous aviez un examen demain?

V. *Mettez le passage suivant au passé, en employant* **l'imparfait** *ou* **le passé composé** *selon le cas:*

Un jour qu'il suit l'avenue de Vaugirard, Jean entend tout à coup un bruit métallique et violent. Il se retourne et voit deux hommes, l'un dans un camion, l'autre au volant d'une automobile, qui discutent avec véhémence. Lequel des deux est responsable de l'accident? Jean n'en sait rien, mais à en juger par leur indignation, ils ont tous les deux raison. Heureusement, un agent de police arrive et sa présence ramène le calme entre les antagonistes.

Deux jours plus tard, Jean reçoit une lettre qui le prie de se présenter au commissariat de police du XVe arrondissement. Quand il arrive à l'heure indiquée, le commissaire lui pose toute sorte de questions auxquelles Jean répond de son mieux.

VI. Révision des dialogues 24 et 25, p. 207 et pp. 210-211.

1. Où Marie est-elle allée passer ses vacances de Noël? **2.** Comment est-elle revenue de Bretagne? **3.** Y avait-il beaucoup de monde dans l'express de Paris? **4.** Dites à quelqu'un qu'il a de la chance. **5.** Dites à quelqu'un qu'il n'a pas de chance. **6.** Chez qui Marie a-t-elle fait le réveillon? **7.** Est-ce qu'elle s'est bien amusée pendant les vacances? **8.** Qu'est-ce que vous feriez si vous étiez riche? **9.** Quels pays voudriez-vous visiter? **10.** Qu'est-ce que vous achèteriez si vous alliez en France? **11.** Voudriez-vous voyager en Chine et au Japon? **12.** Savez-vous ce qui se passe en Europe?

VII. Thème d'imitation.

Two days ago, in front of the Pasteur Institute, John witnessed an accident in the course of which Dr. Lambert was hurt. Dr. Lambert's car collided with a truck. When the truck-driver (*le chauffeur du camion*) saw the doctor's car, he tried to stop, but too late . . . At the noise of the accident, some passers-by came to see what was happening. A little later, a policeman arrived and they took (*on a conduit*) Dr. Lambert to the hospital.

That afternoon, John went to the police station. The police commissioner asked him (*poser*) all sorts of questions which (*auxquelles*) he answered the best he could (*de son mieux*).

Chez l'horloger

L'HORLOGER* – ¹Qu'est-ce que je peux faire pour vous, monsieur?

JEAN – ²Je voudrais faire réparer cette montre. ³Je l'ai laissée tomber hier, ⁴et elle ne marche plus.

L-HORLOGER – ⁵Où avez-vous acheté cette montre-là?

JEAN – ⁶Je l'ai achetée en Amérique.

L'HORLOGER – ⁷Je m'en doutais. ⁸C'est la première fois que je vois une montre de cette marque.

JEAN – ⁹Est-ce que vous pourrez la réparer tout de même?

L'HORLOGER – ¹⁰Je crois.

JEAN – ¹¹De quoi s'agit-il?

L'HORLOGER – ¹²Il s'agit d'une réparation simple. ¹³Mais je serai obligé de faire venir un ressort.

JEAN – ¹⁴Pouvez-vous me dire quand ma montre sera prête?

L'HORLOGER – ¹⁵Voyons . . . Je vais commander aujourd'hui le ressort dont j'ai besoin. ¹⁶Je le recevrai sans doute vers le milieu de la semaine prochaine.

JEAN – ¹⁷Je voudrais bien avoir ma montre le plus tôt possible.

L'HORLOGER – ¹⁸Revenez de mardi en huit.

JEAN – ¹⁹Bon. J'attendrai jusque-là.

THE JEWELER – ¹*What can I do for you, sir?*

JOHN – ²*I'd like to have this watch repaired. ³I dropped it yesterday, ⁴and now it won't run.*

THE JEWELER – ⁵*Where did you buy that watch?*

JEAN – ⁶*I bought it in America.*

THE JEWELER – ⁷*I rather thought so. ⁸This is the first time I have seen a watch of that make.*

JOHN – ⁹*Can you repair it anyway?*

THE JEWELER – ¹⁰*I think so.*

JOHN – ¹¹*What's wrong with it? (lit. Of what is it a question?)*

THE JEWELER – ¹²*It is a question of a simple repair job. ¹³But I'll have to send for a spring.*

JOHN – ¹⁴*Can you tell me when my watch will be ready?*

THE JEWELER – ¹⁵*Let's see . . . Today I'll order the spring I need. ¹⁶I'll probably get it toward the middle of next week.*

JOHN – ¹⁷*I'd certainly like to have my watch as soon as possible.*

THE JEWELER – ¹⁸*Come back next Tuesday.*

JOHN – ¹⁹*Okay, I'll wait till then.*

---

* Un horloger est une personne qui fait, répare, vend des horloges, des pendules et des montres.

I. Substitutions. *Répétez les phrases suivantes en substituant les mots indiqués:*

1. Je voudrais faire réparer cette montre.

   cette auto/ cette pendule/ ce stylo/ cette bicyclette

2. **(a)** Il s'agit d'une réparation simple.

   d'une vieille maison/ d'un vieux livre/ d'une montre qui ne marche plus/
   d'une auto qui ne marche plus

   (b) Il s'agissait (*It was a question of*) d'une réparation difficile.

   d'une montre américaine/ d'un ressort cassé/ d'un ami de mon père/
   tout simplement d'un rhume

3. **(a)** Il s'agit de réparer cette montre.

   de construire une maison/ de faire des courses/ de trouver ma cravate/
   de s'arrêter à temps

   (b) De quoi s'agit-il?

   De quelle réparation/ De quelle espèce de réparation/
   De quelle cousine de Marie/ De qui

4. J'attendrai jusque-là.

   jusqu'à mardi prochain/ jusqu'à la semaine prochaine/ jusqu'à son retour/
   jusqu'à midi

II. *Répondez en français à chacune des questions suivantes:*

1. Pourquoi Jean va-t-il chez l'horloger? 2. Qu'est-ce que c'est qu'un horloger?
3. Est-ce que la montre de Jean marche toujours (*still*)? 4. Pourquoi ne marche-
t-elle plus? 5. Où Jean a-t-il acheté sa montre? 6. Est-ce que l'horloger a déjà
vu une montre comme ça? 7. Est-ce qu'il pourra la réparer tout de même?
8. De quoi s'agit-il? 9. Qu'est-ce que l'horloger sera obligé de faire venir?
10. Pourquoi sera-t-il obligé de faire venir un ressort? 11. Est-ce que l'horloger
peut dire à Jean quand sa montre sera prête? 12. Quand va-t-il commander le
ressort dont il a besoin? 13. Quand pense-t-il le recevoir? 14. Quand dit-il à
Jean de revenir? 15. Est-ce que Jean sera obligé d'attendre longtemps?
16. Quand Jean reviendra-t-il chez l'horloger? 17. Quand voudrait-il bien avoir
sa montre?

III. *Demandez en français à quelqu'un:*

1. s'il a jamais laissé tomber sa montre. 2. si sa montre s'est arrêtée. 3. si une
montre peut marcher sans ressort. 4. ce qui fait marcher une montre. 5. ce
qui se passe quand le ressort d'une montre est cassé. 6. si l'horloger peut

réparer la montre de Jean. **7.** de quoi il s'agit. **8.** s'il s'agit d'une réparation difficile. **9.** ce que l'horloger va commander. **10.** de quoi il aura besoin. **11.** quand il recevra le ressort.

IV. *Répondez en français:*

1. Avez-vous fait réparer votre montre? **2.** Avez-vous fait réparer votre auto?
3. Marie a-t-elle fait venir le médecin? **4.** L'horloger a-t-il fait venir un ressort?
5. Allez-vous faire venir un taxi? **6.** Allez-vous faire construire une maison?
7. Qui a fait construire Versailles? **8.** Où Jean fera-t-il réparer sa montre?

V. *Mettez le passage suivant au passé en employant* **l'imparfait, le passé composé, le plus-que-parfait** *ou* **le conditionnel** *selon le cas:*

Un jour Jean laisse tomber sa montre. Il est très inquiet, car c'est une bonne petite montre que sa mère lui a donnée pour son anniversaire. Quand il la ramasse, la montre ne marche plus. De plus en plus inquiet, il va chez l'horloger et lui explique ce qui s'est passé. L'horloger ouvre la montre, prend sa loupe, et regarde l'intérieur. Il trouve que le ressort est cassé. Il demande à Jean où il a acheté sa montre, car il n'a jamais vu de montre comme ça. Jean dit que c'est une montre américaine et lui demande s'il pourra la réparer tout de même. L'horloger dit qu'il commandera aujourd'hui même le ressort dont il a besoin, qu'il le recevra dans quelques jours et que Jean pourra revenir de mardi en huit.

VI. Dictée d'après la Conversation 28, pp. 238–239.

VII. Conversation.

Vous avez cassé vos lunettes. Vous avez besoin de nouveaux verres. Vous désirez faire réparer vos lunettes le plus tôt possible, car vous ne pouvez rien voir sans elles, etc. L'oculiste répond qu'il est très occupé, qu'il a beaucoup de clients, mais que vous pouvez revenir samedi après–midi à cinq heures.

253

Relative Pronouns

75. *The relative pronoun* **qui.**

The relative pronoun **qui** (*who, which, that*) is used as the *subject of a verb* and may refer to persons or things. (Cf. the interrogative form **Qui?** which refers only to persons.)

—C'est ma cousine **qui** demeure à Reims.	She's my cousin *who* lives in Rheims.
—Voici un autre autobus **qui** arrive.	Here comes another bus.

The relative pronoun **qui** is also used as *object of prepositions*, but in this case it may refer only to persons.

—Le docteur Lambert, **à qui** j'ai parlé, est un bon médecin.	Dr. Lambert, *to whom* I spoke, is a good doctor.
—La dame **chez qui** je demeure a des chambres à louer.	The lady *at whose house* I live has rooms to rent.

76. *The relative pronoun* **que.**

The relative pronoun **que** (*whom, which*) is used as the *direct object* of a verb and may refer to either persons or things:

—C'est un jeune homme **que** je connaissais quand j'avais dix ans.	He's a young man I used to know when I was ten.
—Voici la cravate **que** je cherchais.	Here's the tie I was looking for.

254

In English the object form of the relative pronoun is practically always omitted: we say *He's a boy I used to know*, rather than *He's a boy whom I used to know;* but in French the relative pronoun must always be expressed in relative clauses.

77. *The relative pronoun* **dont.**

Dont (*whose, of whom, of which, about whom,* etc.) is equivalent to a relative pronoun preceded by the preposition **de.** It may refer to persons or things and is used only after an expressed antecedent.

—Le docteur Lambert, **dont** l'auto allait très vite, n'a pas pu s'arrêter à temps.

Dr. Lambert, *whose* car was going very fast, could not stop in time.

—Je vais commander aujourd'hui le ressort **dont** j'ai besoin.

I am going to order today the spring *which* I need (*of which* I have need).

78. *Relative pronouns* **lequel, laquelle, lesquels, lesquelles** (*which*).

To refer to *things*, **lequel,** etc., is the relative pronoun you use after prepositions such as: **à, avec, dans, pour, sans,** etc. When used with preposition **à** and **de,** the forms are **auquel, duquel,** etc.

—L'auto **dans laquelle** il était est entrée en collision avec un camion.

The car *in which* he was collided with a truck.

—La lettre, **à laquelle** j'ai déjà répondu, est sur mon bureau.

The letter, *to which* I have already replied, is on my desk.

—Les vacances **auxquelles** je pense seront, hélas, trop courtes.

The vacation I am thinking about will, alas, be too short.

(1) The forms **duquel, de laquelle,** etc., are rarely used since **dont** is the equivalent of a relative pronoun with preposition **de.** However, with the prepositional expressions **à côté (de), près (de), autour (de), au cours (de), au-dessus (de),** etc., the forms **duquel,** etc., must be used. **Dont** cannot be used with these expressions. EX.: l'accident **au cours duquel** . . . ; la maison **près de laquelle** . . .

(2) Note that in clauses indicating time or place, **où** is ordinarily used instead of **auquel, dans lequel, etc.** Thus it corresponds to English *when* as well as *where.* EX.: La ville **où** je suis né. The city *in which* (*where*) I was born. L'année **où** je suis né. The year *in which* (*when*) I was born.

255

79. Use of **ce qui, ce que** (*what, that which*).

A. Subject form **ce qui:**

—J'irais en Afrique voir **ce qui** se passe là-bas.

I'd go to Africa to see *what* is going on there.

—Savez-vous **ce qui** se passe en Afrique?

Do you know *what* is going on in Africa?

Ce qui is the relative pronoun which corresponds to the interrogative pronoun **Qu'est-ce qui?** EX.: **Qu'est-ce qui** se passe en Afrique? (*interrogative*) —Je ne sais pas **ce qui** se passe en Afrique. (*relative*)

Note that the entire clause **ce qui se passe en Afrique** is the direct object of **voir** and of **Savez-vous. Ce qui** is the subject of **se passe.**

B. Object form **ce que:**

—**Ce que** vous venez de me dire est très vrai.

What you have just told me is quite true.

—**Ce qu'il** dit est absurde.

What he says is absurd.

Ce que is the relative pronoun which corresponds to the interrogative form **Qu'est-ce que?** EX.: —**Qu'est-ce que** vous avez dit? (*interrog.*) Je n'ai pas entendu **ce que** vous avez dit. (*relative*) Note that the clause **Ce qu'il dit** is the subject of **est;** but that **ce qu'** is the object of **dit.**

I. Substitutions. *Répétez les phrases suivantes en substituant les mots indiqués:*

1. Voilà ma cousine qui demeure à Reims.

que vous connaissez/ dont nous avons parlé hier/ à qui je vous ai présenté/ pour qui j'ai acheté cela

2. Voici les gants dont je vous ai parlé.

qui sont en solde/ que je vais acheter/ dont il s'agit/ qui m'intéressent

3. Je ne me rappelle pas ce qu'il a dit.

ce qu'il a fait/ ce qui lui est arrivé/ ce dont* il a parlé/ ce qui s'est passé

II. Exercices d'application.

A. *Répétez les phrases suivantes en employant* **Voilà . . . qui . . . :**

EX.:—Un autobus arrive.
—**Voilà un autobus qui arrive.**

* Since you say **parler de,** you use here **ce dont** instead of **ce que** which is the direct object form.

1. Ma cousine demeure à Reims. **2.** Mon ami va se marier. **3.** Un taxi s'arrête. **4.** Un avion passe. **5.** Le printemps arrive. **6.** Les feuilles tombent. **7.** Le vent se lève. **8.** Les enfants s'amusent.

B. *Répétez les phrases suivantes en employant* **Voilà le (la, les) . . . que . . . :**

> EX.:—J'ai acheté des gants.
> —**Voilà les gants que j'ai achetés.**

1. J'ai acheté des cigarettes. **2.** J'ai planté des fleurs. **3.** J'ai reçu une lettre. **4.** Je cherchais ma cravate. **5.** Nous avons trouvé de l'argent. **6.** Nous avons commandé un ressort. **7.** Il a fait réparer cette montre. **8.** Il m'a donné cette adresse.

C. *Répétez les phrases suivantes en employant* **Voilà le (la, les) . . . dont . . . :**

> EX.:—J'ai besoin de papier à lettres.
> —**Voilà le papier à lettres dont j'ai besoin.**

1. J'ai besoin de gants. **2.** J'ai besoin d'argent. **3.** Il a besoin de monnaie. **4.** Il a besoin d'un ressort. **5.** Je vous ai parlé de cette jeune fille. **6.** Il vous a parlé de ce musée. **7.** J'ai entendu parler de ce château. **8.** Il s'agit de ce journal. **9.** Il s'agissait de cette montre.

D. *Répétez en employant* **Voilà le (la, les) . . . (à, pour, avec, chez) qui . . . :**

> EX.:—Je suis allé(e) au cinéma avec cette jeune fille.
> —**Voilà la jeune fille avec qui je suis allé(e) au cinéma.**

1. J'ai parlé à cet agent de police. **2.** J'ai envoyé des fleurs à cette jeune fille. **3.** J'ai donné le journal à cet étudiant. **4.** J'ai demandé des renseignements à cet agent de police. **5.** Je suis allé(e) au bal avec ce jeune homme. **6.** J'ai fait une promenade avec ce petit garçon. **7.** Je demeure chez cette dame. **8.** J'ai acheté des bonbons pour ces enfants.

E. *Répétez en employant* **Voilà le (la, les) . . . (à, dans, pour, sur) lequel (laquelle, lesquels, lesquelles) . . . :**

> EX.:—Il était dans cette auto.
> —**Voilà l'auto dans laquelle il était.**

1. Il était dans ce taxi. **2.** J'ai répondu à cette lettre. **3.** Nous avons répondu à ces questions. **4.** Je pensais à ce restaurant. **5.** J'ai acheté un ressort pour cette montre. **6.** J'ai commandé un tapis pour cette chambre. **7.** J'ai posé mes lunettes sur cette table. **8.** J'ai mis mes cigarettes sur cette chaise.

257

III. *Répondez à chacune des questions suivantes en commençant par* **Je ne sais pas ce qui . . . :**

EX.:—Qu'est-ce qui se passe?
—**Je ne sais pas ce qui se passe.**

1. Qu'est-ce qui s'est passé? **2.** Qu'est-ce qui arrive? **3.** Qu'est-ce qui est arrivé? **4.** Qu'est-ce qui lui est arrivé? **5.** Qu'est-ce qui ennuie Marie? **6.** Qu'est-ce qui l'ennuie? **7.** Qu'est-ce qui la rend triste? **8.** Qu'est-ce qui l'a rendue malade?

IV. *Répondez à chacune des questions suivantes en commençant par* **Je ne sais pas ce qu(e) . . . :**

EX.:—Qu'est-ce qu'il a dit?
—**Je ne sais pas ce qu'il a dit.**

1. Qu'est-ce qu'il a acheté? **2.** Qu'est-ce qu'il a fait? **3.** Qu'est-ce que vous ferez ce soir? **4.** Qu'est-ce que l'horloger a commandé? **5.** Qu'est-ce qu'il a reçu? **6.** Qu'est-ce que vous feriez si vous étiez riche? **7.** Qu'est-ce que c'est qu'un Prisunic? **8.** Qu'est-ce que c'est qu'une charcuterie?

V. *Répondez en français à chacune des questions suivantes:*

1. Comment s'appelle la dame chez qui Jean demeure? **2.** Est-ce que la chambre que Jean a louée est agréable? **3.** Croyez-vous tout ce que disent (*say*) les journaux? **4.** Savez-vous avec qui Charles ira en vacances? **5.** Avez-vous entendu ce que je vous ai dit? **6.** Quel est le nom de la ville où vous habitez? **7.** Y avait-il beaucoup de monde à l'endroit où vous êtes monté dans l'autobus? **8.** Quel temps faisait-il le jour où l'accident a eu lieu? **9.** D'où venait le camion?

VI. Thème d'imitation.

Yesterday, Roger told John that there was a good film at the Cinéma Marignan. He asked him if he wanted to go to see it. It was an American film which John had already seen in the United States. But he gladly accepted Roger's invitation. John thought (*croyait*) that the film was in English. He was very much surprised (*Il a été très surpris*) when he heard Hollywood actors and actresses talking (*parler*) French perfectly (*parfaitement*) and with the best accent.

259

Au Bon Marché*

LA VENDEUSE – ¹Que désirez-vous, mademoiselle?

THE SALESGIRL – ¹*Something for you, (Miss)?*

MARIE – ²Je voudrais une écharpe.

MARIE – ²*I'd like a scarf.*

LA VENDEUSE – ³Choisissez, mademoiselle. Nous avons un excellent choix.

THE SALESGIRL – ³*Choose, (Miss). We have an excellent selection.*

MARIE – ⁴Une de mes amies en a une que j'aime beaucoup. ⁵Elle l'a achetée ici, je crois.

MARIE – ⁴*A friend of mine has one which I like very much.* ⁵*She bought it here, I think.*

LA VENDEUSE – ⁶De quelle couleur est celle de votre amie?

THE SALESGIRL – ⁶*What color is your friend's?*

MARIE – ⁷C'est une écharpe de soie blanche.

MARIE – ⁷*It's a white silk scarf.*

LA VENDEUSE – ⁸Que pensez-vous de celle-ci, mademoiselle?

THE SALESGIRL – ⁸*What do you think of this one, (Miss)?*

MARIE – ⁹Combien est-ce?

MARIE – *How much is it?*

LA VENDEUSE – ¹⁰Quarante francs.

THE SALESGIRL – ¹⁰*Forty francs.*

MARIE – ¹¹Et celle-là?

MARIE – ¹¹*And that one?*

LA VENDEUSE – ¹²Soixante-cinq francs.

THE SALESGIRL – ¹²*Sixty-five francs.*

MARIE – ¹³C'est un peu cher. ¹⁴Avez-vous quelque chose de meilleur marché?

MARIE – ¹³*It's rather expensive.* ¹⁴*Have you something cheaper?*

LA VENDEUSE – ¹⁵Mais oui, mademoiselle. Celle-ci ne coûte que trente-deux francs.

THE SALESGIRL – ¹⁵*Oh yes, (Miss). This one costs only thirty-two francs.*

* Well-known department store in Paris.

MARIE – ¹⁶Je crois que j'aime mieux celle que vous m'avez montrée tout à l'heure.

LA VENDEUSE – ¹⁷Laquelle?

MARIE – ¹⁸Celle-ci. Voulez-vous bien la mettre dans une boîte?

LA VENDEUSE – ¹⁹Volontiers. Désirez-vous autre chose, mademoiselle? ²⁰Ces gants sont en solde. ²¹Ceux-ci ne coûtent que quinze francs. ²²C'est une occasion magnifique.

MARIE – ²³Non, merci. Ce sera tout pour aujourd'hui.

LA VENDEUSE – ²⁴Très bien, mademoiselle. Voulez-vous bien passer à la caisse? ²⁵Vous y trouverez votre achat.

MARIE – ¹⁶*I think I prefer the one which you showed me a moment ago.*

THE SALESGIRL – ¹⁷*Which one?*

MARIE – ¹⁸*This one. Will you please put it in a box?*

THE SALESGIRL – ¹⁹*Certainly. Do you wish something else. (Miss)? ²⁰These gloves are on sale. ²¹These cost only fifteen francs. ²²It's a great bargain.*

MARIE – ²³*No, thank you. That will be all for today.*

THE SALESGIRL – ²⁴*Very well, (Miss). Will you please pay at the cashier's desk? ²⁵You will find your purchase there.*

261

I. **Substitutions.** *Répétez les phrases suivantes en substituant les mots indiqués:*

1. Que pensez-vous de <u>cette écharpe-ci</u>?

celle-ci/ celle-là/ ces mouchoirs/ ceux-ci/ ceux-là

2. Avez-vous quelque chose <u>de meilleur marché</u>?

de meilleure qualité/ d'autre/ de moins cher/ de plus clair (*light color*)/ de plus foncé (*dark*)

3. Nous n'avons rien <u>de meilleur marché.</u>

de meilleure qualité/ d'autre/ de moins cher/ de plus clair/ de plus foncé

4. Cette écharpe-ci est <u>meilleur marché</u> que celle-là.

moins chère/ plus chère/ plus originale/ plus jolie/ de meilleure qualité

5. <u>Ces gants</u> sont en solde.

Ces mouchoirs/ Ces écharpes/ Ces jupes (*skirts*)/ Ces pantalons

II. *Répondez à chacune des questions suivantes, d'après le texte:*

1. A qui parle Marie? **2.** Qu'est-ce que c'est qu'une vendeuse? **3.** Dans quel magasin la conversation a-t-elle lieu? **4.** Qu'est-ce que Marie veut acheter? **5.** Y a-t-il beaucoup d'écharpes dans ce magasin? **6.** Où l'amie de Marie a-t-elle acheté la sienne? **7.** De quelle couleur est cette écharpe? **8.** Combien d'écharpes la vendeuse montre-t-elle à Marie? **9.** Quel est le prix de l'écharpe que la vendeuse lui montre? **10.** Est-ce que la vendeuse a quelque chose de meilleur marché? **11.** Quelle écharpe Marie achète-t-elle? **12.** Est-ce que Marie achète autre chose? **13.** Est-ce que l'écharpe de soie blanche était en solde? **14.** Où la vendeuse lui dit-cllc d'aller payer son achat? **15.** Qu'est-ce qu'elle trouvera à la caisse?

III. *Répondez à chacune des questions suivantes, affirmativement, puis négativement en employant* **rien . . . d'autre:**

EX.:—Avez-vous acheté autre chose?

—**Oui, nous avons acheté autre chose.**

—**Non, nous n'avons rien acheté d'autre.**

1. Avez-vous trouvé autre chose? **2.** Marie a-t-elle trouvé autre chose? **3.** Avez-vous vu autre chose? **4.** Marie a-t-elle vu autre chose? **5.** Avez-vous cherché autre chose? **6.** Avez-vous autre chose?

IV. *Répétez les phrases suivantes en substituant les mots indiqués:*

1. Il s'agissait d'une réparation simple.

> de commander un ressort/ de donner mon adresse au facteur (*postman*)/ d'un accident au cours duquel le docteur Lambert a été blessé/ d'un ressort cassé

2. Ce qu'il vient de dire est vrai.

> n'est pas vrai/ n'est pas tout à fait vrai/ n'est pas du tout vrai/ est tout à fait faux

3. Cette nouvelle m'a rendu triste.

> heureux/ malheureux/ jaloux/ mécontent

4. De quelle couleur sont vos gants?

> vos yeux/ vos cheveux/ tes yeux/ tes cheveux

V. Dictée d'après la Conversation 29, p. 251.

VI. Révision des Conversations 26 et 27, pp. 224-225 et pp. 228-229.

1. Où se trouve Versailles? **2.** Qu'est-ce qu'il y a de célèbre à Versailles? **3.** Qui est-ce qui a fait construire le palais de Versailles? **4.** Quand le palais a-t-il été construit? **5.** Avez-vous entendu parler de la Galerie des Glaces (*Hall of Mirrors*)? **6.** Quelle pièce d'eau Jean voit-il dans le lointain? **7.** Qu'est-ce qu'il y avait là au temps du Grand Roi? **8.** Quand venait-il quelquefois s'y promener en bateau? **9.** Qui est-ce qui a dessiné les jardins de Versailles? (Le Nôtre) **10.** Avez-vous entendu parler des pièces d'eau et des jardins de Versailles? **11.** Pourquoi Jean est-il heureux d'être venu à Versailles? **12.** Pourquoi Marie a-t-elle l'air triste? **13.** Qu'est-ce qu'elle a? **14.** A qui pense-t-elle? **15.** Comment sait-elle que sa cousine va se marier? **16.** Est-ce que sa cousine Jeanne va bientôt se marier? **17.** Avec qui doit-elle se marier? **18.** Est-ce que la nouvelle du mariage la rend triste? **19.** Qu'est-ce qui l'ennuie? **20.** Est-ce qu'elle voudrait bien aller au mariage de Jeanne?

VII. Conversations.

(1) Conversation avec une vendeuse au sujet d'une écharpe — le prix, la couleur, si l'écharpe vous va bien, etc.

(2) Conversation avec un vendeur au sujet d'une paire de chaussures (*a pair of shoes*) que vous essayez.

263

Versailles: Galerie des glaces

Versailles

Un bel après-midi de mai, Jean et Roger ont décidé d'aller visiter le château de Versailles. Jean connaissait l'histoire de l'ancienne résidence royale, dont il avait vu des photographies. Mais il faut aller à Versailles pour se rendre compte de ce qu'est vraiment le palais de Louis XIV. L'ensemble est si vaste que la photographie ordinaire ne peut en donner qu'une vue fragmentaire — une pièce d'eau, une allée dans le parc, un coin du palais ou d'un des Trianons. Si la photographie aérienne peut donner une vue d'ensemble, elle ne donne ni échelle, ni perspective, ni détails. Jean ne s'attendait pas à trouver des vues si lointaines et si habilement ménagées.

264

A ce moment de l'année, les touristes, encore peu nombreux, semblaient perdus dans l'immensité des jardins et du parc, parmi les statues impassibles des dieux et des déesses. A l'intérieur du palais, Jean trouva la décoration des grandes galeries un peu lourde, un peu trop somptueuse, avec tous ces guerriers musclés et cuirassés, ces armes, ces plumes, ces chevaux impétueux.*

—Je n'y peux rien, lui explique Roger, c'est le style du temps. On aimait les femmes qui maintenant nous paraissent un peu grasses et qui prenaient des attitudes qui, à l'heure actuelle, nous paraissent peu naturelles. Le goût change, tu sais. Peut-être que dans deux ou trois siècles, ce que nous aimons maintenant paraîtra vieux jeu. C'est même très probable.

Tout cela n'empêcha pas Jean d'être fort impressionné. On peut ne pas aimer Versailles, le trouver trop froid et trop majestueux. Personne ne peut nier que c'est une étonnante œuvre d'art.

Le lendemain matin, de retour à Paris, Jean va chez un horloger faire réparer sa montre. Arrivé au coin d'une rue, il entend tout à coup un grand bruit métallique. Une auto vient d'entrer en collision avec un camion. Le chauffeur

---

* **Impétueux-impétueuse,** *impetuous, fiery.*

descend de son camion sain et sauf. L'automobiliste a eu moins de chance: il est sans connaissance au volant de son auto. Aussitôt les passants s'assemblent à l'endroit où l'accident a eu lieu, et plusieurs d'entre eux s'occupent de la victime. Deux agents arrivent. L'un d'eux s'approche de Jean et tire un petit carnet de sa poche.

—C'est toujours à moi que ces choses arrivent, se dit Jean. Vingt personnes au moins ont été témoins de l'accident, et je suis celui que l'agent choisit pour avoir des renseignements!

Néanmoins, Jean donne volontiers tous les détails qu'il peut donner. Après avoir indiqué son nom et son adresse, il donne sa version de l'accident. Il lui a semblé que l'automobiliste allait trop vite, car il avait plu et la chaussée était fort glissante.

—Je vous remercie, monsieur, dit l'agent de police en remettant son petit carnet dans sa poche. Le commissaire de police du XVe arrondissement vous enverra une convocation s'il a besoin de renseignements supplémentaires.

—Zut alors! pense Jean. Maintenant, je vais être obligé d'aller au commissariat de police du XVe arrondissement! Quelle barbe!

QUESTIONS

1. Est-ce que Jean avait entendu parler du château de Versailles? **2.** Est-ce qu'il avait vu des photographies du château? **3.** Y avait-il beaucoup de touristes le jour où il est allé à Versailles? **4.** Qu'est-ce qu'il a pensé de la décoration des galeries? **5.** Comment aimait-on alors représenter les femmes? **6.** Est-ce que le goût change d'une époque à l'autre? **7.** Est-ce que cela l'a empêché d'être impressionné? **8.** Qu'est-ce que Jean a fait le lendemain matin? **9.** Qu'est-ce qui s'est passé quand il est arrivé au coin d'une rue? **10.** Est-ce que le chauffeur du camion a été blessé au cours de l'accident? **11.** Comment a-t-on trouvé l'automobiliste après l'accident? **12.** Qui s'est occupé de la victime? **13.** Qu'est-ce que l'agent de police a demandé à Jean? **14.** Qu'est-ce que Jean pense de ce qui lui est arrivé?

Demonstrative Pronouns

80. *Forms and uses of* **celui-ci** (*this one*), **celui-là** (*that one*), *etc.*

—Nous avons de jolies écharpes.	We have pretty scarves.
—Que pensez-vous de **celle-ci**?	What do you think of *this one?*
—C'est combien?	How much is it?
—Vingt francs.	Twenty francs.
—Et **celle-là**?	And *that one?*

The forms of **celui-ci,** *etc.,* are:

SINGULAR		PLURAL	
celui-ci (*m.*)	*this one*	ceux-ci (*m.*)	*these*
celle-ci (*f.*)		celles-ci (*f.*)	
celui-là (*m.*)	*that one*	ceux-là (*m.*)	*those*
celle-là (*f.*)		celles-là (*f.*)	

You use **celui-ci, celui-là,** etc., to distinguish between persons or things within a group. They agree in gender and number with the word to which they refer. In speaking of handkerchiefs (*mouchoirs, m.*) you say: Que pensez-vous de **celui-ci** (*sing.*), **ceux-ci** (*pl.*)?

81. *Use of* **celui, celle** (*the one*)*;* **ceux, celles** (*the ones*).

These forms, as opposed to the forms **celui-ci,** etc., are always modified by a relative clause or a prepositional phrase.

267

A. Modified by a relative clause:

—J'ai plusieurs cousins. **Celui qui** habite
à Paris s'appelle Lambert.

I have several cousins. *The one* who
lives in Paris is named Lambert.

—**Ceux qui** habitent à Tours s'appellent
Dupuy.

The ones who live in Tours are named
Dupuy.

—**Celui que** vous connaissez arrive ce
soir.

The one you know arrives this evening.

—**Celui à qui** j'ai écrit est architecte.

The one I wrote to is an architect.

—**Celui dont** je vous ai parlé hier va
se marier.

The one I mentioned (*of whom* I spoke to
you) yesterday is going to get married.

The commonest combinations of **celui,** etc., with relative pronouns are:

(*masculine singular*) celui qui, celui que, celui dont, celui auquel, etc.

(*feminine singular*) celle qui, celle que, celle dont, celle à laquelle, etc.

(*masculine plural*) ceux qui, ceux que, ceux dont, ceux auxquels, etc.

(*feminine plural*) celles qui, celles que, celles dont, celles auxquelles, etc.

B. Modified by a prepositional phrase beginning with **de:**

—Une de mes amies a une jolie écharpe.

One of my friends has a pretty scarf.

—De quelle couleur est **celle de votre amie?**

What color is *your friend's?*

—Je n'aime pas ce manteau.

I don't like that coat.

—**Celui de Marie** est plus joli.

Mary's is prettier.

(1) In English we say: *My book and my friend's.* In French you say: **Mon
livre et celui de mon ami** (*that of my friend*).

(2) Note that **l'un** (*the one*) is not a demonstrative pronoun and cannot be
used in place of **celui, celle,** etc. Although in English we say: *The one I bought,*
you must say: **Celui** (or **celle**) **que j'ai acheté(e).**

---

82. *Use of* **ceci** (*this*) *and* **cela, ça*** (*that*).

Unlike the other demonstrative pronouns, **ceci** and **cela** are used to refer to
something that has not been specifically named. They never refer to persons.

---

* **Cela** and **ça** have the same use and meaning, but **cela** is more formal.

They are used:

A. To refer to an idea, a statement, or a situation:

—Ça (cela) m'est égal.   *That* (or *It*) is all the same to me.
—Est-ce que ça (cela) vous rend triste?   Does *that* make you sad?
—Pourquoi dites-vous ça (cela)?   Why do you say *that?*
—Ceci est très important.   *This* is very important.
—J'espère que cela n'était rien.   I hope *it* wasn't serious.

B. To refer to objects which have not been specifically named:

—Qu'est-ce que c'est que ça (cela)?   What is *that?*
—J'ai acheté ceci pour mon frère et cela   I bought *this* for my brother and *that*
pour ma sœur.   for my sister.

I. Substitutions. *Répétez les phrases suivantes en substituant les mots indiqués:*

1. Voilà de belles écharpes. Celle-ci est en solde.

     est bon marché/ n'est pas chère du tout/ est très jolie/ est en soie

2. Ces gants sont en solde.

     Ceux-ci/ Ceux que j'ai choisis/ Ceux qui sont jaunes/ Ceux dont je vous ai parlé

3. Nous avons plusieurs bicyclettes. Voilà celle de mon père.

     celle de ma petite sœur/ celle qui vient d'Angleterre/ celle que j'ai achetée en France/ celle dont la chaîne est cassée

4. Cela m'est égal.

     ne fait rien/ me rend triste/ me rend malheureux/ n'a pas d'importance/ ne veut rien dire (*means nothing*)

II. Exercices d'application. *Répétez les phrases suivantes, en remplaçant le nom par le pronom démonstratif.*

A. Ex.:—Envoyez-moi cette écharpe-ci.
     —**Envoyez-moi celle-ci.**

1. Envoyez-moi ce manteau-là. **2.** Envoyez-moi ces mouchoirs-ci. **3.** Envoyez-moi cette photo-ci. **4.** Envoyez-moi ces photos-là. **5.** Envoyez-moi ces gants-là. **6.** Envoyez-moi ce livre-ci.

B. Ex.:—J'ai acheté ces gants à Paris.
     —**J'ai acheté ceux-ci (ou ceux-là) à Paris.**

269

1. J'ai acheté cette robe à Paris.   **2.** J'ai acheté cette auto à Paris.   **3.** J'ai acheté ce chapeau à Paris.   **4.** J'ai acheté ces cravates à Paris.   **5.** J'ai acheté ce pardessus à Paris.   **6.** J'ai acheté ces montres à Paris.

C. Ex.:—Ma cousine qui demeure à Reims s'appelle Duval.
   —Celle qui demeure à Reims s'appelle Duval.

1. Mes cousines qui demeurent à Paris s'appellent Dupuy.   **2.** Mes cousins qui demeurent à Lyon s'appellent Dupont.   **3.** Mon cousin qui demeure à Philadelphie s'appelle Hughes.   **4.** Mon cousin dont nous parlions habite à Rome. **5.** Ma cousine que vous avez vue au bal est gentille.   **6.** Mon cousin dont vous avez fait la connaissance hier est ici.   **7.** Ma cousine à qui j'ai écrit hier va se marier.   **8.** Voilà le livre dont j'ai besoin.

D. Ex.:—Voilà le livre de Jean.
   —Voilà celui de Jean.

1. Voilà les livres de Jean.   **2.** Voilà les livres de Marie.   **3.** Voilà la cravate de Roger.   **4.** Voilà l'auto de mon frère.   **5.** Voilà le journal de mon père. **6.** Voilà la plume de ma tante.

III. *Répétez les phrases suivantes en employant dans chacune d'elles un pronom possessif et un pronom démonstratif:*

Ex.:—Mon livre et le livre de mon camarade.
   —Le mien et celui de mon camarade. (*Mine and my pal's.*)

1. Ma montre et la montre de mon ami.   **2.** Mes gants et les gants de mon ami. **3.** Son écharpe et l'écharpe de son ami.   **4.** Mon écharpe et l'écharpe de Marie. **5.** Mon auto et l'auto de mon frère.   **6.** Nos parents et les parents de notre ami.

IV. *Répondez en français, en employant un pronom démonstratif:*

Ex.:—Voilà deux écharpes. Laquelle préférez-vous?
   —Je préfère celle-ci.

1. Voilà deux mouchoirs. Lequel préférez-vous?   **2.** Voilà des cartes-postales. Lesquelles allez-vous acheter?   **3.** Cette jeune fille-ci est-elle aussi grande que cette jeune fille-là?   **4.** Est-ce que ce livre-ci est aussi gros que ce livre-là? **5.** Est-ce que le château de Chantilly est aussi grand que le château de Versailles? (Non . . .) **6.** Est-ce que les tragédies de Marlowe sont aussi belles que les tragédies de Shakespeare? (Non . . .)   **7.** Aimez-vous mieux les romans (*novels*) de Dumas que les romans de Balzac?   **8.** Préférez-vous la musique de Debussy ou la musique de Berlioz?

V. *Répétez chacune des phrases suivantes en remplaçant le nom par le pronom démonstratif convenable:*

1. Pourriez-vous m'envoyer cette écharpe-ci ce soir?   **2.** Les photos que j'ai prises hier ne sont pas très bonnes.   **3.** J'ai acheté le livre dont je vous ai parlé.   **4.** Comment trouvez-vous l'auto de M. Duval?   **5.** Les gants que j'ai achetés hier sont très chauds.   **6.** Donnez-moi ce livre-ci et gardez (*keep*) ce livre-là.

VI. Révision des dialogues 28 et 29, pp. 238-239 et p. 251.

1. Pourquoi le commissaire de police a-t-il fait venir Jean Hughes?   **2.** De quel accident a-t-il été témoin?   **3.** Pourquoi l'accident a-t-il eu lieu?   **4.** Est-ce qu'il avait plu ce jour-là?   **5.** Où était Jean au moment de l'accident?   **6.** Est-ce que le camion allait vite au moment de l'accident?   **7.** A quelle vitesse allait-il?   **8.** Est-ce que le commissaire de police avait déjà parlé à d'autres témoins de l'accident?   **9.** Qu'est-ce que c'est qu'un horloger?   **10.** Pourquoi Jean porte-t-il sa montre chez l'horloger?   **11.** Pourquoi sa montre ne marche-t-elle plus?   **12.** Pourquoi l'horloger se doute-t-il que Jean a acheté sa montre en Amérique?   **13.** Quand l'horloger va-t-il commander le ressort dont il a besoin?   **14.** Quand est-ce qu'il espère recevoir (*to receive*) le ressort?   **15.** Quand dit-il à Jean de revenir?   **16.** Pourquoi Jean voudrait-il bien avoir sa montre le plus tôt possible?

VII. Thème d'imitation.

John and Roger spent the afternoon in the Jardin du Luxembourg, near the University. There were many students there with their girl friends,[1] many children with their nurses,[2] and many Parisians who had come there to look at the people, the sky, the flowers, and the trees.

John was looking at an elderly gentleman dressed in black who was giving bread to the birds.[3] He had birds on his[4] head, on his shoulders,[5] on his hands,[6] everywhere. Suddenly[7] an old lady came and said to John: "Sir, will you please[8] pay me for your chair?[9] It's fifty centimes." Roger told John that in France in the public parks,[10] you (*on*) rent a chair for the afternoon. "After all, you rent a room for a week or for a month", said John to himself.[11] "Why not rent[12] a chair for an afternoon?" And he gave the old lady what she was asking for.

---

[1]*girl friend*, une amie. [2]*nurse*, la bonne. [3]*bird*, l'oiseau — les oiseaux (*m.*). [4]Cf. **Le chapeau que vous avez sur la tête?** [5]*shoulder*, une épaule. [6]*hand*, la main. [7]*suddenly*, **tout à coup.** [8]**Voulez-vous bien.** [9]*pay me for your chair*, **me payer votre chaise.** [10]**dans les jardins publics.** [11]**s'est dit Jean.** Note that in French, after a direct quotation the subject of the verb *said, answered, asked*, etc., always follows the verb. EX.: **a dit Roger, a-t-il dit, a demandé Marie, a répondu Roger,** etc. [12]*Why not rent*, **Pourquoi ne pas louer.**

271

CONVERSATION 31

 Excursion à la campagne

ROGER – ¹Il y a presque deux heures que nous avons quitté Melun.

JEAN – ²Je commence à avoir mal aux jambes. ³Je n'ai plus l'habitude d'aller à bicyclette.

ROGER – ⁴J'ai l'impression que nous avons pris la mauvaise route.

JEAN – ⁵Moi aussi, j'en ai bien peur.

ROGER – ⁶Voilà un homme qui travaille dans son champ. ⁷Il pourra nous donner des renseignements.

ROGER (*à l'homme*) – ⁸Est-ce que nous sommes loin de Fontainebleau?*

L'HOMME – ⁹Mais oui, mon pauvre monsieur. ¹⁰Je suis fâché de vous apprendre ¹¹que vous vous êtes trompé de route.

ROGER – ¹*We left Melun almost two hours ago.*

JOHN – ²*My legs are beginning to hurt.* ³*I am no longer used to bicycling.*

ROGER – ⁴*I think we took the wrong road.*

JOHN – ⁵*Me too, I'm afraid so.*

ROGER – ⁶*There's a man working his field.* ⁷*He can give us information.*

ROGER (to the man) – ⁸*Are we far from Fontainebleau?*

THE MAN – ⁹*You certainly are, sir.* ¹⁰*I am sorry to tell you* ¹¹*that you took the wrong road.*

---

* Fontainebleau, célèbre pour son château de la Renaissance et sa belle forêt, est à une cinquantaine de kilomètres au sud-est de Paris.

Le Château de Fontainebleau

ROGER – ¹²Comment y va-t-on, alors?

L'HOMME – ¹³Vous voyez ce village, là-bas? ¹⁴C'est Barbizon.† Allez-y. ¹⁵A la sortie du village, prenez le premier chemin à gauche. ¹⁶Il vous mènera à Fontainebleau.

ROGER – ¹⁷A quelle distance est-ce d'ici?

L'HOMME – ¹⁸C'est à sept ou huit kilomètres.

ROGER – ¹⁹Zut alors! Par cette chaleur, ce n'est pas drôle! ²⁰La prochaine fois, nous prendrons ma voiture.

L'HOMME – ²¹Si vous avez chaud et si vous avez soif, ²²vous pourrez vous arrêter à Barbizon. ²³C'est ma femme qui tient le petit café ²⁴juste en face de l'église.

ROGER – ¹²*Then how do we get there?*

THE MAN – ¹³*You see that village over there?* ¹⁴*It's Barbizon. Go to it.* ¹⁵*As you leave the village, take the first road on the left.* ¹⁶*It will take you to Fontainebleau.*

ROGER – ¹⁷*How far is it from here?*

THE MAN – ¹⁸*It's seven or eight kilometers.*

ROGER – ¹⁹*Well, confound it! In such hot weather, that's not funny!* ²⁰*Next time we'll use my car.*

THE MAN – ²¹*If you are hot and if you are thirsty,* ²²*you can stop at Barbizon.* ²³*My wife runs the pub* ²⁴*right across the street from the church.*

---

† Barbizon est un village près de Fontainebleau. Au XIXème siècle, ce village a été la résidence favorite de plusieurs peintres célèbres, entre autres Corot et Millet.

273

I. Substitutions. *Répétez les phrases suivantes en substituant les mots indiqués:*

1. Il y a presque deux heures que* <u>nous avons quitté Melun.</u>

> nous avons quitté la maison/ nous sommes arrivé(e)s/ je suis parti(e)/
> Jean et Roger sont partis

2. Voilà presque deux heures que <u>nous avons quitté Melun.</u>

> nous avons quitté la maison/ nous sommes arrivé(e)s/ je suis parti(e)/
> Jean et Roger sont partis

3. Je commence à avoir mal <u>aux jambes.</u>

> à la tête/ aux yeux/ aux dents (*teeth*)/ aux pieds/ à la gorge

4. Je n'ai plus l'habitude <u>d'aller à bicyclette.</u>

> de marcher/ de travailler le soir/ de me lever de bonne heure/ de me coucher tard

5. Je suis fâché de vous apprendre <u>que vous vous êtes trompé(s) de route.</u>

> que vous êtes sur la mauvaise route/ que vous n'êtes pas sur la bonne route/
> que vous avez pris la mauvaise route/ que Fontainebleau est à 7 ou 8 kilomètres d'ici

6. A la sortie, prenez <u>le premier chemin à gauche.</u>

> le premier chemin à droite/ la première route à gauche/ la première rue à droite/
> la grande avenue à gauche

II. *Demandez à quelqu'un:*

1. s'il y a longtemps que Jean et Roger ont quitté Melun. **2.** pourquoi Jean commence à avoir mal aux jambes. **3.** ce que fait l'homme à qui Roger demande des renseignements. **4.** pourquoi Roger demande des renseignements. **5.** ce que Roger demande. **6.** si Jean et Roger sont sur la mauvaise route. **7.** quel chemin il faut prendre à la sortie de Barbizon. **8.** à quelle distance est Fontainebleau de Barbizon. **9.** quel temps il fait ce jour-là. **10.** ce que Jean et Roger feront la prochaine fois.

---

*Il y a . . . que, voilà . . . que as expressions of time: When **il y a . . . que, voilà . . . que** are used with a passé composé, they mean *ago*. EX.: **Il y a deux heures que nous avons quitté Melun. Voilà deux heures que nous avons quitté Melun.**

When used with a present indicative, **il y a . . . que, voilà . . . que** indicate that the action began in the past and is still going on at the time the statement is made. They have practically the same meaning as **depuis.**

{ —Depuis combien de temps attendez-vous l'autobus?
    OR
  —Combien de temps y a-t-il que vous attendez l'autobus?

{ —Je l'attends depuis un quart d'heure.
    OR
  —Voilà un quart d'heure que je l'attends.

III. *Répondez en français à chacune des questions suivantes:*

1. Où vont Roger et Jean? **2.** Comment voyagent-ils? **3.** Combien de temps y a-t-il qu'ils ont quitté Melun? **4.** Est-ce que Jean est fatigué? **5.** Pourquoi a-t-il mal aux jambes? **6.** Est-ce qu'ils sont sur la bonne route? **7.** A qui Roger demande-t-il des renseignements? **8.** Qu'est-ce qu'il demande à l'homme qui travaille dans son champ? **9.** Est-ce qu'ils sont près d'un village? **10.** Comment s'appelle ce village? **11.** Quelle route l'homme leur dit-il de prendre à la sortie du village? **12.** Où cette route les mènera-t-elle? **13.** A quelle distance de Barbizon est Fontainebleau? **14.** Pourquoi Roger dit-il que ce n'est pas drôle? **15.** Que feront Jean et Roger la prochaine fois? **16.** Où pourront-ils s'arrêter s'ils ont chaud?

IV. *Employez* **se tromper (de)** *dans les phrases suivantes:*

EX.:—J'ai pris la mauvaise route.
—**Je me suis trompé de route.**

1. J'ai pris la mauvaise rue. **2.** Ils ont pris la mauvaise route. **3.** Vous avez fait erreur. **4.** Vous faites erreur. **5.** Je crois qu'il a fait erreur. **6.** Je crois que vous avez fait erreur.

V. *Mettez les paragraphes suivants au passé en employant* **l'imparfait, le passé composé,** *ou* **le plus-que-parfait** *selon le cas:*

Roger et Jean décident un jour d'aller voir des cousins de Roger qui habitent à la campagne, dans le voisinage de Fontainebleau. Le lendemain, ils se lèvent de bonne heure et vont par le train jusqu'à Melun. Là, ils louent des bicyclettes et continuent leur voyage. C'est une belle journée de printemps, le ciel est bleu, le soleil brille. Tout à coup Roger annonce qu'ils ont sans doute pris la mauvaise route. «Où sommes-nous?» demande-t-il à Jean. Jean répond non sans raison qu'il est en France depuis quelques mois, qu'il n'est jamais allé voir les Deschamps, et que si Roger ne sait pas où il est, lui, Jean, le sait encore moins que lui . . . Un homme qui travaille dans son champ et à qui Roger demande des renseignements, finit par les mettre sur la bonne route. L'homme ajoute qu'il fait chaud, que la route est encore longue.

Il leur conseille donc de s'arrêter au petit café du village, d'autant plus que c'est sa femme qui le tient. Même si le conseil est quelque peu intéressé, les deux amis en profitent volontiers.

275

Village de Barbizon

VI. *Répondez en français à chacune des questions suivantes:*

A. quitter, partir de

1. A quelle heure avez-vous quitté la maison ce matin? **2.** A quelle heure êtes-vous parti de la maison ce matin? **3.** Êtes-vous parti sans déjeuner? **4.** Avez-vous quitté la maison sans déjeuner? **5.** Y a-t-il longtemps que Jean et Roger ont quitté Melun? **6.** Y a-t-il longtemps qu'ils sont partis de Melun?

B. combien de temps y a-t-il que . . . ? depuis quand?

7. Combien de temps y a-t-il que vous attendez l'autobus? **8.** Combien de temps y a-t-il que vous étudiez le français? **9.** Combien de temps y a-t-il que vous êtes à l'Université? **10.** Depuis quand êtes-vous à l'Université? **11.** Depuis quand étudiez-vous le français?

VII. Dictée d'après la Conversation 30, pp. 260-261.

VIII. Conversation.

Vous vous êtes égaré(e) (*lost*) dans la forêt de Fontainebleau. Vous demandez le chemin de Barbizon à un peintre qui travaille dans la forêt.

Irregular Verbs in -er *and in* -ir

---

83. *Remarks about irregular verbs.*

The easiest and quickest way to learn irregular verbs is to examine their forms carefully, note which forms are irregular, and practice using them in exercises such as those suggested below. It is perhaps useful to note:

A. PRESENT INDICATIVE:

The only tense of irregular verbs that is practically always irregular is the present indicative.

(1) STEM: Instead of having one stem throughout the tense like **parler** (PARL-,) — irregular verbs generally have two stems, one for the first and second person plural and another for the other persons. Sometimes this difference is very striking (**je vais, nous allons**) and sometimes it is scarcely noticeable (**je connais, nous connaissons**).

(2) ENDINGS: Practically all irregular verbs have the present indicative endings **-s, -s, -t, -ons, -ez, -ent,** but a few have **-e, -es, -e** in the singular.

B. FUTURE:

Very few irregular verbs have an irregular future (and conditional). Those that *are* irregular are irregular only as to the stem: **aller — j'irai, envoyer — j'enverrai,** etc.

C. IMPERFECT:

Except for **être,** the imperfect always follows the pattern of regular verbs; i.e., the endings, which are always the same, are used with the stem of the first person plural of the present indicative: **nous allons — nous allions, nous envoyons — nous envoyions.** (see par. 54).

D. PAST PARTICIPLE:

The past participle of irregular verbs follows several different patterns. Those following the same pattern are grouped together in the following paragraphs.

84. *Irregular verbs ending in* -er.

There are only two irregular verbs in this group: **aller,** *to go*, and **envoyer,** *to send*. **Renvoyer,** *to send back*, *to send away*, is of course conjugated like **envoyer.**

85. Aller *(to go)*.

—Où **allez-vous** ce soir?	Where *are you going* this evening?
—Je **vais** au cinéma.	*I am going* to the movies.
—Où **êtes-vous allé(e)** l'été dernier?	Where *did you go* last summer?
—Je **suis allé(e)** à la campagne.	*I went* to the country.
—Comment **irez-vous** en ville?	How *will you go* downtown?
—**J'irai** à pied.	*I shall* walk.

PRÉSENT: Je vais, tu vas, il va, nous allons, vous allez, ils vont.
IMPARFAIT: J'allais.
PASSÉ COMPOSÉ: Je suis allé(e).
FUTUR: J'irai.

86. *Special uses of* aller *(to go), and* s'en aller *(to leave, to go away)*.

—**Je vais** chercher mon pardessus.	*I am going* to get my overcoat.
—A quelle heure **allez-vous** à la gare?	At what time *are you going* to the station?
—**J'y vais** à cinq heures.	*I am going* (*there*) at five o'clock.
—Quand partez-vous?	When are you leaving?
—Je **m'en vais** demain soir.	*I am leaving* tomorrow evening.

Note that **s'en aller** and **partir** have practically the same meaning and use except that **s'en aller** is rarely used in compound tenses. It is conjugated like **aller** except that it is reflexive: **Je m'en vais, il s'en va,** etc.

87. Envoyer *(to send)*.

—**Envoyez-vous** des cartes-postales à vos amis quand vous voyagez?	*Do you send* post cards to your friends when you travel?
—Oui, j'en **envoie** quelquefois.	Yes, *I send* some occasionally.
—**J'ai envoyé** hier des fleurs à ma grand-mère.	*I sent* some flowers to my grandmother yesterday.
—**Nous** vous **enverrons** la facture.	*We shall send* you the bill.
—**J'ai envoyé** chercher le journal.	*I sent* for the paper.
—Je pourrai vous **le faire envoyer** cet après-midi.	I can *have it sent* to you this afternoon.

278

PRÉSENT: J'envoie, tu envoies, il envoie, nous envoyons, vous envoyez, ils envoient.
IMPARFAIT: J'envoyais, etc.
PASSÉ COMPOSÉ: J'ai envoyé, etc.
FUTUR: J'enverrai, etc.

---

88. *First group of irregular verbs in* -ir: **partir, sortir, sentir, servir, dormir,** *etc.*

The characteristics of this group are that they all have two stems in the present
indicative: **par- part-, sor- sort-, sen- sent-,** etc., and a past participle ending in **-i**
— which is to say that they are irregular only in the present indicative.

A. Partir (*to leave*):

—Quand **partez-vous**?   When *are you leaving?*
—Mon train **part** à neuf heures.   My train *leaves* at nine o'clock.
—**Je partirai** de la maison à huit heures   *I shall leave* the house at 8:30.
   et demie.

PRÉSENT: Je pars, tu pars, il part, nous partons, vous partez, ils partent.
IMPARFAIT: Je partais. PASSÉ COMPOSÉ: Je suis parti(e). FUTUR: Je partirai.

B. Sortir (*to go out*) (intransitive):

—**Est-ce que vous sortez** souvent le soir?   *Do you go out* often in the evening?
—Oui, **je sors** assez souvent.   Yes, *I go out* rather often.

PRÉSENT: Je sors, tu sors, il sort, nous sortons, vous sortez, ils sortent.
IMPARFAIT: Je sortais. PASSÉ COMPOSÉ: Je suis sorti(e). FUTUR: Je sortirai.

C. Sentir (*to smell*); se sentir (*to feel*):

—**Sentez-vous** ces roses?   *Do you smell* those roses?
—Oui, **elles sentent** très bon.   Yes, *they smell* very good.
—**Je ne me sens pas** très bien.   *I don't feel* very well.

PRÉSENT: Je sens, tu sens, il sent, nous sentons, vous sentez, ils sentent.
IMPARFAIT: Je sentais. PASSÉ COMPOSÉ: J'ai senti. FUTUR: Je sentirai.

D. Servir (*to serve*); se servir de (*to use, to help oneself*):

—**Vous êtes-vous servi de** votre auto hier   *Did you use* your car last night?
   soir?
—Voici les hors-d'œuvre. **Servez-vous.**   Here are the hors d'œuvres. *Help your-*
                                       self.

PRÉSENT: Je sers, tu sers, il sert, nous servons, vous servez, ils servent.   279
IMPARFAIT: Je servais. PASSÉ COMPOSÉ: J'ai servi. FUTUR: Je servirai.

E. dormir (*to sleep*)*; * **s'endormir** (*to fall asleep*)*:*

—**Avez-vous** bien **dormi** cette nuit?   *Did you sleep* well last night?
—Oui, **je me suis endormi(e)** à dix heures,   Yes, *I went to sleep* at ten o'clock, and
    et **j'ai dormi** toute la nuit.   *I slept* all night.

PRÉSENT: Je dors, tu dors, il dort, nous dormons, vous dormez, ils dorment.
IMPARFAIT: Je dormais. PASSÉ COMPOSÉ: J'ai dormi. FUTUR: Je dormirai.

Compounds of these verbs follow the same pattern of conjugation. EX.:
sentir — consentir (*to consent*).

89. *Second group of irregular verbs in* **-ir**: **venir, tenir.**

The characteristics of this group are that they have two stems for the present
indicative (**viens-venons**), an irregular future (**viendrai**), and a past participle in
-u (**venu**).

A. venir (*to come*)*:*

—D'où **venez-vous?**   Where have you been?
    (From where *do you come*)?
—Je **viens** de la gare.   I've been to the station.
    (*I come* from the station).
—**Il est venu** nous chercher en auto.   *He came* for us in his car.
—**Nous viendrons** vous voir à cinq   *We shall come* to see you at 5:00.
    heures.

PRÉSENT: Je viens, tu viens, il vient, nous venons, vous venez, ils viennent.
IMPARFAIT: Je venais. PASSÉ COMPOSÉ: Je suis venu(e). FUTUR: Je viendrai.

B. venir de + infinitive = (*to have just*) + past participle:

—Ce que **vous venez de dire** est vrai.   What *you have just said* is true.
—Le docteur **vient d'arriver.**   The doctor *has just come.*
—Je **venais d'arriver** quand vous avez   I *had just arrived* when you telephoned.
    téléphoné.

The present tense of **venir** followed by **de** and an infinitive expresses immediate past action: **Je viens d'arriver** has the same meaning as **Je suis arrivé il
y a un instant.**

The imperfect of **venir** followed by **de** and an infinitive expresses immediate past action *in the past:* **Je venais d'arriver quand vous avez téléphoné** has the same meaning as **J'étais arrivé un instant plus tôt quand vous avez téléphoné.**

C. tenir (*to hold, to keep*):

—C'est ma femme qui **tient** le petit café.   *My wife* runs *the pub.*
—**Tenez** la porte ouverte, s'il vous plaît.   *Hold the door open, please.*

PRÉSENT: Je tiens, tu tiens, il tient, nous tenons, vous tenez, ils tiennent.
IMPARFAIT: Je tenais. PASSÉ COMPOSÉ: J'ai tenu. FUTUR: Je tiendrai.

Revenir, *to come back;* **devenir,** *to become;* **se souvenir (de),** *to remember,* **prévenir,** *to warn;* **appartenir (à),** *to belong to,* and other compounds are conjugated like **venir.**

---

90. *Third group of irregular verbs in* -ir: ouvrir (*to open*), *etc.*

The characteristics of this group are that the past participle ends in -ert and that the endings of the singular of the present indicative are -e, -es, -e.

—A quelle heure le bureau de poste **ouvre-t-il**?   *What time* does *the post office* open?
—**Il ouvre** à neuf heures du matin.   *It* opens *at 9:00 A.M.*
—Qui **a ouvert** la fenêtre?   *Who* opened *the window?*

PRÉSENT: J'ouvre, tu ouvres, il ouvre, nous ouvrons, vous ouvrez, ils ouvrent.
IMPARFAIT: J'ouvrais. PASSÉ COMPOSÉ: J'ai ouvert. FUTUR: J'ouvrirai.

Offrir, *to offer;* **souffrir,** *to suffer;* **couvrir,** *to cover;* and compounds of **ouvrir** and **couvrir** are conjugated according to the same pattern.

I. **Substitutions.** *Répétez les phrases suivantes en substituant les mots indiqués:*

1. Je vais chercher le journal. (*I'm going to get the paper.*)

   mon ami/ les billets/ mon portefeuille/ son adresse

2. *J'enverrai chercher le journal (send for).*

   les journaux/ mon auto/ mon courrier (*mail*)/ de l'aspirine

3. Est-ce que vous vous servez de votre auto cet après-midi?

   bicyclette/ machine à écrire/ plan de Paris/ Guide Michelin (*guide book*)

4. Le docteur est sorti il y a cinq minutes.

   est parti/ est allé à l'hôpital/ s'en est allé/ a quitté la clinique

II. Exercices d'application.

A. *Mettez les formes suivantes au singulier.*

EX.:—Nous allons: **Je vais.**
—Ils vont: **Il va.**

1. Nous envoyons.   **2.** Nous partons.   **3.** Elles sortent.   **4.** Nous ouvrons.
5. Nous dormons.   **6.** Nous venons.   **7.** Ils viennent.   **8.** Nous tenons.
9. Nous devenons.   **10.** Nous souffrons.   **11.** Ils dorment.   **12.** Nous nous
en allons.   **13.** Ils s'endorment.   **14.** Nous nous endormons.   **15.** Nous nous
souvenons.   **16.** Elles se souviennent.   **17.** Nous nous sentons.   **18.** Elles se
sentent.

B. *Mettez les formes suivantes au futur.*

EX.:—Je vais.
—**J'irai.**

1. Il va.   **2.** Ils vont.   **3.** J'envoie.   **4.** Ils envoient.   **5.** Envoie-t-il?   **6.** Nous
partons.   **7.** Je m'endors.   **8.** Il ouvre.   **9.** Nous venons.   **10.** Vous venez.
11. Il devient.   **12.** J'offre.   **13.** Je m'en vais.   **14.** Je me souviens.

C. *Mettez les formes suivantes au passé composé.*

EX.:—Nous allons.
—**Nous sommes allé(e)s.**

1. Il va.   **2.** Il envoie.   **3.** Il dort.   **4.** Il s'endort.   **5.** Je sens.   **6.** Il part.
7. Elle sort.   **8.** Je viens.   **9.** Il devient.   **10.** Il ouvre.   **11.** Nous ouvrons.
12. Il souffre.   **13.** J'offre.   **14.** Ouvre-t-il?   **15.** Dort-il?

III. *Répondez affirmativement:*

1. Allez-vous dîner à la maison ce soir?   **2.** Envoyez-vous des cartes-postales à
vos amis quand vous voyagez?   **3.** Est-ce que vous sortez souvent le soir?
4. Êtes-vous sorti(e) hier soir?   **5.** Avez-vous bien dormi cette nuit?   **6.** Vous
êtes-vous endormi(e) de bonne heure?   **7.** Envoyez-vous des fleurs à vos parents
pour leur anniversaire (*birthday*)?   **8.** Partez-vous aujourd'hui pour le week-end?
9. Venez-vous à l'université à pied?   **10.** Viendrez-vous me voir dimanche?

IV. A. *Remplacez le passé composé par le présent de* **venir de** *et l'infinitif:*

EX.:—J'ai fini (il y a un instant).
—**Je viens de finir.**

1. Le train est parti. **2.** Il s'est endormi. **3.** Elle est sortie. **4.** Elles sont sorties. **5.** J'ai ouvert la fenêtre. **6.** J'ai envoyé chercher le journal. **7.** Il est revenu. **8.** Il m'a offert son auto.

B. *Remplacez le plus-que-parfait par l'imparfait de* **venir de** *et l'infinitif:*

EX.:—J'avais fini (un instant plus tôt).
—**Je venais de finir.**

1. Le train était parti. **2.** Il s'était endormi. **3.** Elle était sortie. **4.** Elles étaient sorties. **5.** J'avais ouvert la fenêtre. **6.** J'avais envoyé chercher le journal. **7.** Il était revenu. **8.** Il m'avait offert son auto.

V. Révision: **aller, s'en aller, partir, sortir, quitter.** *Demandez à quelqu'un:*

1. quand il part pour Rouen. **2.** à quelle heure le train part. **3.** si le train est déjà parti. **4.** quand il va à Marseille. **5.** quand il reviendra. **6.** quand il quitte la maison d'habitation. **7.** à quelle heure il a quitté la maison ce matin. **8.** s'il sort d'habitude le soir. **9.** s'il est sorti hier soir. **10.** s'il se sert de son auto ce soir. **11.** d'où il vient. **12.** ce qu'il vient de dire.

VI. Révision de la Conversation 30, pp. 260-261.

1. Pourquoi Marie va-t-elle au Bon Marché? **2.** Est-ce qu'elle achète une écharpe comme celle de son amie? **3.** De quelle couleur est l'écharpe de son amie? **4.** Est-ce que les premières écharpes qu'on lui montre sont trop chères? **5.** Est-ce que la vendeuse a quelque chose de meilleur marché? **6.** Après avoir choisi une écharpe, est-ce que Marie veut acheter autre chose? **7.** Est-ce que Marie paye la vendeuse? **8.** Où trouvera-t-elle ses achats?

VII. Thème d'imitation.

In the United States, children ride bicycles; then when they are seventeen or eighteen years old, most young Americans drive (*conduisent*) a car. But in Europe, there are still (*encore*) many people who ride bicycles. The distances are not too great, the roads are excellent, and if you choose country roads[1] where there are not too many cars, it is very pleasant to travel by bicycle. You[2] see many interesting things in the villages, you can stop where you wish and when you wish. Of course you have to have[3] good legs! But with a little practice,[4] you can do fifty or seventy-five kilometers without needing to go to see the doctor . . .

---

[1]*country road* **le chemin.** [2]Use **vous** in this passage. To repeat **on** so many times would sound awkward.
[3]Use **il faut** + infinitive. [4]*practice,* **l'habitude** (*f.*).

 Arrivée à la ferme des Deschamps

ROGER – ¹Bonjour, ma cousine.

MME DESCHAMPS – ²Tiens, bonjour Roger. ³Quelle bonne surprise!

ROGER – ⁴Je te présente Jean Hughes. ⁵C'est mon meilleur ami.

MME DESCHAMPS – ⁶Enchantée, monsieur. ⁷Roger m'a bien souvent parlé de vous.

JEAN – ⁸Nous avons décidé de profiter du beau temps pour venir vous voir.

MME DESCHAMPS – ⁹C'est une excellente idée. ¹⁰Avez-vous fait bon voyage?

ROGER – ¹¹Oui, mais nous sommes assez fatigués.

MME DESCHAMPS – ¹²Assieds-toi et repose-toi. Et vous aussi, monsieur. ¹³Voulez-vous prendre quelque chose?

ROGER – ¹⁴Nous prendrons de la bière, si tu en as. . . . ¹⁵Mais où sont tes fils?

ROGER – ¹*Hi, (cousin).*

MRS. DESCHAMPS – ²*Well! Hello Roger.* ³*What a pleasant surprise.*

ROGER – ⁴*May I introduce John Hughes?* ⁵*He's my best friend.*

MRS. DESCHAMPS – ⁶*I'm happy to meet you, sir.* ⁷*Roger has spoken of you (to me) very often.*

JOHN – ⁸*We decided to take advantage of the fine weather to come to see you.*

MRS. DESCHAMPS – ⁹*That's an excellent idea.* ¹⁰*Did you have a good trip?*

ROGER – ¹¹*Yes, but we are rather tired.*

MRS. DESCHAMPS – ¹²*Sit down and rest. And you too, sir.* ¹³*Will you have something to eat or drink?*

ROGER – ¹⁴*We'll have some beer, if you have any.* . . . ¹⁵*But where are your sons?*

MME DESCHAMPS – ¹⁶Oh! tu ne sais pas? Ils sont partis tous les deux travailler dans une usine à Reims. ¹⁷Les enfants ne veulent plus rester à la ferme.... ¹⁸Mais j'espère bien que vous allez passer quelques jours avec nous.

JEAN – ¹⁹Nous ne voulons pas vous déranger. ²⁰Nous avons l'intention de repartir ce soir.

MME DESCHAMPS – ²¹Vous n'êtes pas pressés. ²²Restez au moins jusqu'à demain. ²³Mon mari sera très heureux de vous revoir. ²⁴Malheureusement, il ne sera guère ici avant la tombée de la nuit. ²⁵C'est le moment de la moisson, vous savez.

MRS. DESCHAMPS – *¹⁶Oh! You don't know? They have both left to work in a factory in Rheims. ¹⁷Children no longer want to stay on the farm.... ¹⁸But I hope very much that you are going to stay with us a few days.*

JOHN – *¹⁹We don't want to inconvenience you. ²⁰We are intending to set out again this evening.*

MRS. DESCHAMPS – *²¹You are not in a hurry. ²²Stay at least until tomorrow. ²³My husband will be very glad to see you again. ²⁴Unfortunately, he will hardly be here before dark. ²⁵It's harvest time, you know.*

Une cuisine de campagne

I. **Substitutions.** *Répétez les phrases suivantes en substituant les mots indiqués:*

1. Nous avons décidé de profiter du beau temps pour venir vous voir.

aller à la campagne/ faire une excursion/ faire une promenade à bicyclette/ jouer au tennis

2. Nous prendrons de la bière, si tu en as.

du vin/ de l'eau fraîche (*cool water*)/ du lait/ un jus de fruit

3. Les enfants sont tous les deux partis travailler dans une usine à Reims.

dans un établissement industriel/ dans une industrie mécanique/ dans une maison de champagne/ dans une fabrique d'autos

4. Les enfants ne veulent plus rester à la ferme.

travailler à la ferme/ être cultivateurs/ s'occuper des vignobles (*vineyards*)/ habiter à la campagne

5. Malheureusement, mon mari ne sera guère ici avant la tombée de la nuit.

avant sept heures/ avant sept heures et demie/ avant l'heure du dîner/ avant le moment de s'occuper du bétail (*livestock*)

II. *Demandez à quelqu'un:*

1. où Jean et Roger viennent d'arriver. **2.** comment s'appelle la cousine de Roger. **3.** si Mme Deschamps a entendu parler de Jean. **4.** s'il a fait bon voyage. **5.** s'il veut prendre quelque chose. **6.** pourquoi les enfants sont partis. **7.** ce que font les enfants actuellement. **8.** quand nos amis ont l'intention de repartir.

III. *Répondez aux questions suivantes:*

1. Où Jean et Roger viennent-ils d'arriver? **2.** Qui est Mme Deschamps? **3.** Est-ce qu'elle attendait (*expected*) l'arrivée de Jean et Roger? **4.** A-t-elle déjà fait la connaissance de Jean? **5.** Pourquoi Jean et Roger ont-ils décidé de venir voir les Deschamps? **6.** Pourquoi sont-ils fatigués? **7.** Qu'est-ce que Mme Deschamps leur demande? **8.** Qu'est-ce que Roger veut prendre? **9.** Où sont les fils de Mme Deschamps? **10.** Que font-ils à Reims? **11.** Pourquoi sont-ils partis? **12.** Quand Jean et Roger ont-ils l'intention de repartir? **13.** A quelle heure M. Deschamps rentrera-t-il? **14.** Pourquoi travaille-t-il si tard ce jour–là?

IV. *Répondez à chacune des phrases suivantes:*

1. Présentez un étudiant (une étudiante) à quelqu'un. **2.** Dites à un autre étudiant (une autre étudiante) qu'on vous a souvent parlé de lui (d'elle). **3.** Demandez à un autre étudiant (une autre étudiante) s'il (si elle) a fait bon voyage. **4.** Dites-lui de s'asseoir. **5.** Dites-lui de se reposer. **6.** Demandez-lui s'il veut prendre quelque chose. **7.** Dites-lui que vous prendrez de la bière s'il en a. **8.** Dites-lui de rester au moins jusqu'à demain.

V. *Mettez chacune des phrases suivantes au temps passé convenable:*

Il est presque quatre heures de l'après-midi quand Jean et Roger arrivent à la ferme des Deschamps. Roger présente son ami à sa cousine, qui dit à Jean que Roger lui a souvent parlé de lui et qu'elle est heureuse de faire sa connaissance. Elle invite les deux jeunes gens à se reposer un peu, car ils sont sans doute fatigués. Puis elle leur demande s'ils désirent prendre quelque chose. Roger répond à sa cousine qu'il prendra volontiers de la bière, si elle en a. Mme Deschamps offre aussi de la bière à Jean. Mais ce dernier la remercie, en lui disant que par cette chaleur, il n'y a rien de plus rafraîchissant qu'un bon verre d'eau fraîche. Il boit son eau, Roger sa bière, et, en attendant le retour de M. Deschamps, ils causent avec Mme Deschamps des travaux de la ferme et des occupations du ménage (*housekeeping*).

VI. Dictée d'après la Conversation 31, pp. 272-273.

VII. Petit dialogue.

Vous faites une promenade à bicyclette et vous vous arrêtez à une ferme pour demander un verre d'eau (*a glass of water*).

287

Dans la forêt de Fontainebleau

ROGER – ¹Je vois des champignons au bord de la route. ²Il doit y en avoir beaucoup dans le bois. ³Si nous en rapportions quelques-uns à la maison?

JEAN – ⁴Est-ce que tu connais les champignons?

ROGER – ⁵Quelques–uns d'entre eux. ⁶Ramasse seulement ceux-ci. ⁷Ils sont très faciles à reconnaître. ⁸Le dessus est brun et le dessous est jaune. ⁹Il n'y a pas moyen de se tromper.

JEAN – ¹⁰Bon. Mais je ne sais pas où les mettre.

ROGER (*Lui tendant un sac*) – ¹¹Tiens, mets-les là-dedans.

JEAN – ¹²Est-ce que celui-ci est bon?

ROGER – ¹³Oui.

JEAN – ¹⁴Et celui-là?

ROGER – ¹⁵Excellent.

JEAN – ¹⁶Oh! J'en vois beaucoup au pied de cet arbre.

ROGER – ¹*I see some mushrooms on the side of the road.* ²*There must be lots of them in the woods.* ³*Suppose we take a few of them back home (How about taking a few of them home)?*

JOHN – ⁴*Do you know mushrooms?*

ROGER – ⁵*Some of them.* ⁶*Just pick these.* ⁷*They are very easy to recognize.* ⁸*The upper surface is brown and the under side is yellow.* ⁹*You can't go wrong.*

JOHN – ¹⁰*O.K. But I do not know where to put them.*

ROGER (Handing him a bag) – ¹¹*Here, put them in this.*

JOHN – ¹²*Is this one good?*

ROGER – ¹³*Yes.*

JOHN – ¹⁴*And that one?*

ROGER – ¹⁵*Excellent.*

JOHN – ¹⁶*Oh! I see lots of them at the foot of this tree.*

ROGER – ¹⁷Fais attention! ¹⁸Est-ce que tu veux empoisonner toute la famille?

JEAN – ¹⁹Mais ces champignons ressemblent à ceux que tu m'as montrés.

ROGER – ²⁰Les mauvais champignons ressemblent beaucoup aux bons.

JEAN – ²¹Tu aurais dû me dire ça plus tôt.

ROGER – ²²J'ai eu tort de ne pas te prévenir. ²³En tout cas, il vaut mieux laisser ceux dont on n'est pas sûr. . . .

ROGER – ¹⁷*Watch out!* ¹⁸*Do you want to poison the entire family?*

JOHN – ¹⁹*Well, these mushrooms look like those you showed me.*

ROGER – ²⁰*The poisonous mushrooms look very much like the good ones.*

JOHN – ²¹*You should have told me so sooner.*

ROGER – ²²*I was wrong not to warn you.* ²³*In any case, it is better to leave those you are not sure of. . . .*

289

I. Substitutions. *Répétez les phrases suivantes en substituant les mots indiqués:*

1. Je vois des champignons au bord de la route.

   le long de la route/ à côté de la route/ de l'autre côté de la route/
   tout près de la route

2. J'en vois beaucoup au pied de cet arbre.

   devant/ derrière (*behind*)/ sous/ près de

3. Si nous en rapportions quelques-uns à la maison?

   à ma cousine/ à nos cousins/ dans ce sac/ sur nos bicyclettes

4. J'ai eu tort de ne pas te prévenir.

   de ne pas vous dire au revoir/ de ne pas faire mes courses/
   de ne pas travailler hier soir/ de ne pas écrire à mon père

5. Il vaut mieux ramasser seulement ceux dont on est sûr.

   ne pas ramasser ceux qu'on ne connaît pas/ laisser ceux qu'on ne connaît pas/
   être sûr de ceux qu'on ramasse/ ne pas se tromper

6. Tu aurais dû (*should have*) me dire ça plus tôt.

   me prévenir/ venir me voir/ revenir/ rentrer/ commencer à travailler

II. *Demandez à quelqu'un:*

1. s'il connaît les champignons. 2. s'il va quelquefois ramasser des champignons à la campagne. 3. ce que Roger voit au bord de la route. 4. si les bons champignons sont difficiles à reconnaître. 5. si on peut ramasser tous les champignons qu'on trouve. 6. de quelle couleur est le dessus des champignons dont parle Roger. 7. pourquoi il faut faire attention en ramassant des champignons. 8. si les mauvais champignons ressemblent beaucoup aux bons. 9. s'il est dangereux de ramasser des champignons qu'on ne connaît pas.

III. *Répondez en français à chacune des questions suivantes:*

1. Qu'est-ce que Roger voit au bord de la route? 2. Qu'est-ce qu'il propose de faire? 3. Est-ce que Roger connaît les champignons? 4. Est-ce que Roger dit à Jean de ramasser tous les champignons? 5. Pourquoi ces champignons-là sont-ils faciles à reconnaître? 6. De quelle couleur est le dessus des champignons dont il s'agit? 7. De quelle couleur est le dessous des champignons dont il s'agit? 8. Qu'est-ce que Roger dit à Jean en lui tendant un sac? 9. Qu'est-ce que Jean trouve au pied d'un arbre? 10. Est-ce qu'il en voit beaucoup? 11. Pourquoi Roger lui dit-il de faire attention? 12. Est-ce que Jean veut empoisonner toute la famille? 13. Alors, pourquoi a-t-il ramassé de mauvais champignons? 14. Qu'est-ce que Roger aurait dû lui dire plus tôt? 15. Est-ce qu'il a eu raison de ne pas lui dire cela plus tôt? 16. Est-ce qu'il vaut mieux laisser les champignons dont on n'est pas sûr?

IV. Exercices d'application.

A. *Remplacez* il y a *par* il doit y avoir (there must be) *dans chacune des phrases suivantes.*

EX.:—Il y a des champignons dans le bois.
—**Il doit y avoir des champignons dans le bois.**

1. Il y a beaucoup de champignons dans le bois.   2. Il y en a beaucoup dans le bois.   3. Il y en a quelques-uns dans le bois.   4. Il y a un train cet après-midi.   5. Il y en a un cet après-midi.   6. Il y en a plusieurs cet après-midi.

B. *Répétez, en remplaçant l'impératif par* si nous *avec l'imparfait.*

EX.:—Rapportons des champignons à la maison.
—**Si nous rapportions des champignons à la maison?**

1. Ramassons des champignons.   2. Ramassons des fraises des bois (*wild straw-berries*).   3. Allons à la campagne pour le week-end.   4. Allons chercher des fleurs sauvages.   5. Partons ce soir.   6. Quittons la maison de bonne heure.

C. *Répondez négativement aux questions suivantes:*

1. Ressemblez-vous à votre père?   2. Les enfants ressemblent-ils toujours à leurs parents?   3. Est-ce que votre frère vous ressemble?   4. Est-ce que votre sœur vous ressemble?   5. Est-ce que les jumeaux (*twins*) se ressemblent toujours?   6. Est-ce que les mauvais champignons ressemblent toujours aux bons?

V. *Exercice sur* dessus, dessous, *etc.*

Le dessus (*upper surface*) and le dessous (*lower surface*) are of course nouns. Note the adverbs that correspond to these words: là-dessus (*on that, thereon*), là-dessous (*under that, under there*). Compare also: là-haut (*up there*), là-dedans (*in there*), là-bas (*over there, down there*).

Répétez les phrases suivantes en substituant les mots indiqués:

1. Mets-les dans ce sac.

   là-dedans/ sur cette table/ là-dessus/ dans cette casserole (*sauce pan*)/ là-dedans

2. J'ai laissé le panier (*basket*) dans la cuisine.

   dans ma chambre/ là-haut/ sur la table/ là-dessus/ sous la table/ là-dessous

VI. Dictée d'après la Conversation 32, pp. 284-285.

VII. Causerie.

Racontez ce que vous avez vu au cours d'une promenade dans une forêt.   **291**

Irregular Verbs in -re

91. *First group: past participle in* **u.**

A. connaître (*to know, to be acquainted with*):

—**Connaissez-vous** Roger Duplessis?   *Do you know* Roger Duplessis?
—Oui, **je** le **connais** un peu.   Yes, *I know* him slightly.
—Où l'**avez-vous connu**?   Where *did you know* him?
—**Je** l'**ai connu** à Paris.   *I knew* him in Paris.

PRÉSENT: Je connais, tu connais, il connaît, nous connaissons, vous connaissez, ils connaissent.
IMPARFAIT: Je connaissais. PASSÉ COMPOSÉ: J'ai connu. FUTUR: Je connaîtrai.

B. croire (*to believe*):

—**Croyez-vous** ce que disent les journaux?   *Do you believe* what the papers say?
—**Je ne crois pas** tout ce qu'ils disent.   *I do not believe* all they say.
—**Je n'ai pas cru** ce qu'il m'a dit.   *I did not believe* what he told me.

PRÉSENT: Je crois, tu crois, il croit, nous croyons, vous croyez, ils croient.
IMPARFAIT: Je croyais. PASSÉ COMPOSÉ: J'ai cru. FUTUR: Je croirai.

C. boire (*to drink*):

—**Buvez-vous** du café?   *Do you drink* coffee?
—Non, **je** ne **bois** que du lait.   No, *I drink* only milk.
—Qu'est-ce que Jean **a bu**?   What *did* John *drink?*
—**Il a bu** de l'eau fraîche.   *He drank* some cool water.

PRÉSENT: Je bois, tu bois, il boit, nous buvons, vous buvez, ils boivent.
IMPARFAIT: Je buvais. PASSÉ COMPOSÉ: J'ai bu. FUTUR: Je boirai.

D. lire (*to read*):

—**Lisez-vous** *la Nouvelle Revue Française?*   *Do you read* the NRF?
—Oui, je la **lis** quelquefois.   Yes, *I read* it sometimes.
—**Avez-vous lu** des romans de Balzac?   *Have you read* any novels of Balzac?
—Oui, j'en **ai lu** deux ou trois.   Yes, *I have read* two or three of them.

PRÉSENT: Je lis, tu lis, il lit, nous lisons, vous lisez, ils lisent.
IMPARFAIT: Je lisais. PASSÉ COMPOSÉ: J'ai lu. FUTUR: Je lirai.

92. *Second group: past participle in* -i, -is, *or* -it.

A. dire (*to say, to tell*):

—Qu'est-ce que **vous dites?**   What's that (What *do you say*)?
—**Je dis** que je ne crois pas ce que le   *I say* I don't believe what the store-
    marchand m'**a dit.**   keeper *told me.*

PRÉSENT: Je dis, tu dis, il dit, nous disons, vous dites, ils disent.
IMPARFAIT: Je disais. PASSÉ COMPOSÉ: J'ai dit. FUTUR: Je dirai.

B. écrire (*to write*):

—**Écrivez-vous** souvent à votre mère?   *Do you write* to your mother often?
—**Je lui écris** tous les huit jours.   *I write* her every week.
—**Je lui ai écrit** dimanche.   *I wrote* her Sunday.

PRÉSENT: J'écris, tu écris, il écrit, nous écrivons, vous écrivez, ils écrivent.
IMPARFAIT: J'écrivais. PASSÉ COMPOSÉ: J'ai écrit. FUTUR: J'écrirai.

C. suivre (*to follow, to take a course*):

—**Suivez-vous** les conseils de vos parents?   *Do you follow* the advice of your parents?
—Oui, je les **suis** toujours.   Yes, *I* always *follow* it (them).
—**Avez-vous suivi** un cours d'histoire?   *Did you take* a history course?
—Oui, j'en **ai suivi** plusieurs.   Yes, *I took* several of them.

PRÉSENT: Je suis, tu suis, il suit, nous suivons, vous suivez, ils suivent.
IMPARFAIT: Je suivais. PASSÉ COMPOSÉ: J'ai suivi. FUTUR: Je suivrai.

D. prendre (*to take*):

—Est-ce que **vous prenez** l'autobus?   *Are you taking* the bus?
—Non, **je prends** l'avion.   No, *I am taking* the plane.
—**J'ai** déjà **pris** mon billet.   *I have* already *gotten* (taken) my ticket.
—**Prenez-vous** du sucre?   *Do you take* sugar?
—Non, **je prends** un peu de crème.   No, *I take* a little cream.

PRÉSENT: Je prends, tu prends, il prend, nous prenons, vous prenez, ils prennent.
IMPARFAIT: Je prenais. PASSÉ COMPOSÉ: J'ai pris. FUTUR: Je prendrai.

E. (1) **mettre** (*to put, to put on*):

—Où **mettez-vous** votre argent?	Where *do you put* your money?
—Je le **mets** dans mon porte-monnaie.	*I put* it in my pocketbook.
—Je ne sais pas où **j'ai mis** ma cravate.	I do not know where *I put* my tie.
—Marie **a mis** sa nouvelle robe.	Marie *put on* her new dress.

(2) **se mettre à** (*to begin*):

—**Nous nous sommes mis** à travailler à une heure et demie.	*We started* to work at 1:30.
Il **se met** à pleuvoir.	It *is beginning* to rain.

PRÉSENT: Je mets, tu mets, il met, nous mettons, vous mettez, ils mettent.
IMPARFAIT: Je mettais. PASSÉ COMPOSÉ: J'ai mis. FUTUR: Je mettrai.

93. Faire (*to do, to make*), etc.

A. Normal uses of **faire**:

—Qu'est-ce que **vous faites** (prés.) ce soir?	What *are you doing* tonight?
—Je ne sais pas ce que **je ferai** (fut.).	I don't know what *I shall do*.
—Je n'ai rien à **faire.**	I have nothing *to do*.
—Cela ne **fait** rien.	That *makes* no difference.

B. Special uses of **faire**:

(1) Impersonal:

Il fait beau.	*It's* fine weather.
Il fait bon (jour, nuit, etc.).	*It's* pleasant (light, dark, etc.).

(2) **faire** + an infinitive = *to have* + past participle:

—Qui **a fait construire** ce château?	Who *had* this château *built?*
—**J'ai fait réparer** ma montre.	*I had* my watch *repaired*.
—Elle **a fait venir** un agent de police.	*She sent for* a policeman.

PRÉSENT: Je fais, tu fais, il fait, nous faisons, vous faites, ils font.
IMPARFAIT: Je faisais. PASSÉ COMPOSÉ: J'ai fait. FUTUR: Je ferai.

94. Plaindre (*to pity*); se plaindre (*to complain*).

—De quoi **vous plaignez-vous?**	What *are you complaining* about?
—**Je ne me plains pas.**	*I am not complaining*.

PRÉSENT: Je plains, tu plains, il plaint, nous plaignons, vous plaignez, ils plaignent.
IMPARFAIT: Je plaignais, etc. PASSÉ COMPOSÉ: J'ai plaint, etc. FUTUR: Je plaindrai, etc.

Craindre, *to fear,* is conjugated like **plaindre.** EX.: Qu'est-ce que **vous craignez?** **Je** ne **crains** rien.

A few verbs ending in **-eindre** and **-oindre** are conjugated like **plaindre** except that the vowel **e** and **o** of the ending remains **e** and **o** respectively: **atteindre,** *to reach, to attain;* **éteindre,** *to extinguish;* **peindre,** *to paint;* **rejoindre,** *to meet, to catch up with;* etc.

—**Éteignez** le feu.   *Put out* the fire.
—Je vous **rejoins** tout de suite.   *I'll be with* you right away.

I. Substitutions. *Répétez les phrases suivantes en substituant les mots indiqués:*

1. J'ai fait réparer <u>ma montre.</u>

    ma bicyclette/ mon auto/ mes lunettes/ ma motocyclette

2. Elle a fait venir <u>l'architecte.</u>

    la cuisinière (*cook*)/ la secrétaire/ le chef/ la femme de ménage (*cleaning woman*)

3. Je ne prends pas <u>de café.</u>

    de crème/ de sucre/ de lait chaud/ de thé

4. Je crois tout ce qu'il a dit.

    Je n'ai pas cru/ Nous ne croyons pas/ Croyez-vous . . .?/ Avez-vous cru . . .?

5. Je suis (*I follow*) <u>toujours</u> les conseils de mes parents.

    quelquefois/ parfois/ de temps en temps/ de temps à autre/ la plupart du temps

II. Exercices d'application.

A. *Répondez affirmativement:*

    EX.:—Connaissez-vous?
        —**Je connais.**

1. Croyez-vous?   **2.** Lisez-vous?   **3.** Connaissez-vous?   **4.** Buvez-vous? **5.** Dites-vous? **6.** Écrivez-vous? **7.** Suivez-vous? **8.** Prenez-vous? **9.** Mettez-vous? **10.** Faites-vous?   **11.** Plaignez-vous?   **12.** Vous plaignez-vous? **13.** Craignez-vous?   **14.** Peignez-vous?   **15.** Rejoignez-vous?

B. *Mettez les phrases suivantes au passé composé:*

    EX.:—Je suis un cours de chimie.
        —**J'ai suivi un cours de chimie.**

295

1. Je ne bois pas de café. **2.** Je ne prends pas de crème. **3.** Je ne crois pas ce qu'il m'a dit. **4.** Nous ne lisons pas le journal. **5.** Qu'est-ce que vous lui dites? **6.** Nous ne disons rien. **7.** A qui écrivez-vous? **8.** Que faites-vous? **9.** Qu'est-ce que vous craignez? **10.** Où rejoignez-vous vos amis? **11.** Il suit mes conseils.

C. *Mettez les phrases suivantes à l'imparfait en commençant par* **A ce moment-là:**

EX.:—Je ne connais pas Paris.
    —**A ce moment-là, je ne connaissais pas Paris.**

1. Je crois tout ce qu'on me dit. **2.** Je ne bois pas de vin. **3.** Je ne lis pas le journal. **4.** Il n'écrit pas beaucoup. **5.** Il suit les conseils de ses parents. **6.** Il ne prend pas de café. **7.** Il fait du ski. **8.** Il se plaint tout le temps.

D. *Répétez en remplaçant* **commencer** *par* **se mettre à:**

EX.:—Je commence à travailler à huit heures.
    —**Je me mets à travailler à huit heures.**

1. A quelle heure commencez-vous à travailler? **2.** Il a commencé à lire. **3.** Nous avons commencé à écrire des lettres. **4.** Il a commencé à pleuvoir. **5.** J'ai commencé à acheter de vieux livres. **6.** Ils ont commencé à ramasser des champignons.

E. *Mettez les phrases suivantes au pluriel:*

EX.:—Tu connais ma cousine?
    —**Vous connaissez ma cousine?**

1. Je ne bois pas de café. **2.** Il prend le train à dix-sept heures. **3.** Je suis un cours de chimie. **4.** Elle fait des courses. **5.** Je peins ma voiture. **6.** Je me mets à travailler de bonne heure. **7.** Je vous rejoins tout de suite. **8.** Je ne crains rien. **9.** Qu'est-ce que tu crains? **10.** Je lis le journal tous les matins. **11.** A qui écris-tu? **12.** De quoi te plains-tu?

III. *Demandez à quelqu'un:*

EX.:—s'il prend du sucre dans son café.
    —**Prenez-vous du sucre dans votre café?**

1. s'il connaît Versailles. **2.** s'il croit qu'il va pleuvoir. **3.** s'il boit du lait. **4.** s'il lit beaucoup de romans. **5.** ce qu'il dit. **6.** s'il écrit beaucoup de lettres. **7.** quels cours il suit. **8.** ce qu'il prend comme dessert. **9.** où il met son argent. **10.** s'il se plaint. **11.** s'il craint la pluie. **12.** ce qu'il fait le dimanche. **13.** quel temps il faisait hier. **14.** à quelle heure il fait nuit en hiver. **15.** où Roger a fait réparer sa montre. **16.** ce qu'on fait réparer dans un garage.

296

IV. *Employez* **faire** *avec l'infinitif dans les phrases suivantes:*

EX.:—J'ai réparé ma voiture.
   —**J'ai fait réparer ma voiture.**

1. Il a construit ce château.   **2.** Il a peint sa maison.   **3.** Elle a fait sa robe.
4. Mme Deschamps a arrosé son jardin.   **5.** Elle a nettoyé (*cleaned*) la maison.
6. Elle lui a dit qu'elle serait en retard.   **7.** J'ai coupé l'herbe.   **8.** Il s'est
réveillé à six heures.   **9.** J'ai lavé (*washed*) ma voiture.   **10.** Nous avons planté
des arbres.

V. Révision des dialogues 31 et 32, pp. 272-273 et 284-285.

1. Comment Jean et Roger vont-ils à la campagne?   **2.** Pourquoi craignent-ils
d'avoir pris la mauvaise route?   **3.** Qu'est-ce que Roger demande à l'homme qui
travaille dans son champ?   **4.** Où cet homme leur dit-il d'aller?   **5.** Quel chemin
doivent-ils prendre à la sortie de Barbizon?   **6.** A quelle distance est Barbizon
de Fontainebleau?   **7.** Savez-vous ce que c'est qu'un kilomètre?   **8.** Savez-vous
combien il y a de mètres dans un kilomètre?   **9.** Pourquoi Roger a-t-il chaud?
10. Pourquoi Jean a-t-il mal aux jambes?   **11.** A qui Roger présente-t-il Jean?
12. Qu'est-ce que vous diriez pour présenter quelqu'un?   **13.** Qu'est-ce que vous
dites quand on vous présente quelqu'un?   **14.** Qu'est-ce que Mme Deschamps
demande à Jean et à Roger?   **15.** Où sont les enfants?   **16.** Pourquoi sont-ils
partis?   **17.** Pourquoi Jean et Roger ont-ils l'intention de repartir le même soir?
18. Est-ce qu'ils sont pressés?   **19.** Quand M. Deschamps rentrera-t-il?
20. Avez-vous jamais travaillé dans une ferme au moment de la moisson?

VI. Thème d'imitation.

As[1] they were bicycling in the Fontainebleau Forest, Roger saw some mushrooms on the side of the road. "I'm crazy about[2] mushrooms", he said to John.
"Let's pick some. I'll give them to my cousin, and we'll eat them this evening."
"Eat all the mushrooms you wish", answered John. "*I* shall not eat any."
"Why?" asked Roger. "There is no danger[3] when you just pick the mushrooms
you know." "Do you think so?"[4] said John. "In America, my father knew a
professor of botany[5] who had spent his life studying[6] mushrooms. Do you know
how the poor man died? He died of mushroom poisoning[7]...."

---

[1]*as,* **comme.**   [2]*to be crazy about,* **adorer.**   [3]*danger,* **le danger.**   [4]**Vous croyez?**   [5]*botany,* **la botanique.**
[6]**à étudier.**   [7]*lit.* poisoned by mushrooms.

 *A l'église du village*

ROGER – ¹Bonjour, monsieur le curé.

LE CURÉ – ²Bonjour, mes amis. ³Entrez donc. ⁴J'étais en train de travailler dans mon jardin quand vous avez sonné.

JEAN – ⁵Nous nous excusons de vous déranger quand vous êtes occupé.

LE CURÉ – ⁶Vous ne me dérangez pas du tout. ⁷Je viens de tailler mes rosiers, ⁸et je suis à votre disposition.

ROGER – ⁹Nous avons entendu dire que vous avez une très belle église, ¹⁰et nous avons envie de la visiter.

LE CURÉ – ¹¹Je me ferai un plaisir de vous accompagner dans votre visite. ¹²Je crains pourtant que vous (ne*) soyez un peu déçus. ¹³Bien qu'elle soit classée «monument historique», ¹⁴c'est une simple église de village.

JEAN – ¹⁵J'ai lu quelque part qu'elle date du douzième siècle.

ROGER – ¹*Good morning, sir* (or *Father*).

THE PRIEST – ²*Good morning, my friends.* ³*Do come in.* ⁴*I was busy working in my garden, when you rang.*

JOHN – ⁵*We apologize for bothering you when you are busy.*

THE PRIEST – ⁶*You aren't bothering me at all.* ⁷*I have just trimmed my rosebushes,* ⁸*and I am at your service.*

ROGER – ⁹*We have heard that you have a very beautiful church,* ¹⁰*and we are eager to go through it.*

THE PRIEST – ¹¹*I shall take pleasure in showing you through it.* ¹²*I'm afraid, however, that you'll be a little disappointed.* ¹³*Although it is classified as a "historical monument,"* ¹⁴*it's a simple village church.*

JOHN – ¹⁵*I have read somewhere that it dates from the XIIth century.*

---

* When a subordinate clause depends upon **craindre** used affirmatively (and a few other expressions), the subordinate clause is often introduced by **que . . . ne** instead of **que** alone. This pleonastic **ne**, as it is called, is meaningless and is frequently omitted in conversation.

Petite église romane

LE CURE – [16]Une partie seulement de l'édifice actuel date de l'époque romane.* [17]L'église a été brûlée en 1392. [18]Elle a été en partie reconstruite au siècle suivant en gothique flamboyant.

ROGER – [19]J'ai entendu parler des vitraux de votre église. [20]On dit qu'ils sont très vieux.

LE CURÉ – [21]Je ne crois pas qu'il y ait plus de deux ou trois vitraux vraiment anciens. [22]La plupart d'entre eux† sont relativement modernes. . . . [23]Voulez-vous bien entrer par cette porte? [24]L'intérieur de l'église est un peu sombre, [25]mais vos yeux s'habitueront vite à l'obscurité.

THE PRIEST – [16]*Just a part of the present building dates from the romanesque period. [17]The church was burned in 1392. [18]It was partly rebuilt in the following century in flamboyant gothic style.*

ROGER – [19]*I have heard of the stained-glass windows of your church. [20]They say they are very old.*

THE PRIEST – [21]*I don't believe there are more than two or three of the stained-glass windows which are really old. [22]Most of them are relatively modern. . . . [23]Will you come in through this door? [24]The inside is a little dark, [25]but your eyes will quickly get used to the darkness.*

---

*Les plus vieilles églises françaises datent de l'époque romane, c'est-à-dire du dixième au douzième siècle. L'architecture de cette époque est caractérisée par l'emploi fréquent de l'arc en demi-cercle. Les murs très épais n'ont que de rares fenêtres, ce qui explique l'obscurité de l'intérieur de ces églises.

† Note that you say **la plupart d'entre eux,** not *la plupart d'eux.* The same is true for **beaucoup quelques-uns, plusieurs.**

I. Substitutions. *Répétez les phrases suivantes en substituant les mots indiqués:*

1. J'étais en train de <u>travailler dans mon jardin</u> quand vous avez sonné.

tailler mes rosiers/ lire le journal/ réparer mon auto/ écrire des lettres

2. Je viens de <u>tailler mes rosiers.</u>

tailler mes crayons/ cultiver mes rosiers/ cueillir (*pick*) des roses/
visiter une vieille église gothique

3. <u>Nous nous excusons de</u> vous déranger quand vous êtes occupé.

Nous regrettons de/ Nous sommes fâchés de/ Nous ne voulons pas/
Nous regrettons vivement de

4. Nous avons entendu dire que <u>vous avez une très belle église.</u>

les Brown sont de retour/ Louise Bedel va se marier/
elle va habiter dans notre quartier/ cette église a été construite au douzième siècle

5. J'ai entendu parler <u>des vitraux de votre église.</u>

des fontaines de Versailles/ de Louis XIV/ de lui/ de Jeanne d'Arc

6. Vous vous habituerez vite <u>à l'obscurité.</u>

à aller à bicyclette/ à boire du café noir/ à la cuisine française/ à faire la cuisine

II. *Demandez en français à quelqu'un:*

1. ce que faisait le curé quand Roger a sonné. **2.** de quoi Jean s'excuse. **3.** ce que Roger a entendu dire à propos de cette église. **4.** ce que le curé offre de faire. **5.** si cette église est classée monument historique. **6.** ce que le curé vient de faire. **7.** si tous les vitraux sont anciens. **8.** quand l'église a été brûlée. **9.** en quel style elle a été reconstruite.

III. *Répondez en français à chacune des questions suivantes:*

1. Qu'est-ce que Roger a dit quand le curé a ouvert la porte? **2.** Que faisait le curé quand Roger a sonné? **3.** De quoi Jean s'excuse-t-il? **4.** Qu'est-ce que le curé répond? **5.** Que vient-il de faire dans son jardin? **6.** Qu'est-ce que Roger a entendu dire à propos de l'église? **7.** Pourquoi Jean et Roger sont-ils venus voir le curé? **8.** Qu'est-ce que le curé offre de faire? **9.** Pourquoi le curé dit-il: «Je crains que vous ne soyez un peu déçus?» **10.** Est-ce que cette église est classée «monument historique»? **11.** Où Roger a-t-il lu que l'église date de l'époque romane? **12.** En quelle année l'église a-t-elle été brûlée? **13.** Quand a-t-elle été reconstruite? **14.** Est-ce que Roger a entendu parler des vitraux de l'église? **15.** Qu'est-ce qu'il a entendu dire à leur sujet? **16.** Est-ce que la plupart des vitraux de l'église sont anciens? **17.** Est-ce que la plupart d'entre eux sont modernes? **18.** Est-ce que l'intérieur de l'église est sombre? **19.** Est-ce que les yeux de Jean et de Roger s'habitueront vite à l'obscurité?

IV. *Répétez les phrases suivantes en remplaçant le nom par le pronom personnel:*

EX.:—La plupart des vitraux sont relativement modernes.
—La plupart d'entre eux sont relativement modernes.

1. Quelques–uns des vitraux sont relativement modernes. **2.** Plusieurs des vitraux sont relativement modernes. **3.** La plupart des statues (*f.*) sont relativement modernes. **4.** Quelques–unes des statues sont anciennes. **5.** Plusieurs des statues sont relativement modernes.

V. *Répétez les phrases suivantes en employant l'expression indiquée:*

A. Je crains que . . . (ne)

1. Je crois que vous serez un peu déçu. **2.** Je crois que vous serez un peu fatigué. **3.** Je crois que vous serez un peu en retard. **4.** Je crois que vous serez en avance.

B. Bien qu'elle soit

1. Même si elle est classée monument historique, c'est une simple église de village. **2.** Même si elle est fatiguée, elle ira à la sauterie ce soir. **3.** Même si elle est occupée, elle sera heureuse de vous voir. **4.** Même si elle est en retard, elle ne se dépêche pas.

C. Avoir envie de

1. Nous voudrions visiter votre église. **2.** Je voudrais voir les vitraux. **3.** Voudriez-vous visiter Pékin et Tokyo? **4.** Roger voudrait visiter l'église. **5.** Je voudrais travailler dans mon jardin.

VI. Révision de l'impératif. *Dites à quelqu'un:*

1. d'entrer. **2.** de ne pas entrer. **3.** de s'asseoir. **4.** de ne pas s'asseoir. **5.** de se dépêcher. **6.** de ne pas se dépêcher. **7.** de ne pas se déranger. **8.** de vous excuser. **9.** de prendre l'autobus. **10.** de faire attention. **11.** de s'en aller. **12.** de ne pas partir.

VII. Dictée d'après la Conversation 33, pp. 288-289.

VIII. Dialogue.

Vous demandez des renseignements à un guide au sujet d'un château de la Renaissance que vous voulez visiter (date de construction, nom de l'architecte, jours et heures de visite, etc.).

301

Au jardin

MME DESCHAMPS – ¹Il faut que j'aille au jardin cueillir des fleurs.

ROGER – ²Veux-tu que nous t'aidions?

MME DESCHAMPS – ³Oui, mais fais attention de bien fermer la porte derrière toi. ⁴Je ne veux pas que les poules puissent entrer. ⁵Elles mangent à peu près toute ma salade.

ROGER – ⁶Quelles fleurs vas-tu cueillir?

MME DESCHAMPS – ⁷J'ai besoin de roses et d'œillets. ⁸J'en ferai un bouquet pour la salle à manger.

ROGER – ⁹Tu as un très beau jardin.

MME DESCHAMPS – ¹⁰Je devrais m'en occuper davantage, ¹¹mais je n'ai pas le temps.

JEAN – ¹²Est-ce que vous avez du maïs?

MME DESCHAMPS – ¹³Non, je n'en ai pas. ¹⁴D'ailleurs, l'été est trop frais ¹⁵pour que le maïs puisse mûrir ici.

JEAN – ¹⁶Je m'en doutais un peu.

ROGER – ¹⁷Regarde ces pois, ces *haricots verts et ces choux. ¹⁸Ils poussent à merveille.

MME DESCHAMPS – ¹⁹Oui, mais il n'a guère plu cette année. ²⁰Une bonne pluie ferait du bien à mes légumes.

ROGER – ²¹Veux-tu que nous les arrosions?

MME DESCHAMPS – ²²Je crois qu'il vaut mieux attendre ²³jusqu'à ce qu'il fasse moins chaud. . . .

MRS. DESCHAMPS – ¹I must go to the garden to pick some flowers.

ROGER – ²Do you want us to help you?

MRS. DESCHAMPS – ³Yes, but be careful to close the garden gate (properly) behind you. ⁴I don't want the hens to be able to get in. ⁵They eat practically all my salad greens.

ROGER – ⁶What flowers are you going to pick?

MRS. DESCHAMPS – ⁷I need roses and carnations. ⁸I'll make a bouquet of them for the dining room.

ROGER – ⁹You have a very fine garden.

MRS. DESCHAMPS – ¹⁰I ought to take care of it better (more), ¹¹but I haven't the time.

JOHN – ¹²Have you got any corn?

MRS. DESCHAMPS – ¹³No, I haven't any. ¹⁴Anyway, the summer is too cool ¹⁵for corn to mature here.

JOHN – ¹⁶I rather thought so.

ROGER – ¹⁷Look at those peas, green beans, and cabbages. ¹⁸They certainly are growing.

MRS. DESCHAMPS – ¹⁹Yes, but it hasn't rained much this year. ²⁰A good rain would do a good deal for my vegetables.

ROGER – ²¹Do you want us to water them?

MRS. DESCHAMPS – ²²I think it's better to wait ²³till it's cooler. . . .

---

* The **h** of **haricots** is aspirate.

I. Substitutions. *Répétez les phrases suivantes en substituant les mots indiqués:*

1. Fais attention <u>de bien fermer la porte.</u>

> de ne pas laisser la porte ouverte/ de ne pas laisser entrer les poules/
> de ne pas être en retard/ de ne pas manquer ton avion (*plane*)

2. J'ai besoin <u>de roses et d'œillets.</u>

> de papier à lettres et d'enveloppes/ d'une nouvelle auto/ de cigarettes/ d'argent/
> de monnaie

3. Je devrais <u>m'en occuper</u> davantage, mais je n'ai pas le temps.

> me reposer/ m'amuser/ travailler/ dormir

4. Je crois qu'il vaut mieux attendre jusqu' <u>à la nuit.</u>

> à demain/ à la semaine prochaine/ à l'été prochain/ à dimanche

5. Je crois qu'il vaut mieux attendre jusqu'à ce qu'il fasse <u>moins chaud.</u>

> plus chaud/ moins froid/ plus froid/ beau

II. *Répondez en français à chacune des questions suivantes:*

1. Pourquoi faut-il que Mme Deschamps aille au jardin? **2.** Est-ce qu'elle veut que Jean et Roger l'aident? **3.** Pourquoi faut-il qu'ils fassent attention de bien fermer la porte du jardin? **4.** Pourquoi Mme Deschamps ne veut-elle pas que les poules puissent entrer dans son jardin? **5.** Quelles fleurs veut-elle cueillir? **6.** Qu'est-ce qu'elle fera de ces fleurs? **7.** Comment Roger trouve-t-il le jardin de Mme Deschamps? **8.** Est-ce que Mme Deschamps devrait s'occuper davantage de son jardin? **9.** Pourquoi ne peut-elle pas s'en occuper davantage? **10.** Est-ce que Mme Deschamps a du maïs dans son jardin? **11.** Pourquoi le maïs ne peut-il pas mûrir dans le Nord de la France? **12.** Quels légumes y a-t-il dans le jardin? **13.** Est-ce qu'ils poussent bien? **14.** Est-ce qu'il a beaucoup plu cette année-là? **15.** Pourquoi Mme Deschamps voudrait-elle une bonne pluie? **16.** Qu'est-ce que Roger propose de faire? **17.** Est-ce que Mme Deschamps croit qu'il faut arroser tout de suite? **18.** Jusqu'à quand dit-elle d'attendre? **19.** Savez-vous vous occuper d'un jardin? **20.** Qu'est-ce qu'il faut faire s'il ne pleut pas? **21.** Est-ce qu'il vaut mieux arroser le matin ou le soir? **22.** Est-ce qu'on peut avoir un beau jardin si on ne s'en occupe pas?

III. *Demandez à quelqu'un en employant, quand il convient, la forme familière:*

1. s'il doit aller au jardin cueillir des fleurs. **2.** s'il veut bien fermer la porte. **3.** s'il veut bien vous aider. **4.** quelles fleurs Mme Deschamps veut cueillir. **5.** s'il sait s'occuper d'un jardin. **6.** s'il vaut mieux arroser les légumes quand il fait chaud on quand il fait frais.

IV. Exercices d'application.

A. *Répétez les phrases suivantes en remplaçant* **Je vais** *par* **Il faut que j'aille:**

1. Je vais au jardin cueillir des fleurs.   **2.** Je vais à la gare.   **3.** Je vais au restaurant.   **4.** Je vais en ville faire des courses.   **5.** Je vais voir ce film.   **6.** Je vais à la banque toucher un chèque.   **7.** Je vais au bureau de tabac chercher un journal. **8.** Je vais mettre une lettre à la poste (*mail a letter*).   **9.** Je vais à la maison pour le week-end.

B. *Répétez les phrases suivantes en remplaçant* **ne . . . pas** *par* **ne . . . guère:**

1. Il n'a pas plu cette année.   **2.** Je n'ai pas travaillé aujourd'hui.   **3.** Je n'ai pas dormi la nuit dernière.   **4.** Il n'a pas neigé cet hiver.   **5.** Je ne me suis pas amusé cet hiver.   **6.** Je ne me suis pas reposé pendant le week-end.   **7.** Je n'ai pas l'habitude d'aller à bicyclette.   **8.** Je n'ai pas le temps de m'occuper de mon jardin.

V. Dictée d'après la Conversation 34, pp. 298-299.

VI. Causerie.

Un ami vient vous voir et vous l'invitez à voir votre jardin. Il y a dans votre jardin des choux (*m.*), des tomates (*f.*), des asperges (*f.*) (*asparagus*), des pommes de terre (*f.*), de la laitue (*lettuce*), des pivoines (*f.*) (*peonies*), des marguerites (*f.*) (*daisies*), des violettes (*f.*) et des pensées (*f.*) (*pansies*).

305

 *A la campagne*

Ce matin, Jean et Roger ont quitté Paris de bonne heure pour aller voir des cousins de Roger, les Deschamps, qui habitent dans un petit village près de Fontainebleau. Ils ont pris le train jusqu'à Melun. Là, ils ont descendu leurs bicyclettes du fourgon, pour faire à bicyclette le reste du voyage. A dix heures du matin, ils sont en train de pédaler le long d'une jolie route, heureux de l'ombre des arbres qui la bordent, car la journée est chaude et le soleil haut dans le ciel.

—Voilà une auberge qui a l'air sympathique, dit Jean à Roger au moment où ils traversent la place d'un village. Si nous nous arrêtions pour prendre quelque chose, un bon verre de bière bien fraîche par exemple? Je meurs de soif et j'ai un peu mal aux jambes, car je n'ai pas l'habitude d'aller à bicyclette.

—Ne veux-tu pas attendre jusqu'à ce que nous soyons arrivés chez mes cousins? répond Roger. Nous serons à leur ferme dans un quart d'heure. Si tu bois maintenant un verre de bière, tu auras encore plus chaud qu'auparavant et tes jambes t'abandonneront tout à fait.

—Eh bien, répond Jean avec résignation, j'attendrai jusque-là.

307

Un quart d'heure plus tard, nos deux amis arrivent à la grille de la ferme. Mme Deschamps, qui les voit arriver, vient à leur rencontre. Les présentations faites, elle conduit les visiteurs dans la vaste cuisine, qui depuis les temps les plus anciens est la salle familiale des fermes françaises. Jean remarque la haute cheminée et les vieux ustensiles de cuivre accrochés au mur. On les distingue à peine dans la demi-obscurité, car Mme Deschamps tient les volets fermés à cause de la chaleur.

—Vous allez prendre quelque chose, n'est-ce pas? leur dit-elle. Par cette chaleur, vous devez en avoir besoin.

Jean boit enfin son verre de bière.

—Il faut que j'aille au jardin chercher des légumes et cueillir des fleurs, dit Mme Deschamps aux jeunes gens lorsqu'ils sont un peu reposés de leur fatigue. Voulez-vous m'accompagner?

Comme beaucoup de jardins en France, le jardin des Deschamps est entouré de murs et ces murs sont couverts d'espaliers d'où pendent des poires magnifiques. Le jardin lui-même est divisé en carrés séparés les uns des autres par de petites allées.

—Cette symétrie, ces arbres taillés en espalier, ces fleurs, ces allées de sable, tout cela me rappelle un peu Versailles, dit en riant Jean à Mme Deschamps.

—Après tout, pourquoi ne pas joindre l'utile à l'agréable? répond-elle.

On se partage le travail. Tandis que Mme Deschamps cueille des roses et des œillets, Jean cueille des haricots verts et Roger choisit quelques pieds de salade.

Puis tout le monde revient à la maison attendre le retour de M. Deschamps. Il est avec son tracteur dans un champ près du village et il a promis de revenir avant la tombée de la nuit. Au moment de la moisson, les cultivateurs sont très occupés, vous savez.

QUESTIONS

1. Qui sont les Deschamps? **2.** Comment Jean et Roger sont-ils allés à Melun? **3.** Comment font-ils le reste du voyage? **4.** Qu'est-ce que Jean propose à Roger de faire au moment où ils traversent la place d'un village? **5.** Pourquoi voudrait-il boire un verre de bière bien fraîche? **6.** Pourquoi Roger lui dit-il d'attendre jusqu'à ce qu'ils soient arrivés à la ferme? **7.** Qui vient à leur rencontre? **8.** Où Mme Deschamps conduit-elle ses visiteurs? **9.** Pourquoi tient-elle fermés les volets de la cuisine? **10.** Pourquoi faut-il que Mme Deschamps aille à son jardin? **11.** Qu'est-ce qu'il y a sur les murs du jardin? **12.** A quelle heure M. Deschamps a-t-il promis de revenir?

 The Subjunctive

95. *Present subjunctive of* être *and* avoir, *and of regular verbs.*

A. être:

que je sois, que tu sois, qu'il soit, que nous soyons, que vous soyez, qu'ils soient.

B. avoir:

que j'aie, que tu aies, qu'il ait, que nous ayons, que vous ayez, qu'ils aient.

C. Regular verbs:

donner: que je donne, que tu donnes, qu'il donne, que nous donnions, que vous donniez, qu'ils donnent.

finir: que je finisse, que tu finisses, qu'il finisse, que nous finissions, que vous finissiez, qu'ils finissent.

répondre: que je réponde, que tu répondes, qu'il réponde, que nous répondions, que vous répondiez, qu'ils répondent.

(1) The endings of the present subjunctive of all verbs (except **être** and **avoir**) are: **-e, -es, -e, -ions, -iez, -ent.**

(2) The stem of the present subjunctive of regular verbs is the same as that of the first person plural of the present indicative. EX.: PRES. IND. **Nous finissons.** PRES. SUBJ. **je finisse,** etc.

96. *Commonest use of the present subjunctive.*

A.

—Il faut que **je donne** mon adresse à la concierge. / I must give my address to the concierge.

—Il faut qui **je finisse** mon travail. / I must finish my work.

—Il faut que **je réponde** à cette lettre. / I must answer this letter.

—Il faut que **je sois** à la gare à 16 heures. / I must be at the station at 4:00 o'clock.

—Il vaut mieux que **vous finissiez** votre travail. / It's better for you to finish (*that you finish*) your work.

The subjunctive is used in subordinate clauses introduced by **que** and depending upon **falloir (il faut)** and **valoir mieux (il vaut mieux).** Note, however, that if the dependent verb has no expressed subject, the infinitive is normally used instead of the subjunctive clause. EX.:

—Il faut **travailler** d'avantage. (*inf.*) / It is necessary to work harder.

—Il faut que **vous travailliez** d'avantage. (*subj.*) / You must work harder.

—Il vaut mieux **partir** tout de suite. (*inf.*) / It is better to leave right away.

—Il vaut mieux que **vous partiez** tout de suite. (*subj.*) / It is better for you to leave (*that you leave*) right away.

B.

—Voulez-vous que nous **vous aidions?** / Do you want us to help you?

—J'aime mieux qu'**il attende** jusqu'à ce soir. / I prefer that he wait until this evening.

—Je regrette que **vous ayez** mal à la tête. / I'm sorry you have a headache.

—J'ai peur que **vous** ne **soyez** un peu déçu. / I'm afraid you will be a little disappointed.

—Je doute qu'**il vienne** ce soir. / I doubt that he will come this evening.

The subjunctive is used in subordinate clauses introduced by **que** and depending upon certain verbs that express *wishing, wanting, desiring; joy, sorrow, happiness, regret, doubt, fear;* etc. Among the verbs of this group that take the subjunctive, the following are the ones most frequently used: **vouloir, désirer, souhaiter** (*to wish*)*;* **aimer mieux, préférer; douter** (*to doubt*)*,* **craindre** (*to fear*)*;* **être content, être heureux, regretter, avoir peur,** etc. In the above examples, the subject of the verb of the dependent clause is different from that of the main clause. Note that when the main verb and the subordinate verb have the same subject, the infinitive is used instead of the subjunctive clause.

311

(*Subjunctive*):

—Je regrette que **vous** soyez en retard.   *I'm* sorry that *you* are late.

(*Infinitive*):

—Je regrette d'être en retard.   *I'm* sorry that *I'm* late.
I'm sorry to be late.

(*Subjunctive*):

—J'aime mieux qu'**il** attende jusqu'à ce   *I* prefer that *he* wait until this even-
soir.   ing.

(*Infinitive*):

—Il aime mieux attendre jusqu'à ce soir.   He prefers to wait until this evening.

C. —Bien qu'**elle soit classée** monument his-   Although *it is classed* as a historical
torique . . .   monument . . .

—Je vais attendre jusqu'à ce qu'**il ait**   I am going to wait until *he has*
répondu à ma lettre.   *answered* my letter.

The subjunctive must be used in clauses introduced by certain conjunctive
expressions of which the following are the most frequently used: **à moins
que,** *unless;* **avant que,** *before;* **bien que,** *although;* **jusqu'à ce que,** *until;* **pour
que,** *so that;* **de peur que,** *for fear that;* etc.

D. —C'est le meilleur roman que **j'aie lu.**   That's the best novel *I've read.*
—Henri est le seul étudiant qui **soit** absent.   Henry is the only student who *is*
absent.

The subjunctive is used in relative clauses whose antecedent is modified by
a superlative or by the word **seul.**

E. —Croyez-vous qu'il **y ait** de la place dans   Do you think *there will be* room in
l'autobus?   the bus?
—Je ne pense pas que **vous soyez** en retard.   I don't think *you'll be* late.

Croire, penser, and **espérer** do *not* always take the subjunctive. For these
verbs and others that express *belief* (**être sûr, il me semble,** etc.), it is necessary
to observe:

(1) the indicative is always used in clauses depending upon affirmative forms:
(**Je crois qu'il y aura de la place. J'espère que vous viendrez**);

(2) either the indicative or the subjunctive may be used in clauses depending
upon interrogative or negative forms. In such clauses, the subjunctive is
supposed to express a greater degree of uncertainty. However, the difference
between **Croyez-vous qu'il y aura de la place?** (*indicative*) and **Croyez-vous
qu'il y ait de la place?** (*subjunctive*) is scarcely perceptible.

312   In conversation most people simply use the indicative after all forms of
croire, penser and **espérer.**

97. *Present subjunctive of the commonest irregular verbs.*

—Il faut que **j'aille** à un de mes champs.	I must *go* to one of my fields.
—Je ne veux pas que les poules **puissent** entrer.	I don't want the hens *to be able* to get in.
—Il vaut mieux attendre jusqu'à ce qu'**il fasse** moins chaud.	It's better to wait until *it is* cooler.
—Je ne crois pas qu'**il sache** mon adresse.	I don't think *he knows* my address.

A. The commonest irregular verbs whose present subjunctive has two stems are:

> **aller**: aille, ailles, aille, **allions, alliez,** aillent.
> **boire**: boive, boives, boive, **buvions, buviez,** boivent
> **croire**: croie, croies, croie, **croyions, croyiez,** croient
> **envoyer**: envoie, envoies, envoie, **envoyions, envoyiez,** envoient
> **prendre**: prenne, prennes, prenne, **prenions, preniez,** prennent
> **recevoir**: reçoive, reçoives, reçoive, **recevions, receviez,** reçoivent
> **tenir**: tienne, tiennes, tienne, **tenions, teniez,** tiennent
> **venir**: vienne, viennes, vienne, **venions, veniez,** viennent
> **voir**: voie, voies, voie, **voyions, voyiez,** voient
> **vouloir**: veuille, veuilles, veuille, **voulions, vouliez,** veuillent

B. The commonest irregular verbs whose present subjunctive has a single irregular stem:

> **faire**: fasse, fasses, fasse, fassions, fassiez, fassent
> **pouvoir**: puisse, etc.
> **savoir**: sache, etc.

C. The commonest irregular verbs whose present subjunctive follows the pattern of regular verbs and can be found from the first person plural of the present indicative (see paragraph 95) are: **connaître, dire, dormir, écrire, lire, mettre, partir, plaindre, sentir, servir, sortir, suivre.**

98. *Formation and use of the* **passé composé**** of the subjunctive.*

A. Formation:

The **passé composé** of the subjunctive is composed of the present subjunctive of the auxiliary verb and the past participle of the verb. EX.:

être: j'aie été, tu aies été, il ait été, nous ayons été, vous ayez été, ils aient été.
avoir: j'aie eu, tu aies eu, etc.
donner: j'aie donné, tu aies donné, etc.
arriver: je sois arrivé(e), tu sois arrivé(e), etc.

---

* As the imperfect and pluperfect subjunctive are purely literary tenses, they will appear only in the verb tables in the Appendix.

B. Use:

Generally speaking, the **passé composé** of the subjunctive is used like the present subjunctive except that it expresses actions that have already taken place. EX.:

—Je regrette que l'accident **ait eu** lieu.　　I am sorry the accident *took* place.

—Nous sommes contents qu'il **soit arrivé.**　We are glad he *has arrived*.

—Je ne crois pas que vous **ayez lu** ce roman.　I don't think you *have read* this novel.

I. Substitutions. *Répétez les phrases suivantes en substituant les mots indiqués:*

1. Il faut que je sois à l'heure.

　　que j'aie de la patience/ que nous déjeunions de bonne heure/
　　que nous finissions notre travail/ que nous répondions à ce télégramme

2. Voulez-vous que nous allions au cinéma?

　　que je prenne un taxi/ que nous prenions un taxi/ que je vienne vous voir/
　　que nous venions vous voir

3. Je doute qu'il fasse beau demain.

　　que nous puissions jouer au tennis aujourd'hui/
　　que vous sachiez mon numéro de téléphone/ que nous soyons à l'heure/
　　que vous ayez le temps d'aller à la campagne cet après-midi/ que nous sortions ce soir

4. Nous sommes contents qu'il soit venu nous voir.

　　que l'accident n'ait pas été grave/ que vous ayez lu ce roman de Balzac/
　　que vous ayez vu ce film/ qu'il se soit levé de bonne heure

II. Exercices d'application. *Dites en français chacune des phrases suivantes en employant* **Il faut que** *et le subjonctif:*

1. Je donne mon adresse à la concierge.　**2.** Vous donnez votre adresse à la concierge.　**3.** Je finis mon travail à onze heures.　**4.** Nous finissons notre travail à minuit.　**5.** Je réponds à la lettre de mon cousin.　**6.** Vous répondez à la lettre de votre cousin.　**7.** Je suis toujours à l'heure.　**8.** Il est toujours à l'heure.　**9.** Nous sommes toujours à l'heure.　**10.** Vous vous couchez de bonne heure.　**11.** Je vais à la bibliothèque.　**12.** Je vais chercher un journal.　**13.** Je fais mon travail.　**14.** Nous faisons notre travail.　**15.** J'écris à ma mère.　**16.** Je prends le train à quatre heures.　**17.** Il part aujourd'hui.　**18.** Je mets la lettre à la poste.　**19.** Vous venez me voir.　**20.** Nous savons l'heure de son arrivée.　**21.** Vous dites ce que vous pensez.　**22.** Il ouvre la fenêtre.

314

III. *Dites en français chacune des phrases suivantes, en employant l'expression indiquée et le subjonctif·*

A. Il vaut mieux que:

1. Nous parlons français. 2. Vous finissez votre travail avant de vous coucher. 3. Nous attendons l'arrivée du train. 4. Vous buvez un verre d'eau fraîche. 5. Il prend une tasse de café. 6. Il se sert de mon auto. 7. Vous dormez jusqu'à huit heures. 8. Je suis les conseils de mes parents. 9. Nous sommes toujours à l'heure.

B. Voulez-vous que:

1. Nous arrosons le jardin. 2. Nous vous envoyons la facture. 3. Nous rentrons de bonne heure. 4. Nous prenons nos billets aujourd'hui. 5. Je viendrai vous voir dimanche. 6. Je tiens la porte ouverte.

C. J'aime mieux que:

1. Vous parlez français. 2. Nous ne parlons pas anglais. 3. Vous choisissez votre écharpe. 4. Vous commencez tout de suite. 5. Vous n'êtes pas en retard.

D. J'ai peur que . . . ne (or ne . . . pas):

1. Vous serez un peu déçu. 2. Il n'y aura pas de place dans l'autobus. 3. Il est malade. 4. Il fera froid demain. 5. Il boit trop de café. 6. Il ne croit pas ce que je lui dis. 7. Nous avons suivi la mauvaise route. 8. Nous sommes en retard.

E. Je regrette que:

1. Vous avez mal à la tête. 2. Votre mère est malade. 3. Vous n'êtes pas venu me voir. 4. Il ne m'a pas écrit. 5. L'accident a eu lieu. 6. Vous avez répondu à cette lettre. 7. Il n'a pas pu s'arrêter à temps.

F. Je ne crois pas que:

1. Il peut aller en ville. 2. Il a lu tous les romans de Balzac. 3. Il est allé voir le Panthéon. 4. Il sait le grec (*Greek*). 5. Vous pouvez finir aujourd'hui. 6. Il recevra ma dépêche (*telegram*) avant six heures.

IV. *Répétez les phrases suivantes en remplaçant l'infinitif par* **que vous** *et le subjonctif:*

EX.:—Je regrette d'être en retard.
—**Je regrette que vous soyez en retard.**

315

1. Je suis content d'être ici. (Je suis content que vous ...... ici.) **2.** Je suis content de voir Versailles. **3.** Je ne veux pas être en retard. **4.** Je ne veux pas faire cela. **5.** Je ne crois pas pouvoir finir aujourd'hui. **6.** J'ai peur de ne pas avoir le temps. **7.** Il faut venir me voir. **8.** Il faut être toujours à l'heure. **9.** Il vaut mieux aller à l'hôpital. **10.** J'aime mieux boire du lait.

V. *Répétez les phrases suivantes en employant la forme superlative de l'adjectif et en terminant par* **que je connaisse**:

EX.:—C'est un château intéressant.
—**C'est le château le plus intéressant que je connaisse.**

(a) 1. C'est un château pittoresque. **2.** C'est un disque populaire. **3.** C'est une personne agréable. **4.** C'est un roman passionnant. **5.** C'est un acteur célèbre.
(b) 1. C'est un beau château. **2.** C'est une belle ville. **3.** C'est une vieille cathédrale. **4.** C'est une jolie jeune fille. **5.** C'est un bon restaurant.

VI. Révision de la Conversation 33, pp. 288-289.

1. Où Jean a-t-il vu des champignons? **2.** Est-ce que Roger connaît les champignons? **3.** Est-ce que les mauvais champignons ressemblent aux bons? **4.** Est-ce qu'il vaut mieux laisser ceux dont on n'est pas sûr? **5.** Est-ce qu'on risque de s'empoisonner si on mange des champignons des bois? **6.** Que feriez-vous si vous trouviez des fraises des bois? **7.** Est-ce que vous cueillez des fleurs sauvages (*wild*) quand vous en trouvez dans les bois? **8.** En quelle saison trouve-t-on le plus de fleurs sauvages?

VII. Thème d'imitation.

Mrs. Deschamps said to Roger and John "Do you want to come to the garden with me? I have to pick some green beans. It is already six o'clock. If I do not hurry, dinner will never be ready by[1] seven o'clock and my husband[2] will not be happy." Roger opened the garden gate. "What a[3] fine garden (you have), cousin! How do you find the time to take care of it, with all the work of the harvest?" "I get up every morning at five o'clock to water my garden. . . . Be careful to close the gate behind you, Roger. If you leave it open, the hens get into the garden. Look at that one over there! She is busy[4] eating my salad greens! Let's chase her out.[5] I am no longer young and I do not like to chase hens." Roger shooed the hen out. Then he began[6] to pick green beans so that[7] dinner would be ready on time and so that Mr. Deschamps would be happy.

---

[1]i.e. at seven o'clock. [2]*husband,* **le mari.** [3]After **quel** the noun is used without an article. [4]**en train de.** [5]*chase, chase out, shoo out,* **chasser.** [6]**se mettre à.** [7]**pour que.**

CONVERSATION 36

 *Une partie de pêche*

ROGER – ¹Si nous allions à la pêche demain matin?

JEAN – ²A quoi bon? Nous n'attraperons rien.

ROGER – ³Ça ne fait rien.

JEAN – ⁴Pourquoi vas-tu à la pêche, alors?

ROGER – ⁵J'y vais parce que j'aime être à la campagne, au bord de l'eau, où l'air est pur, où personne n'est pressé. ⁶Es-tu jamais allé à la pêche le matin de bonne heure?

JEAN – ⁷Oui, j'y suis allé quelquefois.

ROGER – ⁸N'aimes-tu pas être en plein air?

JEAN – ⁹Si. Mais je ne prends jamais de poissons.

ROGER – ¹⁰Moi non plus, mais qu'est-ce que cela fait? ¹¹Si on en prend, tant mieux, ¹²si on n'en prend pas, tant pis.

JEAN – ¹³Dis-moi où tu veux aller. ¹⁴J'irai avec toi.

ROGER – ¹*How about going fishing to-morrow morning?*

JOHN – ²*What's the use? We won't catch anything.*

ROGER – ³*That doesn't make any difference.*

JOHN – ⁴*Why do you go fishing, then?*

ROGER – ⁵*I go because I like to be in the country, beside the water, where the air is pure, where no one is in a hurry. Have you ever been fishing in the early morning?*

JOHN – ⁷*Yes, I've been a few times.*

ROGER – ⁸*Don't you like to be in the open air?*

JOHN – ⁹*Yes, I do. But I never catch any fish.*

ROGER – ¹⁰*Neither do I, but what difference does it make?* ¹¹*If you catch some, so much the better,* ¹²*if you don't catch any, too bad (so much the worse).*

JOHN – ¹³*Tell me where you want to go.* ¹⁴*I'll go with you.*

318

ROGER – ¹⁵Je connais un endroit sous le vieux pont, ¹⁶de l'autre côté de la rivière, ¹⁷où il y a des poissons gros comme ça!

JEAN – ¹⁸Et tu les attrapes?

ROGER – ¹⁹Ne te moque pas de moi. ²⁰J'en attrape quelques-uns — ²¹pas trop souvent, je l'admets.

JEAN – ²²A quelle heure as-tu l'intention de partir?

ROGER – ²³De bonne heure. Il faudra que nous nous levions à 4 heures du matin.

JEAN – ²⁴Mais il ne fait pas encore jour à cette heure-là!

ROGER – ²⁵Justement! Nous verrons le soleil se lever sur la rivière. ²⁶De quoi te plains-tu?

JEAN – ²⁷Je ne me plains pas. ²⁸Toutefois, j'aime mieux dormir dans mon lit que dormir sur l'herbe — si les poissons ne mordent pas.

ROGER – ¹⁵*I know a place under the old bridge, ¹⁶on the other side of the river, where there are fish that big! (gesture)*

JOHN – ¹⁸*And you (actually) catch them?*

ROGER – ¹⁹*Don't make fun of me. ²⁰I catch some — ²¹not too often, I admit.*

JOHN – ²²*What time do you plan to leave?*

ROGER – ²³*Early. We'll have to get up at four A.M.*

JOHN – ²⁴*But it isn't yet daylight at that time!*

ROGER – ²⁵*That's right! We'll see the sun rise over the river. ²⁶What are you complaining about?*

JOHN – ²⁷*I'm not complaining. ²⁸And yet, I prefer to sleep in my bed rather than sleeping on the ground — if the fish don't bite.*

319

I. Substitutions. *Répétez les phrases suivantes en substituant les mots indiqués:*

1. J'y vais parce que j'aime être à <u>la campagne.</u>

au bord de l'eau/ où l'air est pur/ où personne n'est pressé/ en plein air

2. <u>Moi</u> non plus, mais qu'est-ce que cela fait?

Toi/ Lui/ Elle/ Eux

3. Si on en <u>prend</u>, tant mieux, si on n'en <u>prend</u> pas, tant pis.

attrape/ voit/ a pour le dîner/ rapporte à la maison

4. Il faudra que <u>nous nous levions</u> de bonne heure.

nous nous couchions/ nous quittions la maison/ nous nous mettions en route/ nous nous mettions à pêcher

5. J'en attrape <u>quelques–uns.</u>

quelquefois/ parfois/ de temps en temps/ des petits et des gros

6. Si les poissons ne mordent pas, nous pourrons <u>dormir sur l'herbe.</u>

faire un somme (*take a nap*)/ nager (*swim*) dans la rivière/ prendre un bain de soleil/ regarder couler (*flow*) l'eau claire

II. *Demandez à quelqu'un:*

1. s'il aime voir le soleil se lever sur la rivière.   **2.** s'il aime voir le soleil se coucher sur le lac.   **3.** s'il a jamais attrapé des poissons.   **4.** s'il connaît un endroit où il y a de gros poissons.   **5.** s'il croit tout ce que disent les pêcheurs. **6.** à quelle heure il part quand il va à la pêche.   **7.** de quoi il se plaint.   **8.** s'il fait jour à quatre heures du matin.   **9.** à quelle heure il fait jour au mois de mai. **10.** s'il vaut mieux pêcher le matin ou le soir.

III. *Répondez en français:*

1. Où Roger propose-t-il d'aller demain matin?   **2.** Est-ce que Jean espère attraper quelque chose?   **3.** Est-ce que Roger va à la pêche pour attraper quelque chose?   **4.** Alors, pourquoi y va-t-il?   **5.** Est-ce que Jean est jamais allé à la pêche le matin de bonne heure?   **6.** A-t-il l'habitude de prendre beaucoup de poissons?   **7.** Et Roger?   **8.** Est-ce que Roger est content quand il prend des poissons?   **9.** Est-ce qu'il est mécontent (*unhappy*) quand il n'en prend pas? **10.** Est-ce qu'il connaît un endroit où il y a de gros poissons?   **11.** Où se trouve cet endroit?   **12.** A quelle heure faudra-t-il qu'ils se lèvent?   **13.** Est-ce qu'il fait déjà jour à cette heure-là?   **14.** Pourquoi Roger veut-il partir de si bonne heure? **15.** Que fera Jean si les poissons ne mordent pas?   **16.** Croyez-vous toujours ce que disent les pêcheurs?

IV. *Répétez chacune des phrases suivantes en remplaçant les mots en italique par l'adverbe* **y**:

EX.:—Êtes-vous allé *à la pêche?*
 —**Y êtes-vous allé?**

1. Êtes-vous allé *à la pêche* ce matin? **2.** Allez-vous souvent *à la pêche?*
3. Êtes-vous jamais allé *à la pêche?* **4.** N'êtes-vous jamais allé *à la pêche?*
5. Voulez-vous aller *en ville* cet après-midi? **6.** Voulez-vous que j'aille *en ville*
avec vous? **7.** Croyez-vous que les Brown soient allés *en Angleterre* cet été?
8. Sont-ils jamais allés *au bord de la mer?* **9.** Ne sont-ils pas allés *au bord de la*
mer? **10.** Ne sont-ils jamais allés *au bord de la mer?* **11.** Allons *à la pêche.*
12. N'allez pas *au cinéma* ce soir.

V. *Répondez négativement en employant* **ne . . . jamais**:

1. Avez-vous jamais vu Versailles? **2.** Avez-vous jamais lu *Les Trois Mousque-*
taires? **3.** Avez-vous jamais été à l'hôpital? **4.** Avez-vous jamais entendu
parler des vitraux de Chartres? **5.** Êtes-vous jamais allé à Marseille? **6.** Vous
êtes-vous jamais occupé d'un jardin?

VI. **Révision de quelques expressions.** *Répétez les phrases suivantes en sub-stituant les mots indiqués:*

1. Je ne prends jamais de poissons.

   d'aspirine/ de médicaments/ d'autobus/ de taxi

2. J'ai manqué mon avion.

   le train/ le match de football/ à ma famille (*My family missed me.*)/
   un poisson gros comme ça (*A fish that big got away.*)

3. Cela m'est égal.

   lui (*m*)/ lui (*f*)/ nous/ leur

VII. Dictée d'après la Conversation 35, p. 303.

VIII. Causerie.

Vous parlez d'une partie de pêche que vous avez faite ou d'un week-end que
vous avez passé à la campagne.

321

CONVERSATION 37

 Arrivée à la gare de Lyon

MARIE – ¹Bonjour, Jean. Bonjour, Roger. Je suis heureuse que vous soyez de retour.

JEAN – ²Nous aussi, nous sommes enchantés de vous revoir, Marie. ³Vous nous avez manqué beaucoup, vous savez.

MARIE – ⁴Flatteur!

ROGER – ⁵C'est gentil de ta part d'être venue nous attendre à la gare.

MARIE – ⁶Je me demande si vous vous rendez compte que j'ai fait pour vous un grand sacrifice. ⁷Je devais jouer au tennis ce matin. ⁸Mais quand j'ai appris que vous deviez revenir aujourd'hui, j'ai décidé de venir vous attendre ici.

ROGER – ⁹Quand as-tu reçu ma dépêche?

MARIE – ¹⁰Il y a à peu près une heure. ¹¹Mais tu aurais dû me dire l'heure exacte de ton arrivée.

ROGER – ¹²Nous ne la savions pas nous-mêmes. ¹³Nous n'étions pas sûrs d'attraper le train de huit heures et demie.

MARIE – ¹*Hello, John. Hello, Roger. I am glad that you are back.*

JOHN – ²*We are delighted to see you again too, Mary. ³We have missed you very much, you know.*

MARIE – ⁴*Flatterer!*

ROGER – ⁵*It's nice of you to have come to meet us at the station.*

MARIE – ⁶*I wonder if you realize that I made a great sacrifice for you. ⁷I was to play tennis this morning. ⁸But when I found out that you were to come back today, I decided to come to meet you here.*

ROGER – ⁹*When did you get my wire?*

MARIE – ¹⁰*About an hour ago. ¹¹But you should have told me the exact time of your arrival.*

ROGER – ¹²*We didn't know it ourselves. ¹³We were not sure of catching the eight-thirty train.*

Gare de Lyon

MARIE – ¹⁴Jean, votre concierge m'a téléphoné qu'un télégramme pour vous est arrivé matin.

JEAN – ¹⁵Oh! Je sais ce que c'est. ¹⁶Hélène Frazer doit arriver ces jours-ci. ¹⁷Elle m'indique sans doute le jour de son arrivée.

MARIE – ¹⁸Tiens, tiens! Qui est cette Hélène?

JEAN – ¹⁹C'est une jeune Américaine de mes amies qui est actuellement à Londres. ²⁰Elle m'a demandé de lui servir de guide à Paris.

MARIE – ¹⁴*John, your concierge telephoned me that a wire came for you this morning.*

JOHN – ¹⁵*Oh! I know what it is.* ¹⁶*Helen Frazer is to arrive some time soon.* ¹⁷*She's doubtless telling me the date of her arrival.*

MARIE – ¹⁸*Aha! Who is this Helen?*

JOHN – ¹⁹*She is a friend of mine, an American girl who is in London at present.* ²⁰*She asked me to act as guide for her in Paris.*

323

I. Substitutions. *Répétez les phrases suivantes en substituant les mots indiqués:*

1. Marie m'a manqué beaucoup. (*I missed Marie very much.*)

Elle/ Il/ Mon chien (*dog*)/ Ma famille

2. J'ai manqué à ma mère. (*My mother missed me.*)

à mon père/ à ma famille/ à mes amis/ à mon chien

3. C'est gentil de votre part d'être venu(e) nous attendre à la gare.

de nous inviter à dîner/ de nous avoir invités à dîner/ de m'avoir envoyé des fleurs/ d'être venu(e) nous chercher

4. C'est gentil de sa part (*of him, of her*) de venir nous voir.

de nous prêter son appartement/ de nous offrir ce tableau/ de vous donner sa place/ de nous accompagner

5. Je sais ce que c'est.

Je me demande/ Savez-vous/ Ne savez-vous pas/ Je ne sais pas/ Ils ne savent pas

6. C'est une de mes amies.

une Américaine/ une jeune Américaine/ une jeune fille américaine/ une jeune étudiante américaine

II. *Répondez en français à chacune des questions suivantes:*

1. A quelle gare Jean et Roger arrivent-ils? **2.** Qui est venu les attendre à la gare? **3.** Comment Marie savait-elle qu'ils allaient arriver ce matin-là? **4.** Savait-elle l'heure exacte de leur arrivée? **5.** Quand a-t-elle reçu leur dépêche? **6.** Pourquoi Jean et Roger n'ont-ils pas indiqué l'heure exacte de leur arrivée? **7.** Qu'est-ce que Marie devait faire ce matin-là? **8.** Qu'est-ce qu'elle a décidé de faire quand elle a reçu leur télégramme? **9.** Est-ce que Jean et Roger se rendent compte du sacrifice qu'elle a fait? **10.** Étaient-ils sûrs d'attraper le train de huit heures et demie? **11.** Comment Marie a-t-elle appris qu'il y a un télégramme pour Jean? **12.** Quand ce télégramme est-il arrivé? **13.** Est-ce que Jean sait ce que c'est? **14.** Quand Hélène doit-elle arriver? **15.** Qu'est-ce que Marie dit quand elle entend parler d'Hélène? **16.** D'où vient Hélène? **17.** Qu'est-ce qu'elle a demandé à Jean? **18.** Où est-elle actuellement?

III. Exercices d'application.

A. *Répétez en remplaçant la forme négative du passé composé par* **Je devais** (I was supposed to) *et l'infinitif:*

EX.:—Je n'ai pas joué au tennis ce matin.
   —Je devais jouer au tennis ce matin.

1. Je ne suis pas allé(e) au bal. **2.** Je n'ai pas travaillé hier soir. **3.** Je n'ai pas vu ce film. **4.** Je ne suis pas rentré(e) à midi. **5.** Je ne me suis pas levé(e) de bonne heure. **6.** Je ne suis pas parti(e) hier soir.

B. *Répétez en remplaçant la forme négative du passé composé par* **Vous auriez dû** (You should have) *et l'infinitif:*

EX.:—Vous ne m'avez pas dit l'heure exacte de votre arrivée.
   —Vous auriez dû me dire l'heure exacte de votre arrivée.

1. Vous ne m'avez pas donné votre adresse. **2.** Vous ne m'avez pas téléphoné.
3. Vous ne m'avez pas prévenu. **4.** Vous n'avez pas écrit à votre mère.
5. Vous ne m'avez pas indiqué le jour de votre arrivée. **6.** Vous n'êtes pas parti hier soir.

IV. *Répétez les phrases suivantes en commençant par:* **Je me demande si vous vous rendez compte que:**

1. J'ai fait pour vous un grand sacrifice. **2.** Je devais jouer au tennis ce matin.
3. Je n'ai pas le temps d'aller à la pêche. **4.** Hélène doit arriver à Paris ces jours-ci. **5.** Un télégramme pour vous est arrivé ce matin. **6.** Il est minuit passé.

V. Dictée d'après la Conversation 36, pp. 318-319.

VI. Causerie.

Racontez ce que vous avez fait au cours d'un séjour dans une ferme. Dans cette ferme il y avait des vaches (*f.*) (*cows*), des cochons (*m.*) (*pigs*), des bœufs (*m.*) (*oxen*), des chèvres (*goats*), des moutons (*m.*) (*sheep*), des oies (*f.*) (*geese*), un âne (*a donkey*). Dans les champs, dont le sol (*soil*) était très fertile, il y avait du blé (*wheat*), du foin (*hay*), de l'avoine (*f.*) (*oats*), des betteraves à sucre (*sugar beets*), etc.

325

Irregular Verbs in -oir

99. *Remarks about verbs in* -oir.

The characteristics of this group are that they have two stems in the present indicative (**pouvoir: peu-pouv-**), an irregular future (**je pourrai**), and a past participle in **-u** (except **s'asseoir**).

As **devoir** corresponds to English *must, should, ought, have to, was to, should have, ought to have,* and so on(!), it is necessary to study with the greatest attention the use and meaning of the different tenses of this verb. **Pouvoir** and **vouloir** are also very tricky for English speaking students.

100. Devoir.*

A. Présent:

The present tense is used to express:
(1) probability

—**Il doit** être chez lui en ce moment.	*He must* be (*probably is*) at home now.
—**Il doit** y avoir un train vers 8 heures.	*There must* be a train around 8:00.

(2) an action that one expects to fulfill.

—Quand est-ce que **vous devez** être de retour?	When *are you supposed to* be back?
—**Je dois** être de retour demain.	*I am supposed to* be back tomorrow.
—**Vous devez** changer de train à Épernay.	*You have to* change trains at Epernay.

B. Imparfait:

The imperfect is most commonly used to express an action that was expected to take place but which did not necessarily take place:

—**Je devais** jouer au tennis ce matin, mais j'ai décidé de venir vous attendre à la gare.	*I was to* (*was supposed to*) play tennis this morning but I decided to come to meet you at the station.

326 * **Devoir** is also used as a transitive verb meaning *to owe*. EX.: Vous me **devez** mille francs.

C. Passé Composé:

The **passé composé** is most commonly used to express probability (past):

—Où est votre livre?   Where is your book?
—Je ne sais pas. **J'ai dû** le laisser dans   I don't know. *I must have* left it in the
     l'autobus.   bus.

D. Conditionnel:

(1) The conditional is used to express the speaker's judgment as to the desirability or propriety of a present or future action:

—**Vous devriez** travailler davantage.   *You should* work harder.
—**Vous ne devriez pas** faire cela.   *You ought not* to do that.

(2) The conditional perfect is used to express the desirability or propriety of a past action:

—**Vous n'auriez pas dû** faire cela.   *You ought not to have* done that.
—**Tu aurais dû** me dire l'heure exacte   *You should have* told me the exact time
     de ton arrivée.   of your arrival.

Présent: Je dois, tu dois, il doit, nous devons, vous devez, ils doivent.
Imparfait: Je devais, etc. Passé Composé: J'ai dû, etc. Futur: Je devrai, etc.
Conditionnel: je devrais, etc.

101. Pouvoir (*to be able*).

Présent: *may, can*
—Est-ce que **je peux** voir la chambre?   *May I* see the room? OR
     Can I see the room?

—Oui, **vous pouvez** la voir.   Yes, *you may* see it.

Passé Composé: *could, was able to*
—**Je n'ai pas pu** trouver une place dans   *I couldn't* find a seat in the bus.
     l'autobus.

Futur: *may, can*
—**Vous pourrez** revenir dans huit jours.   *You may* come back in a week.

Conditionnel: *could, might*
—**Vous pourriez** lui envoyer un mot.   *You could* write to him (to her).

Présent: Je peux, tu peux, il peut, nous pouvons, vous pouvez, ils peuvent.
     I may; I can; I am able.
Imparfait: Je pouvais, etc. *I was able, I could.* Passé Composé: J'ai pu, etc., *I have been*
     able, I could.
Futur: Je pourrai, etc. *I shall be able, I can, I may.* Conditionnel: Je pourrais, etc.
     I could, I might.

102. Vouloir (*to want*).

PRÉSENT: *want*

—**Voulez-vous** essayer ce manteau?   *Do you want* to try on this coat?
—Roger **veut** aller à la pêche.   Roger *wants* to go fishing.
—Jean **ne veut pas** y aller.   John *refuses* to go.

IMPARFAIT: *wanted*

—**Je voulais** faire une promenade hier, mais   *I wanted to* (but didn't necessarily act on
    il a plu toute la journée.   my desire) take a walk, but it rained
                                all day.

PASSÉ COMPOSÉ: *wanted, decided*

—**J'ai voulu** profiter du beau temps.   *I decided* to take advantage of the fine
                                weather (and did so).

—Marie **n'a pas voulu** sortir.   Marie *refused* to go out.

CONDITIONNEL: *would like, want*

—**Je voudrais** un billet aller et retour pour   *I would like* a round-trip ticket to
    Reims.   Rheims.
—**Je voudrais** partir le plus tôt possible.   *I would like* to leave as soon as possible.

PRÉSENT: Je veux, tu veux, il veut, nous voulons, vous voulez, ils veulent. *I want; I will* (i.e. *I insist*).

IMPARFAIT: Je voulais, etc. *I wanted, I intended.* PASSÉ COMPOSÉ: J'ai voulu, etc. *I wanted, I decided.*

FUTUR: Je voudrai, etc. *I shall want*, etc. CONDITIONNEL: Je voudrais, etc. *I would like, I want.*

103. *Expressions with* **vouloir.**

A. **vouloir bien** (*to be willing*):

—**Je veux bien.**   *I am willing.*
—**Voulez-vous bien** passer à la caisse?   *Will you please* go to the cashier's
                                window?

—**Voulez-vous bien** monter?   *Will you please* go up?
—**Je voudrais bien** avoir ma montre le   *I would like* to have my watch as soon
    plus tôt possible.   as possible.

B. **vouloir dire** (*to mean*):

—Que **voulez-vous dire**?   What *do you mean?*
—Que **veut dire** «déçu»?   What *does* "déçu" *mean?*

104. (1) Falloir (*to have to, must*), *etc.: impersonal.*

—**Il faut que** j'aille en ville faire des courses.	*I must* go downtown to do some errands.
—**Il a fallu que** nous attendions la correspondance.	*We had to* wait for the connection.
—**Il faudra que** nous nous levions de bonne heure.	*We shall have to* get up early.
—**Il ne faut pas** faire cela.	*You must not* do that.

(2) Falloir (*it takes*), *etc.*

—**Il faut** une heure pour aller de Paris à Versailles.	*It takes* an hour to go from Paris to Versailles.
—**Il a fallu plus** de 300 ans pour construire le Louvre.	*It took more than* 300 years to build the Louvre.

PRÉSENT: Il faut (*must*). IMPARFAIT: Il fallait (*had to, should have*). PASSÉ COMPOSÉ: Il a fallu (*had to*). FUTUR: Il faudra (*will have to*).

105. Valoir* mieux (*to be better*): *impersonal.*

—**Il vaut mieux** ramasser ceux dont on est sûr.	*It is better* to pick the ones about which you are sure.
—**Il vaudrait mieux** faire venir un agent de police.	*It would be better* to send for a policeman.

PRÉSENT: Il vaut mieux (*It is better*). IMPARFAIT: Il valait mieux. PASSÉ COMPOSÉ: Il a mieux valu. FUTUR: Il vaudra mieux.

106. Pleuvoir (*to rain*): *impersonal.*

—**S'il pleut,** je prendrai un taxi.	*If it rains*, I'll take a taxi.
—**Il pleuvait** quand j'ai quitté la maison.	*It was raining* when I left the house.
—**Il a plu** cette nuit.	*It rained* last night.

PRÉSENT: Il pleut. *It rains, it is raining.* IMPARFAIT: Il pleuvait. *It was raining.*
PASSÉ COMPOSÉ: Il a plu. *It rained.* FUTUR: Il pleuvra. *It will rain.*

---

* **Valoir** is also used as a transitive verb meaning *to be worth.* Ex.: Cette montre **vaut** mille francs.   **329**

107. Voir (to see).

—**Vous voyez** ce village là-bas?   *You see* that village over yonder?

—**Je vois** des champignons au bord de la route.   *I see* some mushrooms on the side of the road.

—Il y a longtemps que **je ne** vous **ai pas vu.**   *I haven't seen* you in a long time.

—**Je vois venir** le facteur.   *I see* the postman *coming.*

PRÉSENT: Je vois, tu vois, il voit, nous voyons, vous voyez, ils voient, *I see*, etc.
IMPARFAIT: Je voyais, etc. *I saw*, etc. PASSÉ COMPOSÉ: J'ai vu, etc. *I saw, I have seen*, etc.
FUTUR: Je verrai, etc. *I shall see, I'll see*, etc.

108. Savoir (to know, to know how).

—**Savez-vous** quand vivait Jeanne d'Arc?   *Do you know* when Joan of Arc lived?

—**Je sais** qu'elle est morte en 1431.   *I know* that she died in 1431.

—Je vous le dirai aussitôt que **je le saurai.**   I shall tell you as soon as *I find out.*

—**Vous ne sauriez pas** où j'ai mis mon porte-feuille?   *You wouldn't know* where I put my wallet, would you?

—**Savez-vous** conduire une auto?   *Do you know how* to drive a car?

PRÉSENT: Je sais, tu sais, il sait, nous savons, vous savez, ils savent. *I know*, etc.
IMPARFAIT: Je savais, etc. *I knew*, etc. PASSÉ COMPOSÉ: J'ai su, etc. *I knew, I found out*, etc. FUTUR: Je saurai, etc. *I shall know how, I shall find out.*

I. **Substitutions.** *Répétez les phrases suivantes en substituant les mots indiqués:*

1. Je peux lui envoyer un mot.

   Je pourrais/ Je veux/ Je voudrais/ Je voulais

2. Il faut profiter du beau temps.

   Il fallait/ Il faudra/ Il vaut mieux/ Il valait mieux

3. Je sais qu'elle était à Paris à ce moment-là.

   Je savais/ Je ne savais pas/ Savez-vous . . .?/ Saviez-vous . . .?

4. Je vois venir le facteur.

   J'ai vu/ Je crois voir/ J'ai cru voir/ Je crois avoir vu

II. Exercices d'application.

A. *Répondez affirmativement:*

1. Pouvez-vous? 2. Pourriez-vous? 3. Avez-vous pu? 4. Voudriez-vous?
5. A-t-il voulu? 6. Devez-vous? 7. Deviez-vous? 8. Devriez-vous?
9. Auriez-vous dû? 10. Voyez-vous? 11. Savez-vous? 12. Saviez-vous?

B. *Remplacez le présent par le passé composé:*

1. Je peux. 2. Nous pouvons. 3. Je veux. 4. Nous voulons. 5. Je dois.
6. Nous devons. 7. Il vaut mieux. 8. Il faut. 9. Vous voulez. 10. Vous
voyez. 11. Vous ne savez pas. 12. Vous pouvez.

C. *Remplacez l'imparfait par le conditionnel:*

1. Je voulais. 2. Il voulait bien. 3. Je ne pouvais pas. 4. Il fallait. 5. Il
pleuvait. 6. Je savais. 7. Il savait. 8. Il voyait.

III. Emploi du verbe *devoir.*

A. *Répétez en remplaçant le présent du verbe et* **sans doute** *par le présent de*
devoir *et l'infinitif:*

EX.:—Il est sans doute chez lui en ce moment.
—**Il doit être chez lui en ce moment.**

1. Il arrive sans doute ce soir. 2. La poste est sans doute ouverte en ce moment.
3. Nous avons sans doute le temps d'aller au buffet. 4. Ils sont sans doute en
vacances. 5. Il y a sans doute des champignons dans le bois. 6. Il y a sans
doute un train vers 8 heures.

B. *Répétez en remplaçant le passé composé du verbe et* **sans doute** *par le*
passé composé de **devoir** *et l'infinitif:*

EX.:—J'ai sans doute laissé mon livre dans l'autobus.
—**J'ai dû laisser mon livre dans l'autobus.**

1. Elle a sans doute attrapé un rhume. 2. Nous avons sans doute pris la mauvaise route. 3. J'ai sans doute laissé mon portefeuille à la maison. 4. Ils ont
sans doute manqué leur train. 5. Il a sans doute plu cette nuit. 6. Elle a
sans doute reçu* un chèque de son père. 7. Vous avez sans doute entendu
parler de lui.

* For the forms of **recevoir** (*to receive*) see p. 447.

C. *Répétez en remplaçant* **Je crois** *et le présent de* **devoir** *par le conditionnel de* **devoir** :

EX.:—Je crois que vous devez répondre à cette lettre.
—**Vous devriez répondre à cette lettre.**

1. Je crois que vous devez travailler davantage. **2.** Je crois que vous ne devez pas sortir ce soir. **3.** Je crois qu'elle doit s'occuper davantage de son jardin. **4.** Je crois que nous devons partir de bonne heure. **5.** Je crois que nous devons nous mettre en route tout de suite. **6.** Je crois qu'elle doit partir plus tôt.

D. *Répétez en remplaçant le conditionnel de* **devoir** *et* **aujourd'hui** *par le conditionnel passé de* **devoir** *et* **hier**.

EX.:—Vous devriez répondre à cette lettre aujourd'hui.
—**Vous auriez dû répondre à cette lettre hier.**

1. Vous devriez travailler aujourd'hui. **2.** Vous ne devriez pas sortir aujourd'hui. **3.** Il devrait rester à la maison aujourd'hui. **4.** Nous devrions partir aujourd'hui. **5.** Ils devraient se mettre en route aujourd'hui. **6.** Vous ne devriez pas boire tant de café aujourd'hui.

IV. *Répondez en français :*

1. Savez-vous conduire une auto? **2.** Savez-vous jouer au tennis? **3.** Si vous étiez riche, sauriez-vous dépenser votre argent? **4.** Avez-vous lu le journal d'aujourd'hui? **5.** Quand est-ce que vous verrez Paris? **6.** Quand est-ce que vous reverrez vos parents? **7.** Est-ce que vous recevez souvent des nouvelles de vos amis? **8.** Est-ce que vous avez jamais reçu des cartes-postales de Paris? **9.** Est-ce que vous devez aller à la campagne pour le week-end? **10.** Qu'est-ce que Marie devait faire le jour où elle a reçu la dépêche de Roger? **11.** Comment a-t-elle appris que ses amis devaient revenir ce jour-là? **12.** Qu'est-ce que Roger aurait dû lui dire dans sa dépêche?

V. *Répétez les phrases suivantes en remplaçant le présent du verbe par le conditionnel :*

EX.:—Je veux un billet pour Reims. (*I want . . .*)
—**Je voudrais un billet pour Reims.** (*I would like . . .*)

1. Est-ce que je peux voir la chambre? **2.** Pouvez-vous me dire l'heure? **3.** Je peux vous le faire envoyer? **4.** Il vaut mieux faire venir un agent de police. **5.** Voulez-vous attendre un instant? **6.** Voulez-vous prendre quelque chose? **7.** Savez-vous son numéro de téléphone? **8.** Il faut partir de bonne heure.

VI. Révision du dialogue 34, pp. 298-299.

1. Qu'est-ce que le curé était en train de faire quand Roger a sonné? **2.** De quoi Jean s'excuse-t-il? **3.** Pourquoi Jean a-t-il envie de visiter l'église? **4.** Qu'est-ce que le curé venait de faire? **5.** Pourquoi le curé craint-il qu'ils ne soient un peu déçus? **6.** A quelle époque l'église a-t-elle été construite? **7.** Est-ce que Roger a entendu parler des vitraux de l'église? **8.** Est-ce que la plupart d'entre eux sont anciens? **9.** Combien y a-t-il de vitraux vraiment anciens? **10.** Pourquoi l'intérieur des églises romanes est-il d'ordinaire sombre?

VII. Thème d'imitation.

"I must tell you what happened to me last Saturday, John. That day I went fishing near the old bridge on the other side of the creek. You know the place, don't you? . . . Suddenly, I felt a fish on the end of my line.[1] I was going to take him out[2] of the water, when a fish *that big*, which was following mine, opened its enormous mouth,[3] took my fish, and went away with it."[4] "You ought to put that in the paper," said John. "You caught the big fish, didn't you?" "No," Roger replied, "he broke my line." "That's really too bad." said John. "It's the sad story of the big fish that gets away."[5] "Don't make fun of me," answered Roger. "Big fish are much harder to catch than little ones, because they are larger. People[6] do not believe fishermen. They say: 'Oh! that's a fish story!'[7] Believe me, those who say that do not know what they are saying."

---

[1]*on the end of my line*, **au bout de ma ligne.** [2]*take out*, **sortir. (Sortir** is used either as a transitive or intransitive verb). [3]*its enormous mouth*, **une bouche énorme.** [4]Omit *it*. Never mind if your sentence ends with **avec.** In such phrases, **avec** is regarded by grammarians as an adverb. [5]*lit.*: that one misses. [6]*people*, **les gens.** [7]*lit.*: a story of fishermen.

 *A la terrasse d'un café*

JEAN – ¹Asseyons-nous à la terrasse de ce café. ²Nous pourrons voir passer les gens.

HÉLÈNE – ³Quel est ce bâtiment là-bas, au bout de la rue?

JEAN – ⁴Vous devriez le reconnaître. C'est le Panthéon.

HÉLÈNE – ⁵Oh! je me rappelle maintenant. ⁶C'est l'endroit où l'on enterre les grands hommes, n'est-ce pas?

JEAN – ⁷Oui, quelques-uns d'entre eux. ⁸On trouve là notamment les tombeaux de Voltaire et de Victor Hugo.

HÉLÈNE – ⁹Pourquoi appelle-t-on cette partie de Paris le Quartier latin?

JEAN – ¹⁰Parce que c'est le quartier de l'université, et que le latin était autrefois la langue de l'université.

HÉLÈNE – ¹¹Où est donc la Sorbonne?

JEAN – ¹²A deux pas d'ici. ¹³Nous irons tout à l'heure, si vous voulez.

HÉLÈNE – ¹⁴D'où vient ce nom Sorbonne? ¹⁵J'ai lu l'explication quelque part, mais je ne m'en souviens plus.

JOHN – ¹*Let's sit down in this sidewalk café.* ²*We can see the people go by.*

HELEN – ³*What is that building over there at the end of the street?*

JOHN – ⁴*You ought to recognize it. It's the Pantheon.*

HELEN – ⁵*Oh! now, I remember.* ⁶*It's the place where they bury the great men, isn't it?*

JOHN – ⁷*Yes, some of them.* ⁸*In particular, there are the tombs of Voltaire and Victor Hugo.*

HELEN – ⁹*Why do they call this part of Paris the Latin Quarter?*

JOHN – ¹⁰*Because it is the quarter of the University, and that Latin was formerly the language of the University.*

HELEN – ¹¹*Well, where is the Sorbonne?*

JOHN – ¹²*Just a few steps from here.* ¹³*We'll go there after a while if you wish.*

HELEN – ¹⁴*Where does the name Sorbonne come from? (What is the origin of the name Sorbonne?)* ¹⁵*I read the explanation somewhere, but I don't remember it (any longer).*

Le Panthéon

JEAN – ¹⁶C'est qu'au temps de saint Louis,* un certain Robert de Sorbon a fondé un collège pour les étudiants de théologie. ¹⁷Ce collège, appelé la Sorbonne, est devenu la Faculté des Lettres.

HÉLÈNE – ¹⁸Tous ces étudiants ont l'air sérieux et préoccupé....

JEAN – ¹⁹Je crois bien. ²⁰Ils sont en train de passer leurs examens. ²¹Et qui aime passer des examens?

JOHN – ¹⁶*It's that in the time of Saint Louis, a man named Robert de Sorbon founded a college for theology students. ¹⁷This college, called the Sorbonne, has become the Faculty of Letters.*

HELEN – ¹⁸*All these students look serious and worried....*

JOHN – ¹⁹*They certainly do. ²⁰They are busy taking exams. ²¹And who likes to take exams?*

---

* Saint Louis (Louis IX), roi de France de 1226 à 1270. Il a fondé un hôpital pour trois cents chevaliers devenus aveugles au cours des croisades, d'où le nom de Quinze-Vingts donné à cet hôpital, qui existe toujours à Paris. On lui doit aussi la construction de la Sainte-Chapelle, un des plus élégants monuments de l'art gothique. La ville de Saint-Louis aux États-Unis a été nommée d'après lui.

I. Substitutions. *Répétez les phrases suivantes en substituant les mots indiqués:*

1. Nous pourrons <u>voir passer les gens.</u>

> voir venir l'avion/ voir arriver le train/ regarder passer les gens/ entendre parler le Président

2. La Sorbonne a été fondée <u>au temps de saint Louis.</u>

> au treizième siècle/ au cours du treizième siècle/ au moment des croisades/ en 1253

3. Je ne me rappelle pas <u>son nom.</u>

> son adresse/ son numéro de téléphone/ la date de son anniversaire/ le jour de son mariage

4. Je ne me souviens plus <u>de lui.</u>

> d'eux/ d'elle/ de Louise/ de cette explication

5. D'où vient <u>ce nom Sorbonne?</u>

> cet avion/ ce télégramme/ ce vin rouge/ Hélène Fraser

II. *Demandez à quelqu'un:*

1. ce que c'est que ce monument là–bas au bout de la rue. **2.** quelle langue on parlait autrefois dans les universités. **3.** ce qu'est devenu le collège fondé par Robert de Sorbon. **4.** dans quel siècle la Sorbonne a été fondée. **5.** s'il savait pourquoi on appelle l'Université de Paris «la Sorbonne».

III. *Répondez en français aux questions suivantes:*

1. Où sont assis Jean et Hélène? **2.** Dans quel quartier se trouve la terrasse où ils sont assis? **3.** Quel monument voit-on de la terrasse de ce café? **4.** Qu'est-ce que c'est que le Panthéon? **5.** Connaissez-vous des hommes célèbres qui sont enterrés au Panthéon? **6.** Pourquoi appelle-t-on cette partie-là de Paris le Quartier latin? **7.** Saviez-vous qu'autrefois tous les étudiants de l'université parlaient latin? **8.** En quelle langue les professeurs faisaient-ils leurs conférences (*lectures*)? **9.** Qui a fondé la Sorbonne? **10.** Quand vivait Robert de Sorbon? **11.** Qu'est-ce que c'était autrefois que la Sorbonne? **12.** Qu'est-ce que c'est maintenant que la Sorbonne? **13.** Où Hélène a-t-elle lu l'explication du nom «Sorbonne»? **14.** Est-ce qu'elle se souvient de cette explication? **15.** Pourquoi les étudiants ont-ils l'air sérieux et préoccupé? **16.** Est-ce qu'il y a un Panthéon en Amérique? **17.** Où est-ce qu'on enterre les grands hommes aux États-Unis? **18.** Où est enterré George Washington? **19.** Où est enterré Victor Hugo? **20.** Croyez-vous que ce soit une bonne idée d'enterrer les grands hommes dans un monument comme le Panthéon? **21.** Vous souvenez-vous de la date de la mort de Louis XIV?

IV. Exercices d'application.

A. *Répétez les phrases suivantes, en remplaçant* **être** *par* **avoir l'air :**

    EX. :—Il est préoccupé.
        —**Il a l'air préoccupé.**

1. Vous êtes préoccupé.   **2.** Elle est fatiguée.*   **3.** Ils sont heureux.   **4.** Tous ces étudiants sont sérieux et préoccupés.   **5.** Cette jeune fille est triste.   **6.** Les Brown sont très gentils.

B. *Répétez les phrases suivantes, en remplaçant* **avoir** *par* **avoir l'air d'avoir :**

    EX. :—Il a faim.
        —**Il a l'air d'avoir faim.**

1. Il a froid.   **2.** Vous avez chaud.   **3.** Jean a soif.   **4.** Il a mal à la tête. **5.** Il a un rhume.   **6.** Les Brown ont beaucoup d'argent.

---

* Either : Elle a l'air **fatigué** or **fatiguée** may be used.

V. A. *Répétez les phrases suivantes en remplaçant* **se rappeler** *par* **se souvenir de:***

1. J'ai lu l'explication quelque part, mais je ne me la rappelle pas. **2.** J'ai vu cette explication quelque part, mais je ne me la rappelle pas. **3.** Je savais son adresse, mais je ne me la rappelle pas. **4.** Est-ce que vous vous la rappelez? **5.** Je ne me la rappelle plus. **6.** Je savais tout cela, mais je ne me le rappelle plus. **7.** J'ai entendu toutes ces histoires, mais je ne me les rappelle plus. **8.** Je demande souvent des conseils, mais je ne me les rappelle jamais.

B. *Répétez les phrases suivantes en employant* **au, en,** *ou* **au temps de** *selon le cas:*

1. . . . . . . dix-septième siècle. **2.** . . . . . . vingtième siècle. **3.** . . . . . . 1657. **4.** . . . . . . 1975. **5.** . . . . . . Louis XIV. **6.** . . . . . . saint Louis. **7.** . . . . . . 1237. **8.** . . . . . . treizième siècle. **9.** . . . . . . François Premier. **10.** . . . . . . Victor Hugo. **11.** . . . . . . 1980. **12.** . . . . . . vingtième siècle.

VI. Révision. *Mettez les phrases suivantes au futur:*

1. Jean va au cinéma ce soir. **2.** Hélène vient cet après-midi. **3.** Elle s'en va la semaine prochaine. **4.** Elle fait des courses demain matin. **5.** Je vous envoie vos achats cet après-midi. **6.** Je peux vous envoyer la facture plus tard. **7.** Vous aurez vos achats quand vous voulez. **8.** Il faut payer la facture un de ses jours. **9.** Elle doit passer à la caisse pour payer ses achats. **10.** Elle a vu la tour Eiffel. **11.** Il a plu cet après-midi. **12.** Elle ne sait pas dépenser son argent. **13.** Il vaut mieux rentrer plus tôt. **14.** Elle se souvient avec plaisir de son séjour à Paris.

VII. Dictée d'après la Conversation 37, pp. 322-323.

---

* While **se souvenir de** and **se rappeler** both mean *to remember*, they are not quite interchangeable: **se rappeler** takes a direct object and is used primarily to refer to things rather than to persons. **Se souvenir de** refers to either persons or things:

Je me souviens de mon grand-père. Je me souviens de lui.
Je me souviens de ses conseils. Je m'en souviens.
Je me rappelle ses conseils. Je me les rappelle.

THÉATRE SAINT-GEORGES
ANDRÉ LUGUET
GISÈLE CASADESUS
L'inépuisable triomphe
LORSQUE L'ENFANT PARAIT...
Comédie
ANDRÉ ROUSSIN
ROSINE LUGUET
MICHEL GONZALÈS
MARTINE PASCAL
MAUD LAUNAY
LÉON LESACQ
PAULA DEHELLY
THÉATRE RÉCAMIER
EXCEPTIONNEL ÉTÉ
3
IONESCO
OBALDIA
COCTEAU
ARLETTE THOMAS
JACQUES THÉBAULT
PIERRE PEYROU
63
28
80

CONVERSATION 39

Le long des quais

HÉLÈNE – ¹Que regardent ces gens-là, le long de la Seine?

JEAN – ²Ils examinent les étalages des bouquinistes.

HÉLÈNE – ³Que vendent ces bouquinistes?

JEAN – ⁴Toutes sortes de choses. ⁵Les uns vendent de vieilles estampes, d'autres des timbres-poste, d'autres de vieilles pièces de monnaie, mais la plupart d'entre eux font le commerce des livres d'occasion.

HÉLÈNE – ⁶Mon frère m'a demandé de lui envoyer des timbres. ⁷Traversons la rue. ⁸Nous pourrons jeter un coup d'œil sur les étalages.

JEAN – ⁹Savez-vous quels timbres votre frère veut se procurer?

HÉLÈNE – ¹⁰Oui, j'ai dans mon sac une liste qu'il a dressée.

HÉLÈNE (au bouquiniste) – ¹¹Avez-vous les timbres indiqués sur cette liste?

HELEN – ¹*What are those people looking at along the Seine?*

JOHN – ²*They are examining the displays of the old-book dealers.*

HELEN – ³*What do those old-book dealers sell?*

JOHN – ⁴*All sorts of things.* ⁵*Some sell old prints, others postage stamps, others old coins, but most of them deal in second-hand books.*

HELEN – ⁶*My brother asked me to send him some stamps.* ⁷*Let's cross the street.* ⁸*We can take a look at the displays.*

JOHN – ⁹*Do you know what stamps your brother wants to get?*

HELEN – ¹⁰*Yes. I have in my bag a list which he drew up.*

HELEN – ¹¹*Have you the stamps noted on this list?*

LE BOUQUINISTE – [12]Voyons un peu ... Martinique, 1886; Second Empire, 1853; Sénégal, 1903, etc. [13]Oui, mademoiselle. Je crois les avoir tous, sauf les timbres du Second Empire, série 1853. [14]Il ne m'en reste aucun.

HÉLÈNE – [15]Tant pis.

LE BOUQUINISTE – [16]Voulez-vous consulter cet album? [17]Vous y trouverez peut-être certains timbres qui vous intéressent.

HÉLÈNE – [18]Je ne connais pas grand-chose aux timbres-poste.

JEAN – [19]Vous n'avez qu'à choisir les plus jolis!

HÉLÈNE – [20]Oh non! Il y a quelque temps, j'ai envoyé plusieurs timbres à mon frère. [21]J'avais choisi les plus jolis. [22]Mais il avait déjà la plupart d'entre eux, et il m'a dit que mon choix ne valait* rien.

THE OLD-BOOK DEALER – [12]*Let's take a look ... Martinique, 1886; Second Empire, 1853; Senegal, 1903, etc.* [13]*Yes, Mademoiselle, I think I have them all, except the 1853 series of the Second Empire.* [14]*I haven't a one of them left.*

HELEN – [15]*Too bad.*

THE OLD-BOOK DEALER – [16]*Do you want to look at this album?* [17]*You will perhaps find in it certain stamps that interest you.*

HELEN – [18]*I don't know much about postage stamps.*

JOHN – [19]*All you have to do is to choose the prettiest (ones).*

HELEN – [20]*Oh no! Some time ago, I sent several stamps to my brother.* [21]*I had chosen the prettiest.* [22]*But he already had most of them and he told me my selection was no good (was worth nothing).*

---

* From **valoir,** used here as transitive verb meaning *to be worth.*

L'étalage d'un bouquiniste

I. Substitutions. *Répétez les phrases suivantes, en substituant les mots indiqués:*

1. Nous pourrons jeter un coup d'œil sur les étalages.

sur les journaux/ sur les revues (*magazines*)/ sur les estampes/ sur les livres d'occasion

2. La plupart d'entre eux font le commerce des livres.

Beaucoup/ Plusieurs/ Quelques-uns/ Peu (*only a few*)

3. Savez-vous quels timbres votre frère veut se procurer?

quelles estampes/ quelles photos/ quels vieux livres/ quelles pièces de monnaie

4. Il ne m'en reste aucun.

pas/ pas beaucoup/ plus/ plus du tout/ guère/ qu'un/ que deux

5. Vous n'avez qu'à choisir les plus jolis.

traverser la rue/ consulter cet album/ téléphoner à vos parents/ appeler un taxi/ suivre cette rue

II. *Demandez à quelqu'un:*

1. ce que vendent la plupart des bouquinistes.   **2.** où l'on vend des timbres-poste.   **3.** s'il connaît des gens qui font collection de vieilles estampes.   **4.** s'il reste au marchand des timbres du Second Empire.   **5.** si Hélène sait quels timbres son frère veut se procurer.   **6.** si Hélène s'est déjà procuré des timbres pour son frère.   **7.** ce qu'on met dans un album.   **8.** ce qu'Hélène a envoyé à son frère il y a quelque temps.   **9.** s'il a déjà entendu parler des bouquinistes de Paris.

III. *Répondez en français à chacune des questions suivantes:*

1. Où sont les étalages des bouquinistes?   **2.** Que vendent les bouquinistes?
3. Où iriez-vous si vous vouliez acheter des livres d'occasion?   **4.** Qui est-ce qui a demandé à Hélène de lui envoyer des timbres?   **5.** Pourquoi Hélène propose-t-elle de traverser la rue?   **6.** Comment sait-elle quels timbres son frère veut se procurer?   **7.** Où a-t-elle mis la liste qu'il lui a envoyée?   **8.** Connaissez-vous quelques-uns des timbres qu'il voudrait se procurer?   **9.** Est-ce que le bouquiniste a tous les timbres qu'Hélène voudrait acheter?   **10.** Est-ce qu'il lui reste des timbres du Second Empire, série 1853?   **11.** Qu'est-ce que c'est qu'un album?   **12.** Pourquoi Hélène ne sait-elle pas quels timbres choisir dans l'album?
13. Quels timbres Jean lui dit-il de choisir?   **14.** Pourquoi ne suit-elle pas son conseil?   **15.** Est-ce que vous collectionnez les timbres-poste?   **16.** Est-ce que vous collectionnez autre chose?   **17.** Est-ce que tous les vieux timbres valent quelque chose?

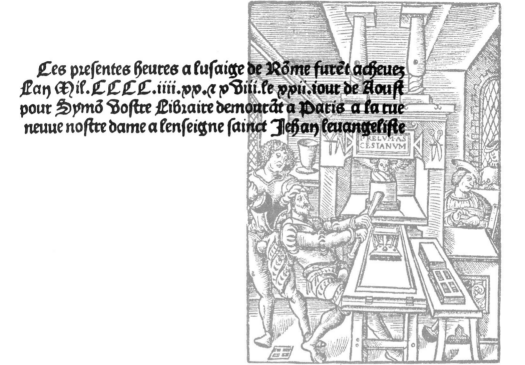

Les prefentes heures a lufaige de Rôme furèt acheuez l'an Mil.CCCC.iiii.pp.q p̃uiii.le ppii.iour de Aouſt pour Symõ Voſtre Libraire demourãt a Paris a la rue neuue noſtre dame a l'enfeigne fainct Jehã leuangeliſte

IV. Exercices d'application.

A. *Répétez les phrases suivantes en employant l'infinitif :*

    EX.:—Je crois que je les ai tous.
        —**Je crois les avoir tous.**

1. Je crois que je les connais tous. **2.** Je crois que je sais son adresse. **3.** Je crois que je peux venir vous chercher. **4.** Je ne crois pas que je puisse partir aujourd'hui. **5.** Je ne crois pas que je sache son adresse. **6.** Je ne crois pas que j'irai en ville cet après-midi.

B. *Répétez en remplaçant* **rien** *par* **pas . . . grand-chose :**

    EX.:—Il ne m'a rien dit.
        —**Il ne m'a pas dit grand-chose.**

1. Il ne me reste rien. **2.** Je n'ai rien trouvé. **3.** Il n'a rien à faire. **4.** Je ne connais rien aux timbres. **5.** Nous ne connaissons rien à l'art gothique. **6.** Nous n'avons rien fait.

343

C. *Employez* **la plupart** *dans chacune des expressions suivantes:*

EX.:—Beaucoup de bouquinistes.
—**La plupart des bouquinistes.**

1. Beaucoup de gens. **2.** Beaucoup d'entre eux. **3.** Beaucoup d'églises gothiques. **4.** Beaucoup d'entre elles. **5.** Quelques-uns des timbres. **6.** Quelques-uns d'entre eux. **7.** Plusieurs des estampes. **8.** Plusieurs d'entre elles.

V. A. *Répétez les phrases suivantes en remplaçant le mot* **près de** *par* **le long de:**

1. Près des quais. **2.** Près de la Seine. **3.** Près de la rue de Rivoli. **4.** Près des Grands Boulevards. **5.** Près de la rue du Faubourg Saint-Honoré. **6.** Près de la rue du Docteur Roux. **7.** Près de la rivière. **8.** Près du boulevard Pasteur. **9.** Près des Champs–Élysées.

B. *Répétez les phrases suivantes en employant* **il (me) reste, il (vous) reste,** *etc.:*

EX.:—Je n'en ai pas un seul.
—**Il ne m'en reste aucun.**

1. J'en ai plusieurs. **2.** Je n'en ai pas beaucoup. **3.** J'ai encore deux timbres de la Martinique. **4.** Avez-vous des timbres de la Martinique? **5.** Combien en avez-vous? (Combien vous en reste-t-il?) **6.** J'en avais deux ou trois.

C. *Répétez en employant le verb* **valoir:**

EX.:—La plupart des timbres n'ont pas de valeur.
—**La plupart des timbres ne valent rien.**

1. Ce vieux livre n'a aucune valeur. **2.** Mon choix n'était pas bon. **3.** Savez-vous la valeur de ce timbre? (Savez-vous ce que vaut ce timbre?) **4.** Cette peinture n'a pas de valeur. **5.** Il est préférable de partir plus tôt. **6.** Je crois qu'il est préférable de le prévenir. **7.** Il sera préférable de la prévenir.

VI. Dictée d'après la Conversation 38, pp. 334-335.

VII. Dialogue.

Vous voyez à la devanture (*shop window*) d'un magasin où l'on vend des objets d'art, une série de gravures (*engravings*) représentant des coins du vieux Paris. Vous demandez des renseignements sur l'auteur de ces gravures, la date, etc., et vous discutez du prix avec le marchand.

Indefinite *Adjectives and Pronouns; Use of *Articles and Prepositions *Summarized*

---

109. *Indefinite adjectives and pronouns.*

The word "indefinite" when applied to adjectives and pronouns means that the adjective or pronoun concerned does not define or determine the person or thing to which it refers. The corresponding indefinite adjectives and pronouns in English are: *each, every, several, all, no, such, same,* etc.

---

110. *Commonest indefinite adjectives and pronouns that have the same form:*

ADJECTIVES	PRONOUNS
—Avez-vous **tous** ces timbres?	Oui, je crois les avoir **tous.**
—J'ai envoyé **plusieurs** timbres à mon frère.	Je lui en ai envoyé **plusieurs.**
—Il ne me reste **aucun** timbre du Second Empire.	Il ne m'en reste **aucun.**
—Avez-vous **d'autres** journaux?	Non, je n'en ai pas **d'autres.**

The forms of these adjectives and pronouns are:

> tout, toute, tous, toutes: *all, every*
> plusieurs: *several*
> aucun, aucune: ADJ. *no, not a;* PRON. *none, not a one*
> autre, autres: ADJ. *other;* PRON. *another one, others*
> même, mêmes: ADJ. *same;* PRON. *same one, same ones*

(1) When **aucun** is used with a verb, the verb must be preceded by **ne.** Note, however, that **pas** is not used with **aucun.**

(2) When **tous** is used as a pronoun, the final **s** is pronounced.

345

111. Commonest indefinite adjectives and pronouns whose corresponding forms are different.

ADJECTIVES	PRONOUNS
Chaque timbre vaut 10 francs.	**Chacun** de ces timbres vaut 10 francs.
Si nous rapportions **quelques** champignons?	Si nous en rapportions **quelques-uns**?
J'ai passé **quelque** temps à Lyon.	Est-ce que **quelqu'un** est venu?

(1) The corresponding forms of these adjectives and pronouns are:

ADJECTIVE: chaque, *each*
PRONOUN: chacun, chacune, *each, each one*
ADJECTIVE: quelque, quelques, *some, a few*
PRONOUN: quelqu'un, quelques-uns, quelques-unes, *someone, somebody; some, a few*

(2) They of course agree in gender and number with the noun to which they refer; but **quelqu'un** in the singular is usually thought of as neither masculine nor feminine.

(3) When **quelque chose** or **rien** is followed by an adjective, the adjective is preceded by **de** and has the masculine form. EX.: **quelque chose de bon**, *something good;* **rien d'intéressant**, *nothing interesting.*

(4) It is curious to note that while **quelque** is an *adjective* and **chose** is a *noun*, when they are used together (**quelque chose**) they form a *pronoun!*

112. Indefinite pronouns that have no corresponding indefinite adjective.

—Est-ce qu'**on** est venu me voir?	Did *anyone* come to see me?
—Non, **personne n'**est venu vous voir.	No, *no one* came to see you.
—Avez-vous trouvé **quelque chose** d'intéressant?	Did you find *anything* interesting?
—Non, je **n'**ai **rien** trouvé d'intéressant.	No, I didn't find *anything* interesting.
—Oui, j'ai trouvé **quelque chose** d'intéressant.	Yes, I found *something* interesting.
—Avez-vous **quelque chose** à faire?	Have you *anything* to do?
—Non, je **n'**ai **rien** à faire. **Rien** du tout.	No, I have *nothing* to do. *Nothing* at all.
—Est-ce que les magasins sont ouverts ce soir?	Are the stores open this evening?
—Pas tous. **Les uns** sont ouverts, **les autres** sont fermés.	Not all. *Some* are open, *others* are closed.

—**Les uns** vendent de vieilles estampes, **d'autres** des timbres-poste, **d'autres** des livres d'occasion.

Some sell old prints, *others* stamps, *others* old books.

—Avez-vous ces deux timbres?

Do you have these two stamps?

—Non, je **n'**ai ni **l'un** ni **l'autre**.

No, I don't have *either of them.*

(1) The forms of these pronouns are:

> **l'un, l'une, les uns, les unes,** *the one, the ones*
>
> **on,** *one, they, people, someone, anybody,* etc.
>
> **personne,** *no one, nobody*

Note that **l'un, l'une,** etc., are always used in opposition to **l'autre,** etc. For **celui qui,** *the one who,* see pp. 267-268.

(2) When **rien** or **personne** is used with a verb, the verb is preceded by **ne. Pas** is not used with **rien** or **personne.**

(3) In giving a negative answer to a question in which the subject is **on** or **quelqu'un,** you say **personne**; if the subject is **quelque chose,** the answer is **rien.**

---

113. *Use of definite article in French contrary to English usage.*

A. With nouns that indicate profession or official function:

—**Le docteur Lambert** n'a pas pu s'arrêter à temps.

Doctor Lambert couldn't stop in time.

—Bonjour, **monsieur le curé.**

Good morning, *sir* (or *Father*).

B. With parts of the body, when the person concerned is clearly identified by the context:

—Elle a **les yeux bleus.**

She has *blue eyes.*

—Je commence à avoir mal **aux jambes.**

My legs are beginning to hurt.

—Je me suis lavé **les mains.**

I washed *my hands.*

—Il a mal **à la tête.**

He has *a headache.*

C. With the names of the days of the week, to indicate habitual occurrence:

—Je vais à la pêche **le samedi.**

I *usually* go fishing *on Saturday.*

BUT:—Je vais à la pêche samedi.

I am going fishing Saturday (i.e. next Saturday).

D. In the expressions **le matin, l'après-midi, le soir, la nuit,** meaning *in the:*

—Je me lève **le matin** de bonne heure.

I get up early *in the morning.*

—Je vais au laboratoire **l'après-midi.**

I go to the laboratory *in the afternoon.*

347

E. With expressions of measure in specifying the price:

—Les œufs coûtent trois francs **la douzaine.**
Eggs cost three francs *a dozen.*

—Le lait coûte soixante centimes **le litre.**
Milk costs sixty centimes *a liter.*

—Ce tabac coûte deux francs cinquante **le paquet.**
This tobacco costs two francs fifty *a package.*

—Cette étoffe coûte dix francs **le mètre.**
This material costs ten francs *per meter.*

—Le beurre coûte quatre francs cinquante **la livre.**
Butter costs four francs fifty *per pound.*

Note that you say **deux francs pièce,** *two francs apiece* or *each;* and that with the expressions of time, you use **par** when the price is being specified. EX.:
—**Quel est le loyer?** —Deux cent cinquante francs **par mois.**

F. With nouns taken in a general sense:

—**L'homme** cst mortcl.
Man is mortal.

—Vive **la liberté!**
Hurrah for *liberty!*

—**La vie** est chère.
Living is high.

—**La viande** est chère.
Meat is expensive.

—Je n'aime pas **le café.**
I don't like *coffee.*

---

114. *Omission of indefinite article in French contrary to English usage.*

A. When a noun, especially a proper name, is followed by a second noun which is added to explain the first one, the second noun ordinarily has no article:

—Vous êtes bien M. Jean Hughes, ingénieur-chimiste?
Are you (indeed) Mr. John Hughes, *a* chemical engineer?

—C'est le Louvre, ancien palais royal.
It is the Louvre, *a* former royal palace.

B. When a noun (or personal pronoun) referring to a person is followed by the verb **être** and a noun indicating profession or nationality, the latter is used without an article:

—Il est Américain, mais sa femme est Française.
He is *an* American, but his wife is French.

—M. Brown est banquier.
Mr. Brown is *a* banker.

But remember that a noun following **c'est** always has a modifier. EX.: **C'est un** banquier. **C'est un** Américain. **C'est ma** bicyclette.

115. *Use of prepositions and definite articles with geographical names.*

A. With names of continents and countries that are feminine:

—J'irais **en** Suisse et **en** Belgique.   I would go *to* Switzerland and *to* Belgium.

—J'irais **en** Amérique et **en** Afrique.   I would go *to* America and *to* Africa.

—Les olives viennent **de** France, **d'**Espagne et **d'**Afrique.   Olives come *from* France, Spain and Africa.

With the name of a continent or a country that is feminine, you use **en** without an article to express *to* or *in*, and **de** without an article to express *from:* **en** France, **de** France. If the geographical name has a modifier (l'Amérique **du Sud**), careful speakers often use **dans** WITH THE ARTICLE to express *to* or *in* and **de** WITH THE ARTICLE to express *from*, but **en** and **de** (without the article) are also used:

—Ces oranges viennent **de l'**Afrique du Nord *or* **d'**Afrique du Nord.   These oranges come *from* North Africa.

—Un de mes oncles habite **dans l'**Amérique du Sud *or* **en** Amérique du Sud.   One of my uncles lives *in* South America.

B. With names of countries that are masculine:

—Il demeure **au** Canada.   He lives *in* Canada.

—Il vient **du** Mexique.   He comes *from* Mexico.

—J'irais **aux** États-Unis voir les chutes du Niagara.   I would go *to the* United States to see Niagara Falls.

You always use the article in combination with **à** or **de** with the names of countries that are masculine.

C. With names of cities:

—Il demeure **à** Clermont-Ferrand.   He lives *in* Clermont-Ferrand.

—Je suis né **à** Rouen.   I was born *in* Rouen.

—Mon père vient **de** Paris.   My father comes *from* Paris.

—Êtes-vous allé **à** Versailles?   Have you been *to* Versailles?

You never use an article with the name of a city except with **Le Havre** and a few other cities in which the article is a part of the name. EX.: —Connaissez-vous **Le Havre?** Êtes-vous allé à **La Nouvelle-Orléans?**

349

I. Substitutions. *Répétez les phrases suivantes en substituant les mots indiqués:*

1. Je ne vais pas souvent en ville le samedi, mais j'irai samedi prochain.

l'après-midi . . . cet après-midi/ le matin . . . ce matin/ le soir . . . ce soir/
le vendredi . . . vendredi en huit

2. Elle doit passer quelques jours à Londres.

Paris/ Rome/ (le) Havre/ (le) Mans

3. Elle est actuellement en Angleterre.

(la) Normandie/ (l') Italie/ (la) Suisse/ (le) Canada/ (les) États-Unis/
(le) Mexique/ (le) Japon

4. Elle revient ces jours-ci d'Angleterre.

Bretagne/ Italie/ Allemagne/ Rome/ Paris/ Amsterdam/ (le) Canada/
(les) États-Unis/ (le) Mexique/ (le) Havre

5. Il ne m'en reste aucun.

pas beaucoup/ pas d'autres/ pas un seul/ pas

6. Roger est allé plusieurs fois à Versailles.

deux fois/ une fois/ parfois/ quelquefois

7. Il va à la pêche le samedi.

samedi/ toutes les semaines/ tous les soirs en été/ tous les huit jours

II. *Demandez à quelqu'un:*

1. si le marchand avait tous les timbres qu'Hélène cherchait. **2.** s'il les avait
tous. **3.** si Hélène achète des timbres tous les jours. **4.** si elle a acheté autre
chose ce matin. **5.** si elle a trouvé quelque chose d'intéressant le long des quais.
6. ce qu'elle a acheté d'intéressant. **7.** si les œufs coûtent trois francs la
douzaine. **8.** si le sucre coûte quarante centimes la livre. **9.** si le lait coûte
cinquante centimes le litre. **10.** si la viande est chère actuellement. **11.** si la
pension à l'hôtel du Cheval blanc coûte soixante–dix francs par jour. **12.** si
l'appartement de Jean coûte cinq cents francs par mois.

III. Exercices d'application.

A. *Répondez affirmativement à chacune des questions suivantes, en employant
le pronom indéfini convenable:*

EX.:—Est-ce qu'il reste au marchand des timbres du Second Empire?
   —Oui, il lui en reste quelques-uns.

1. Est-ce qu'Hélène a envoyé plusieurs timbres à son frère? **2.** Est-ce que le
marchand a tous les timbres qu'Hélène voudrait acheter? **3.** A-t-il d'autres

timbres?   **4.** Avez-vous trouvé toutes les estampes que vous vouliez acheter?
5. Avez-vous vu quelques-unes des estampes de Daumier?   **6.** Est-ce qu'il reste
au marchand des timbres de la Martinique?

B. *Répondez négativement à chacune des questions suivantes, en employant
le pronom indéfini convenable:*

> EX.:—Avez-vous acheté quelque chose au Bon Marché?
> —**Non, je n'ai rien acheté au Bon Marché.**

1. Est-ce qu'il vous reste des timbres du Second Empire?   **2.** Est-ce que le
marchand a tous les timbres qu'Hélène voudrait acheter?   **3.** Est-ce qu'il a
d'autres timbres à vendre?   **4.** Avez-vous vu quelqu'un devant la maison?
5. Est-ce que quelqu'un a téléphoné?   **6.** Avez-vous quelque chose à faire ce
soir?   **7.** Avez-vous trouvé quelque chose d'intéressant?

IV. Révision des dialogues 35 et 36, p. 303 et pp. 318-319.

1. Pourquoi Madame Deschamps veut-elle aller au jardin?   **2.** Qu'est-ce que
Roger offre de faire?   **3.** Pourquoi Madame Deschamps lui dit-elle de bien fermer la porte?   **4.** Qu'est-ce qu'elle fera des fleurs qu'elle va cueillir?   **5.** Pourquoi ne s'occupe-t-elle pas davantage de son jardin?   **6.** Pourquoi n'y a-t-il
pas de maïs dans son jardin?   **7.** Est-ce qu'il a beaucoup plu cette année-là?
8. Pourquoi ne veut-elle pas que Jean arrose le jardin tout de suite?   **9.** A quel
moment de la journée vaut-il mieux arroser un jardin?   **10.** Quand Roger veut-il
aller à la pêche?   **11.** Pourquoi Jean ne veut-il pas y aller?   **12.** Est-ce que
Roger prend d'habitude beaucoup de poissons?   **13.** Où se trouve l'endroit où
il y a de gros poissons?   **14.** Pourquoi Jean se moque-t-il de Roger?   **15.** A
quelle heure faudra-t-il qu'ils se lèvent?   **16.** Aimez-vous mieux la pêche ou la
chasse (*hunting*)?   **17.** En quelle saison la chasse est-elle ouverte?

V. Thème d'imitation.

Along the Seine, especially near the Île de la Cité, are[1] the displays of the old-book
dealers. Those dealers in old books are ordinarily elderly people. Each of them
has one or two boxes[2] which he opens in the morning and closes in the evening.
Nearly all of them buy and sell secondhand books. A hundred years ago, you
could buy rare books for almost nothing. But things have changed a great deal
since. Rare books are becoming rarer and rarer[3] and the dealers in old books
know the value of what they sell. However, you still find things worth buying[4] in
their displays, which are a part of[5] the Parisian landscape[6] like Notre-Dame or
the Eiffel Tower.

---

[1]Use **se trouver.**   [2]*box*, **la boîte.**   [3]*rarer and rarer*, **de plus en plus rares.**   [4]*worth buying*, **intéressant**
[5]*to be a part of*, **faire partie de.**   [6]*landscape*, **le paysage.**

CONVERSATION 40

 *Aux Tuileries*

JEAN – ¹Maintenant entrons dans le jardin des Tuileries.* ²Que pensez-vous de ce coin de Paris?

HÉLÈNE – ³Je suis étonnée de trouver tant d'espace au cœur même de la ville. ⁴Je n'avais pas la moindre idée de l'étendue de la place de la Concorde.† ⁵Mais, dites-moi, quel est ce grand bâtiment devant nous?

JEAN – ⁶C'est le Louvre, ancien palais royal.‡

HÉLÈNE – ⁷Est-ce que c'est là qu'est le musée du Louvre?

JEAN – ⁸Oui, le musée occupe la plus grande partie de l'édifice. ⁹Il possède d'immenses collections.

HÉLÈNE – ¹⁰Et voilà l'Arc de triomphe. ¹¹D'après les photographies que j'ai vues, je le croyais plus grand.

JOHN – ¹*Now, let's go into the Tuileries Gardens. ²What do you think of this section of Paris?*

HELEN – ³*I am astonished to find so much (open) space in the very heart of the city. ⁴I didn't have the slightest idea of the size of the Place de la Concorde. ⁵But, tell me, what is this great building in front of us?*

JOHN – ⁶*It's the Louvre, a former royal palace.*

HELEN – ⁷*Is that where the Louvre Museum is?*

JOHN – ⁸*Yes, the museum occupies most of the building. ⁹It has immense collections.*

HELEN – ¹⁰*And there is the Arch of Triumph. ¹¹From the photographs I have seen, I thought it was larger.*

---

* Jardin d'un ancien palais habité par Napoléon et détruit par le feu en 1871.

† La vaste place de la Concorde, dont le centre est occupé par un obélisque, est entourée de statues monumentales symbolisant les principales villes de France.

‡ La construction du Louvre actuel, commencée au XVIème siècle, n'a été terminée que vers la fin du XIXème siècle.

JEAN – ¹²C'est l'Arc de triomphe du Carrousel que vous voyez là. ¹³L'autre, celui de l'Étoile,* est au bout de l'avenue des Champs-Élysées.† ¹⁴Si vous vous retournez, vous pourrez l'apercevoir là-bas . . .

HÉLÈNE – ¹⁵Regardez cette petite fille qui pleure, Jean. ¹⁶Le vent a emmené son bateau à voile au milieu du bassin. ¹⁷Est-ce que vous pouvez l'aider?

JEAN – ¹⁸J'aurais beau faire. ¹⁹Le bateau est trop loin pour que je puisse l'atteindre. ²⁰Le vent finira sans doute par le ramener au bord.

HÉLÈNE – ²¹J'ai envie de cueillir une de ces fleurs comme souvenir de notre promenade.

JEAN – ²²Gardez-vous-en bien. ²³Si un agent de police vous voyait, il pourrait bien vous faire un procès-verbal!

JOHN – ¹²*That's the Arch of Triumph of the Carrousel that you see there.* ¹³*The other one, that of the Étoile, is at the end of the Champs-Élysées.* ¹⁴*If you turn around, you can see (get a glimpse of) it over there . . .*

HELEN – ¹⁵*Look at this little girl who is crying, John.* ¹⁶*The wind has carried her sailboat to the middle of the pool.* ¹⁷*Can you help her?*

JOHN – ¹⁸*Whatever I would do would be in vain.* ¹⁹*The boat is too far for me to be able to reach it.* ²⁰*The wind will finally bring it back to the edge, no doubt.*

HELEN – ²¹*I wish I could pick one of those flowers as a souvenir of our walk.*

JOHN – ²²*Don't do anything of the kind.* ²³*If a policeman should see you, he might very well give you a ticket!*

---

* Arc de triomphe, dédié aux armées de Napoléon 1ᵉʳ. Il doit son nom aux douze avenues qui rayonnent autour de la place, formant une étoile dont il occupe le centre.
† Belle avenue qui va de la Concorde à la place de l'Étoile.

I. Substitutions. *Répétez les phrases suivantes, en substituant les mots indiqués.*

1. Je n'avais pas la moindre idée de l'étendue de la place de la Concorde.

Je n'avais pas idée/ Je n'avais aucune idée/ Je ne me rendais pas compte/
Je ne me rendais pas du tout compte

2. D'après les photos que j'ai vues, je le croyais plus grand.

D'après les cartes-postales que j'ai vues/ D'après ce que j'ai lu/ D'après ce qu'on m'a dit/
D'après ce que j'ai entendu dire

3. Le vent a emmené son bateau à voile au milieu du bassin.

au beau milieu du bassin/ de l'autre côté du bassin/ loin du bord/ près de l'autre bord

4. Le vent finira sans doute par le ramener au bord.

près du bord/ de notre côté/ près de nous/ de ce côté

II. *Répétez en employant* **finir par** *avec l'infinitif:*

EX.:—J'irai en Europe.
  —**Je finirai par aller en Europe.**

1. Je trouverai mon porte-monnaie. **2.** Elle ira en France. **3.** Vos yeux s'habi-tueront à l'obscurité. **4.** Il a répondu à ma lettre. **5.** J'ai trouvé le timbre que je cherchais. **6.** La jeune fille que j'attendais est venue. **7.** J'ai trouvé un taxi. **8.** L'autobus est arrivé. **9.** Je me suis souvenu de son adresse.

III. *Répondez en français à chacune des questions suivantes:*

1. Où Jean et Hélène entrent-ils? **2.** Qu'est-ce que c'est que le jardin des Tuileries? **3.** De quoi Hélène est-elle étonnée? **4.** Est-ce qu'elle croyait que la place de la Concorde était aussi vaste? **5.** Quel est le grand bâtiment qu'elle voit devant elle? **6.** Qu'est-ce que c'est que le Louvre? **7.** Où se trouve le musée du Louvre? **8.** Est-ce que le musée occupe tout l'édifice? **9.** Qu'est-ce que le musée possède? **10.** Combien y a-t-il d'arcs de triomphe à Paris? **11.** Qui les a fait construire? (Napoléon.) **12.** Où se trouve l'Arc de triomphe de l'Étoile? **13.** Pourquoi la petite fille pleure-t-elle? **14.** Qu'est-ce qu'Hélène demande à Jean de faire? **15.** Qu'est-ce que Jean répond? **16.** Pourquoi ne peut-il pas atteindre le petit bateau? **17.** Comment le bateau reviendra-t-il au bord? **18.** Pourquoi Hélène a-t-elle envie de cueillir une fleur? **19.** Pourquoi Jean lui dit-il de ne pas le faire?

IV. *Répondez en français à chacune des questions suivantes:*

1. Avez-vous jamais entendu parler du Louvre?   **2.** Avez-vous jamais entendu parler du jardin des Tuileries?   **3.** Avez-vous vu des photographies de l'Arc de triomphe de l'Étoile?   **4.** Connaissez-vous quelques tableaux (*pictures*) qui sont au Louvre?   **5.** Y a-t-il des arcs de triomphe en Amérique?   **6.** Est-ce que vous avez jamais cueilli des fleurs dans un jardin public?   **7.** Est-ce qu'un agent de police vous a jamais fait un procès-verbal?   **8.** Êtes-vous jamais allé dans un bateau à voile?

V. Substitutions. *Répétez les phrases suivantes en substituant les mots indiqués:*

A. avoir beau faire (*to try in vain . . .*)

1. J'aurais beau faire. (*Try as I might, I wouldn't succeed* OR *Whatever I would do would be in vain.*)
   Tu aurais/ Nous aurions/ Il aurait/ Elle aurait

2. J'ai eu beau faire. (*Try as I did, I didn't succeed.*)
   Nous avons eu/ Il a eu/ Elle a eu/ Ils ont eu

3. J'aurai beau faire. (*Try as I will, I won't succeed.*)
   Nous aurons/ Vous aurez/ Tu auras/ Il aura

B. Même exercice avec **avoir beau essayer** (*to try in vain . . .*).

C. Emploi ou omission de l'article:

1. Voilà monsieur Duval, ancien ministre.
   ancien sénateur/ architecte célèbre/ professeur à la Sorbonne/ philanthrope connu

2. Je viens de lire *Le Père Goriot*, roman de Balzac.
   La Cousine Bette/ Le Cousin Pons/ Le Lys dans la Vallée/ Les Paysans

3. Vive la liberté. (*Hurrah for liberty.*)
   la bonne cuisine/ le bon vin/ la paix universelle/ la vie en plein air

VI. Dictée d'après la Conversation 39, pp. 340-341.   **355**

Le Louvre

VII. *Mettez le passage suivant au passé en employant* **le passé composé, l'imparfait, le conditionnel** *selon le cas:*

Un jour qu'ils se promènent dans le jardin des Tuileries, Hélène et Jean voient près du bassin une petite fille qui pleure. Hélène s'approche d'elle et lui demande ce qu'elle a. La petite fille répond que le vent a emmené son bateau à voile au milieu du bassin et qu'elle ne peut pas l'atteindre. Jean lui dit de ne pas pleurer, que son bateau n'est pas perdu, que le vent finira sûrement par le ramener au bord. Quelques minutes plus tard, la petite fille court de l'autre côté du bassin. Aux pleurs qui coulent de ses yeux succède un sourire de bonheur.

VIII. Causerie.

L'autre jour vous êtes allé au Louvre. En entrant vous avez vu la magnifique Victoire de Samothrace, figure ailée destinée à commémorer la victoire remportée à Salamis sur la flotte de Ptolémée. Ensuite vous avez visité les Galeries de Peinture où vous avez vu la Joconde (*Mona Lisa*) et beaucoup d'autres peintures italiennes, espagnoles et françaises. Vous avez cherché aussi la Vénus de Milo et les belles sculptures anciennes, mais vous avez eu beau les chercher. Finalement un des gardiens vous a dit où les trouver.

356

Place du Général de Gaulle (Ancienne Place de l'Etoile)

CONVERSATION 41

 *A Notre-Dame*

JEAN – ¹Nous sommes maintenant dans l'île de la Cité.*

HÉLÈNE – ²Est-ce qu'on n'appelle pas aussi cette île l'Île-de-France?

JEAN – ³J'ai peur que vous ne confondiez vos îles, Hélène. ⁴L'Île-de-France est la région autour de Paris. ⁵L'île de la Cité est une île au milieu de la Seine.

HÉLNÈE – ⁶Je reconnais, à droite, les tours de Notre-Dame. ⁷Si nous visitions Notre-Dame?

JEAN – ⁸Pourquoi pas? Traversons la place et entrons dans la cathédrale.

HÉLÈNE – ⁹Attendez que je prenne une photo.

JOHN – ¹*We are now on the Island of the City.*

HELEN – ²*Don't they also call this island the Island of France?*

JOHN – ³*I am afraid you are confusing your islands, Helen.* ⁴*The Île-de-France is the region around Paris.* ⁵*The Île de la Cité is an island in the middle of the Seine.*

HELEN – ⁶*I recognize on the right the towers of Notre-Dame.* ⁷*Suppose we visit Notre-Dame.*

JOHN – ⁸*Why not? Let's cross the square and go into the cathedral.*

HELEN – ⁹*Wait for me to take a picture.*

---

* Le mot **Cité** est employé à Paris, comme à Londres, pour désigner la partie la plus ancienne et la plus centrale de la ville. Dans l'expression **l'île de la Cité** le mot **île** s'écrit avec "i," tandis qu'on écrit l'**Île-de-France,** qui est un nom propre, avec un **Î** majuscule.

Dans Notre-Dame

HÉLÈNE – ¹⁰Comme l'intérieur est vaste et silencieux! ¹¹On ose à peine parler, même à voix basse. ¹²Je voudrais bien assister à une messe à Notre-Dame.

JEAN – ¹³Si vous voulez, nous reviendrons dimanche prochain. ¹⁴Vous pourrez entendre les grandes orgues.

HÉLÈNE – ¹⁵Est-ce qu'on peut monter en *haut des tours?

JEAN – ¹⁶Rien de plus facile, à condition d'avoir de bonnes jambes. ¹⁷Cet escalier en colimaçon nous y conduira. ¹⁸En arrivant en haut, vous pourrez prendre d'autres photos.

In Notre-Dame

HELEN – ¹⁰*How large and silent the interior is!* ¹¹*You hardly dare speak, even in a low voice.* ¹²*I would like to go to a service at Notre-Dame.*

JOHN – ¹³*If you want to, we will come back next Sunday.* ¹⁴*You will be able to hear the great organ.*

HELEN – ¹⁵*Can you go up to the top of the towers?*

JOHN – ¹⁶*Nothing is easier, if you have good legs.* ¹⁷*This spiral staircase will take us up there.* ¹⁸*When we get up to the top, you can take some more pictures.*

En haut d'une des tours de Notre-Dame

HÉLÈNE – ¹⁹Je suis essoufflée. . . . ²⁰Mais quel panorama! On voit Paris tout entier.

JEAN – ²¹Devant vous, vous avez la Sainte-Chapelle, le Louvre et les Champs-Élysées; sur la rive gauche, le Quartier latin et la Sorbonne; et sur la rive droite, les grands boulevards et Montmartre.

HÉLÈNE – ²²J'ai hâte de visiter les quartiers de Paris que je ne connais pas encore.

At the top of one of the towers of Notre-Dame

HELEN – ¹⁹*I am out of breath. . . . ²⁰But what a panorama! You can see all Paris.*

JOHN – ²¹*In front of you, you have the Saint-Chapelle, the Louvre and the Champs Elysées; on the left bank, the Latin Quarter and the Sorbonne; and on the right bank, the Grands Boulevards and Montmartre.*

HELEN – ²²*I am very eager to visit the parts of Paris with which I am not yet acquainted.*

* Aspirate **h**.

359

I. Substitutions. *Répétez les phrases suivantes, en substituant les mots indiqués:*

1. Je voudrais bien assister à une messe à Notre-Dame.

> à une représentation à la Comédie-Française/ à un concert à la salle Pleyel/ à une conférence à la Sorbonne/ aux courses à Chantilly

2. Ils ont assisté à une représentation à l'Opéra.

> au match de football/ au mariage de Louise/ à la cérémonie/ à la messe de minuit

(Note that **assister à** means *to go to* or *to attend* a specific event or performance but that you don't use **assister à** with places, schools, etc.)

3. Je voudrais bien aller à Notre-Dame.

> à la Comédie-Française/ à l'Opéra/ à la Sorbonne/ au cinéma

4. Mon oncle est allé à l'école en France.

> au lycée Henri quatre/ à l'université de Rennes/ à la Sorbonne/ au Collège de France

II. *Répondez en français à chacune des questions suivantes:*

1. Où sont Jean et Hélène maintenant? **2.** Qu'est-ce que c'est que l'Île-de-France? **3.** Où se trouve l'île de la Cité? **4.** Que confond Hélène? **5.** Qu'est-ce qu'elle voit à droite? **6.** Qu'est-ce qu'elle propose de faire? **7.** Qu'est-ce qu'Hélène veut faire avant d'entrer dans la cathédrale? **8.** Comment trouve-t-elle l'intérieur de la cathédrale? **9.** A quoi Hélène voudrait-elle assister? **10.** Quand Jean propose-t-il de revenir? **11.** Pourquoi propose-t-il de revenir ce jour-là? **12.** Est-ce qu'on peut monter en haut des tours de Notre-Dame? **13.** Comment y monte-t-on? **14.** Qu'est-ce qu'Hélène pourra faire en arrivant en haut? **15.** Comment se sent-elle en arrivant en haut? **16.** Qu'est-ce qu'on voit du haut des tours de Notre-Dame? **17.** Qu'est-ce qu'on voit sur la rive gauche? **18.** Qu'est-ce qu'on voit sur la rive droite? **19.** Qu'est-ce qu'Hélène a hâte de visiter? **20.** Quels quartiers de Paris a-t-elle déjà visités?

III. *Demandez à quelqu'un:*

1. s'il voudrait assister à une messe à Notre-Dame. **2.** s'il voudrait voir la place de la Concorde. **3.** s'il voudrait voir l'Arc de triomphe. **4.** s'il voudrait visiter le musée du Louvre. **5.** s'il sait conduire une auto. **6.** s'il aime bien conduire une auto. **7.** s'il voudrait conduire une auto à Paris.

IV. Exercices d'application.

A. *Répétez les phrases suivantes, en remplaçant* **craindre (que) (de)** *par*

(1) avoir peur que:

1. Je crains que vous ne confondiez vos îles. **2.** Je crains que vous ne soyez en retard.   **3.** Je crains que vous ne soyez pas à l'heure.   **4.** Nous craignons que vous ne soyez un peu déçus.   **5.** Nous craignons que vous ne soyez pas contents.

(2) **avoir peur de:**

1. Je crains la pluie.   **2.** Il craint le froid.   **3.** Elle ne craint rien.   **4.** Qu'est-ce que vous craignez? (De quoi . . .)   **5.** Je crains d'être en retard.   **6.** Je crains de ne pas arriver à l'heure.   **7.** Vous craignez tout.

B. *Répétez les phrases suivantes, en employant* **attendez que** *et le subjonctif:*

EX.:—Je vais prendre une photo.
—**Attendez que je prenne une photo.**

1. Je vais acheter des cigarettes.   **2.** Je vais jeter un coup d'œil sur le journal.
3. Je vais finir cette histoire.   **4.** Je vais boire mon café.   **5.** Je vais finir mon travail.   **6.** Je vais ouvrir la fenêtre.

C. *Répétez en remplaçant* **avoir envie** (to feel like) *par* **avoir hâte** (to be eager to):

1. J'ai envie de visiter les quartiers de Paris que je ne connais pas encore.   **2.** J'ai envie d'aller à la campagne.   **3.** J'ai envie de partir en vacances.   **4.** Nous avons envie de déjeuner.   **5.** Nous avons envie de voir la Sainte-Chapelle.   **6.** Nous avons envie d'assister à une représentation à la Comédie-Française.

V. Révision. *Répétez les phrases suivantes en substituant les mots indiqués:*

1. Un de mes amis a <u>construit</u> une maison.

a fait construire/ a fini par construire/ a fini par faire construire/
a voulu faire construire

2. Il a <u>planté</u> beaucoup d'arbres.

a fait planter/ a voulu planter/ a fini par planter/ a fini par faire planter

VI. Dictée d'après la Conversation 40, pp. 352-353.

VII. Causerie.

Vous montez avec un ami (une amie) en haut d'un gratte-ciel de New York. Vous prenez l'ascenseur (*elevator*). Arrivé(e) en haut, vous attirez l'attention de votre ami(e) sur le port, les grands bateaux, les ponts (*bridges*), le musée Métropolitain, le Parc Central, etc.

361

Sainte Geneviève par Puvis de Chavannes

De retour à Paris

—Si nous visitions le Panthéon? dit un jour Jean à Roger. Je n'y suis jamais allé.

Les deux jeunes gens se dirigent donc vers le Panthéon. A quelque distance, ils s'arrêtent un instant pour regarder la façade de l'édifice.

—Tu vois là-haut la Patrie entre la Liberté et l'Histoire en train de distribuer des prix aux grands hommes, explique Roger. Lis l'inscription: AUX GRANDS HOMMES LA PATRIE RECONNAISSANTE.

Tout en montant l'escalier, Roger lui dit un mot de l'histoire du Panthéon. C'est une ancienne église du dix-huitième siècle que la Révolution a transformée en temple destiné à servir de lieu de sépulture à ses grands hommes. La Révolution y a mis Voltaire et Rousseau. On y a enterré ensuite des hommes politiques ou des écrivains plus ou moins continuateurs de la tradition révolutionnaire, Hugo et Zola par exemple.

A l'intérieur, un guide explique aux visiteurs les peintures murales qui représentent des scènes de la vie de sainte Geneviève. Elle vivait il y a quinze cents ans, et selon la **363** légende, elle a sauvé Paris d'Attila et de ses Huns. Ces Barbares inspiraient à tous une telle crainte qu'à leur approche, les Parisiens voulaient fuir loin de leur ville pour se réfugier au fond des bois. C'est une jeune fille, sainte Geneviève, qui les calma, les apaisa. La légende a fait d'elle une bergère. L'erreur vient d'une ancienne gravure où l'on voit sainte Geneviève en prière au milieu des habitants de Paris représentés par des moutons, alors qu'en dehors de la ville, les Huns sont représentés par des loups. Symbolisme assez clair. En tout cas, elle est restée la patronne de la ville. Le Panthéon est une ancienne église construite en son honneur, et on appelait autrefois tout le quartier de l'Université la Montagne Sainte–Geneviève.

—Voilà une montagne facilement accessible, dit Jean à son ami. Le boulevard Saint-Michel vous mène tout droit au sommet.

—Rappelle-toi qu'une partie du vignoble champenois est sur des collines appelées la Montagne-de-Reims. Il y a montagnes et montagnes, des grandes et des petites. . . .

—Après tout, Mount Vernon n'est qu'une simple colline.

Le guide conduit ensuite les visiteurs dans la galerie souterraine où se trouvent les tombeaux. D'une voix monotone, il récite des phrases apprises par cœur. Arrivé devant le tombeau de Jean-Jacques Rousseau, il explique que «par la porte entr'ouverte du tombeau sort une main tenant une torche allumée». Symbolisme assez lugubre, pense Jean, mais fort clair.

Après leur visite, les deux jeunes gens descendent le boulevard Saint-Michel jusqu'à la Seine. Arrivés en vue de Notre-Dame, ils tournent à gauche. Les rues le long de la Seine dominent le fleuve, et c'est sur le parapet du fleuve, à l'ombre des arbres, que les bouquinistes ont installé leurs boîtes. Jean s'étonne un peu du choix de cet endroit.

Reims

—Tu as peut-être vu de vieilles estampes représentant le Pont-Neuf tel qu'il était il y a trois siècles, avec des boutiques de chaque côté, explique Roger. Le pont était toute la journée couvert de monde et c'était naturellement un excellent endroit pour le commerce des livres, des modes, etc. Chassés du pont, les commerçants se sont installés au bord du fleuve.

Tout en marchant, Jean jette un coup d'œil sur les étalages. Il voit là toute sorte de choses, livres anciens et modernes, timbres–poste et vieilles pièces de monnaie pour les collectionneurs. Dans une boutique du quai Malaquais, il achète une paire de vieux pistolets — «pour ma chambre en Amérique», explique-t-il à Roger. Il met l'un des pistolets dans la poche droite, l'autre dans la poche gauche de son pardessus.

—Attention! lui dit en riant son ami. Si un agent de police te voyait, il pourrait bien te faire un procès-verbal pour port d'armes prohibées!

—Ces pistolets ne sont pas des armes prohibées. Ce sont articles de collectionneur. Tu essaies de me faire peur. . . .

Les deux amis continuent leur promenade, traversent la Seine, la place de la Concorde et finissent l'après-midi à la terrasse d'un café sur les Grands Boulevards.

QUESTIONS

1. Quelle est l'inscription sur la façade du Panthéon? 2. Connaissez-vous des grands hommes qui sont enterrés au Panthéon? 3. Que représentent les peintures murales à l'intérieur du Panthéon? 4. Quand vivait sainte Geneviève? 5. Pourquoi est-elle devenue la patronne de Paris? 6. Où le guide conduit-il les visiteurs? 7. Où les bouquinistes ont-ils installé leurs boîtes? 8. Qu'est-ce qu'il y avait autrefois de chaque côté du Pont-Neuf? 9. Qu'est-ce que Jean achète dans une boutique du quai Malaquais? 10. Où met-il les pistolets qu'il achète? 11. Pourquoi Roger lui dit-il de faire attention? 12. Comment les deux amis finissent-ils l'après-midi?

365

Use of Infinitives and Present Participles

116. *Verbs that may take infinitives.*

A. Verbs and verbal expressions followed by the preposition **de** that may take infinitives:

—**Permettez-moi de** vous présenter mon ami Jean Hughes.	*Allow me to* introduce my friend John Hughes.
—**Vous serez obligé de** passer la nuit à Épernay.	*You will be obliged to* spend the night at Épernay.
—**Je regrette d'**être en retard.	*I am sorry to* be late.
—**Nous avons décidé de** profiter du beau temps.	*We decided to* take advantage of the fine weather.
—**J'ai demandé** à mon père **de** m'envoyer un chèque.	*I asked* my father *to* send me a check.
—**Il m'a dit de** ne pas l'attendre.	*He told* me *not to* wait for him.
—**Il m'a conseillé de** me reposer.	*He advised* me to rest.

(1) The commonest verbs followed by **de** that may take infinitives are: **conseiller de, décider de, demander de, refuser de, se dépêcher de, dire de, essayer de, être obligé de, permettre de, refuser de,** etc., and such expressions as **avoir besoin de, avoir l'habitude de, être en train de,** etc.

(2) You have seen that some of these verbs may govern a subordinate clause. EX.: —**Il m'a dit qu'il reviendrait. Je regrette qu'il soit venu.**

B. Verbs followed by the preposition **à** that may take infinitives:

—**Il a commencé à** pleuvoir.	*It began to* rain.
—**Il s'est mis à** pleuvoir.	*It began to* rain.
—**Avez-vous appris à** parler français?	*Have you learned to* speak French?
—**Nous avons continué à** marcher.	*We kept on* walking.
—**Vous n'avez qu'à** traverser la rue.	*You have only to* cross the street.

The commonest verbs followed by the preposition **à** that may take infinitives are: **aider à,** *to help;* **apprendre à,** *to learn;* **commencer à; réussir à,** *to succeed;* **inviter à,** *to invite;* **se mettre à,** *to begin;* **avoir à,** *to have to,* etc.

C. Verbs that may take infinitives without a preposition:

—**Je vais faire** des courses cet après-midi.	*I am going to do* some errands this afternoon.
—**Pouvez-vous** me **donner** votre adresse?	*Can you give* me your address?
—**Savez-vous jouer** au bridge?*	*Do you know* how *to play* bridge?
—**Savez-vous jouer** de la guitare?*	*Do you know* how *to play* the guitar?
—**Je dois partir** par le train de sept heures.	*I am to leave* by the seven o'clock train.
—**Voulez-vous faire** une promenade avec moi?	*Do you want to take* a walk with me?
—**Faut-il changer** de train en route?	*Must one change* trains on the way?

The commonest verbs that may take an infinitive without a preposition are: **aller; devoir; faire; falloir (il faut,** etc.**); oser,** *to dare;* **pouvoir; savoir; venir; vouloir.**

---

117. *Forms of the verb used after prepositions.*

A. Present infinitive after prepositions **par, pour, sans,** and expressions such as **avant de:**

—Il m'a envoyé une dépêche **avant de partir.**	He sent me a wire *before leaving.*
—Il est parti **sans dire** au revoir.	He left *without saying* good-bye.
—Le vent finira **par** le **ramener** au bord.	The wind will finally *bring* it *back* to the edge.
—Nous ne l'attendrons pas **pour déjeuner.**	We will not wait lunch for him (We will not wait for him *to have lunch*).
—**Pour arriver** à l'heure, j'ai quitté la maison à sept heures.	*So as to arrive* on time, I left home at seven o'clock.
—Il faut manger **pour vivre** . . .	You must eat *to live* . . .

Pour is generally used with an infinitive to express the idea *so as to* or *in order to;* but when it is used after **aller** with an infinitive, it has the meaning *for the express purpose of.* EX.:

—Je vais en ville **faire** des courses.	I am going downtown *to do* some errands.
—Je vais en ville **pour faire** des courses.	I am going downtown *for the express purpose of doing* some errands.

---

* Note that playing games is **jouer à** but playing a musical instrument is **jouer de.**

B. Perfect infinitive after **après:**

—**Après avoir visité** Versailles, nous sommes allés à Fontainebleau.

After visiting (having visited) Versailles, we went to Fontainebleau.

—**Après être allé** en Normandie, Jean est allé en Bretagne.

After going (having gone) to Normandy, John went to Brittany.

C. Present participle after **en:**

—**En partant** à cinq heures, vous serez chez vous à sept heures.

By leaving at five o'clock, you will be home at seven.

—**En arrivant** en haut, vous pourrez prendre d'autres photos.

On arriving at the top, you can take some more pictures.

The present participle of verbs may be found by adding the ending **-ant** to the stem of the first person plural of the present indicative, except for the verbs **avoir, être,** and **savoir** whose present participles are, respectively, **ayant, étant,** and **sachant.**

I. Substitutions. *Répétez les phrases suivantes en substituant les mots indiqués:*

1. Il a décidé de partir ce soir.

a refusé/ a été obligé/ a regretté/ m'a demandé/ m'a dit

2. Elle a besoin de faire des courses.

a l'habitude/ est en train/ est contente/ a envie

3. Nous avons commencé à parler français.

continué/ réussi/ appris

4. Savez-vous jouer au bridge?

du piano/ au tennis/ de la clarinette/ aux cartes/ de la harpe

II. Exercices d'application.

A. *Répétez les phrases suivantes, en remplaçant le passé composé, et le mot* **puis** *par le passé de l'infinitif avec* **après:**

EX.:—Nous avons visité Versailles, puis nous sommes allés à Fontainebleau.
—**Après avoir visité Versailles, nous sommes allés à Fontainebleau.**

1. Elle a visité l'Angleterre, puis elle est allée en France.   **2.** Elle est allée à Rouen, puis elle est allée à Paris.   **3.** Elle a déjeuné, puis elle a jeté un coup d'œil sur le journal.   **4.** Il a regardé les étalages des bouquinistes, puis il a acheté des timbres.   **5.** Il s'est couché, puis il s'est endormi tout de suite.

B. *Employez le participe présent dans chacune des phrases suivantes:*

  ex.:—Si vous partez à cinq heures, vous serez chez vous à sept heures.
   —En partant à cinq heures, vous serez chez vous à sept heures.

1. Si nous partons maintenant, nous arriverons à l'heure. **2.** Quand nous irons au Panthéon, nous verrons le Quartier latin. **3.** Quand je regardais les étalages des bouquinistes, j'ai trouvé une belle estampe. **4.** Quand nous irons à l'île de la Cité, nous traverserons le Pont–Neuf.* **5.** Quand nous traverserons le Pont–Neuf, nous jetterons un coup d'œil sur la Seine. **6.** Quand vous arriverez en haut de la tour, vous pourrez prendre d'autres photos.

III. *Répondez en français:*

1. Vous êtes-vous dépêché(e) de déjeuner ce matin? **2.** Avez-vous regretté de ne pas vous être levé(e) plus tôt? **3.** Avez-vous l'habitude de vous dépêcher le matin? **4.** Qu'est-ce que vous avez à faire cet après-midi? **5.** Prenez-vous l'autobus pour rentrer chez vous? **6.** Est-ce que vous attendez qu'il fasse chaud pour aller nager (*to swim*)? **7.** Avez-vous l'intention d'aller en France un de ces jours? **8.** Est-ce qu'Hélène a réussi à trouver les timbres qu'elle cherchait? **9.** Seriez-vous content(e) de passer quelques jours dans une ferme? **10.** Quels quartiers de Paris Hélène a-t-elle vus avant de visiter Notre-Dame?

IV. Révision. *Répétez les phrases suivantes en substituant les mots indiqués:*

1. Mon père m'a <u>demandé de</u> suivre des cours de science.

  m'a dit de/ m'a permis de/ m'a prié de/ m'a proposé de/ m'a aidé à/
  m'a encouragé à

2. Nous avons <u>commencé à</u> parler français.

  Nous nous sommes mis à/ Nous avons réussi à/ Nous avons appris à/
  Nous avons essayé de

V. *Répétez les phrases suivantes en remplaçant* **si on a** *par* **à condition d'avoir:**

  ex.:—Rien de plus facile, si on a de bonnes jambes.
   —Rien de plus facile, à condition d'avoir de bonnes jambes.

1. si on a beaucoup d'argent. **2.** si on a le temps. **3.** si on n'a rien à faire. **4.** si on n'a rien de mieux à faire.

---

* Le Pont-Neuf (*The New Bridge*) est le plus célèbre des ponts de Paris. Bien qu'il ait été construit au commencement du dix-septième siècle, on l'appelle toujours le Pont–Neuf.

VI. *Lisez le passage suivant, en le complétant — ou non — par les prépositions convenables* (à, de, en, pour, sans, avant, après):

J'ai envie ...... aller au Japon ...... passant par Honolulu. Je voudrais ...... aller aussi ...... Manille. ...... avoir visité le Japon, je suis invité ...... passer quelques jours ...... Shanghai. Mais ...... aller ...... Chine, je tiens ...... aller ...... T'ai-wan, car je ne voudrais pas ...... passer par là ...... visiter Taipeh, ... voir le musée d'antiquités chinoises. Et je voudrais voir beaucoup ...... autres pays. C'est un des avantages de notre époque que ...... nous permettre ...... voir toutes sortes ...... pays étrangers.

VII. Révision des dialogues 37 et 38, pp. 322-323 et pp. 334-335.

1. Qui est venu attendre Jean et Roger à la gare? **2.** Est-ce que Marie leur a manqué? **3.** Qu'est-ce que Marie devait faire le jour de leur arrivée? **4.** Comment a-t-elle appris qu'ils devaient arriver? **5.** Qu'est-ce qu'ils auraient dû lui dire dans leur dépêche? **6.** Pourquoi ne lui ont-ils pas dit l'heure exacte de leur arrivée? **7.** Est-ce qu'ils se rendent compte du sacrifice qu'elle a fait? **8.** Comment Jean a-t-il appris qu'Hélène Frazer devait arriver ces jours-ci? **9.** Dans quel quartier se trouve le Panthéon? **10.** Connaissez-vous quelques-uns des livres de Victor Hugo? **11.** Est-ce que la Sorbonne est loin du Panthéon? **12.** A quelle époque saint Louis était-il roi de France? **13.** Quand Robert de Sorbon a-t-il fondé son collège? **14.** Est-ce que vous vous rappelez le nom de l'hôpital fondé à Paris par saint Louis? **15.** De quel style d'architecture est la Sainte-Chapelle? **16.** Connaissez-vous d'autres monuments en France qui datent de l'époque gothique?

Reference Materials

Table of Sounds of the French Language

AS REPRESENTED BY SYMBOLS OF THE INTERNATIONAL PHONETIC ALPHABET

		Bi-labial	Labio-dental	Dental and Alveolar	Palato-alveolar	Palatal	Velar	Uvular
CONSONANTS	Plosive	p b		t d			k g	
	Nasal	m		n		ɲ		
	Resonants			l				R
	Fricative		f v	s z	ʃ ʒ			
	Semi-vowels	w ɥ				j (ɥ)	(w)	
VOWELS	Close					Front Central Back i y	u	
	Half-close					e ø	ə o õ	
	Half-open					ɛ ɛ̃	œ œ̃ ɔ	
	Open						a ɑ ɑ̃	

How to Get a Good French Accent

Introduction

In this section, and in the vocabulary, we indicate the pronunciation of French words by symbols of the International Phonetic Alphabet. It looks confusing at first: indeed, when you see that **Bonjour, monsieur,** for example, is pronounced [bõʒuʀ məsjø] you may think that the transcription is worse than the French spelling! But at least you can see clearly and immediately that the **n** of **bon** is not sounded, that **mon** is not pronounced **mŏn,** that **sieur** is not pronounced **shur,** and so on. With a little practice, you will find that the transcriptions are invaluable for pronunciation exercises. If you refer to the Key whenever you do not understand what a symbol indicates, you will quickly learn what each of the 36 symbols represents. In the Key, we use only French words to illustrate the sounds that the symbols represent instead of trying to explain the sounds of French in terms of

English. The reason for this is (1) it is misleading, if not downright false, to say that any French sound is the same as any English sound, and (2) the easiest and most direct way of knowing what a given symbol represents is to hear it in a familiar word or phrase. (The key can be found on p. 376.)

You don't need to memorize the symbols before you begin using them — any more than you would memorize all the diacritical marks in an English dictionary before looking up a word. And you don't need to write in phonetic symbols any more than you need to be able to write diacritical marks in English — at least not at first.

A. THE FIRST STEP

The first step in getting a good French accent is to *hear* how French phrases really sound. If you listen carefully to your instructor and the voices on the tapes, you will quickly realize that the rhythm and intonation of French phrases are entirely different from English. In saying "Where is the restaurant?" for example, most of us would put strong accents on *where* and on the syllable *rest-*, and we would enunciate the *e* in the accented syllables quite clearly; but we would pronounce the rest of the syllables of the phrase with so little stress that the vowels *e*, *au*, and *a* would all sound very much alike. A French person who is not familiar with our system of accented and unaccented syllables, however, would say something like: "Wear eez zee res-tau-rant?" in six syllables of equal length. You are so used to hearing certain syllables stressed and others unstressed, that you would *think* the Frenchman is merely accenting the wrong syllables. But that is not what he is doing: he is really giving each syllable equal stress as he would in speaking French — *where there are no accented syllables and consequently, no unaccented ones*. To make things even worse, he is using French sounds because in French there is no *wh* (as in *where*), no *i* (as in *is*), and no *th* (as in *the*). Moreover the French "R" is entirely different from ours.

Once you accept the idea that French people really give equal stress to each pronounced syllable, you can quickly catch the rhythm of simple French phrases and you are ready to do the first rhythm exercises. Don't worry about the individual sounds for the moment. It will be much easier to learn them after you catch the rhythm of a few complete phrases.

B. A NOTE ON FRENCH INTONATION

French intonation differs from English intonation in at least three ways. The following sentences, based on the vocabulary of Conversation 5, will roughly illustrate all three differences. (The intonations that follow are free from word emphasis.)

French:

Mon père / / habite / à Philadelphie.

Mais la sœur / de mon père / / est en France.

English:

My father | | lives | in Philadelphia.

But my father's | sister | | is in France.

First difference. To express continuation, to indicate that a statement is not finished, French sense-groups, such as **Mon père, habite, Mais la sœur, de mon père,** *rise* to the last syllable: . . . **père,** . . . **-bite,** . . . **sœur,** . . . **père:** whereas English sense-groups, such as *My father lives, But my father's sister,* tend to *fall after the stressed syllable:* . . . *father,* . . . *lives,* . . . *father's,* . . . *sister.*

Second difference. To express finality, to indicate that a sentence is ending, French intonation falls continuously, starting with the very *first* syllable of the last sense-group: . . . **Philadelphie,** . . . **est en France;** whereas English intonation falls only *after* the last stressed syllable of the last sense-group: . . . **Philadelphia,** or after the beginning of the last stressed syllable: . . . **France.**

Note 1. The contrast between continuation and finality is well marked in French since continuation is rising and finality falling. In English, both continuation and finality are falling — the difference is only a matter of degree: finality falls lower than continuation.

Third difference. In the rising curves of continuation, French makes a clear distinction between the high rise of *major* continuation, as in **Mon père, de mon père,** and the moderate rise of *minor* continuation, as in **habite, Mais la sœur.** English does not make this distinction, or does not stress it to the same extent as French. Between the falling curves of *father* and *lives* of *father's* and *sister,* no significant difference is made.

Note 2. The continuity of the fall, for finality, and of the rise, for continuation, applies to all the other types of falling or rising intonations in French. For instance, falling questions, such as the following always begin to fall at the very first syllable:

374

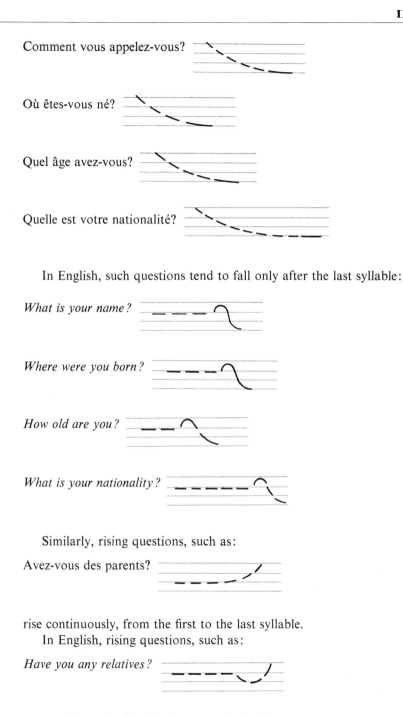

Comment vous appelez-vous?

Où êtes-vous né?

Quel âge avez-vous?

Quelle est votre nationalité?

In English, such questions tend to fall only after the last syllable:

What is your name?

Where were you born?

How old are you?

What is your nationality?

Similarly, rising questions, such as:

Avez-vous des parents?

rise continuously, from the first to the last syllable.
In English, rising questions, such as:

Have you any relatives?

tend to rise only after the last stressed syllable.

375

C. KEY TO PHONETIC ALPHABET

CONSONANTS

[p]	*as in* **p**arlez-vous?
[b]	*as in* **b**onjour
[t]	*as in* **t**out droit
[d]	*as in* ma**d**ame
[k]	*as in* **c**omment?
[g]	*as in* la **g**are
[m]	*as in* **m**onsieur
[n]	*as in* une ba**n**ane
[ɲ]	*as in* à la campa**gn**e
[l]	*as in* **l**e château
[R]	*as in* bonjou**r**
[f]	*as in* en **f**ace
[v]	*as in* au re**v**oir
[s]	*as in* **s**'il vous plaît
[z]	*as in* mu**s**ée
[ʃ]	*as in* à gau**ch**e
[ʒ]	*as in* **j**e vais

VOWELS

[i]	*as in* vo**i**ci
[y]	*as in* s**u**r la place
[e]	*as in* all**ez**-vous?
[ø]	*as in* un p**eu**
[ə]	*as in* d**e** rien
[ɛ[	*as in* ê**tes**-vous?
[ɛ̃]	*as in* v**in**
[œ]	*as in* **on**ze heures
[œ̃]	*as in* **un** restaurant
[a]	*as in* **à** la gare
[ɑ]	*as in* l**à**-bas
[ɑ̃]	*as in* **en** France
[ɔ]	*as in* le bureau de p**o**ste
[o]	*as in* l'hô**t**el
[õ]	*as in* b**on**jour
[u]	*as in* bonj**ou**r

SEMI-VOWELS

[w]	*as in* o**u**i	[j]	*as in* b**i**en	[ɥ]	*as in* h**u**it

D. THE TRANSCRIPTION AND THE TAPES

In the phonetic transcription, we have tried to follow the normal usage of conservative people from the region around Paris. For example, we distinguish between the back "a" [ɑ] (as in **pas**) and the front "a" [a] (as in **la table**) even though many people are failing, more and more, to make this distinction. And we use the open "e" [ɛ] in **est, -ais, -ait, -aient, -et,** although there is a strong tendency to pronounce the "e" in **est** like the "é" in **été.**

We have tried to have the voices on the tapes follow patterns of intonation, pronunciation, and linking fairly consistently; but it should be observed that no one is absolutely consistent and that it is perfectly natural for anyone to utter a phrase one way one time and another the next. We have preferred natural variation rather than perfect consistency, since we aim to teach the normal speech of educated Parisians rather than an artificial language that no one speaks.

Phonetic Transcriptions of Conversations and Pronunciation Exercises

CONVERSATION 1

IPA transcription of dialog

1. bõʒuʀ, məsjø. **2.** bõʒuʀ, madam. **3.** ɛtvu məsjø yg? **4.** wi, madam, ʒəsɥi ʒɑ̃ yg. **5.** kɔmɑ̃talevu, məsjø? **6.** bjɛ̃, mɛʀsi. **7.** evu mɛm? **8.** pɑmal, mɛʀsi. **9.** paʀlevu ɑ̃glɛ? **10.** nõ, ʒen paʀlə pɑ(z)ɑ̃glɛ. **11.** mɛ vu paʀle fʀɑ̃sɛ, nɛspa? **12.** wi, madam, ʒpaʀl ɛ̃pø fʀɑ̃sɛ. **13.** vwasi yn lɛtʀə puʀ vu. **14.** mɛʀsi boku. **15.** a vɔtʀə sɛʀvis, məsjø. **16.** ɔʀvwaʀ, madam. **17.** ɔʀvwaʀ, məsjø.

I. Exercices de rhythme (Rhythm exercises):

The first exercise contains phrases of four syllables. You first listen to the instructor or the voices on the tape. Then you establish the rhythm for yourself by tapping four sharp, even taps on the table or repeating four times a syllable such as *toc, toc, toc, toc.* Then you repeat the phrases several times in the same rhythm without accenting any syllable and without slighting any syllable.

A. *Repeat in four short, equally stressed syllables:*

1. Bonjour monsieur (madamȼ).	[bõ ʒuʀ mə sjø (ma dam).]
2. Merci monsieur (madamȼ).	[mɛʀ si mə sjø.]
3. Au rȼvoir monsieur (madamȼ).	[oʀ vwaʀ mə sjø.]

B. *Repeat in five short, equally stressed syllables:*

(*a*) **1.** Bonjour madȼmoisellȼ.	[bõ ʒuʀ mad mwa zɛl.]
2. Merci madȼmoisellȼ.	[mɛʀ si mad mwa zɛl.]
3. A votre servicȼ.	[a vɔ tʀə sɛʀ vis.]
4. Au rȼvoir madȼmoisellȼ.	[oʀ vwaʀ mad mwa zɛl.]
(*b*) **1.** Êtes-vous monsieur Hughes?	[ɛt vu mə sjø yg?]
2. Comment allez-vous?	[kɔ mɑ̃ ta le vu?]
3. Parlez-vous français?	[paʀ le vu fʀɑ̃ sɛ?]
4. Parlez-vous anglais?	[paʀ le vu ɑ̃ glɛ̃?]
5. Jȼ parlȼ un peu français.	[ʒpaʀl ɛ̃ pø fʀɑ̃ sɛ.]
6. Jȼ parlȼ un peu anglais.	[ʒpaʀl ɛ̃ pø ɑ̃ glɛ.]

377

C. *Repeat in six short, equally stressed syllables:*

1. Merci beaucoup monsieur.   [mɛʀ si bo ku mə sjø.]
2. Merci beaucoup madam¢.   [mɛʀ si bo ku ma dam.]
3. Mais vous parlez français.   [me vu paʀ le fʀɑ̃ sɛ.]
4. Mais vous parlez anglais.   [me vu paʀ le ɑ̃ glɛ.]

D. *Repeat in seven short, equally stressed syllables:*

1. Vous parlez français n'est-c¢ pas?   [vu paʀ le fʀɑ̃ sɛ nɛs pɑ?]
2. Vous parlez anglais n'est-c¢ pas?   [vu paʀ le ɑ̃ glɛ nɛs pɑ?]
3. J¢ parl¢ un peu français monsieur.   [ʒpaʀl œ̃ pø fʀɑ̃ sɛ mə sjø.]
4. J¢ parl¢ un peu français madam¢.   [ʒpaʀl œ̃ pø fʀɑ̃ sɛ ma dam.]
5. J¢ parl¢ un peu anglais monsieur.   [ʒpaʀl œ̃ pø ɑ̃ glɛ mə sjø.]
6. J¢ parl¢ un peu anglais madam¢.   [ʒpaʀl œ̃ pø ɑ̃ glɛ̃ ma dam.]
7. Voici un¢ lettre pour vous.   [vwa si yn lɛ tʀə puʀ vu.]

E. *Repeat in eight short equally stressed syllables:*

1. Je n¢ parle pas français monsieur.   [ʒən paʀ lə pɑ fʀɑ̃ sɛ mə sjø.]
2. Je n¢ parle pas français madam¢.   [ʒən paʀ lə pɑ fʀɑ̃ sɛ ma dam.]
3. Je n¢ parle pas anglais monsieur.   [ʒən paʀ lə pɑ ɑ̃ glɛ mə sjø.]
4. Je n¢ parle pas anglais madam¢.   [ʒən paʀ lə pɑ ɑ̃ glɛ ma dam.]

II. Pronunciation exercises.

A. *French uvular "R".*

Your natural reaction to the letter "r" is to turn the tip of your tongue up as you do in pronouncing an **r** in English; but if you turn the tip of your tongue up, you will simply . . . produce an English **r**! So in learning the French uvular "ʀ", you first put the tip of your tongue against your lower front teeth and *hold it there firmly.* Then you pronounce the English words *Ah!* and *agog*, noting that the "g" is pronounced in the back of your mouth by raising the back of your tongue until it touches your palate. Next you move your tongue a little farther back than the position in which you pronounce this [g] and pronounce very lightly each of the following French words: **art** [aʀ], **rat** [ʀa], **gare** [gaʀ], **rare** [ʀaʀ]. Repeat this series a dozen times, keeping the tip of your tongue down, using as little breath as possible, and pronouncing the "ʀ" as lightly as you can. Avoid gargling the "ʀ"! Many French people pronounce it so lightly that Americans can scarcely hear it at all.

Now repeat three times each of the following words and expressions — giving equal stress to each syllable and producing the uvular "ʀ" with care:

1. Une lettre [yn lɛtRə]. **2.** Voilà une lettre pour vous [vwa la yn lɛtRə puR vu]. **3.** Bonjour [bõ ʒuR]. **4.** Au revoir [oR vwaR]. **5.** Merci [mɛr si]. **6.** A votre service [a vɔtRə sɛRvis]. **7.** Parlez-vous français? [paR le vu fRɑ̃ sɛ?]. **8.** Je parle un peu français [ʒpaRl œ̃ pø fRɑ̃ sɛ].

Repeat this exercise several times each day until you can produce the [R] lightly, elegantly, and unselfconsciously. Never under any circumstances substitute an American **r** or a Spanish **r** for the uvular "R". If you pronounce French words and phrases wrong even *a few times*, it makes it much more difficult to get a good French accent.

B. *Exercise on the French "u". (Represented by the symbol* [y]).

When you see the letter "u" you will naturally put your tongue in position to say "oo" as in English; but if you put your tongue in that position, you will just say "oo." So in learning to pronounce the French [y], the first step is to put your tongue in the position to say "e" in English or [i] in French *and keep it there.*
 Now you say: **Voici, i, i, i** several times, keeping the vowel [i] short.
 Next you say [i] several times and round your lips while repeating the sound [i]. If you do this, you will produce a proper French [y].
 Now repeat several times: [i], [y], [i], [y] moving your lips but without moving your tongue.
 Now say: Voici une lettre pour vous [vwa si yn lɛ tRə puR vu] several times.
 If you still have trouble producing the French [y], you put your hands at the corners of your mouth, say **i, i, i, i,** while moving your lips forward and backwards so that you can't help saying [i] [y], [i] [y].
 Repeat this exercise daily until you can produce this sound easily. Always think of the sound [i] as in **voici** and avoid thinking of [u] as in **vous.**

CONVERSATION 2

IPA Transcription of Dialog

a la gaR

1. paRdõ məsjø. u ɛ lʃato, silvuplɛ? **2.** (œ̃nɑ̃plwaje) tudRwa, məsjø. **3,** u ɛ lmyze? **4.** lmy ze ɛ dɑ̃ lʃato. **5.** jatil œ̃RɛstɔRɑ̃ pRɛ dy ʃato? **6.** wi, məsjø. ilja œ̃ RɛstɔRɑ̃ ɑ̃ fas dy ʃato. **7.** mɛRsi boku. **8.** dəRjɛ̃, məsjø.

dɑ̃ la ʀy

9. (a æ̃pɑsɑ̃) paʀdõ, məsjø. u ɛl byʀod pɔst?   10. la pɔst ɛ syʀ la plas, la bɑ, a goʃ.   11. jati lœ̃ byʀod taba pʀedisi?   12. mɛ wi, məsjø. ilja æ̃ byʀod taba dɑ̃ laʀy dla pɛ?   13. uɛ laʀy dla pɛ?   14. a dʀwat, məsjø.   15. mɛʀsi boku.

I. Exercices de rhythme.

A. *Répétez en quatre syllabes:*

1. Où est lɇ château?   [u ɛ lʃa to?]
2. Où est lɇ musée?   [u ɛ lmy ze?]
3. Il n'y a pas dɇ quoi.   [il nja pɑd kwa.]

B. *Répétez en cinq syllabes:*

1. Où est lɇ bureau dɇ postɇ?   [u ɛ lby ʀod pɔst?]
2. Où est lɇ restaurant?   [u ɛ lʀɛs tɔ ʀɑ̃?]
3. Dans la rue dɇ la Paix.   [dɑ̃ la ʀy dla pɛ.]
4. Sur la placɇ, monsieur.   [syʀ la plas mə sjø.]

C. *Répétez en six syllabes:*

1. Où est lɇ bureau dɇ tabac?   [u ɛ lby ʀod ta ba?]
2. Où est la rue dɇ la Paix?   [u ɛ la ʀy dla pɛ?]
3. Y a-t-il un restaurant . . .?   [ja ti lœ̃ ʀɛs tɔ ʀɑ̃ . . .?]
4. Il y a un restaurant . . .   [i lja æ̃ ʀɛs tɔ ʀɑ̃ . . .]
5. Il n'y a pas dɇ quoi, monsieur.   [il nja pɑd kwa mə sjø.]

II. Exercices de prononciation.

A. *Exercise on* **e** [e] *as in* **allez-vous** *and* **eu** [ø] *as in* **un peu.**

1. *Say* [e] as in allez; **e, e, e.** Keep the vowel short and clear.

Répétez: (1) Comment allez-vous? (2) un employé. (3) le musée. (4) **et** vous? (5) un étudiant.

2. *Say* [e], [e], [e]. Keep repeating this sound, holding the tip of your tongue against your lower front teeth and rounding your lips until you produce the sound [ø] as in **un peu.**

Répétez: [e], [e], [e]; [ø], [ø], [ø]. (1) un **peu.** (2) monsieur. (3) deux.

B. *Review the exercises on* [R] *and* [y] *in Conversation 1.*

III. Note on linking (*la liaison*):

When a final consonant that is normally silent is pronounced with the initial vowel sound of the following word, linking (*liaison*) is said to take place: you say, of course, **les/Français** (without linking) but **les‿Américains** (with linking). It is important to note at once that linking does not automatically take place before all words that begin with a vowel sound, but only between words that are naturally grouped together — such as a noun and its modifiers, or the verb and personal pronouns immediately associated with it.

Nevertheless, linking is very tricky: while in certain cases it *must* be made and in others it would be a dreadful mistake to make it, there are many cases where linking is correct in formal speaking and inappropriate in everyday, friendly conversation. In the transcriptions of the dialogs, we have tried to indicate the way the dialogs would be spoken in a friendly, natural, and correct conversation. Here are a few additional suggestions for those who are interested:

A. *Linking does take place:*

NOUNS: between articles and nouns, between articles and adjectives that precede nouns, and between nouns and the adjectives that precede them:

les‿étudiants, les bons‿étudiants, des‿étudiants, deux‿étudiants, un‿autre étudiant, mes‿étudiants, mon‿étudiant.

PRONOUNS: between personal pronouns (including **y** and **en**) and verbs, and between pronouns:

ils‿ont, ont-ils? vous‿êtes, vous‿allez. Je les‿ai achetés. Nous‿en avons. Donnez-nous‿en. Allez‿y.

PREPOSITIONS: between preposition and object:

dans‿un mois, en‿Italie, en‿hiver, sans‿effort, chez‿eux.

ADVERBS: between certain adverbs (the short ones) and adjectives:

très‿agréable, plus‿amusant, moins‿utile, bien‿aimable.

B. *Linking does not normally take place:*

NOUNS: between nouns and adjectives that follow them:

un étudiant/américain, des revues/américaines.

VERBS: between noun subject and verb:

Le temps/arrive. Ce Français/habite à Paris. Paris/est une belle ville. Mes parents/aiment les sports.

C. *Linking is impossible:*

(*a*) before the word **huit** (tous les/huit jours); before the word **oui** (mais/oui, il a dit/oui); after the word **et** (Jean/et/Hélène); in the number **cent/un**. You do not link **les/onze** or **dans/onze**.

(*b*) before nouns beginning with aspirate "h":

des/hors-d'œuvre, en/haut de l'escalier

D. *Linking is optional in innumerable cases.*

However, optional linkings are generally to be avoided except in formal conversation, in singing, and in reading poetry. For example, we do not recommend that the following optional linkings after verbs be made in everyday conversation:

Je vais/à la gare.   Je suis/à la maison.   Vous parlez/anglais.
Je ne parle pas/anglais.   Vous avez/un frère.

Even if you prefer to make such linkings after the verb, you should avoid linking after the inverted form between a personal pronoun and prepositions, nouns, or articles:

Allez-vous/à la gare?   Parlez-vous/anglais?   Avez-vous/un frère?

Such linkings would sound bookish or affected to many French people today. You will notice that on the tapes, the French voices are not consistent in their use of linking: one will make a *liaison* in a phrase and another will fail to make it in the same phrase. This is as it *should* be, because this is what you hear in France all the time. (For a detailed treatment of optional linking, see three articles of Pierre Delattre in the *French Review*, XXX (1956), pp. 48–54; XXIX (1955), pp. 42–49; XXI (1947), pp. 148–157.)

CONVERSATION 3

IPA transcription of dialog

dãlaʀy

382   **1.** paʀdõ, uɛ lotɛl dyʃvalblã?   **2.** syʀlaplas, məsjø.   **3.** ɛskəsɛ lwɛ̃disi?   **4.** nõ, snɛpɑ lwẽdisi. **5.** ɛskəsetœ̃ bɔnotɛl? **6.** wi, məsjø, setœ̃ tRɛ bɔnotɛl. **7.** ɛskə la kɥizin ɛ bɔn? **8.** sɛrtenmɑ̃, məsjø. la kɥizin ɛtɛkselɑ̃t. **9.** jatil œ̃notRotɛl isi? **10.** wi, ilja œ̃notɛl ɑ̃ fas də legliz. **11.** mɛRsi boku.

a lotɛl dyʃvalblɑ̃

12. kɛ lɛ lpRi d la pɑ̃sjɔ̃. **13.** swasɑ̃tdi fRɑ̃ parʒuR, masiø, **14.** avɛk ləpti deʒøne, ldeʒøne el dine. **15.** e laʃɑ̃bRə kɔ̃pRiz, bjɛ̃nɑ̃tɑ̃dy.

I. Exercice de rhythme:

Répétez en six syllabes:

1. Est-c¢ que c'est près d'ici?   [ɛs kə sɛ pRɛ di si?]
2. Est-c¢ que c'est loin d'ici?   [ɛs kə sɛ lwɛ̃ di si?]
3. Est-c¢ que c'est près d¢ la gar¢?   [ɛs kə sɛ pRɛ dla gaR?]
4. Est-c¢ que c'est loin d¢ la gar¢?   [ɛs kə sɛ lwɛ̃ dla gaR?]
5. Est-c¢ que c'est sur la plac¢?   [ɛs kə sɛ syR la plas?]

II. Exercices de prononciation:

A. *Exercise on the mute* **e:**

Répétez en deux syllabes:

L¢ musée   [lmy ze]
L¢ château   [lʃɑ to]

Répétez en trois syllabes:

L¢ bureau d¢ poste.   [lby Rod pɔst]
L¢ prix des r¢pas   [lpRi de Rpa]

Répétez en cinq syllabes:

Quel est l¢ prix des r¢pas?   [kɛ lɛ lpRi de Rpa?]
J¢ parl¢ un peu français.   [ʒpaR lœ̃ pø fRɑ̃ sɛ.]

B. *Exercise on French* **"ui"** (*Represented by the symbols* [ɥi]).

When you see the letters **ui,** you will probably want to put your lips in position to pronounce a [w] as in English words *suite, cuirass,* etc. So you must consciously avoid advancing your lips; because if you advance your lips as if to say [w], it will be difficult not to say [w].

To pronounce the French [ɥi], you first repeat several times:

[i] [y], [i] [y].

Then you say, several times:

[y] [i], [y] [i]

without pausing between the two sounds and without pronouncing a [w].

Then you pronounce the two sounds in one syllable several times and you will get a proper [ɥi]. This sound is very close to the sound (yē) that is often heard in English phrases such as "Are you eating?" which, when pronounced rapidly, sounds something like (yeeting?).

Now repeat each of the following, taking care not to insert a [w] after the "s":

Je suis monsieur Hughes.	[ʒə sɥi mə sjø yg.]
Je nȼ suis pas monsieur Hughes.	[ʒən sɥi pɑ mə sjø yg.]
Je suis Américain.	[ʒə sɥi(z) a me ʀi kɛ̃.]
Je nȼ suis pas Américain.	[ʒən sɥi pɑ a me ʀi kɛ̃.]

CONVERSATION 4

IPA transcription of dialog

alotɛl

1. kɔmɑ̃ sa va, məsjø? **2.** sa va bjɛ̃, meʀsi. **3.** kɛ lœ ʀe til? **4.** ilɛ ɔ̃zœʀ. **5.** ɛskəldeʒœne ɛ pʀɛ? **6.** nõ, məsjø, pazɑ̃kɔʀ. **7.** a kɛl œʀ vulevu deʒœne? **8.** a ɔ̃zœʀ e kaʀ. **9.** u a ɔ̃zœʀ edmi. **10.** a kɛlœʀalevu a la gaʀ? **11.** ʒvea la gaʀ a midi. **12.** lə tʀɛ̃ puʀ paʀi aʀiv a midi e kaʀ, nɛspa? **13.** nõ, məsjø. ilaʀiv a døzœʀ mwɛ̃lkaʀ. **14.** a bõ alɔʀ, ʒve deʒœne a midi, kɔm dabityd. **15.** ɛskəl byʀod pɔst ɛtuveʀ sɛtapʀemidi? **16.** seʀtɛnmɑ̃, məsjø. **17.** ilɛtuveʀ də ɥitœʀ dy matɛ̃ a sɛtœʀ dy swaʀ.

I. Exercice de rhythme:

A. *Répétez en sept syllabes:*

Est-cȼ que lȼ déjeuner est prêt?	[ɛs kə lde ʒœ ne ɛ pʀɛ?]
Jȼ vais à la gare à midi.	[ʒve a la ga ʀa mi di.]
Jȼ vais déjeuner à midi.	[ʒve de ʒœ ne a mi di.]

B. *Répétez en huit syllabes:*

Est-cȼ que lȼ bureau dȼ postȼ est ouvert?	[ɛs kə lby ʀod pɔst ɛ tu veʀ?]

C. *Répétez en onze syllabes:*

Est-cȼ que lȼ bureau dȼ postȼ est   [ɛs kə lby ʀod pɔst ɛ tu veʀ
  ouvert ce matin?   sə ma tɛ̃?]

II. Exercice de prononciation: [ɛ] (**que**lle) and [œ] (**heu**re)

A. *Répétez:*

Quelle heure est-il?

B. *Dites:*

Quelle, [ɛ], [ɛ], [ɛ]. Keep the vowel short and free from the following "l".

C. *Répétez:*

1. Cet après-midi.   **2.** N'est-ce pas?   **3.** Sept.   **4.** Prêt.   **5.** Près d'ici.

D. *Dites:*

Quelle heure . . . ? [œ], [œ], [œ]. (*Keep the tip of your tongue down!*)

E. *Répétez:*

1. Quelle heure est-il? [kɛ lœʀ ɛ til?]   **2.** Neuf heures [nœ vœʀ].   **3.** Neuf [nœf].
4. Lȼ déjeuner [lde ʒœ ne].   **5.** Jȼ vais déjeuner [ʒvɛ de ʒœ ne].

GRAMMAR UNIT 1

III. Exercise on the French [t]

The first step in learning to pronounce the French [t] is to *hear* (1) that at the beginning of a word it is produced with much less flow of air than the corresponding English sound and (2) that in other positions it is completely articulated. Compare English *tent* and French **tente**: in *tent*, the first "t" is produced with a puff of air and the second one is hardly articulated at all; in **tente,** the first "t" is pronounced without the puff of air and the second is clearly articulated.

    Next, note that the English "t" is produced with the tip of the tongue against the alveolar (the ridge behind the front teeth) but that the French "t" is produced   **385** with the tip of the tongue against the front teeth and the upper surface of the tongue against the alveolar.

Now hold your hand (or a strip of paper) in front of your mouth and say the following pairs of words, moving your tongue back for each English word and forward for each French word. Use as little breath as possible for the French words. (*a*) tobacco, **le tabac.** (*b*) tea, **le thé.** (*c*) two, **tout.** (*d*) toot, **toute.** (*e*) toe, **-teau.** Repeat this exercise until you can say the French words without feeling a puff of air on your hand (or seeing the paper move).

Finally, repeat each of the following, pronouncing the "t" with as little breath as possible:

1. une lettre. **2.** le restaurant. **3.** les hôtels. **4.** le petit hôtel. **5.** le petit déjeuner. **6.** le château. **7.** près du château. **8.** tout droit. **9.** à droite. **10.** il est ouvert. **11.** huit heures du matin. **12.** Comment allez-vous?

CONVERSATION 5

IPA transcription of dialog

a la pʀefɛktyʀd pɔlis

1. kɔmã vuzaplevu, məsjø? **2.** ʒmapɛl ʒã yg. **3.** kɛ lɛ vɔtʀə nasjɔnalite? **4.** ʒsɥi(z)ameʀikɛ̃. **5.** u ɛt vu ne? **6.** ʒsɥi ne a filadɛlfi. **7.** kɛl aʒ avevu? **8.** ʒe vɛtecɛ̃nã. **9.** kɛ lɛ vɔtʀə pʀɔfɛsjõ? **10.** ʒsɥizɛ̃ʒen jœʀ ʃimist. **11.** udmœʀevu? **12.** ʒədmœʀ a paʀi. **13.** kɛ lɛ vɔtʀ adʀɛs a paʀi? **14.** kɛ̃z, avnyd lɔpsɛʀvatwaʀ. **15.** u abit vo paʀã? **16.** mõ pɛʀ abit a filadɛlfi. **17.** ʒne ply ma mɛʀ. **18.** vuzave de paʀã ã fʀãs? **19.** nõ, ʒnepad paʀã ã fʀãs. **20.** vwa la vɔtʀə kaʀtə didãtite. **21.** mɛʀsi, məsjø.

Exercise on the French [l] **l'hôtel**

The French "l", like the French "t" is produced with the tip of the tongue against the front teeth.

Compare English *eel* (ĕŭl) in two syllables and French **il** [il] in one syllable.

Now pronounce English *eel* and French **il** several times, moving the tongue forward for the French word each time and giving the French word a very brief, light utterance.

Now pronounce the following with the tongue against the front teeth for all the *t*'s and *l*'s:

1. l'hôtel. **2.** la lettre. **3.** Pas mal. **4.** la place. **5.** l'hôtel Continental. **6.** l'hôtel du Cheval blanc. **7.** Quelle heure est-il? **8.** Comment s'appelle-t-il? **9.** Comment s'appelle-t-elle? **10.** Quel âge a-t-il? **11.** Quel âge a-t-elle?

CONVERSATION 6

IPA transcription of dialog

1. ilɛ midi e ʒe fɛ̃. **2.** mwa osi. **3.** alõ deʒœne. **4.** vwasi œ̃ ʀɛstɔʀɑ̃. ɑ̃tʀõ. **5.** vwala yn tablə libʀ. asɛjõnu. **6.** vwasilakaʀt, mesjø. **7.** vulevu de ɔʀdœvʀ? **8.** wi, apɔʀte nu de ɔʀdœvʀ. **9.** kɛskə vuvule kɔm pladvjɑ̃d? **10.** ʒve pʀɑ̃dʀ œ̃ biftɛk fʀit. **11.** evu, məsjø? **12.** mwa osi. **13.** vulevu dy vɛ̃ blɑ u dy vɛ̃ ʀuʒ? **14.** dy vɛ̃ ʀuʒ. **15.** e kɛskə vuvule kɔm desɛʀ? **16.** kɛskə vuzave? **17.** nuzavõ de fʀɥi, depɔm, de banan, de pwaʀ e dy ʀɛzɛ̃. **18.** apɔʀte mwa yn pwaʀ. **19.** ʒve pʀɑ̃dʀə dy ʀɛzɛ̃. **20.** vulevu dy kafe? **21.** wi, dɔnemwa dykafenwaʀ. **22.** nõmɛʀsi znɛmpɑl kafe. (plytaʀ) **23.** ladisjõ, silvuplɛ. **24.** tutsɥit, məsjø.

Exercise on the front [a] (**la gare**), and the back [ɑ] (**pas**).

A. *Répétez:*

la gare, [a], [a], [a].

B. *Répétez:*

1. la carte.   **2.** la table.   **3.** la banane.   **4.** la poire.   **5.** à la gare.
6. quatre heures et quart.   **7.** le café noir.

C. *Répétez:*

n'est-ce pas? [ɑ], [ɑ], [ɑ].

D. *Répétez:*

1. trois.   **2.** là-bas [la bɑ].   **3.** le château.   **4.** pas encore.   **5.** tout droit.
6. Quel âge avez-vous?

GRAMMAR UNIT 2

I. Exercices de rhythme:

Répétez:

A. QUATRE SYLLABES.

J'ai du café.	[ʒe dy ka fe.]
J¢ n'ai pas d¢ café.	[ʒne pɑd ka fe.]
J'ai d¢ la monnaie.	[ʒed la mɔ nɛ.]
J¢ n'ai pas d¢ monnaie.	[ʒne pɑd mɔ nɛ.]

B. SIX SYLLABES.

J'ai des parents en France.	[ʒe de pa ʀɑ̃ ɑ̃ fʀɑ̃s.]
J¢ n'ai pas d¢ parents en France.	[ʒne pɑd pa ʀɑ̃ ɑ̃ fʀɑ̃s.]

C. HUIT SYLLABES.

J'ai un¢ carte d'identité.	[ʒe yn ka ʀtə di dɑ̃ ti te.]
J¢ n'ai pas d¢ carte d'identité.	[ʒne pɑd ka ʀtə di dɑ̃ ti te.]

II. Exercices de prononciation sur [ɔ] (**la pomme**) et [o] (**l'hôtel**).

A. *Répétez:* la pomme [ɔ], [ɔ], [ɔ].

Répétez:

1. un restaurant. **2.** le bureau de poste. **3.** comme d'habitude. **4.** votre profession. **5.** votre nationalité. **6.** l'observatoire. **7.** la monnaie. **8.** octobre. **9.** pas encore. **10.** alors. **11.** hors-d'œuvre.

> Note that the o's in **octobre** are both [ɔ] [ɔk tɔbʀ], that they are not pronounced like either of the o's in English *October*. The nearest English equivalent is the short **u** in Eng. *duck*.

B. *Répétez:* l'hôtel, [o], [o], [o]. Keep the vowel short and clear.

Répétez:

1. beaucoup. **2.** l'autre. **3.** le château. **4.** le bureau. **5.** l'hôtel. **6.** vos parents. **7.** aujourd'hui. **8.** de l'eau. **9.** l'hôtelier.

CONVERSATION 7

IPA transcription of dialog

1. kɛlɛladat oʒuʀdɥi? **2.** sɛtoʒuʀdɥi lə vɛ̃ sɛptɑ̃bʀ. **3.** kɑ̃vaty amaʀsej?

4. lə mwa pRɔʃɛ̃. **5.** ʒkõt paRtiR lə kɛ̃zɔktɔbR **6.** erəvniR lə pRəmje nɔvɑ̃bR. **7.** ɛskə tyɛ libR alafɛ̃ dlasmɛn? **8.** wi, ʒsɥi libRə vɑ̃dRədi, samdi, e dimɑ̃ʃ. **9.** vwajõ . . . **10.** nusɔmzoʒuRdɥi maRdi, nɛspɑ? **11.** mɛ nõ, sɛtoʒuRdɥi mɛRkRədi. **12.** vøtyvniR aRwɑ̃ avɛk mwa? **13.** vɔlõtie. **14.** kɛlʒuR paR ty? **15.** ʒe lɛ̃tɑ̃sjõdpaRtiR ʒødiswaR. **16.** akɛlœR? **17.** ʒəkRwa kəltRɛ̃ paR a dizɥitœR. **18.** ilaRiv a Rwɑ̃ døzœR plytaR. **19.** paRfɛ, sɛtɑ̃tɑ̃dy dõk. a ʒødi apRɛ midi.

Exercise on the French mute "e" as in **le cheval**.

A. *Repeat:*

le cheval [lə ʃval], [ə], [ə], [ə].
Note that the [ə] is produced with the tip of the tongue against the lower front teeth and the lips slightly rounded.

B. *Now repeat the following expressions with a mute "e":*

1. le cheval [lə ʃval]. **2.** le repas [ləR pɑ]. **3.** le petit déjeuner [lə pti de ʒœ ne].
4. Je ne parle pas français [ʒən paRlə pɑ fRɑ̃ sɛ]. **5.** De rien, monsieur [də Rjɛ̃ mə sjø]. **6.** est-ce que [ɛskə].

C. *Repeat the following phrases and note that these mute "e's" are entirely silent.*

1. *Répétez en quatre syllabes:*

Où est le̸ château?	[u ɛ lʃɑ to?]
Où est le̸ musée?	[u ɛ lmy ze?]
La rue de̸ la Paix.	[la Ry dla pɛ.]
Je̸ vais à la gare.	[ʒve a la gaR.]
Je̸ n'aime̸ pas le̸ café.	[ʒnɛm pɑ lka fe.]
Le̸ bureau de̸ tabac.	[lby Rod ta ba.]
Je̸ m'appelle̸ Jean Hughes.	[ʒma pɛlʒɑ̃ yg.]

2. *Répétez en cinq syllabes:*

Où est le̸ bureau de̸ poste̸?	[u ɛ lby Rod pɔst?]
Je̸ parle̸ un peu français.	[ʒpaR lœ̃ pø fRɑ̃ sɛ.]
Je̸ déjeune̸ à midi.	[ʒde ʒœ na mi di.]
Je̸ dîne̸ au restaurant.	[ʒdi no Rɛs tə Rɑ̃.]
L'hôtel du Che̸val blanc.	[lo tɛl dy ʃval blɑ̃.]

389

NOTE. Don't imagine it is difficult to pronounce French words such as **Je déjeune, Je m'appelle, Je n'aime pas,** *etc.,* without sounding the mute e's. You produce these — and more difficult — combination in English all the time without thinking about it. You have no trouble saying something like: "Zydad back" for "Is your dad back?" or "Dymother come" for "Did your mother come?" or "Zyname Percy?" for "Is your name Percy?" and so on. And don't imagine it is sloppy French pronunciation! This follows the very best usage. It would sound schoolteacherish to say « **Le bureau de tabac** » in six syllables.

GRAMMAR UNIT 3

NASAL VOWELS

As English is very rich in nasal vowels, the only difficulty the French nasal vowels present is that they must be sounded without actually pronouncing the consonant **n** — except, of course, in linking.

I. Exercice sur [ɛ̃] (**ingénieur**).

Répétez:

1. Très bien [ɛ], [ɛ̃].   **2.** bien. [ɛ̃], [ɛ̃], [ɛ̃].   **3.** loin.   **4.** de rien.   **5.** cinq heures moins le quart.   **6.** vingt-cinq.   **7.** Américain.

II. Exercice sur [ɑ̃] (**parents**).

Répétez:

1. Des parents en France. [ɑ̃]. [ɑ̃], [ɑ̃].   **2.** cent francs.   **3.** cent ans.   **4.** le restaurant.   **5.** du vin blanc.   **6.** un plat de viande.   **7.** l'anglais.   **8.** entendu.

III. Exercice sur [õ] (**non**).

Répétez:

1. Pardon! [õ], [õ], [õ].   **2.** bonjour.   **3.** à onze heures.   **4.** allons.   **5.** entrons.   **6.** votre profession.   **7.** le garçon.   **8.** un bon dîner.   **9.** nous avons.   **10.** ils ont.

IV. Exercice sur [œ̃] (<u>un</u> **restaurant**).

Répétez:

1. un restaurant [œ̃], [œ̃], [œ̃]. **2. un** musée. **3. un** agent de police. **4.** lundi.
5. un an.

Note that many French people usually substitute [ɛ̃] for [œ̃] so that **un** rhymes
with **vin**. We do not recommend that students follow this practice but that they
be prepared to understand words like [ɛ̃fʀɑ̃] **(un franc)** or [lɛ̃di] **(lundi)** when
they hear them.

CONVERSATION 8

IPA transcription of dialog

dɑ̃ la ʀy

1. uvaty? **2.** ʒvɛ aʃte œ̃ʒuʀnal. **3.** u vɑ̃tõ deʒuʀno? **4.** õ vɑ̃deʒuʀno
obyʀodtaba u o kjɔsk. **5.** avevudeʒuʀno, madam? **6.** mɛwi məsjø. le vwala.
7. dɔnemwa lfigaʀo silvuplɛ. **8.** ləvwasi, məsjø. **9.** sɛ kõbjɛ̃? **10.** sɛ̃kɑ̃t sɑ̃tim,
məsjø. **11.** avevu deʀvy ameʀikɛn? **12.** ʒəʀgʀɛt boku. nu navõ pad ʀəvy
ameʀikɛn. **13.** mɛ nuzavõ ledisjõ paʀizjɛn dy nujɔʀk ɛʀald. **14.** nõ, mɛʀsi,
ʒe labityd də liʀ leʒuʀno fʀɑ̃sɛ. . . . **15.** kõbjɛ̃ kut sə plɑ̃dpaʀi? **16.** si fʀɑ̃,
məsjø. **17.** ilɛ tʀɛzytil, mɛm puʀ le paʀizjɛ̃. **18.** ʒne kœ̃ bijɛd sɑ̃ fʀɑ̃ **19.** ave-
vudlamɔnɛ? **20.** ʒəkʀwakəwi. **21.** ɛskə sɛ tu, məsjø? **22.** wi, ʒəkʀwa ksɛ tu
puʀoʒuʀdɥi.

Exercise on [ʃ] as in **le château** and [ʒ] as in **le déjeuner.**

These sounds are so much like those we produce in the words s*h*allow and
ple*a*sure, that most students never bother to pronounce them as the French do.
But if the tip of the tongue is turned up — as in English, it is very difficult to
pronounce correctly such words as **je, juin, chercher,** etc.

Repeat the following words, trying hard to keep the tip of the tongue DOWN:

A. [ʃ] **1.** chercher. **2.** le château. **3.** la chambre. **4.** la chaise. **5.** je cherche.

B. [ʒ] **1.** le déjeuner. **2.** je déjeune. **3.** jeudi. **4.** le huit juin. **5.** je sais
(slowly) [ʒə sɛ]. **6.** je sais *(quickly)* [ʒsɛ]. **7.** je suis *(slowly)* [ʒə sɥi]. **8.** je
suis *(quickly)* [ʒsɥi]. **9.** Je suis ingénieur-chimiste. **10.** le quatorze juillet
11. Jeudi, je déjeune avec Jeanne. **12.** Je vais acheter un journal. **13.** Je crois
que oui.

391

DATES, NUMBERS, COUNTING

A. In dates, street numbers, telephone numbers, in counting, etc., the cardinal numbers are pronounced as follows:

1. æ̃	11. õz	21. vε̃teæ̃
2. dø	12. duz	22. vε̃tdø
3. tRwɑ	13. tRεz	23. vε̃ttRwɑ
4. katR	14. katɔRz	24. vε̃tkatR
5. sε̃k	15. kε̃z	25. vε̃tsε̃k
6. sis	16. sεz	26. vε̃tsis
7. sεt	17. disset	27. vε̃tsεt
8. ɥit	18. dizɥit	28. vε̃tɥit
9. nœf	19. diznœf	29. vε̃tnœf
10. dis	20. vε̃	

30. tRɑ̃t	31. tRɑ̃teæ̃	32. tRɑ̃tdø, etc.
40. kaRɑ̃t	41. kaRɑ̃teæ̃	42. kaRɑ̃tdø, etc.
50. sε̃kɑ̃t	51. sε̃kɑ̃teæ̃	52. sε̃kɑ̃tdø, etc.
60. swasɑ̃t	61. swasɑ̃teæ̃	62. swasɑ̃tdø, etc.
70. swasɑ̃tdis	71. swasɑ̃teõz	72. swasɑ̃tduz, etc.

80. katRəvε̃	81. katRəvε̃æ̃, etc.	
90. katRəvε̃dis	91. katRəvε̃õz, etc.	
100. sɑ̃	101. sɑ̃ æ̃	102. sɑ̃ dø, etc.
500. sε̃sɑ̃	501. sε̃sɑ̃ æ̃, etc.	
600. sisɑ̃	601. sisɑ̃ æ̃, etc.	
700. sεtsɑ̃	701. sεtsɑ̃ æ̃, etc.	
800. ɥisɑ̃	801. ɥisɑ̃ æ̃, etc..	
900. nœfsɑ̃	901. nœfsɑ̃ æ̃	

1000. mil, 1001. mil æ̃, etc.	5000. sε̃mil
1100. õzsɑ̃ *or* milsɑ̃	6000. simil
1200. duzsɑ̃ *or* mildøsɑ̃	7000. sεtmil
1300. trεzsɑ̃ *or* miltRwasɑ̃, etc.	8000. ɥimil
2000. dø mil	9000. nœfmil
2100. dømil sɑ̃	10.000. dimil
2200. dømildøsɑ̃	500.000. sε̃sɑ̃mil
2300. dømiltRwasɑ̃, etc.	1.000.000. æ̃miljõ

B. When cardinal numbers are used purely as adjectives and are immediately followed by the nouns they modify,

(1) their final consonants are linked to a word beginning with a vowel:

1.	un enfant	œ̃nãfã
2.	deux enfants	døzãfã
3.	trois enfants	trwɑzãfã
5.	cinq enfants	sɛ̃kãfã
6.	six enfants	sizãfã
7.	sept enfants	sɛtãfã
8.	huit enfants	ɥitãfã
9.	neuf* enfants	nœfãfã
10.	dix enfants	dizãfã

(2) the final consonant of 2, 3, 5, 6, 8, 10, is silent before a word beginning with a consonant:

2.	deux francs	døfrã
3.	trois francs	trwɑfrã
5.	cinq francs	sɛ̃frã
6.	six francs	sifrã
8.	huit francs	ɥifrã
10.	dix francs	difrã

(3) The pronunciation of the final consonant of 7 and 9 before a word beginning with a consonant is optional but most people pronounce it:

7.	sept francs	sɛtfrã	*or*	sɛfrã
	dix-sept francs	dissɛtfrã		dissɛfrã
9.	neuf francs	nœffrã		nœfrã
	dix-neuf francs	diznœffrã		diznœfrã

CONVERSATION 9

IPA transcription of dialog

kɛlkədat

1. kɔnesevu listwaʀ də frãs? **2.** sɛʀtɛnmã, ʒkɔnɛ ʒãndaʀk e napɔleõ. **3.** kɛskə vusaved ʒãndaʀk? **4.** pa grã ʃoz. **5.** ʒənsepa kãtɛlɛne. **6.** mɛʒsɛ kɛlɛmɔʀt a rwã. **7.** savevu u ɛ ne napɔleõ? **8.** ilɛ ne ã kɔʀs o dizɥitjɛm sjɛkl. **9.** savevu la dat dəla bataj dəvatɛʀlo? **10.** dizɥisãkɛz, ʒə krwa. **11.** e lwi katɔʀz, ã kɛlaneé ɛtil mɔʀ? **12.** ã dissɛtsãkɛz, si ʒe bɔn memwaʀ. **13.** mɛ vu mpoze bokudkɛstjõ. **14.** ãkɔʀ yn. **15.** vu kɔnɛse lkatɔʀz ʒɥijɛ, n'ɛspa? **16.** sɛlʒuʀd la fɛt nasjɔnal ã frãs. **17.** savevu puʀkwa? **18.** paʀskə sɛlʒuʀd la pʀiz dəlabastij, ã

---

* Note, however, that in **neuf ans** and **neuf heures**, the **f** is pronounced v.

dissεtsã katʀəvɛ̃nœf. **19.** vuvwaje kəʒsyi bjɛ̃ ʀãsεɲe. **20.** evidamã. **21.** ʒən vε ply vu pozed kεstjõ. **22.** vusavetu u pʀεsk.

Exercises on [s], [z], [d], [n].

As for the French [t] and [l], the tip of the tongue should be against or near the front teeth to pronounce [s], [z], [d], and [n], and less breath is used than in pronouncing the equivalent consonants in English.

With the tip of your tongue against or near the front teeth, repeat each of the following:

A. [s] and [z]:

1. Est-ce tout [εs tu]? **2.** Vous savez tout. **3.** Des cigarettes. **4.** Six cents.
5. Seize cents. **6.** dix-sept [dis sεt]. **7.** Ils sont [il sõ]. **8.** Ils ont [il zõ].

B. [d] and [n]:

1. des bananes. **2.** la date. **3.** la date de la fête nationale. **4.** bien entendu.
5. Suzanne n'aime pas les bananes. **6.** la date de la bataille de Waterloo.

CONVERSATION 10

IPA Transcription of dialog

maʀjaʒ dynami

1. kɔnεsevu lwiz bədεl? **2.** nõ, ʒən la kɔnε pɑ. **3.** mε si. **4.** ʒəkʀwa kvuzave fε sa kɔnεsãs ʃe syzan samdidεʀnje. **5.** εs yn pətit ʒœnfij bʀyn? **6.** mε nõ. sεtyn gʀand blõd. **7.** o, vupaʀle dla ʒœnfij abije ã blø fõsε, **8.** ki a ʒwed la gitaʀ e ki ʃãt si bjɛ̃? **9.** wi, avεk leʃvø lõ, lə tɛ̃ klεʀ, e də gʀãzjø blø. **10.** e bjɛ̃? kεski lyi aʀivø? **11.** εl vasmaʀje ʒõdi pʀɔʃɛ̃. **12.** avεk ki? **13.** avεk ʃaʀldypõ. **14.** ʒkɔnε tʀεbjɛ̃ ʃaʀl. **15.** kεskil fε. **16.** iletɛ̃ʒenjœʀ elεktʀisjɛ̃. **17.** kə pãsevud sə maʀjaʒ? **18.** ʒəpãs kəʃaʀl ad la ʃãs. **19.** ilε ʒãti, ʀiʃ, e sɛ̃patik. **20.** sa fytyʀ fam ε ʀavisãt e εl a bokud talã.

CONVERSATION 11

IPA transcription of dialog

yn pʀɔmnad

1. vule vu fεʀyn pʀɔmnad? **2.** ʒvø bjɛ̃. kεltãfεtil? **3.** ilfε bo. mε ilfεdy vã.

4. ɛskil fɛ fʀwa? 5. nõ, padytu. 6. ilnəfɛ ni tʀoʃo ni tʀofʀwa. 7. sɛtœ̃ bo tã puʀ ynpʀɔmnad. 8. fotil pʀɑ̃dʀ œ̃nɛ̃pɛʀmeabl u œ̃ paʀaplɥi? 9. snɛ pɑ la pɛn. 10. il nəvapɑ plœvwaʀ. 11. vuzɛt syʀ kil nəvapɑ plœvwaʀ? 12. bjɛ̃ syʀ. 13. ʀgaʀde ləsjɛlblø. 14. lə sɔlej brij e ilnjapɑzœ̃ sœl nɥaʒ. 15. sɛtœ̃tɑ̃ pʀɛskideal. 16. bõ. ʒvukʀwa. 17. kɔmtuʒuʀ, ʒe kõfjɑ̃s ã vu.

(ynœʀ ply taʀ)

18. il pløt, il plø(t)avɛʀs. 19. ʒəsɥi muje ʒyskozo. 20. sɛ vɔtʀə fot. 21. ma fot? kɔmɑ̃ sla? 22. vusave bjɛ̃. ʒne ply kõfjɑ̃s ãvu.

Exercise on [u] (vous) and [y] (sûr).

A. *Repeat each of the following words and phrases, making it a point to sound the* [u] *clearly — without sounding an* **i** *or* **e** *before the* [u] *or* [ŭ] *after it.*

1. Bonjour. 2. beaucoup. 3. Voulez-vous faire une promenade? 4. douze. 5. C'est tout.

CONVERSATION 12

IPA transcription of dialog

le sɛzõ

1. ʀgaʀd laneʒ! 2. tjɛ̃! sɛ lapʀəmjɛʀ fwa kilneʒ sɛtane. 3. ʒnɛm pɑdytu livɛʀ. 4. puʀkwapɑ? 5. livɛʀ a se plɛziʀ, kɔm lezotʀə sɛzõ. 6. õ pø patine, ale oteɑtʀ, ubjɛ̃ ʒwe o kaʀt, ekute de disk, ʀgaʀde la televizjõ. . . . 7. wi, mɛ livɛʀ dyʀ tʀo lõtɑ̃. 8. kɛl sɛzõ pʀefɛʀty, alɔʀ? 9. ʒə kʀwa kəʒ pʀefɛʀ lete. 10. ʒɛm naʒe, pʀɑ̃dʀə de bɛ̃dsɔlej, fɛʀdəlavwal, ale a la kɑ̃paɲ. 11. mɛ la kɑ̃paɲ etosiagʀeabl ãnotɔn kãnete. 12. syʀtu, il fɛ mwɛ̃ʃo. 13. wi lotɔn kɔmɑ̃s bjɛ̃. 14. mɛ il fini mal. 15. mwa ʒɛmmjø lpʀɛ̃tɑ̃. 16. tya ʀɛzõ. 17. tulmõd etøʀød vwaʀ vəniʀ lə pʀɛ̃tɑ̃. 18. pøtetʀə paʀsəkə sɛlkɔmɑ̃smɑ̃d la bɛl sɛzõ.

Exercise on [p], [f], [k].

These consonants are much like their English equivalents except that they are pronounced with noticeably less breath.

Pronounce each of the following with as little breath as possible:

A. [p]: **1.** le papier. **2.** on peut. **3.** on ne peut pas. **4.** Et puis, on peut patiner. **5.** On peut patiner un peu. **6.** un peu plus tard.

B. [f]: **1.** des fleurs. **2.** faire du ski. **3.** je préfère. **4.** des feuilles. **5.** la première fois.

C. [k]: **1.** Quelle heure est-il? **2.** la campagne. **3.** le café. **4.** Quelle est votre profession? **5.** Quand allez-vous à Caen [kã]? **6.** Quand allez-vous à Cannes [kan]?

CONVERSATION 13

IPA transcription of dialog

ʒã fɛ dekuʀs

1. ʒedekuʀsafɛʀ. **2.** ʒvødabɔʀ aʃte dypɛ̃. **3.** õvãdypɛ̃ alepisʀi, nɛspɑ? **4.** nõ. ilfotale ala bulãʒʀi. **5.** ãsɥit, ʒvø(z)aʃted lavjãd. **6.** kɛlɛspɛs dəvjãd? **7.** dybœf e dypɔʀ. **8.** puʀ ləbœf, ale(z)ala buʃʀi. **9.** puʀ ləpɔʀ, ale(z)ala ʃaʀkytʀi. **10.** fotil ale a dø magazɛ̃ difeʀã? **11.** wi. ãfʀãs, leʃaʀkytje vãd dypɔʀ. **12.** lebuʃe vãd lezotʀəzɛspɛs dəvjãd. **13.** ʒvø(z)aʃte osi dypapje alɛtʀ. **14.** õvã dypapjealɛtʀ alafaʀmasi, nɛspɑ? **15.** nõ. lefaʀmasjɛ̃n vãd kədemedikamã. **16.** u fotilale alɔʀ? **17.** ale(z)ala paptʀi *or* papɛtʀi u o byʀodtaba. **18.** ɛ̃si, lebuʃen vãd pɑdpɔʀ, lefaʀmasjɛ̃n vãd kə demedikamã, e õvã dypapjealɛtʀ dãlebyʀodtaba! **19.** vu puvezale o sypɛʀmaʀʃe, si vuvule. **20.** õtʀuv la œ̃pø dətu, kɔm ãnameʀik. **21.** o nõ! ʒɛm bjɛ̃ koze avɛk lemaʀʃã.

CONVERSATION 14

IPA transcription of dialog

ynɛ̃vitasjõ

1. ʒsɥizɛ̃vite ʃe le bʀun. le kɔnɛty? **2.** nõ, ʒənle kɔnɛ pɑ. **3.** eskil sõtameʀikɛ̃? **4.** məsjø bʀun ɛtameʀikɛ̃, mɛ safam ɛ fʀãsɛz. **5.** kã səməsjø bʀun ɛtil vəny ã fʀãs? **6.** ʒən sɛpɑ(z)o ʒyst. **7.** ʒəkʀwa kilɛvny ã fʀãs ilja sɛ̃ku sizã. **8.** etil vəny diʀɛktəmã dezetazyni? **9.** nõ, ʒəkʀwa kil a pase dø(z)utʀwazã ãnãɡlətɛʀ. **10.** vwala œ̃nɔm kis deplas. **11.** kɛskilɛvny fɛʀ ã fʀãs? **12.** ilɛ bãkje. **13.** sa bãk sətʀuv pʀɛd lɔpeʀa. **14.** ilabit pʀɛdy bwad bulɔɲ. **15.** eskil paʀlə fʀãsɛ? **16.** tʀɛ kuʀamã, mɛ, elas, avɛk œ̃ fɔʀtaksã ameʀikɛ̃. **17.** tyl kɔnɛdpɥi lõtã?

396

18. sɛtœ̃ vjɛjamid mõpɛʀ. **19.** ʒle vy suvɑ̃ ʃenu a filadɛlfi. **20.** sa famelɥi õ tujuʀ ete tʀɛzɛmablə puʀ mwa.

CONVERSATION 15

IPA transcription of dialog

ynʀɔb sɑ̃sɑsjɔnɛl

1. u ɛtvuzale sɛtapʀɛmidi? **2.** ʒsɥizale ɑ̃vil. **3.** kɛskə vuzavefɛ? **4.** ʒe fɛ de kuʀs. **5.** kɛskə vuzave(z)aʃte dɛ̃teʀɛsɑ̃? **6.** bokud ʃoz. ʒsɥi dabɔʀ ale o pʀizynik. **7.** œ̃ pʀizynik? kɛskəsɛksa? **8.** sɛtœ̃ magazɛ̃ u õ vɑ̃ dətu a bõ maʀʃe. **9.** avevufɛ də bɔnzafɛʀ? **10.** e kɔmɑ̃! ʒe dekuvɛʀ yn ʀɔb sɑ̃sɑsjɔnɛl e pɑ ʃɛʀ dytu. **11.** la ʀɔb kəvupɔʀte? **12.** mɛwi. kɔmɑ̃ latʀuvevu? **13.** ɛlɛtɔʀiʒinal, e ɛl vu va aʀaviʀ. **14.** ʒe maʀʃe tu tapʀɛmidi. ʒsɥizœ̃pø fatige. **15.** vuzɛt(z)ale ɑ̃vil a pje? **16.** wi, ʒe vuly pʀɔfite dybotɑ̃. **17.** ɑ̃ tu ka, sɛt pʀɔmnadə mafɛ bokud bjɛ̃. **18.** syʀtu, ʒe tʀuve yn ʀɔb kimplɛ boku — ɛgzaktəmɑ̃ skəʒvulɛ.

CONVERSATION 16

IPA transcription of dialog

ʒɑ̃ lu œ̃napaʀtəmɑ̃

1. bõʒuʀ madam. vuzave œ̃napaʀtəmɑ̃ a lwe, nɛspɑ? **2.** mɛwi məsjø. ʒɑ̃ne œ̃no pʀɔmje. **3.** ɛskəʒ pøl vwaʀ? **4.** sɛʀtɛnmɑ̃ məsjø. paʀisi. **5.** sɛ la prəmjɛʀ pɔʀt adʀwat, ɑ̃ od lɛskalje. **6.** vulevu bjɛ̃ mõte? **7.** vɔlõtjɛ. **8.** vwasi lapaʀtemɑ̃. kɔmɑ̃ltʀuve vu. **9.** ʒəltʀuv vʀemɑ̃ tʀezagʀeabl. **10.** e ilɛ tʀetʀɑ̃kil, məsjø. **11.** ilnja ʒamɛdbʀɥi dɑ̃lkaʀtje. **12.** tɑ̃mjø, kaʀ nuzavõ suvɑ̃ bəzwɛ̃d tʀavajelswaʀ. **13.** vwasi la saldəbɛ̃. nuzavõl ʃofaʒ sɑ̃tʀal, bjɛ̃nɑ̃tɑ̃dy, e loʃod tutlaʒuʀne. **14.** kɛlɛl(ə)lwaje, silvuplɛ? **15.** ɥisɑ̃sɛ̃kɑ̃t fʀɑ̃ paʀ mwa məsjø. **16.** ʒəkʀwak sɛtapaʀtəmɑ̃ nu kõvjɛ̃dʀa tutafɛ. **17.** mõnami vjɛ̃dʀal(ə)vwaʀ dəmɛ̃. **18.** ɛskədmɛ̃ vu kõvjɛ̃? **19.** mɛwi məsjø, paʀfɛtmɑ̃. ʒvuzatɑ̃dʀe. **20.** sɛtɑ̃tɑ̃dy. admɛ̃ dõk, madam.

CONVERSATION 17

IPA transcription of dialog

maʀi va ɑ̃vil

1. u iʀevu sɛtapʀɛmidi? **2.** ʒiʀe ɑ̃vil. **3.** kɛskə vufʀe? **4.** ʒɔfʀe de kuʀs. **397**

5. keskəvuzaʃetʀe?   6. ʒaʃetʀe kɛlkəʃoz puʀ ʀɔʒe — œ̃ pylover u otʀəʃoz. 7. sɛdmɛ̃ sõnanivɛʀseʀ.   8. kɔmã iʀevu ãvil?   9. ʒiʀe a pje, silfɛbo.   10. vusʀe bjɛ̃to fatige.   11. puʀkwan pʀənevu pal metʀo?   12. ʒnɛmpɑ pʀãdʀəl metʀo. 13. ozœʀ daflyãs, ilja tʀodmõd.   14. kɛskəvufʀe sil plø?   15. sil plø, ʒpʀãdʀe œ̃ taksi.   16. a kɛlœʀ ʀãtʀəʀe vu?   17. ʒəʀãtʀəʀed bɔnœʀ, avã sɛ̃kœʀ. 18. nublije pɑ kənuzalõ tu letʀwɑ o sinema sə swaʀ.   19. swaje tʀãkil. ʒnublijʀe pɑ.   20. akɛlœʀ ʀɔʒe vjɛ̃dʀatil vu ʃɛʀʃe?   21. ilvjɛ̃dʀam ʃɛʀʃe aɥitœʀ pʀesiz, ditil.   22. vəne dõk veʀ ɥitœʀ.   23. ãtãdy, asəswaʀ.

If you can produce a French uvular [ʀ] easily and naturally before and after all the vowels you do not need to do the following exercise. But if you are still having a little trouble with it, this is the point beyond which you should no longer postpone mastering it.

A. *Review the exercise on* [ʀ] *from the first pronunciation exercise on pp. 378–379.*

B. *Repeat carefully each of the following:*

1. le rat, l'art, la gare, rare, une orange.
2. près, très, rester, l'air, la guerre.
3. répéter, je ferai, je serai, rentrer, je rentrerai.
4. Paris, Américain, j'écrirai, j'irai, je rirai (*I shall laugh*).
5. l'heure, l'aurore, l'horreur, des roses, la route.
6. la rue, le fruit, le bruit, on construit, je crois, j'ai cru.
7. (*a*) A quelle heure finirez-vous votre travail?
   (*b*) Je rentrerai de bonne heure.
   (*c*) Je n'oublierai pas notre rendez-vous.

CONVERSATION 18

IPA transcription of dialog

vwajaʒa ʀɛ̃s

o giʃe, a la gaʀ də lɛst

1. ʒvudʀe œ̃ bijɛ ale eʀtuʀ puʀ ʀɛ̃s.   2. kɛl klɑs, məsjø?   3. s(ə)gõd, silvuplɛ. 4. kõbjɛ̃dtãsbije ɛtilbõ?   5. kɛ̃z ʒuʀ, məsjø.   6. ɛskəʒdwa ʃãʒedtʀɛ̃ ãʀut? 7. wi, vudve ʃãʒe a epɛʀnɛ.   8. kõbjɛ̃dtã fotilatãdʀə lakɔʀɛspõdãs?   9. vuzɔʀe apøpʀɛ yn dəmi œ̃ʀ a epɛʀnɛ.

syʀ ləke a epɛʀnɛ

10. paʀdõ. syʀ kɛl vwa lətʀɛ̃dʀɛs aʀivtil? **11.** isi, məsjø, syʀ la pʀəmjeʀ vwa.
12. l(ə)tʀɛ̃ ɛtilalœʀ? **13.** wi məsjø. ɑ̃ fʀɑ̃s, letʀɛ̃nsõʒamɛ ɑ̃ʀtaʀ. **14.** o
vʀɛmɑ̃? ɑ̃skala, ɛskə ʒɔʀɛltɑ̃ dale obyfɛ? **15.** vupuve(z)esɛje, mɛ depeʃevu.
16. l(ə)tʀɛ̃ saʀɛt sœlmɑ̃ tʀwɑ minyt. **17.** sivumɑ̃kestʀɛ̃, vusʀezɔbliʒed pɑselɑnɥi
a epɛʀnɛ.

CONVERSATION 19

IPA transcription of dialog

a la samaʀitɛn

1. tjɛ̃, bõʒuʀ məsjø dyplɛsi. **2.** kəmɑ̃talevu? **3.** savabjɛ̃. **4.** evumɛm? **5.** bjɛ̃
mɛʀsi. **6.** kɛs kəʒpøfɛʀ puʀvu? **7.** tudabɔʀ, ʒe bəzwɛ̃də gɑ̃. **8.** dəkɛlkulœʀ?
9. gʀiklɛʀ u gʀifõse, ʒənsɛpa(z)oʒyst. **10.** ɑ̃ vwasi yn ʒɔlipɛʀ kinkut kə kaʀɑ̃tsɛ̃
fʀɑ̃. **11.** puʀ ləpʀi, vuntʀuvʀe ʀjɛ̃dmɛjœʀ. **12.** ɑ̃navevu dotʀə? **13.** ʒekʀwakəʒ
pʀefɛʀ de gɑ̃ gʀi klɛʀ. **14.** ɑ̃vwasi ki sõtʀɛ bjɛ̃, ø osi. (illezɛsɛ) **15.** bõ,
dɔnelemwa. **16.** kõbjɛ̃ kut se muʃwaʀ? **17.** sɛ̃ fʀɑ̃ pjɛs. **18.** dɔnemɑ̃ yn dəmi
duzɛn. **19.** otʀəʃoz, məsjø? **20.** kɛlelpʀid sɛt sɛ̃tyʀ. **21.** vɛ̃tsɛ̃fʀɑ̃, məsjø.
22. ʒla pʀɑ̃dʀe osi. **23.** slafɛ kõbjɛ̃ɑtu. **24.** slafɛ katʀəvɛ̃kɛ̃z fʀɑ̃.
25. maløʀəzmɑ̃, ʒən ʀɑ̃tʀəpɑ ʃemwa mɛ̃tnɑ̃. **26.** slanfɛʀjɛ̃, nuvuzɑ̃veʀõ vozaʃa
sɛtapʀemidi. **27.** vu ʀəsəvre lafaktyʀ a lafɛ̃dymwa, kɔmdabityd.

CONVERSATION 20

IPA transcription of dialog

alaʀɛdlotobys

1. bõʒuʀ maʀi, kɛskətyfɛ isi? **2.** tyvwa, ʒatɑ̃ lotobys. **3.** ɛskəty latɑ̃ dəpɥi
lõtɑ̃? **4.** vwala bjɛ̃ œ̃ kaʀdœʀ kəʒ latɑ̃. **5.** vʀɛmɑ̃? ilnɛpɑ pɑse dotobys dəpɥi œ̃
kaʀdœʀ? **6.** ilɑ̃nɛ pɑse œ̃. **7.** puʀkwan latypɑ pʀi? **8.** ʒne pɑ py mõte.
pɑdplas. **9.** ɑ̃ vwasiœ̃kiaʀiv. **10.** ʒvwa de ʒɑ̃dbu. **11.** sanfɛʀjɛ̃. mõtõ tudmɛm.
(dɑ̃lotobys) **12.** õnɛtœ̃pø sɛʀe, bokumɛm. **13.** il jɔʀa sɑ̃dut dəlaplas plylwɛ̃,
kɑ̃leʒɑ̃kəmɑ̃sʀõ adesɑ̃dʀ. **14.** ʒlɛspɛʀ bjɛ̃. **15.** udesɑ̃ty? **16.** alaʀɛdla ʀydʀivɔli.
17. ʒve fɛʀ dezɑ̃plɛt. **18.** mwaʒvɛ ʃel kwafœʀ məʃɛʀ kupe le ʃvø. **19.** sity vø,
ʒəfʀe œ̃ ptibud ʃəmɛ̃ avɛktwa. **20.** fɔʀ bjɛ̃. səsʀa ʒɑ̃ti dətapaʀ. **399**

CONVERSATION 21

IPA transcription of dialog

kãʒaveduzã

1. akɛlekɔl alɛty kã tyavɛ duzã? **2.** ʒalɛ(z)okɔleʒ, sɛtadiʀ alekɔl sgõdɛʀ. **3.** u abitɛty a smɔmãla? **4.** ʒabitɛ(z)yn pətitvil dezalp. **5.** i ɛtyʒamɛʀtuʀne? **6.** wi, ʒi sɥiʀtuʀne ilja kɛlkəzane. **7.** õni a kõstʀɥi ynyzin dəpʀɔdɥi ʃimik. **8.** apaʀsa, la vilapøʃãʒe. **9.** ɛletãkɔʀ apøpʀɛ tɛl kəʒə la kɔnesɛ. **10.** kɛskə ty fəze alekɔl? **11.** ʒətʀavaje ɥitœʀ paʀ ʒuʀ. **12.** ʒi alɛ tu lematẽ a ɥitœʀ e ʒã sɔʀtɛ a katʀœʀ də lapʀemidi. **13.** ləpiʀ, setɛ livɛʀ, kãtiljaved laneʒ. **14.** etje vu nõbʀø dã sɛtekɔl? **15.** nõ, ilnjave gɛʀply d'yn sãtəndelɛv. **16.** ʒəkʀwakõtʀavaje tʀo dã tõnekɔl. **17.** ʒən sɥi pɑ tutafɛ də tõnavi, ʒã. **18.** ʒəkʀwa kə malgʀetu, sɛtekɔl mafɛ bokud bjẽ.

CONVERSATION 22

IPA transcription of dialog

ẽ ʀym

1. bõʒuʀ maʀi. ʒən vuzepɑ vy ala sotʀi de bədɛl samdi swaʀ. **2.** ʒespeʀɛ puʀtã vuzivwaʀ. **3.** ʒsɥi ʀɛste alamezõ səswaʀla. **4.** ʒənmə sãtepɑ tʀɛbjẽ. **5.** ʒespeʀ kə sla netɛ ʀjẽ. **6.** ʒlɛspeʀɛ osi. **7.** mɛl(ə) lãdmẽ, ʒtusɛ e ʒave malalagɔʀʒ. **8.** avevufɛvniʀ ləmedsẽ? **9.** fɛʀvəniʀ ləmedsẽ? vu plezãte. **10.** mẽtnã, il fotale l(ə)vwaʀ vumɛm. **11.** nõ, ʒə lɥi e paʀle o telefɔn. **12.** sete tusẽpləmã ẽ ʀym. **13.** il makõseje də pʀãdʀə də laspiʀin. **14.** ləʀmed yniveʀsel, səlɥi ki gɛʀitu — upʀɛskətu! **15.** ʒsɥi ʀɛste alamezõ døʒuʀ, aliʀ o kwẽ dyfø. **16.** mẽtnã, ʒvɛ boku mjø. **17.** mɛ kəmã ave vu(z)atʀape sa? **18.** ʒnãse ʀjẽdytu. **19.** ã tu kɑ, vufʀɛ bjẽ də vuʀpoze. **20.** il fosmefie de ʀym. **21.** swaɲe vu bjẽ. **22.** o! ʒnã muʀe pɑ.

CONVERSATION 23

IPA transcription of dialog

uɛmakʀavat?

1. səʀaty bjẽto pʀɛ, ʒã? **2.** nusɔmzẽvite puʀ sɛtœʀ edmi. **3.** ilɛ pʀɛskə lœʀ dəpaʀtiʀ. **4.** wi, tutalœʀ. **5.** ʒəʃɛʀʃ makʀavat ʀuʒ. **6.** ʒe ʃɛʀʃe paʀtu. **7.** ʒənsepɑ u ʒlemiz. **8.** ʒpøtəpʀɛte yn de mjen, sityvø. **9.** ãnaty yn ʀuʒ?

400

10. ʒãne yn kiʀsãbl a latjɛn. **11.** lamjɛn ɛtœ̃pø ply fõse, me ɛl fəʀa lafeʀ, ʒəkʀwa. **12.** meʀsi ɛ̃finimã. ʒɛm mjø ta kʀavat kəlamjɛn. (metã la kʀavat) **13.** akɛlœʀ tõnami vjɛ̃til nu ʃɛʀʃe? **14.** a sɛtœʀ e kaʀ. **15.** il vjɛ̃ nu ʃɛʀʃe dã sanuvɛl oto. **16.** vwasi ynoto ki saʀet dəvã lapɔʀt. **17.** dəkɛl kulœʀ ɛ lasjɛn? **18.** sɛtynoto griz. **19.** il klaksɔn. sɛlɥi sãzokœ̃dut. **20.** mɛ̃tnã, uɛ mõ pɔʀtəfœj? (ʀi ã) **21.** ʒpøtəpʀɛtelmjɛ̃, sity vø. **22.** a! vwalal mjɛ̃. **23.** meʀsi puʀtã də mɔfʀiʀ lətjɛ̃. **24.** vwala ski sapɛl ɛtrœ̃nami devwe.

CONVERSATION 24

IPA transcription of dialog

ʀətuʀ də vakãs

1. tjɛ̃, bõswaʀ, maʀi! vuzɛt dəʀtuʀ? **2.** ʒsɥi kõtãd vuʀvwaʀ. **3.** avevupased-bɔnvakãs dənɔel ãbʀətaɲ? **4.** wi, ɛksɛlãt, meʀsi; me tʀokuʀt, kɔm tutlevakãs. **5.** kãɛtvu ʀəvny? **6.** jeʀswaʀ a vɛ̃ttʀwazʀœʀ. **7.** avevu febõvwajaʒ? **8.** o! nə mã paʀlepa! **9.** a ʀɛn, lɛkspʀɛsdəpaʀi etɛbõde. **10.** ʒe apɛn pytʀuve ynplas. **11.** e pɥi, leʒãfymɛ. **12.** e ilfəzɛ(t)ɔʀibləmã ʃo dãlkõpaʀtimã. **13.** vunave padʃãs. **14.** ʒedine ovagõ ʀɛstɔʀã. **15.** sɛ la sœlpaʀti dyvwajaʒ kietɛ sypɔʀtabl. **16.** ɛmevu dine ovagõ ʀɛstɔʀã? **17.** ase. sɛtynfasõd pase yndəmiœʀ. **18.** kɛskəvuzavefɛ l(ə)ʒuʀ dənɔel? **19.** skõfe paʀtu səʒuʀla. **20.** nusɔmzale alamɛsdəminɥi. **21.** nuzavõfɛlʀevɛjõ ʃe le keʀgelɛn. **22.** ʒəmsɥi bjɛ̃namyze.

CONVERSATION 25

IPA transcription of dialog

siʒeteʀiʃ

1. kɛskətyfəʀe sityeteʀiʃ, ʀɔʒe? **2.** ʒɔnsepa(z)o ʒyst. **3.** nəvudʀetypɑ vwajaʒe? **4.** si, bjɛ̃nãtãdy. **5.** ʒvudʀe vizite plyzjœʀ pɛi(z)etʀãʒe. **6.** u iʀety? **7.** ʒiʀɛ(z)-ãnitali, vizite flɔʀãs e ʀɔm. **8.** ozetazyni vwaʀ le ʃyt dy niagaʀa. **9.** ã ʃin e o ʒapõ vwaʀ skis pɑs labɑ. **10.** ɛskə sɛ tu? **11.** nõ. ʒaʃetʀe yn gʀos oto, e ʒiʀe mamyze o bɔʀdəlameʀ. **12.** tysʀe vit fatige də tusla. **13.** sepɔsibl. **14.** natyʀɛlmã, ʒəsʀe filãtʀɔp. **15.** ʒvjɛ̃dʀe a lɛd demaløʀø, dedezeʀite. **16.** kɛskəty fʀe, paʀegzãpl? **17.** ʒmɔkypʀe depʀɔblem də lœʀ aktɥel. **18.** dəlasyʀpɔpylasjõ, dəlapɔlysjõ dəleʀ, dəlyzaʒ de stypefjã, ɛtseteʀa. **19.** nubliepɑ spãdã kəl sɔʀ dezɔm ɛ bjɛ̃ mejœʀ kotʀəfwa. **20.** levil etetãkɔʀbjɛ̃ plysal ilja døz u tʀwasãzã. **21.** sɛ pɔsibl. ʒəsypoz kə ʃak ʒeneʀasjõ ɑ se pʀɔpʀə pʀɔblɛm.

CONVERSATION 26

IPA transcription of dialog

a vɛʀsaj

1. ʒən kʀwaje pɑ vɛʀsaj si gʀɑ̃. **2.** tut ɛ maʒestɥø: le vastə saldypalɛ, le lõgzaledypaʀk, le ʒaʀdɛ̃, le fõten. **3.** sɛ lwikatɔʀz ki, kɔmtylsɛ, a fɛ kõstʀɥiʀ vɛʀsaj. **4.** ilafɛ tʀavaje isi sɛ̃kɑ̃tɑ̃, plyzumwɛ̃. **5.** õdikɑ̃ sɛz sɑ̃ katʀəvɛ̃ sɛk, tʀɑ̃t mil uvʀie tʀavaje avɛʀsaj. **6.** kɛskəseksɛt pjɛs do laba, dɑ̃lə lwɛ̃tɛ̃? **7.** õlapɛl lapjɛsdo de sɥis. **8.** otɑ̃ dy gʀɑ̃ʀwa, iljave la tutynflɔt. **9.** lɛswaʀ dete, ilvɛnə kɛlkəfwa si pʀɔmne ɑ̃ bato, avɛk de mysisjɛ̃, de tɔʀʃ, e natyʀɛlmɑ̃ laful de se kuʀtizɑ̃. **10.** tusla ɛ bjɛ̃ fini. **11.** elas wi. **12.** mɛ fotil lərgʀɛte? **13.** iljave tɑ̃dmizɛʀ dɑ̃ sõ ʀwajom. **14.** ʀgaʀd sɛt maɲifik vy syʀ lə paʀk, avɛk se laʀʒəzale e se gʀɑ̃zaʀbʀ. **15.** ila lɛʀ də kõtinɥel palɛ. **16.** il lə kõtiny ɑ̃nefe. **17.** lakɔʀ ɛ paʀfɛ ɑ̃tʀəl palɛ, le ʒaʀdɛ̃ elpaʀk. **18.** sɛtyn vy inubliabl. **19.** apʀɛzavwaʀ ɑ̃tɑ̃dy paʀle si suvɑ̃d vɛʀsaj, ʒəsɥi vʀɛmɑ̃ tʀɛzøʀø detʀəvənyisi.

CONVERSATION 27

IPA transcription of dialog

kɛskətya?

1. kɛskətya, maʀi? **2.** ʒneʀjɛ̃ dytu, ʒtasyʀ. **3.** mɛsi, tyakɛlkəʃoz. **4.** tya lɛʀtʀist. **5.** akwa pɑ̃sty? **6.** ʒpɑ̃s aʒɑn. lakɔnety? **7.** nõ. ʒənkʀwapɑ. ki ɛs? **8.** sɛtyndəmekuzin. **9.** tya tɑ̃dkuzin. **10.** lakɛldətekuzin ɛs? **11.** sɛ makuzin kidmœʀaʀɛ̃s. **12.** o wi! tymadeʒa parledɛl. **13.** kɛski lɥi etaʀive? **14.** ʒeʀsy jer ynletʀə dəmatɑ̃t ɛʀnestin. **15.** ɛlmekʀi k(ə)ʒɑn vasmaʀje ʒødipʀɔʃɛ̃. **16.** kwa? ɛskə setnuveltəʀɑ̃ tʀist? tyeʒaluz? **17.** nõ, ʒən sɥi nitʀist niʒaluz. **18.** kɛskitɑ̃nɥi, alɔʀ? **19.** sɛkə ʒənpuʀepɑzale asõmaʀjaʒ. **20.** sɛdɔmaʒ, ɑ̃nefe. **21.** avɛk ki takuzin s(ə)maʀitel? **22.** avɛk œ̃ʒœnaʀʃitɛkt kəʒkɔnesɛ kɑ̃tilavedizɑ̃. **23.** kɔm lətɑ̃pɑs!

CONVERSATION 28

IPA transcription of dialog

o kɔmisaʀjadpɔlis

1. (lkɔmisɛʀ d(ə) pɔlis) vuzɛt bjɛ̃ məsjø ʒɑ̃ yg, ɛ̃ʒenjœʀʃimist, **2.** dəmœʀɑ̃ ɥit ʀydydɔktœʀ ʀu?   **3.** wi, məsjølkɔmisɛʀ.   **4.** jɛʀapʀɛmidi, vuzavezete temwẽdlaksidɑ̃   **5.** okuʀdykɛl lədɔktœʀ lɑ̃bɛʀ aeteblɛse?   **6.** wi, məsjø lkɔmisɛʀ.   **7.** u etjevu omɔmɑ̃ u loto dydɔktœʀ,   **8.** ki sɥivɛ laʀydvoʒiʀaʀ, **9.** ɛtɑ̃tʀe ɑ̃kɔlizjõ avɛkœ̃ kamjõ   **10.** kivənɛdlavny pastœʀ?   **11.** ʒetɛdvɑ̃ lẽstity pastœʀ.   **12.** kɔmɑ̃ laksidɑ̃ atilyljø?   **13.** laʃose etɛ tʀɛglisɑ̃t,   **14.** kaʀ ilavɛply. **15.** lədɔktœʀlɑ̃bɛʀ, dõlotoalɛ tʀɛvit,   **16.** napɑpy saʀɛte atɑ̃.   **17.** akɛlvitɛs ləkamjõ alɛtil   **18.** kɑ̃ laksidɑ̃ ayljø?   **19.** a ɑ̃viʀõ tʀɑ̃t kilɔmɛtʀalœʀ. **20.** ʒvuʀmɛʀsi, məsjø.   **21.** skəvuvneddiʀ   **22.** ɛdakɔʀ avɛk leʀɑ̃sɛɲmɑ̃k nuzavõ deʒa.

CONVERSATION 29

IPA transcription of dialog

ʃe lɔʀlɔʒe

1. kɛskəʒpøfɛʀ puʀvu, məsjø?   **2.** ʒvudʀɛ fɛʀ ʀepaʀe sɛt mõtʀ.   **3.** ʒle lesetõbe jɛʀ,   **4.** e ɛlnəmaʀʃə ply.   **5.** u avevuzaʃtesɛtmõtʀəla?   **6.** ʒleaʃte ɑ̃namɛʀik. **7.** ʒmɑ̃dutɛ.   **8.** sɛ lapʀəmjɛʀ fwa kəʒvwa yn mõtʀə də sɛt maʀk.   **9.** ɛskəvupuʀe laʀepaʀe tud mɛm?   **10.** ʒkʀwa.   **11.** dəkwa saʒitil?   **12.** ilsaʒi dynʀepaʀasjõ sẽpl.   **13.** mɛ ʒəsʀe ɔbliʒed fɛʀvəniʀ œ̃ʀsɔʀ.   **14.** puvevumdiʀ kɑ̃ mamõtʀəsʀapʀɛt?   **15.** vwajõ . . . ʒvɛkɔmɑ̃de oʒuʀdɥi lɛʀsɔʀ dõʒebɔzwẽ. **16.** ʒəlʀəsəvʀe sɑ̃dut vɛʀ ləmiljødlasmɛnpʀɔʃen.   **17.** ʒvudʀɛ bjẽ(n)avwaʀ mamõtʀ lə plyto pɔsibl.   **18.** ʀəvne doʒuʀdɥi ɑ̃ kẽz.   **19.** bõ. ʒatɑ̃dʀe ʒyskə la.

CONVERSATION 30

IPA transcription of dialog

o bõ maʀʃe

1. kədeziʀevu, madmwazɛl?   **2.** ʒvudʀɛ yn eʃaʀp.   **3.** ʃwazise, madmwazɛl. nuzavõ œ̃nɛksɛlɑ̃ ʃwa.   **4.** yn də mezami ɑ̃nayn kə ʒɛm boku.   **5.** ɛl la aʃte isi, ʒəkʀwa.   **6.** də kɛl kulœʀ ɛ sɛl dəvɔtʀami?   **7.** sɛtyneʃaʀp də swa blɑ̃ʃ. **8.** kəpɑ̃sevu də sɛlsi, madmwazɛl?   **9.** kõbjẽ ɛs?   **10.** kaʀɑ̃t fʀɑ̃.   **11.** e sɛl la? **12.** swasɑ̃tsẽ fʀɑ̃.   **13.** sɛtœ̃pøʃɛʀ.   **14.** avevu kɛlkəʃoz də mejœʀ maʀʃe?   **15.** mɛ wi, madmwazɛl. sɛlsinkut kə tʀɑ̃t dø fʀɑ̃.   **16.** ʒəkʀwak ʒɛm mjø sɛl kəvumave mõtʀe tutalœʀ.   **17.** ḷakɛl?   **18.** sɛlsi. vulevu bjẽ lamɛtʀə dɑ̃zyn bwat? **19.** vɔlõtje. deziʀevu otʀə ʃoz, madmwazɛl?   **20.** se gɑ̃ sõtɑ̃sɔld.   **21.** søsin kut kə kẽz fʀɑ̃.   **22.** sɛtynɔkazjõ maɲifik.   **23.** nõ, mɛʀsi. səsʀa tu puʀoʒuʀdɥi. **24.** tʀɛbjẽ, madmwazɛl. vulevu bjẽ pɑse a la kɛs?   **25.** vuzi tʀuvʀe vɔtʀaʃa.

403

CONVERSATION 31

IPA transcription of dialog

ɛkskyʀsjõ ala kãpaɲ

1. ilja pʀɛskədøzœʀ kənuzavõkite məlœ̃. 2. ʒkɔmɑ̃s a avwaʀ maloʒãb. 3. ʒne ply labityd dale a bisiklɛt. 4. ʒe lẽpʀɛsjõ kə nuzavõ pʀi la mɔvɛz ʀut. 5. mwa osi, ʒãnebjẽ pœʀ. 6. vwala œ̃nɔm kitʀavaj dãsõʃɑ. 7. ilpuʀa nudɔne deʀãsɛɲmã. 8. (alɔm) ɛskə nu sɔm lwẽdfõtɛnblo? 9. mɛwi, mõpovʀ məsjø. 10. ʒsɥifaʃed vuzapʀãdʀ. 11. kə vuvuzɛt trõpe dʀut. 12. kɔmã i vatõ, alɔr? 13. vuvwajes vilaʒ, labɑ? 14. sɛ baʀbizõ. alezi. 15. alasɔrti, pʀənel pʀəmje ʃmẽ agoʃ. 16. il vu mɛnʀa afõtɛnblo. 17. a kɛldistãs ɛsdisi? 18. sɛtasɛt u ɥi kilɔmɛtʀ. 19. zytalɔʀ! paʀsɛtʃalœʀ, snɛpadʀol! 20. lapʀɔʃɛnfwa, nu pʀãdʀõmav>watyʀ. 21. sivuzavɛʃo e sivuzavɛswaf, 22. vupuʀe vuzaʀɛte a baʀbizõ. 23. sɛmafam ki tjẽ ləpti cafe 24. ʒyst ãfas dəlegliz.

CONVERSATION 32

IPA transcription of dialog

aʀive ala fɛʀm dedeʃã

1. bõʒuʀ, makuzin. 2. tjẽ! bõʒuʀ, ʀɔʒe. 3. kɛl bɔnsyʀpʀiz! 4. ʒtəpʀezãt ʒã yg. 5. sɛ mõ mɛjœʀ ami. 6. ãʃãte. məsjø. 7. ʀɔʒe masuvã paʀledvu. 8. nuzavõdesided pʀofite dybotã puʀ vəniʀvuvwaʀ. 9. sɛtynɛksɛlãtide. 10. avevu fɛbõvwajaʒ? 11. wi. mɛ nusɔmzasefatige. 12. asjetwa ɛʀpoztwa. e vuzosi məsjø. 13. vulevu pʀãdʀə kɛlkəʃoz? 14. nupʀãdʀõdla bjɛʀ, si tyãna . . . 15. mɛ u sõ te fis? 16. o! tynsɛ pɑ? il sõ paʀti tu le dø tʀavaje dãzynyzin a ʀẽs. 17. lezãfãn vœl ply ʀɛste a la fɛʀm . . . 18. mɛ ʒɛspɛʀ bjẽ kə vuzale pase kɛlkəʒuʀ avɛk nu. 19. nunvulõ pa vudeʀãʒe. 20. nuzavõ lẽtãsjõd ʀəpaʀtiʀ səswaʀ. 21. vu nɛt pa pʀɛse. 22. ʀɛste o mwẽ ʒyskadmẽ. 23. mõ maʀi sʀa tʀɛzøʀød vu ʀvwaʀ. 24. maløʀøzmã, il nə sʀa geʀisi avã la tõbed lanɥi. 25. sɛlmɔmãd la mwasõ, vusave.

CONVERSATION 33

IPA transcription of dialog

dã lafɔʀed fõtɛnblo

404

1. ʒvwa deʃãpiɲõ obɔʀdlaʀut. 2. il dwatjãnavwaʀ boku dãl bwɑ. 3. si

nuzɑ̃rapɔʀtjõ kɛlkəzœ̃ alamɛzõ? **4.** ɛskəvukɔnɛse leʃɑ̃piɲõ? **5.** kɛlkəzœ̃ dɑ̃tʀø.
6. ʀamɑse sœlmɑ̃ søsi. **7.** ilsõ tʀɛfasil aʀkɔnɛtʀ. **8.** lədsy ɛ bʀœ̃ e lədsu ɛ ʒon.
9. ilnjapɑ mwajɛ̃d sətʀõpe. **10.** bõ. mɛ ʒənsɛpɑ u lemɛtʀ **11.** tjɛ̃, mɛle ladədɑ̃.
12. ɛskə səlɥisi ɛbõ? **13.** wi. **14.** e səlɥila? **15.** ɛksɛlɑ̃. **16.** o! ʒɑ̃vwaboku
opjedsɛtaʀbʀ. **17.** fɛatɑ̃sjõ! **18.** ɛskətyvø(z)ɑ̃pwazɔne tutlafamij? **19.** mɛ
seʃɑ̃piɲõ ʀəsɑ̃bl a søktyma mõtʀe. **20.** lemɔve ʃɑ̃piɲõ ʀəsɑ̃bl(ə) boku obõ.
21. tyɔʀedym diʀsa plyto. **22.** ʒe y tɔʀ dən pɑ ta pʀevniʀ. **23.** ɑ̃tukɑ, ilvomjø
lɛse sø dõtõnɛpɑsyʀ.

CONVERSATION 34

IPA transcription of dialog

a legliz dyvilaʒ

1. bõʒuʀ, məsjølkyʀe. **2.** bõʒuʀ, mezami. **3.** ɑ̃tʀedõ(k). **4.** ʒetezɑ̃tʀɛd
tʀavaje dɑ̃mõʒaʀdɛ̃ kɑ̃vuzavesɔne. **5.** nunuzɛkskyzõd vudeʀɑ̃ze kɑ̃vuzet(z)-
ɔkype. **6.** vun mədeʀɑ̃ze pɑdytu. **7.** ʒvjɛ̃d taje meʀɔzje, **8.** eʒsɥiza vɔtʀə
dispozisjõ. **9.** nuzavõzɑ̃tɑ̃dydiʀ kəvuzave yn tʀɛbɛlegliz, **10.** e nuzavõɑ̃vid
lavizite. **11.** ʒəmfʀe œ̃plɛziʀ dəvuzakõpaɲe dɑ̃vɔtʀ(ə)visit. **12.** ʒkʀɛ̃ puʀtɑ̃k
vu(n)swaje œ̃pødesy. **13.** bjɛ̃kɛl swaklase mɔnymɑ̃istɔrik, **14.** sɛtyn sɛplegliz
dəvilaʒ. **15.** ʒely kɛlkəpaʀ kɛl datdyduzjemsjɛkl. **16.** ynpaʀti sœlmɑ̃
dəledifisaktɥel dat də lepɔkʀɔman. **17.** legliz aetebʀyle ɑ̃tʀezsɑ̃katʀəvɛduz.
18. ɛl aete ɑ̃paʀti ʀkõstʀɥit osjɛkləsɥivɑ̃ ɑ̃ gɔtik flɑ̃bwajɑ̃. **19.** ʒeɑ̃tɑ̃dy paʀle
devitʀo dvɔtʀegliz. **20.** õdi kilsõ tʀevjø. **21.** ʒənkʀwapɑ kiljɛplyd dø(z)-
utʀwɑvitʀo vʀɛmɑ̃ ɑ̃sjɛ̃. **22.** laplypaʀdɑ̃tʀø sõ ʀ(ə)lativmɑ̃ mɔdɛʀn. **23.** vulevubjɛ̃
ɑ̃tʀe paʀsetpɔʀt? **24.** lɛ̃teʀjœʀ d(ə)legliz ɛtœ̃pøsõbʀ, **25.** mɛ vozjø sabityʀõvit
alɔpskyʀite.

CONVERSATION 35

IPA transcription of dialog

o ʒaʀdɛ̃

1. ilfok(ə)ʒajoʒaʀdɛ̃ kœjiʀdeflœʀ. **2.** vøtykənutedjõ? **3.** wi, mɛfɛ atɑ̃sjõd
bjɛ̃fɛʀmelapɔʀt dɛʀjɛʀtwa. **4.** ʒənvøpɑk lepul pɥisɑ̃tʀe. **5.** ɛlmɑ̃ʒapøpʀɛ
tutmasalad. **6.** kɛlflœʀ vatykœjiʀ? **7.** ʒe bɔzwɛ̃ dʀɔz e dœjɛ. **8.** ʒɑ̃fʀe œ̃bukɛ
puʀ lasalamɑ̃ʒe. **9.** tya œ̃tʀɛbɔʒaʀdɛ̃. **10.** ʒədvʀɛ mɑ̃nɔkype davɑ̃taʒ. **11.** mɛ
ʒne pɑltɑ̃. **12.** ɛskəvuzave dymais? **13.** nõ, ʒnɑ̃nepɑ. **14.** dajœʀ, lete ɛtʀofʀɛ
15. puʀkəl mais pɥis myʀiʀisi. **16.** ʒmɑ̃dutɛ œ̃pø. **17.** ʀgaʀd(ə) sepwa, **405**

seaʀikoveʀ eseʃu. **18.** ilpus ameʀvej. **19.** wi, me ilnageʀply setane.
20. ynbɔnplɥi fʀedybjẽ amelegym. **21.** vøtyk(ə) nulezaʀozjõ? **22.** ʒkʀwakil
vomjø(z)atãdʀə, **23.** ʒyskaskilfas mwẽʃo.

CONVERSATION 36

IPA transcription of dialog

yn paʀtid peʃ

1. si nuzaljõ a la peʃ dəmẽmatẽ? **2.** a kwabõ? nu natʀapʀõ ʀjẽ. **3.** sanfeʀjẽ.
4. puʀkwa vaty a la peʃ alɔʀ? **5.** ʒive paʀskə ʒem etʀa la kãpaɲ, o bɔʀdəlo, u
leʀ ɛ pyʀ, u peʀsɔn ne pʀese. **6.** ety ʒamezale a la peʃ lə matẽd bɔn œʀ? **7.** wi
ʒi sɥizale kelkəfwa. **8.** nemtypazetʀã pleneʀ? **9.** si. me ʒənpʀã ʒamed pwasõ.
10. mwa nõply. me keskə slafe? **11.** si lõnã pʀã, tã mjø, **12.** si lõnãpʀã pa, tã
pi. **13.** dimwa u ty vø ale. **14.** ʒiʀe avek twa. **15.** ʒkɔne ãnãdʀwa sulvjəpõ,
16. də lotʀə koted la ʀivjeʀ, **17.** u ilja de pwasõ gʀo kɔmsa! **18.** e ty lezatʀap?
19. nətə mɔk pad mwa. **20.** ʒãnatʀap kelkəzẽ **21.** pa tʀo suvã, ʒladme.
22. a kelœʀ aty lẽtãsjõd paʀtiʀ? **23.** də bɔnœʀ. il fodʀak nu nu ləvjõ a katʀœʀ
dy matẽ. **24.** me il nə fe pazãkɔʀ ʒuʀ a setœʀ la. **25.** ʒystəmã! nuveʀõl sɔlej
səlve syʀ la ʀivjeʀ. **26.** dəkwa təplẽty? **27.** ʒənmə plẽ pa. **28.** tutfwa, ʒem mjø
dɔʀmiʀ dã mõ li kə dɔʀmiʀ syʀ leʀb — si le pwasõn mɔʀdəpa.

CONVERSATION 37

IPA transcription of dialog

aʀive alagaʀ dəljõ

1. bõʒuʀ, ʒã. bõʒuʀ, ʀɔʒe. ʒsɥizœʀøz kəvuswaje dəʀtuʀ. **2.** nu(z)osi,
nusɔmzãʃãted vuʀvwaʀ, maʀi. **3.** vunuzave mãke boku, vusave. **4.** flatœʀ!
5. seʒãtid ta paʀ detʀ(ə) vny nuzatãdʀalagaʀ. **6.** ʒəmdəmãd sivuvuʀãdekõt
kə ʒe fe puʀ vu æ̃ gʀã sakʀifis. **7.** ʒədve ʒwe otenis s(ə)matẽ. **8.** me kã ʒeapʀik
vudəvje ʀəvniʀ oʒuʀdɥi, ʒedesided vəniʀ vuzatãdʀisi. **9.** kã atyʀsy ma depeʃ?
10. ilja apøpʀe ynœʀ. **11.** metyɔʀedym diʀ lœʀegzakt dətõnaʀive. **12.** nun-
lasavjõpa numem. **13.** nunetjõpasyʀ datʀapeltʀẽ də ɥitœʀedmi. **14.** ʒã,
vɔtʀəkõsjeʀʒ matelefɔne kæ̃ telegʀam puʀvu etaʀivesmatẽ. **15.** o! ʒseskəse.
16. elenfʀazeʀdwataʀive seʒuʀsi. **17.** elmẽdik sãdut ləʒuʀd(ə) sõnaʀive.
18. tjẽ, tjẽ! ki ɛ set elen? **19.** setynʒœnameʀiken dəmezami kietaktɥelmã a
lõdʀ. **20.** elmadmãded lɥiseʀviʀdəgid apaʀi.

CONVERSATION 38

IPA transcription of dialog

alatɛʀas dœ̃kafe

1. asɛjõnu(z)alatɛʀas dəskafe. **2.** nupuʀõ vwaʀpɑse leʒɑ̃. **3.** kɛl ɛsmɔnymɑ̃ labɑ, obudlaʀy? **4.** vudəvʀije lɔʀkɔnɛtʀ. sɛl pɑ̃teõ. **5.** o! ʒəmʀapɛl mɛ̃tnɑ̃. **6.** selɑ̃dʀwa u lõnɑ̃teʀ legʀɑ̃zɔm, nɛspɑ? **7.** wi, kɛlkəzœ̃ dɑ̃tʀø. **8.** õtʀuvla nɔtamɑ̃ letõbodvɔlteʀ ed viktɔʀygo. **9.** puʀkwa apɛltõ sɛtpaʀtidpaʀi l(ə) kaʀtjelatɛ̃? **10.** paʀskə sɛlkaʀtjedlyniveʀsite, eklələtɛ̃ etɛtotʀəfwa la lɑ̃gdə lyniveʀsite. **11.** u ɛ dõk lasɔʀbɔn? **12.** adøpɑ disi. **13.** nuziʀõ tutalœʀ, sivuvule. **14.** duvjɛ̃ sə nõ sɔʀbɔn? **15.** ʒely lɛksplikasjõ kɛlkəpaʀ, mɛ ʒən mɑ̃suvjɛ̃ply . . . **16.** sɛkotɑ̃d sɛ̃lwi, œ̃sɛʀtɛ̃ ʀɔbɛʀd(ə) sɔʀbõ afõde œ̃kɔleʒ puʀ lezetydjɑ̃d teɔlɔʒi. **17.** sə kɔleʒ, aple lasɔʀbɔn, ɛ dəvny lafakyltedelɛtʀə. **18.** tusezetydjɑ̃ õleʀ seʀjø e pʀeɔkype . . . **19.** ʒkʀwa bjɛ̃. **20.** il sõtɑ̃tʀɛ̃d pɑse lœʀz ɛgzamɛ̃, e kiɛm pɑse dezɛgzamɛ̃?

CONVERSATION 39

IPA transcription of dialog

lɔlõdeke

1. kəʀgaʀd seʒɑ̃la, lɔlõd lasɛn? **2.** ilzɛgzamin lezetalaʒ debukinist. **3.** kəvɑ̃d sebukinist? **4.** tutsɔʀtdəʃoz. **5.** lezœ̃vɑ̃d dəvjɛjzɛstɑ̃p, dotʀə detɛ̃bʀəpɔst, dotʀə dəvjɛj pjɛsdəmɔne, mɛlaplypaʀ dɑ̃tʀø fõlkɔmɛʀs delivʀ(ə) dəkɑzjõ. **6.** mõfʀɛʀ madmɑ̃ded lɥi ɑ̃vwaje detɛ̃bʀ. **7.** tʀavɛʀsõlaʀy. **8.** nupuʀõʒte œ̃kudœj syʀlezetalaʒ. **9.** savevu kɛltɛ̃bʀə vɔtʀ(ə) fʀɛʀ vøspʀɔkyʀe? **10.** wi, ʒedɑ̃mõsak ynlist kiladʀese. **11.** (o bukinist) avevu letɛ̃bʀɛ̃dike syʀsɛt list? **12.** vwajõzœ̃pø . . . maʀtinik dizɥisɑ̃katʀəvɛsis; s(ə)gõtɑpiʀ, dizɥisɑ̃sɛ̃kɑ̃ttʀwa; senegal, diznœfsɑ̃tʀwa; ɛtseteʀa. **13.** wi, madmwazɛl. ʒkʀwa lezavwaʀ tus, sɔf letɛ̃bʀə dysgõtɑpiʀ, seʀi dizɥisɑ̃sɛ̃kɑ̃ttʀwa. **14.** il nəmɑʀɛst okœ̃. **15.** tɑ̃pi. **16.** vulevu kõsylte sɛtalbɔm? **17.** vuzitʀuvʀe pøtetʀ sɛʀtɛ̃ tɛ̃bʀ kivuzɛ̃teʀɛs. **18.** ʒənkɔnɛpɑ gʀɑ̃ʃoz otɛ̃bʀəpɔst. **19.** vunaveka ʃwazir leplyʒɔli. **20.** o nõ! iljakɛlkətɑ̃, ʒe ɑ̃vwaje plyzjœʀ tɛ̃bʀ amõfʀɛʀ. **21.** ʒavɛʃwazi leplyʒɔli. **22.** mɛ ilavɛ deʒa laplypaʀ dɑ̃tʀø, e ilmadik mõʃwan valɛʀjɛ̃.

407

CONVERSATION 40

IPA transcription of dialog

o tɥilʀi

1. mɛ̃tnɑ̃, ɑ̃tʀõ dɑ̃lʒaʀdɛ̃ detɥilʀi.   **2.** kə pɑ̃sevudsəkwɛ̃d paʀi?   **3.** ʒsɥizetɔned tʀuve tɑ̃dɛspɑs okœʀmɛm dəlavil.   **4.** ʒnavɛ pɑ lamwɛ̃dʀided(ə) letɑ̃dyd laplasd(ə)lakõkɔʀd.   **5.** mɛ, ditmwa, kɛlɛsgʀɑ̃batimɑ̃dvɑ̃nu?   **6.** sɛl(ə)luvʀ, ɑ̃sjɛ̃palɛ ʀwajal.   **7.** eskəsɛla kɛlmyzedy luvʀ?   **8.** wi, lmyze ɔkyp laplygʀɑ̃dpaʀtid ledifis.   **9.** il pɔsed dimɑ̃skɔleksjõ.   **10.** e vwala laʀk də tʀiõf.   **11.** dapʀɛ lefɔtɔgʀafik ʒevy, ʒəl kʀwajɛ plygʀɑ̃.   **12.** sɛ laʀkdətʀiõf dykaʀuzɛl kəvuvwajela.   **13.** lotʀ, selɥid letwal, ɛtobudlavny de ʃɑzelize.   **14.** sivuvuʀtuʀne, vupuʀelapɛʀsəvwaʀ labɑ . . .   **15.** ʀ(ə)gaʀde sɛt pətitfij kiplœr, ʒɑ̃.   **16.** ləvɑ̃ a ɑ̃mne sõbatoavwal omiljø dybasɛ̃.   **17.** eskəvupuve lɛde?   **18.** ʒɔʀɛ bo fɛʀ.   **19.** l(ə)bato ɛtʀolwɛ̃ puʀkəʒpɥis latɛ̃dʀ.   **20.** ləvɑ̃ finiʀa sɑ̃ dut paʀ ləʀamneobɔʀ.   **21.** ʒe ɑ̃vidkœjiʀ yndəseflœʀ kɔmsuvniʀ dənɔtʀ(ə)pʀɔmnad.   **22.** gaʀdevuzɑ̃ bjɛ̃.   **23.** si ɑ̃naʒɑ̃dpɔlis vuvwajɛ, ilpuʀɛ vufɛʀ œ̃pʀɔsevɛʀbal.

CONVERSATION 41

IPA transcription of dialog

anɔtʀədam

1. nusɔm mɛ̃tnɑ̃ dɑ̃ lildəlasite.   **2.** eskõnapɛlpɑzosi setil lildəfʀɑ̃s?   **3.** ʒe pœʀ kə vun kõfõdje vozil, ɛlɛn.   **4.** lildəfʀɑ̃s ɛ laʀeʒjõ otuʀd(ə)paʀi.   **5.** lildəlasite etynil omiljød lasɛn.   **6.** ʒeʀkɔnɛ, adʀwat, letuʀ d(ə) nɔtʀədam.   **7.** sinuvizitjõ nɔtʀədam?   **8.** mɛwi. tʀavɛʀsõ laplas e ɑ̃tʀõ dɑ̃lakatedʀal.   **9.** atɑ̃dekəʒpʀɛn ynfɔto.

(dɑ̃ nɔtʀədam)

10. kɔm lɛ̃teʀjœʀ ɛvast esilɑ̃sjø!   **11.** õnozapɛnpaʀle, mɛmavwabɑs.   **12.** ʒvudʀɛbjɛ̃ asiste aynmɛs anɔtʀədam.   **13.** sivuvule, nuʀvjɛ̃dʀõ dimɑ̃ʃpʀɔʃɛ̃.   **14.** vupuʀezɑ̃tɑ̃dʀə legʀɑ̃dzɔʀg.   **15.** eskõpømõte ɑ̃ o detuʀ?   **16.** ʀjɛ̃d plyfasil, akõdisjõdavwaʀdəbɔnʒɑ̃b.   **17.** seteskalje ɑ̃kɔlimasõ nuzikõdɥiʀa.   **18.** ɑ̃naʀivɑ̃ ɑ̃ o, vupuʀepʀɑ̃dʀə dotʀəfɔto.

(ɑ̃ o dyndetuʀ dənɔtʀədam)

19. ʒsɥizesufle . . .   **20.** mɛ kɛlpanɔʀama! õvwapaʀi tutɑ̃tje.   **21.** dəvɑ̃vu, vuzave la sɛ̃tʃapɛl, ləluvʀ eleʃãzelize; syʀlaʀivgoʃ, ləkaʀtjelatɛ̃ e lasɔʀbɔn; esyʀlaʀiv dʀwat, legʀãbulvaʀ emõmaʀtʀ. **22.** ʒe ɑt dəvizite lekaʀtjedpaʀik(ə) ʒən kɔnɛpɑzãkɔʀ.

The Relation Between French Spelling and French Pronunciation

When students first begin to read French on their own, they sometimes seem to forget all they have learned about French pronunciation. They often even mispronounce words they have been using and pronouncing correctly for several weeks.

In order to combat this tendency, it is useful to explain what reading in a foreign language means (pp. xii xiii, Introduction) and give the students information about diacritical marks and about the way the various combinations of vowels and consonants are pronounced. The following section contains the material we have found most effective. Useful as this information may be, however, rather than have students study the entire section at once, we try to introduce each item at a moment when it will actually clarify a difficulty which comes up in a reading exercise. For example, the moment at which the student will perhaps be most receptive to the statement that **-ien** is pronounced [jɛ̃] as in **bien, rien, le chien** is when he stumbles on the pronunciation of a form such as **Je viendrai.**

Diacritical ʃigns

The following typographical signs are used (*a*) to distinguish between two or more possible pronunciations of a letter, or (*b*) to distinguish between two words which are pronounced alike, and, except for the diacritical marks, are spelled alike. *In no case do these signs indicate that a syllable should be stressed.*

A. The acute accent (´) (**accent aigu**) is used only on the letter **e: l'été, espérer.** The **é** is usually pronounced [e].

B. The grave accent (`) (**accent grave**) is used mostly on **e** followed by a final **s** or **-re: très, près, après-midi; père, frère, j'espère, ils allèrent.** The **è** is always pronounced [ɛ].

This accent is also used on the **a** in the preposition **à**, *to*, to distinguish it from the third person singular of the present indicative of **avoir.** Likewise **409** it is used on the **a** of the adverb **là,** *there,* to distinguish it from the article **la,** *the,* as well as on the **u** of the adverb **où,** *where,* to distinguish it from the conjunction **ou,** *or.*

C. The circumflex accent (**^**) (**accent circonflexe**) is found on all the vowels (except the semi-vowel **y**): **âme, même, île, hôtel, sûr.** An **â** is usually pronounced [ɑ], **ê** [ɛ], **î** [i], **ô** [o], **û** [y]. It used to indicate a lengthening of the vowel (resulting from the fall of a consonant) but today this lengthening is observed only in the most conservative usage.

D. The cedilla (**ɔ**) (**cédille**) under **c** indicates that the letter is pronounced [s].

E. When a diaresis (**··**) (**tréma**) is placed over the second of two vowels, it indicates that the vowel so marked begins a new syllable. **Noël, naïf.** Note, however, that the name **Saint-Saëns** is pronounced [sɛ̃ sɑ̃s].

Elision

When a vowel is dropped and replaced by an apostrophe before a word beginning with a vowel or mute **h,** elision (**élision**) is said to take place. You can't just assume that *any* final vowel is elided before all initial vowels. Elision takes place in the following cases:

A. When the article **le** or **la** is immediately followed by a noun or adjective beginning with a vowel sound, the **e** (or **a**) of the article is elided.

B. When **je, me, te, se, ce, le, la, ne, que** are immediately followed by a verb that begins with a vowel sound or the word **y** or **en,** the **e** is elided.

C. The **i** of **si** is elided when it is followed by **il, ils.** This vowel is not elided elsewhere: you write (and say) **si elle, si un homme, si on,** etc.

D. When **que, parce que, puisque, lorsque** are followed by a pronoun beginning with a vowel, the final **e** is elided: **parce qu'elle, lorsqu'il.**

Note that before the words **huit** and **onze, le** is not elided: **le huit** septembre, **le onze** mars.

Remember also that the demonstrative adjective **ce** is not elided but is replaced by the form **cet** before nouns beginning with a vowel sound.

Syllabication

In dividing French words into syllables, in so far as possible each syllable should begin with a consonant and end in a vowel.

A. When a single consonant stands between two vowels, the consonant goes with the vowel which follows it: **bu-reau, ta-bac, hô-tel, ga-rage, vou-lez.**

B. When a double consonant letter (**tt, dd, pp,** etc.) stands between two vowels:
(1) in most cases it represents a single sound and is pronounced with the following vowel: **donnez** [dɔ-ne], **allez** [a-le]. **addition** [a-di-sjõ], **intelligent** [ɛ̃tɛ-liʒɑ̃];

(2) in some cases it represents two consonants, both of which are pronounced with the following vowel: **accident** [a-ksi-dɑ̃], **suggérer** [sy-gʒe-ʀe].

C. When two or more different consonants stand between vowels:

(1) one consonant may go with the vowel that precedes and one with the one that follows: **mer-ci, par-lez, res-tau-rant, cul-ture;**

(2) two consonants may form a consonant cluster* and stand together at the beginning of the following syllable: **a-près, ta-bleau, pa-trie, é-crit;**

(3) one consonant may go with the preceding vowel and a consonant cluster* may stand together at the beginning of the next syllable: **mal-gré, ins-truit, ex-trême.**

The diagraphs **ch, ph, th, gn** (each of which of course represents a single sound) always stand with the vowel that follows.

Repeat the following pairs of words and note especially the way the French words are divided: *American,* **A-mé-ri-cain;** *nationality,* **na-tio-na-li-té;** *profession,* **pro-fes-sion;** *democratic,* **dé-mo-cra-tique;** *Philadelphia,* **Phi-la-del-phie.**

Note that **n, m** behave one way when they are followed by a vowel (**i-nutile**) and another when they are not (**in-telligent, j'ai faim**), but in both cases the principle that syllables tend to begin with a consonant and end with a vowel is preserved: [i-ny-til], [ɛ̃-tɛ-li-ʒɑ̃], [ʒe fɛ̃].

Consonants

LETTER	PRONUNCIATION	
b	[b]	*in practically all cases:* une banane, le bébé.
	[p]	*when followed by* **t** *or* **s:** absurde, absent, absolument, obtenir.
		silent when final: les soldats de plomb.

---

* The following are the consonant clusters which occur most commonly: **bl, cl, fl, gl, pl; br, cr, dr, gr, pr, tr, vr.**

LETTER	PRONUNCIATION	
c	[k]	*when followed by* **a, o, u,** *or* **l, r:** le café, le corps, la curiosité, je crois.
	[s]	*when followed by* **e, i, y:** c'est, certainement, ici, la bicyclette.
	[k]	*usually when final:* avec, le sac.
		silent in: le tabac, franc, blanc, le porc.
	[g]	*in:* second, secondaire, anecdote.
ç	[s]	*used only before* **a, o, u:** le français, le garçon, j'ai reçu.
cc	[k]	*except when followed by* **e, i, y:** accorder.
	[ks]	*when followed by* **e, i, y:** accepter, accident.
ch	[ʃ]	*usually:* chercher, le chimiste, chez, Charles.
	[k]	*sometimes:* un orchestre, le chœur.
d	[d]	*in practically all cases:* dans, l'addition, madame, le sud.
		usually silent when final: le pied, le nid, le hasard, le nord.
	[t]	*in:* tout de suite, le médecin, quand il . . .
f	[f]	*in practically all cases:* franc, le café.
	[f]	*usually when final:* le chef, neuf, le rosbif, un œuf.
		silent in: les œufs, les bœufs, la clef.
	[v]	*in:* neuf heures, neuf ans.
g	[g]	*when followed by* **a, o, u,** *or* **l, r:** la gare, grand.
	[ʒ]	*when followed by* **e, i, y:** gentil, les gens, la girafe, le gymnase.
gg	[gʒ]	*when followed by* **e, i, y:** suggérer.
gn	[ɲ]	la campagne, la Bretagne, la vigne.
gu	[g]	*in:* la guerre, le guide.
	[gɥ]	*in:* aiguille.
	[gy]	*in:* aigu.
h		*always silent:* l'homme, l'hôtel, les hors-d'œuvre.
j	[ʒ]	janvier, je déjeune.
k	[k]	le kilo, un biftek.
l	[l]	*usually pronounced even when final:* l'hôtel, le cheval.
		silent in: gentil, le fusil, le fils [fis], le pouls [pu].
	[j]	*when preceded by* **ai** *or* **ei:** le travail, le soleil, vieil, *etc.*
ll	[j]	*when preceded by* **ai, ei, ui:** travailler, vieille.
	[j]	*usually when preceded by* **i:** la fille, gentille, juillet, la famille.
	[l]	*in:* ville, village, mille, tranquille, illustrer, *etc.*
m	[m]	*when followed by a vowel letter:* aimer, madame, calme.
		when not followed by a vowel letter, **m** *causes the preceding vowel to be nasalized but is not otherwise pronounced:* faim [fɛ̃], chambre [ʃɑ̃bʀ], ensemble [ɑ̃sɑ̃bl], important [ɛ̃pɔʀtɑ̃].

412

LETTER	PRONUNCIATION	
mm	[m]	l'homme, comment, femme, évidemment.
n	[n]	*when followed by a vowel letter:* nous, une, inutile.
		when not followed by a vowel letter, **n** *nasalizes a preceding vowel but is not otherwise pronounced:* bon [bõ], vingt [vɛ̃], enfant [ãfã], intelligent [ɛ̃teliʒã], la France [lafʀãs].
		silent in **-ent** *verb endings*
nn	[n]	bonne, sonner, donnez, l'année, solennel.
p	[p]	*in practically all cases:* le papier, le départ, l'aptitude, le pneu, la psychologie, le psaume.
		usually silent when final: trop, beaucoup.
		silent in: le temps, compter, la sculpture, sept, *etc.*
q, qu	[k]	*in practically all cases:* qui, que, quel, le coq.
qu	[kw]	*in:* une aquarelle, un aquarium.
r	[ʀ]	*in practically all cases:* la rue, très, l'art, vers.
		pronounced when final in: le fer, la mer, fier, cher, car, pour, l'hiver, *etc.*
		silent in infinitive ending **-er,** *and in:* boucher, boulanger, charcutier, épicier, monsieur, léger, premier, volontiers, *etc.*
s	[s]	*at the beginning of a word or when preceded or followed by a consonant:* absent, sang, aspects, *etc.*
	[z]	*when between vowels:* la raison, la maison, les roses.
	[z]	*when linked:* vous‿avez.
		usually silent when final: les, tables, lesquels.
	[s]	*in:* le fils, mars, le sens, tous (*pronoun*), omnibus, autobus, Reims, Saint-Saëns, *etc.*
sc	[sk]	*when followed by* **a, o, u,** *or* **l, r:** la sculpture, scolaire.
	[s]	*when followed by* **e, i, y:** la science, le scénario.
ss	[s]	assez, aussi, essayer.
t	[t]	*at beginning of a syllable:* le temps, l'été, l'amitié.
		silent when final in verb forms (*except in linking*) *and in most nouns and adjectives:* le lit, élégant, différent, cent, vingt, tout, ils disent, il disait, il dit.
	[t]	*in:* l'est, l'ouest, net, la dot, Brest, tact, intact, exact.
th	[t]	le thé, le théâtre.
ti	[s]	*in* **-tion** *ending* (nation), *and in:* démocratie, initial, patience, *etc.*
v	[v]	*in all cases:* voulez-vous? avez-vous?
w	[v]	*in:* le wagon, Waterloo.
	[w]	*in:* le tramway, le sandwich.

413

LETTER	PRONUNCIATION	
x	[ks]	*in:* excellent, le luxe, l'index.
	[gz]	*in:* exact, exemple, examen.
	[s]	*in:* soixante; *and in* dix, six *when final in a phrase.*
	[z]	*in:* dix, six *when linked:* dix enfants.
		silent in: dix, six, *when followed by a word beginning with a pronounced consonant:* dix francs; *and in:* paix, voix, etc.
y	[j]	*in:* les yeux, il y a, asseyez-vous.
z	[z]	le zéro, le gaz, zut!
		silent in -ez *verb ending and in:* chez (*except in linking*).

Vowels

LETTER	PRONUNCIATION	
a, à	[a]	*in most cases:* la gare, l'accident, la table, à Paris.
	[ɑ]	*in:* pas, phrase, vase, *etc.*
â	[ɑ]	*in most cases:* âge, âme, pâle, château.
ai	[e]	*when final:* j'ai, j'irai.
	[ɛ]	*except when final:* j'avais, il avait, il fait, ils avaient.
	[ə]	*in:* nous faisons, je faisais, tu faisais, etc.
au	[o]	*in most cases:* au Canada, haut, il faut, chaud.
	[ɔ]	*in:* j'aurai, le restaurant, Paul.
ay	[ɛj]	*in:* essayer, payer, ayez.
	[ei]	*in:* le pays.
	[aj]	*in:* La Fayette.
è, ê	[ɛ]	je me lève, le père, la tête, vous êtes.
é	[e]	l'été, espérer, allé.
e	[ɛ]	*when followed by two consonants or in final syllable when followed by a single pronounced consonant:* rester, verte, avec, mettre; *and in:* il est.
	[e]	*in final syllable when followed by silent* d, f, r, z: pied, la clef, le boucher, allez; *and in:* et, *and* les, mes, *etc.*
	[ə]	*in the words* je, me, te, se, ce, le, de, ne, que; *and before a single pronounced consonant:* venir, demander, demain, cheval, parlement, comprenez.
		This [ə] *is usually omitted in conversation if it is preceded by no more than one pronounced consonant in the phrase:* seulement [sœlmã], la petite [laptit].
		silent in words of more than one syllable when final or when followed by silent s *or* nt: ville, robes, parle, parles, parlent.

414

LETTER	PRONUNCIATION	
eau	[o]	le bureau, l'eau, le veau.
ei	[ɛ]	la neige, la peine.
eu	[œ]	*in most cases when followed in the same syllable by a pronounced consonant:* neuf, leur, jeune, ils veulent;
	[ø]	*when final of a syllable or when followed by the sound* [z] *or a silent final consonant:* un peu, deux, il veut, les yeux, heureuse, jeudi, deuxième.
	[y]	*in passé simple imperfect subjunctive and past participle of* avoir: j'eus, *etc.;* il eût, *etc.;* il a eu, *etc.*
i	[i]	*normally:* ici, il finit.
	[j]	*when followed by a vowel but not preceded by a consonant cluster:* hier, papier, vieux, nation, question, banquier, janvier.
	[i-j]	*when followed by a vowel and preceded by a consonant cluster:* vous oubliez [vuzublije], il pria [il pri-ja], février [fevʀije].
o	[ɔ]	*except when followed by a silent final consonant or the sound* [z] *or* [sj]: notre, joli, l'école, objet, hors-d'œuvre, les pommes, la note, la dot, la robe.
	[o]	*when followed by a silent final consonant or the sound* [z] *or* [sj]: mot, dos, nos, gros, la rose, poser, motion.
ô	[o]	le nôtre, table d'hôte, ôter.
œu	[œ]	*when followed in the same word by a pronounced consonant:* la sœur, hors-d'œuvre, un œuf, le bœuf.
	[ø]	*in the plural forms* œufs [ø], bœufs [bø].
oi	[wa]	moi, une poire, la boîte, une fois.
	[wɑ]	trois, le mois, le bois, les pois, froid.
ou, où	[u]	nous, voulez-vous? toujours, où? ou.
oui	[wi]	Louis, oui.
oy	[waj]	loyer, soyons, voyons.
u	[y]	sur, plus, une, la rue, du café.
ua	[ɥa]	nuage.
ue	[ɥɛ]	actuel, actuellement.
ui	[ɥi]	puis, huit, je suis, la nuit, lui, le bruit, juillet.
uy	[yj]	gruyère.
	[ɥij]	fuyez, ennuyer, appuyer.
y	[i]	*in:* j'y vais, la bicyclette, Égypte, Yves, le système.

415

Nasal Vowels

A. Generally speaking, when vowels are followed by **m, n,** the vowel is nasalized and the **m, n** are not pronounced unless they stand before a vowel-letter or a second **n** or **m.**

LETTER	PRONUNCIATION	
a	[ɑ̃]	quand, sans, grand, l'anglais, la chambre, allemand.
ae	[ɑ̃]	Caen, Saint-Saëns.
ai	[ɛ̃]	le pain, le bain, la faim, la main.
ao	[ɑ̃]	Laon, le paon.
e	[ɑ̃]	en, ensemble, le temps, le membre, la dent, vendre, emmener [ɑ̃mne], l'ennui, évident.
	[ɛ̃]	examen, européen, le citoyen.
i	[ɛ̃]	la fin, le vin, vingt, impossible.
ie	[jɛ̃]	bien, rien, le chien, ancien, il tient, vous viendrez, *etc.*
	[i]	*in:* ils étudient.
	[jɑ̃]	*in:* patience, orient, science.
o	[õ]	on, bon, non, sont, onze, l'oncle, le nom, le nombre, compter.
	[ə]	*in:* monsieur.
oi	[wɛ̃]	loin, moins, le coin, le point.
u	[œ̃]	un, chacun, lundi, le parfum.
	[ɔ]	*in a few Latin words:* album, postscriptum, maximum.
ui	[ɥɛ̃]	juin.

B. Vowels followed by **mn, nn** are usually not nasalized.

a	[a]	année, constamment, élégamment.
e	[ɛ]	ennemi, prennent, tiennent, viennent.
	[a]	évidemment, solennel, la femme.
o	[ɔ]	comme, comment, bonne, sonner, l'homme, nommer, le sommeil, Sorbonne, la monnaie.

Regular Verbs

---

118. *Formation of regular verbs from key forms.*

All the forms of regular verbs can be derived from the following key forms: the present infinitive, the present indicative, the past participle, and the *passé simple*. The following paragraphs contain an explanation of the way the various forms can be derived.

---

119. *Forms that can be derived from the infinitive.*

A. To form the future tense, add to the infinitive* the endings: **-ai, -as, -a, -ons, -ez, -ont.** Examples:

donner	je donn**erai**	*I shall give*
finir	je fin**irai**	*I shall finish*
vendre	je vend**rai**	*I shall sell*

B. To form the present conditional, add to the infinitive* the endings: **-ais, -ais, -ait, -ions, -iez, -aient.** Examples:

donner	je donn**erais**	*I should* or *would give*
finir	je fin**irais**	*I should* or *would finish*
vendre	je vend**rais**	*I should* or *would sell*

---

120. *Forms that can be derived from the present indicative.†*

A. To form *the present participle*, drop the **-ons** of the first person plural of the present indicative and add the ending **-ant.** Examples:

nous donnons	donn**ant**	*giving*
nous finissons	finiss**ant**	*finishing*
nous vendons	vend**ant**	*selling*

---

* For infinitives of the third conjugation, the **-e** of the **-re** ending is omitted. Ex.: je vendrai, je répondrai, etc.

† For the formation of the present indicative of regular verbs, see paragraph 14 (2); paragraph 33 (1); and paragraph 35 (1).

417

B. To form *the imperfect indicative*, drop the **-ons** of the first person plural of the present indicative and add the endings: **-ais, -ais, -ait, -ions, -iez, -aient.** Examples:

nous donnons	je donn**ais**	*I was giving*, etc.
nous finissons	je finiss**ais**	*I was finishing*, etc.
nous vendons	je vend**ais**	*I was selling*, etc.

C. To form *the imperative*, use the following forms of the present indicative without the pronoun subject: the second person singular, the first person plural, and the second person plural. Examples:

tu donnes	**donne(s)***	*give*
tu finis	**finis**	*finish*
tu vends	**vends**	*sell*
nous donnons	**donnons**	*let's give*
nous finissons	**finissons**	*let's finish*
nous vendons	**vendons**	*let's sell*
vous donnez	**donnez**	*give*
vous finissez	**finissez**	*finish*
vous vendez	**vendez**	*sell*

D. To form *the present subjunctive* drop the **-ons** of the first person plural of the present indicative and add the endings: **-e, -es, -e, -ions, -iez, -ent.** Examples:

nous donnons	je donn**e**	*I give†*
nous finissons	je finiss**e**	*I finish*
nous vendons	je vend**e**	*I sell*

---

121. *Forms in which the past participle‡ is used.*

A. The past participle is used in conjunction with the different tenses of the auxiliary verb **avoir** (in a few cases **être,** see paragraph 32) to form the compound tenses of verbs.

(1) To form the **passé composé,** use the present tense of the auxiliary verb with the past participle of the verb. Examples:

j'ai donné	*I gave, I have given*
je suis arrivé	*I arrived, I have arrived*

---

* In the verbs of the first conjugation, the **s** of the second singular ending is used only when followed by the word **y** or **en.**
† The subjunctive forms are translated in several different ways, depending upon the context.
‡ For the formation of the past participle, see paragraphs 31 (C), 34 (3), 36 (2).

(2) To form *the pluperfect*, use the imperfect tense of the auxiliary verb with the past participle of the verb. Examples:

j'avais donné	*I had given*
j'étais arrivé	*I had arrived*

(3) To form *the past anterior* (a literary tense which is approximately equivalent to the pluperfect), use the **passé simple** of the auxiliary verb with the past participle of the verb. Examples:

j'eus donné	*I had given*
je fus arrivé	*I had arrived*

(4) To form *the future perfect*, use the future tense of the auxiliary verb with the past participle of the verb. Examples:

j'aurai donné	*I shall have given*
je serai arrivé	*I shall have arrived*

(5) To form *the conditional perfect*, use the present conditional of the auxiliary verb with the past participle of the verb. Examples:

j'aurais donné	*I should* or *would have given*
je serais arrivé	*I should* or *would have arrived*

(6) To form *the **passé composé** of the subjunctive*, use the present subjunctive of the auxiliary verb with the past participle of the verb. Examples:

j'aie donné	*I have given*, etc.
je sois arrivé	*I have arrived*, etc.

(7) To form *the pluperfect of the subjunctive*, use the imperfect subjunctive of the auxiliary verb with the past participle of the verb. Examples:

j'eusse donné	*I had given*, etc.
je fusse arrivé	*I had arrived*, etc.

(8) To form *the perfect infinitive*, use the present infinitive of the auxiliary verb and the past participle of the verb. Examples:

avoir donné	*to have given*
être arrivé	*to have arrived*

B. The past participle is used in conjunction with the different tenses of the auxiliary verb **être** to form the tenses of the passive voice of transitive verbs (i.e. of verbs normally conjugated with **avoir**). Examples:

PRESENT INDIC.	**je suis** flatté	*I am flattered*
IMPERFECT	**j'étais** flatté	*I was flattered*
FUTURE	**je serai** flatté	*I shall* or *will be flattered*
CONDITIONAL	**je serais** flatté	*I should* or *would be flattered*

Passé Composé	j'ai été flatté	*I was* or *have been flattered*
Pluperfect	j'avais été flatté	*I had been flattered*
Past Anterior	j'eus été flatté	*I had been flattered*

Although some of the forms of the passive voice look very complicated, they present no real difficulty either from the point of view of form or meaning. When broken down into their component parts and translated literally into English, they practically always make good sense *and good English.* Examples:

| **Il avait été tué.** | *He* | *had* | | *been* | *killed.* |
| **Vous auriez été étonné.** | *You* | *would have* | | *been* | *surprised.* |

The English passive voice is by no means always rendered in French by the passive voice. (See *use of* **faire** *with an infinitive* 93 (B).)

122. *Forms that can be derived from the* **passé simple.***

To form the imperfect subjunctive, drop the last letter of the first person singular of the **passé simple,** and add the endings: **-sse, -sses, -^t, -ssions, -ssiez, -ssent.**

Passé Simple		Imperfect Subj.
je donnai	*I gave*	je donn**asse**
je finis	*I finished*	je fin**isse**
je vendis	*I sold*	je vend**isse**

The vowel preceding the **t** of the third person singular of the imperfect subjunctive always has a circumflex accent. Ex.: donnât, finît, vendît, eût, fût, etc.

123. *Regular conjugations.*

A. Infinitive and tenses formed on it:

FUTURE

I **donner**	II **finir**	III **vendre**
je donnerai	je finirai	je vendrai
tu donneras	tu finiras	tu vendras
il donnera	il finira	il vendra
nous donnerons	nous finirons	nous vendrons
vous donnerez	vous finirez	vous vendrez
ils donneront	ils finiront	ils vendront

---

* For the formation of the **passé simple,** see paragraph 70.

CONDITIONAL

donner	finir	vendre
je donnerais	je finirais	je vendrais
tu donnerais	tu finirais	tu vendrais
il donnerait	il finirait	il vendrait
nous donnerions	nous finirions	nous vendrions
vous donneriez	vous finiriez	vous vendriez
ils donneraient	ils finiraient	ils vendraient

B. Present indicative and tenses that can be formed from it:

PRESENT INDICATIVE

je donne	je finis	je vends
tu donnes	tu finis	tu vends
il donne	il finit	il vend
nous **donnons**	nous **finissons**	nous **vendons**
vous donnez	vous finissez	vous vendez
ils donnent	ils finissent	ils vendent

IMPERATIVE

donne(s)	finis	vends
donnons	finissons	vendons
donnez	finissez	vendez

PRESENT PARTICIPLE

donnant	finissant	vendant

IMPERFECT

je donnais	je finissais	je vendais
tu donnais	tu finissais	tu vendais
il donnait	il finissait	il vendait
nous donnions	nous finissions	nous vendions
vous donniez	vous finissiez	vous vendiez
ils donnaient	ils finissaient	ils vendaient

PRESENT SUBJUNCTIVE

je donne	je finisse	je vende
tu donnes	tu finisses	tu vendes
il donne	il finisse	il vende
nous donnions	nous finissions	nous vendions
vous donniez	vous finissiez	vous vendiez
ils donnent	ils finissent	ils vendent

421

C. Past participle and tenses in which past participle appears:

(1) Verbs conjugated with **avoir:**

PAST PARTICIPLE

donné	fini	vendu

PASSÉ COMPOSÉ

| j'ai donné, etc. | j'ai fini, etc. | j'ai vendu, etc. |

PLUPERFECT

| j'avais donné, etc. | j'avais fini, etc. | j'avais vendu, etc. |

PAST ANTERIOR

| j'eus donné, etc. | j'eus fini, etc. | j'eus vendu, etc. |

FUTURE PERFECT

| j'aurai donné, etc. | j'aurai fini, etc. | j'aurai vendu, etc. |

CONDITIONAL PERFECT

| j'aurais donné, etc. | j'aurais fini, etc. | j'aurais vendu, etc. |

PASSÉ COMPOSÉ SUBJUNCTIVE

| j'aie donné, etc. | j'aie fini, etc. | j'aie vendu, etc. |

PLUPERFECT SUBJUNCTIVE

| j'eusse donné, etc. | j'eusse fini, etc. | j'eusse vendu, etc. |

PERFECT INFINITIVE

| avoir donné | avoir fini | avoir vendu |

PERFECT PARTICIPLE

| ayant donné | ayant fini | ayant vendu |

(2) Verbs conjugated with **être:**

PAST PARTICIPLE	**arrivé** (*from* arriver)
PASSÉ COMPOSÉ	je suis arrivé(e), etc.
PLUPERFECT	j'étais arrivé(e), etc.
PAST ANTERIOR	je fus arrivé(e), etc.
FUTURE PERFECT	je serai arrivé(e), etc.
CONDITIONAL PERFECT	je serais arrivé(e), etc.
PASSÉ COMPOSÉ SUBJUNCTIVE	je sois arrivé(e), etc.
PLUPERFECT SUBJUNCTIVE	je fusse arrivé(e), etc.
PERFECT INFINITIVE	être arrivé(e)(s)
PERFECT PARTICIPLE	étant arrivé(e)(s)

D. Passé simple and imperfect subjunctive:

PASSÉ SIMPLE

je donnai	je finis	je vendis
tu donnas	tu finis	tu vendis
il donna	il finit	il vendit
nous donnâmes	nous finîmes	nous vendîmes
vous donnâtes	vous finîtes	vous vendîtes
ils donnèrent	ils finirent	ils vendirent

IMPERFECT SUBJUNCTIVE

je donnasse	je finisse	je vendisse
tu donnasses	tu finisses	tu vendisses
il donnât	il finît	il vendît
nous donnassions	nous finissions	nous vendissions
vous donnassiez	vous finissiez	vous vendissiez
ils donnassent	ils finissent	ils vendissent

---

124. *Verbs of the first conjugation that are regular except for a slight variation in their stem.*

A. Verbs whose stem vowel is a mute **e** (**acheter, appeler**) have two stems.

(1) Whenever in conjugation the mute **e** of the stem vowel is followed by a syllable containing a mute **e,** the **e** of the stem vowel is pronounced [ɛ]. This occurs in the following forms: the first, second, and third person singular and the third person plural of the present indicative and the present subjunctive (**e, -es, -e, -ent**); the second person singular of the imperative (**-e** or **-es**); and the six forms of both the future and conditional (**-erai,** etc., **-erais,** etc.).

(2) Whenever the mute **e** of the stem vowel is followed by a syllable containing any vowel other than a mute **e,** it is pronounced [ə] as in the infinitive. This phenomenon is reflected in the spelling as follows:

(*a*) In **acheter,** *to buy;* **lever,** *to raise;* **mener,** *to lead;* and a few other verbs, the stem vowel is written **è** when followed by a syllable containing a mute **e.** EX.: PRESENT: **J'achète, tu achètes, il achète, nous achetons, vous achetez, ils achètent;** FUTURE: **j'achèterai,** etc.; CONDITIONAL: **j'achèterais,** etc.

(*b*) In **appeler,** *to call;* **jeter,** *to throw;* and a few other verbs ending in **-eler, -eter,** the final **l** or **t** of the stem is doubled when followed by a mute syllable. EX.: PRESENT: **J'appelle, tu appelles, il appelle, nous appelons, vous appelez, ils appellent;** FUTURE: **j'appellerai,** etc.

423

B. Verbs whose stem vowel is **é:**

In **espérer**, *to hope;* **céder**, *to yield;* **préférer**, *to prefer* and a few other verbs whose stem vowel is **é,** the stem vowel is written **è** and pronounced [ɛ] in the present indicative (and present subjunctive) when followed by a mute syllable. Ex.: PRESENT: **J'espère, tu espères, il espère, nous espérons, vous espérez, ils espèrent.** (In the future and conditional, however, the stem vowel of these verbs is written **é.** Ex.: **J'espérerai.**)

C. Verbs ending in **-cer, -ger, -yer** show a slight variation in the spelling of the stem *but not in its pronunciation.*

(1) In **commencer, avancer,** etc., the final **c** of the stem is written **ç** whenever in conjugation it is followed by an **a** or **o.** Ex.: PRESENT: **Je commence, tu commences, il commence, nous commençons, vous commencez, ils commencent;** PRESENT PART.: **commençant;** IMPERFECT: **je commençais, tu commençais, il commençait, nous commencions, vous commenciez, ils commençaient;** PASSÉ SIMPLE: **je commençai,** etc.

(2) In **manger,** *to eat,* and other verbs ending in **-ger,** you write **ge** instead of **g** whenever the following vowel is **a** or **o.** Ex.: PRESENT: **je mange, tu manges, il mange, nous mangeons, vous mangez, ils mangent;** IMPERFECT: **je mangeais,** etc.; PASSÉ SIMPLE: **je mangeai,** etc.

(3) In **ennuyer,** *to bother,* and other verbs ending in **-oyer, -uyer,** you write **i** instead of **y** whenever the following letter is a mute **e.** Ex.: **il ennuie,** *but* **nous ennuyons.**

(4) In **payer,** *to pay,* and other verbs ending in **-ayer, -eyer,** you may write **y** throughout the verb, or, if you prefer, you may write **i** instead of **y** whenever the following letter is a mute **e.** Ex.: **Je paye** *or* **je paie,** *but* **nous payons.**

Auxiliary Verbs

125. *Conjugation of auxiliary verbs* **être** *and* **avoir.**

Simple tenses

INFINITIVE

être, *to be*   **avoir,** *to have*

PRESENT INDICATIVE

je suis, *I am*	j'ai, *I have*
tu es	tu as
il est	il a
nous sommes	nous avons
vous êtes	vous avez
ils sont	ils ont

IMPERFECT

j'étais, *I was*	j'avais, *I had*
tu étais	tu avais
il était	il avait
nous étions	nous avions
vous étiez	vous aviez
ils étaient	ils avaient

PASSÉ SIMPLE

je fus, *I was*	j'eus, *I had*
tu fus	tu eus
il fut	il eut
nous fûmes	nous eûmes
vous fûtes	vous eûtes
ils furent	ils eurent

FUTURE

je serai, *I shall* or *will be*	j'aurai, *I shall* or *will have*
tu seras	tu auras
il sera	il aura
nous serons	nous aurons
vous serez	vous aurez
ils seront	ils auront

425

être	avoir

CONDITIONAL

je serais, *I should* or *would be*	j'aurais, *I should* or *would have*
tu serais	tu aurais
il serait	il aurait
nous serions	nous aurions
vous seriez	vous auriez
ils seraient	ils auraient

PRESENT SUBJUNCTIVE

je sois, *I am*, etc.	j'aie, *I have*, etc.
tu sois	tu aies
il soit	il ait
nous soyons	nous ayons
vous soyez	vous ayez
ils soient	ils aient

IMPERFECT SUBJUNCTIVE

je fusse, *I was*, etc.	j'eusse, *I had*, etc.
tu fusses	tu eusses
il fût	il eût
nous fussions	nous eussions
vous fussiez	vous eussiez
ils fussent	ils eussent

IMPERATIVE

sois, *be*	aie, *have*
soyons	ayons
soyez	ayez

PRESENT PARTICIPLE

étant	ayant

Compound tenses

PAST PARTICIPLE

été	**eu**

PASSÉ COMPOSÉ

j'ai été, *I was, I have been*, etc.	j'ai eu, *I had, I have had*, etc.

PLUPERFECT

j'avais été, *I had been*, etc.	j'avais eu, *I had had*, etc.

PAST ANTERIOR

j'eus été, *I had been*, etc.	j'eus eu, *I had had*, etc.

FUTURE PERFECT

j'aurai été, *I shall have been*, etc.   j'aurai eu, *I shall have had*, etc.

CONDITIONAL PERFECT

j'aurais été, *I should* or *would have*   j'aurais eu, *I should* or *would have*
been, etc.   had, etc.

PASSÉ COMPOSÉ SUBJUNCTIVE

j'ai été, *I have been*, etc.   j'aie eu, *I have had*, etc.

PLUPERFECT SUBJUNCTIVE

j'eusse été, *I had been*, etc.   j'eusse eu, *I had had*, etc.

PERFECT INFINITIVE

avoir été, *to have been*   avoir eu, *to have had*

PERFECT PARTICIPLE

ayant été, *having been*   ayant eu, *having had*

Irregular Verbs

126. *Formation of irregular verbs.*

Although the rules for deriving the forms of regular verbs (see paragraphs 118–122) do not apply strictly to all irregular verbs, they do apply to a substantial proportion of their forms.

127. *Reference list of commonest irregular verbs.*

abattre	*see* battre	131	apprendre	*see* prendre	160
s'abstenir	*see* tenir	167	assaillir	*see* cueillir	141
abstraire	*see* traire	167	s'asseoir		130
accourir	*see* courir	137	astreindre	*see* craindre	138
accueillir	*see* cueillir	141	atteindre	*see* craindre	138
acquérir		128	avoir		125
admettre	*see* mettre	152	battre		131
aller		129	boire		132
apercevoir	*see* recevoir	161	bouillir	*see* dormir	144
apparaître	*see* connaître	135	combattre	*see* battre	131
appartenir	*see* tenir	167	commettre	*see* mettre	152

427

élire	*see* lire	151	parvenir	*see* venir	171
peindre	*see* craindre	138	revoir	*see* voir	174
percevoir	*see* recevoir	161	rire		163
permettre	*see* mettre	152	satisfaire	*see* faire	147
plaindre	*see* craindre	138	savoir		164
se plaindre	*see* craindre	138	secourir	*see* courir	137
plaire		157	séduire	*see* conduire	134
pleuvoir		158	sentir	*see* dormir	144
poursuivre	*see* suivre	166	servir	*see* dormir	144
pourvoir	*see* voir	174	se servir de	*see* dormir	144
pouvoir		159	sortir	*see* dormir	144
prédire	*see* dire	143	souffrir	*see* ouvrir	156
prendre		160	soumettre	*see* mettre	152
prescrire	*see* écrire	145	sourire	*see* rire	163
pressentir	*see* dormir	144	souscrire	*see* écrire	145
prévenir	*see* venir	171	soustraire	*see* traire	168
prévoir	*see* voir	174	soutenir	*see* tenir	167
produire	*see* conduire	134	se souvenir	*see* venir	171
promettre	*see* mettre	152	suffire		165
proscrire	*see* écrire	145	suivre		166
provenir	*see* venir	171	surprendre	*see* prendre	160
recevoir		161	taire	*see* plaire	157
reconduire	*see* conduire	144	se taire	*see* plaire	157
reconnaître	*see* connaître	135	teindre	*see* craindre	138
recueillir	*see* cueillir	141	tenir		167
réduire	*see* conduire	134	traduire	*see* conduire	134
rejoindre	*see* craindre	138	traire		168
remettre	*see* mettre	152	transmettre	*see* mettre	152
renvoyer	*see* envoyer	146	tressaillir	*see* cueillir	141
repartir	*see* dormir	144	vaincre		169
se repentir	*see* dormir	144	valoir		170
reprendre	*see* prendre	160	venir		171
résoudre		162	vêtir		172
ressentir	*see* dormir	144	vivre		173
restreindre	*see* craindre	138	voir		174
retenir	*see* tenir	167	vouloir		175
revenir	*see* venir	171			

128. acquérir (*to acquire*).

FUTURE j'acquerrai, etc.; COND. j'acquerrais, etc.

PRESENT INDICATIVE
j'acquiers, tu acquiers, il acquiert,
nous acquérons, vous acquérez, ils acquièrent.

IMPERATIVE
acquiers, acquérons, acquérez.

PRES. PART.
acquérant; IMPERFECT j'acquérais, etc.

PRES. SUBJ.
j'acquière, tu acquières, il acquière,
nous acquérions, vous acquériez, ils acquièrent.

PAST PARTICIPLE
acquis; PASSÉ COMPOSÉ j'ai acquis, etc.

PASSÉ SIMPLE
j'acquis, etc.; IMPER. SUBJ. j'acquisse, etc.

129. aller (*to go*).

FUTURE j'irai, etc.; COND. j'irais, etc.

PRESENT INDICATIVE
je vais, tu vas, il va,
nous allons, vous allez, ils vont.

IMPERATIVE
va(s), allons, allez.

PRES. PART.
allant; IMPERFECT j'allais, etc.

PRES. SUBJ.
j'aille, tu ailles, il aille,
nous allions, vous alliez, ils aillent.

PAST PARTICIPLE
allé; PASSÉ COMPOSÉ je suis allé, etc.

PASSÉ SIMPLE
j'allai, etc.; IMPERF. SUBJ. j'allasse, etc.

130. s'asseoir (*to sit down*).

FUTURE je m'assiérai, etc.; COND. je m'assiérais, etc.

PRESENT INDICATIVE
je m'assieds, tu t'assieds, il s'assied,
nous nous asseyons, vous vous asseyez, ils s'asseyent.

IMPERATIVE
assieds-toi, asseyons-nous, asseyez-vous.

PRES. PART.
s'asseyant; IMPERFECT je m'asseyais, etc.

PRES. SUBJ.
je m'asseye, tu t'asseyes, il s'asseye,
nous nous asseyions, vous vous asseyiez, ils s'asseyent.

PAST PARTICIPLE
assis; PASSÉ COMPOSÉ je me suis assis, etc.

PASSÉ SIMPLE
je m'assis, etc.; IMPERF. SUBJ. je m'assisse, etc.

Alternate form of s'asseoir.

FUTURE
je m'assoirai, etc. *or* je m'asseyerai, etc.

CONDITIONAL
je m'assoirais, etc. *or* je m'asseyerais, etc.

PRESENT INDICATIVE
je m'assois, tu t'assois, il s'assoit,
nous nous assoyons, vous vous assoyez, ils s'assoient.

PRES. PART.
s'assoyant; IMPERFECT je m'assoyais, etc.

PRES. SUBJ.
je m'assoie, tu t'assoie, il s'assoie,
nous nous assoyions, vous assoyiez, ils s'assoient.

asseoir, *to seat* is conjugated like s'asseoir, but it takes the auxiliary verb avoir.

131. battre (*to beat*)

All forms are regular except:

PRESENT INDICATIVE je bats, tu bats, il bat, nous battons, vous battez, ils battent.

Like battre: abattre, *to fell, to beat down;* combattre, *to fight*, and se débattre, *to struggle.*   **431**

132. boire (*to drink*).

FUTURE and COND. regular.

PRESENT INDICATIVE
je bois, tu bois, il boit,
nous buvons, vous buvez, ils boivent.

IMPERATIVE
bois, buvons, buvez.

PRES. PART.
buvant; IMPERFECT je buvais, etc.

PRES. SUBJ.
je boive, tu boives, il boive,
nous buvions, vous buviez, ils boivent.

PAST PARTICIPLE
bu; PASSÉ COMPOSÉ j'ai bu, etc.

PASSÉ SIMPLE
je bus, etc.; IMPERF. SUBJ. je busse, etc.

133. conclure (*to conclude*).

FUTURE and COND. regular.

PRESENT INDICATIVE
je conclus, tu conclus, il conclut,
nous concluons, vous concluez, ils concluent.

IMPERATIVE
conclus, concluons, concluez.

PRES. PART.
concluant; IMPERFECT je concluais, etc.

PRES. SUBJ.
je conclue, etc.

PAST PARTICIPLE
conclu; PASSÉ COMPOSÉ j'ai conclu, etc.

PASSÉ SIMPLE
je conclus, etc.; IMPERF. SUBJ. je conclusse, etc.

432

Like **conclure: exclure,** *to exclude,* and **inclure,** *to include,* except that the past participle of the latter is **inclus.**

134. conduire (*to conduct, to drive*).

FUTURE and COND. regular.

PRESENT INDICATIVE
je conduis, tu conduis, il conduit,
nous conduisons, vous conduisez, ils conduisent.

IMPERATIVE
conduis, conduisons, conduisez.

PRES. PART.
conduisant; IMPERFECT je conduisais, etc.

PRES. SUBJ.
je conduise, etc.

PAST PARTICIPLE
conduit; PASSÉ COMPOSÉ j'ai conduit, etc.

PASSÉ SIMPLE
je conduisis, etc.; IMPERF. SUBJ. je conduisisse, etc.

Like **conduire: construire**, *to construct;* **déduire**, *to deduce;* **détruire**, *to destroy;* **introduire**, *to introduce;* **produire**, *to produce;* **reconduire**, *to lead back;* **réduire**, *to reduce;* **séduire**, *to seduce, to please;* **traduire**, *to translate;* etc.

135. connaître (*to know, to be acquainted with*).

FUTURE and COND. regular.

PRESENT INDICATIVE
je connais, tu connais, il connaît,
nous connaissons, vous connaissez, ils connaissent.

IMPERATIVE
connais, connaissons, connaissez.

PRES. PART.
connaissant; IMPERFECT je connaissais, etc.

PRES. SUBJ.
je connaisse, etc.

PAST PARTICIPLE
connu; PASSÉ COMPOSÉ j'ai connu, etc.

PASSÉ SIMPLE
je connus, etc.; IMPERF. SUBJ. je connusse, etc.

Like **connaître: apparaître**, *to appear;* **disparaître**, *to disappear;* **paraître**, *to appear;* **reconnaître**, *to recognize;* etc.

433

136. coudre (*to sew*).

FUTURE and COND. regular.

PRESENT INDICATIVE
  je couds, tu couds, il coud,
  nous cousons, vous cousez, ils cousent.

IMPERATIVE
  couds, cousons, cousez.

PRES. PART.
  cousant; IMPERFECT je cousais, etc.

PRES. SUBJ.
  je couse, etc.

PAST PARTICIPLE
  cousu; PASSÉ COMPOSÉ j'ai cousu, etc.

PASSÉ SIMPLE
  je cousis, etc.; IMPERF. SUBJ. je cousisse, etc.

137. courir (*to run*).

FUTURE je courrai, etc.; COND. je courrais, etc.

PRESENT INDICATIVE
  je cours, tu cours, il court,
  nous courons, vous courez, ils courent.

IMPERATIVE
  cours, courons, courez.

PRES. PART.
  courant; IMPERFECT je courais, etc.

PRES. SUBJ.
  je coure, etc.

PAST PARTICIPLE
  couru; PASSÉ COMPOSÉ j'ai couru, etc.

PASSÉ SIMPLE
  je courus, etc.; IMPERF. SUBJ. je courusse, etc.

434   Like **courir: accourir,** *to hasten;* **discourir,** *to discourse;* **parcourir,** *to go over;* **secourir,** *to help;* etc.

138. craindre (*to fear*).

FUTURE and COND. regular.

PRESENT INDICATIVE

> je crains, tu crains, il craint,
> nous craignons, vous craignez, ils craignent.

IMPERATIVE

> crains, craignons, craignez.

PRES. PART.

> craignant; IMPERFECT je craignais, etc.

PRES. SUBJ.

> je craigne, etc.

PAST PARTICIPLE

> craint; PASSÉ COMPOSÉ j'ai craint, etc.

PASSÉ SIMPLE

> je craignis, etc.; IMPERF. SUBJ. je craignisse, etc.

Like **craindre: astreindre**, *to compel;* **atteindre**, *to attain;* **contraindre**, *to compel;* **dépeindre**, *to depict;* **déteindre**, *to fade;* **enfreindre**, *to infringe;* **éteindre**, *to extinguish;* **feindre**, *to feign;* **geindre**, *to groan;* **joindre**, *to join;* **peindre**, *to paint;* **plaindre**, *to pity;* **se plaindre**, *to complain;* **rejoindre**, *to rejoin, to meet;* **restreindre**, *to restrain;* **teindre**, *to dye;* etc.

139. croire (*to believe*).

FUTURE and COND. regular.

PRESENT INDICATIVE

> je crois, tu crois, il croit
> nous croyons, vous croyez, ils croient.

IMPERATIVE

> crois, croyons, croyez.

PRES. PART.

> croyant; IMPERFECT je croyais, etc.

PRES. SUBJ.

> je croie, tu croies, il croie,
> nous croyions, vous croyiez, ils croient.

PAST PARTICIPLE

> cru; PASSÉ COMPOSÉ j'ai cru, etc.

PASSÉ SIMPLE

> je crus, etc.; IMPERF. SUBJ. je crusse, etc.

435

140. croître (*to grow*).

FUTURE and COND. regular.

PRESENT INDICATIVE
    je croîs, tu croîs, il croît,
    nous croissons, vous croissez, ils croissent.

IMPERATIVE
    croîs, croissons, croissez.

PRES. PART.
    croissant; IMPERFECT je croissais, etc.

PRES. SUBJ.
    je croisse, etc.

PAST PARTICIPLE
    crû; PASSÉ COMPOSÉ j'ai crû, etc.

PASSÉ SIMPLE
    je crûs, etc.; IMPERF. SUBJ. je crusse, etc.

141. cueillir (*to pick up, to gather*).

FUTURE je cueillerai, etc.; COND. je cueillerais, etc.

PRESENT INDICATIVE
    je cueille, tu cueilles, il cueille,
    nous cueillons, vous cueillez, ils cueillent.

IMPERATIVE
    cueille(s), cueillons, cueillez.

PRES. PART.
    cueillant; IMPERFECT je cueillais, etc.

PRES. SUBJ.
    je cueille, etc.

PAST PARTICIPLE
    cueilli; PASSÉ COMPOSÉ j'ai cueilli, etc.

PASSÉ SIMPLE
    je cueillis, etc.; IMPERF. SUBJ. je cueillisse, etc.

Like **cueillir: accueillir,** *to welcome;* and **recueillir,** *to gather, to collect.*
Assaillir, *to assail* and **tressaillir,** *to start,* etc. are like **cueillir** except that the future and conditional are regular.

142. devoir *(must, etc.)*.

FUTURE je devrai, etc.; COND. je devrais, etc.

PRESENT INDICATIVE
je dois, tu dois, il doit,
nous devons, vous devez, ils doivent.

IMPERATIVE
———

PRES. PART.
devant; IMPERFECT je devais, etc.

PRES. SUBJ.
je doive, tu doives, il doive,
nous devions, vous deviez, ils doivent.

PAST PARTICIPLE
dû; PASSÉ COMPOSÉ j'ai dû, etc.

PASSÉ SIMPLE
je dus, etc.; IMPERF. SUBJ. je dusse, etc.

143. dire *(to say)*.

FUTURE and COND. regular.

PRESENT INDICATIVE
je dis, tu dis, il dit,
nous disons, vous dites, ils disent.

IMPERATIVE
dis, disons, dites.

PRES. PART.
disant; IMPERFECT je disais, etc.

PRES. SUBJ.
je dise, etc.

PAST PARTICIPLE
dit; PASSÉ COMPOSÉ j'ai dit, etc.

PASSÉ SIMPLE
je dis, etc.; IMPERF. SUBJ. je disse, etc.

Like **dire: redire,** *to say again.*

The following verbs are like **dire** except that the 2nd person plural of the present indicative ends in **-disez: contredire,** *to contradict;* **se dédire,** *to retract;* **interdire,** *to prohibit;* **médire,** *to slander;* **prédire,** *to predict.*

Maudire, *to curse* is conjugated like **finir.**

---

144. dormir *(to sleep)*.

FUTURE and COND. regular.

PRESENT INDICATIVE
> je dors, tu dors, il dort,
> nous dormons, vous dormez, ils dorment.

IMPERATIVE
> dors, dormons, dormez.

PRES. PART.
> dormant; IMPERFECT je dormais, etc.

PRES. SUBJ.
> je dorme, etc.

PAST PARTICIPLE
> dormi; PASSÉ COMPOSÉ j'ai dormi, etc.

PASSÉ SIMPLE
> je dormis, etc.; IMPERF. SUBJ. je dormisse, etc.

Like **dormir: endormir,** *to put to sleep;* **s'endormir,** *to fall asleep;* etc.

The following verbs are conjugated like **dormir** but the present indicative of each is given in full:

bouillir, *to boil:* bous, bous, bout, bouillons, bouillez, bouillent.

mentir, *to lie,* and **démentir,** *to contradict:* mens, mens, ment, mentons, mentez, mentent.

partir, *to leave,* and **repartir,** *to leave again:* pars, pars, part, partons, partez, partent. (Conjugated with auxiliary **être.**)

se repentir, *to repent:* repens, repens, repent, repentons, repentez, repentent.

sentir, *to feel, to smell;* **consentir,** *to consent;* **pressentir,** *to have a presentiment;* **ressentir,** *to feel:* sens, sens, sent, sentons, sentez, sentent.

servir, *to serve;* **se servir de,** *to use:* sers, sers, sert, servons, servez, servent.

sortir, *to go out:* sors, sors, sort, sortons, sortez, sortent. (Conjugated with auxiliary **être.**)

145. écrire *(to write)*.

FUTURE and COND. regular.

PRESENT INDICATIVE
> j'écris, tu écris, il écrit,
> nous écrivons, vous écrivez, ils écrivent.

IMPERATIVE
> écris, écrivons, écrivez.

PRES. PART.
> écrivant; IMPERFECT j'écrivais, etc.

PRES. SUBJ.
> j'écrive, etc.

PAST PARTICIPLE
> écrit; PASSÉ COMPOSÉ j'ai écrit, etc.

PASSÉ SIMPLE
> j'écrivis, etc.; IMPERF. SUBJ. j'écrivisse, etc.

Like **écrire: décrire,** *to describe;* **inscrire,** *to inscribe;* **prescrire,** *to prescribe;* **proscrire,** *to proscribe;* **souscrire,** *to subscribe;* etc.

146. envoyer *(to send)*.

FUTURE j'enverrai, etc.; COND. j'enverrais, etc.

PRESENT INDICATIVE
> j'envoie, tu envoies, il envoie,
> nous envoyons, vous envoyez, ils envoient.

IMPERATIVE
> envoie(s), envoyons, envoyez.

PRES. PART.
> envoyant; IMPERFECT j'envoyais, etc.

PRES. SUBJ.
> j'envoie, tu envoies, il envoie,
> nous envoyions, vous envoyiez, ils envoient.

PAST PARTICIPLE
> envoyé; PASSÉ COMPOSÉ j'ai envoyé, etc.

PASSÉ SIMPLE
> j'envoyai, etc.; IMPERF. SUBJ. j'envoyasse, etc.

Like **envoyer: renvoyer,** *to send back, to send away.*

439

147. faire (*to do, to make*).

FUTURE je ferai, etc.; COND. je ferais, etc.

PRESENT INDICATIVE
je fais, tu fais, il fait,
nous faisons, vous faites, ils font.

IMPERATIVE
fais, faisons, faites.

PRES. PART.
faisant; IMPERFECT je faisais, etc.

PRES. SUBJ.
je fasse, etc.

PAST PARTICIPLE
fait; PASSÉ COMPOSÉ j'ai fait, etc.

PASSÉ SIMPLE
je fis, etc., IMPERF. SUBJ. je fisse, etc.

Like **faire: contrefaire,** *to imitate;* **défaire,** *to undo;* **satisfaire,** *to satisfy;* etc.

148. falloir (*must, etc.*) [impersonal].

FUTURE il faudra; COND. il faudrait.

PRESENT INDICATIVE
il faut.

IMPERATIVE
——

PRES. PART.
——; IMPERFECT il fallait.

PRES. SUBJ.
il faille.

PAST PARTICIPLE
fallu; PASSÉ COMPOSÉ il a fallu.

PASSÉ SIMPLE
il fallut; IMPERF. SUBJ. il fallût.

149. fuir (*to flee*).

FUTURE and COND. regular.

PRESENT INDICATIVE
je fuis, tu fuis, il fuit,
nous fuyons, vous fuyez, ils fuient.

IMPERATIVE
fuis, fuyons, fuyez.

PRES. PART.
fuyant; IMPERFECT je fuyais, etc.

PRES. SUBJ.
je fuie, tu fuies, il fuie,
nous fuyions, vous fuyiez, ils fuient.

PAST PARTICIPLE
fui; PASSÉ COMPOSÉ j'ai fui, etc.

PASSÉ SIMPLE je fuis, etc.; IMPERF. SUBJ. je fuisse, etc.

Like **fuir: s'enfuir,** *to flee, to escape.*

150. *haïr (*to hate*).

FUTURE and COND. regular.

PRESENT INDICATIVE
je hais, tu hais, il hait,
nous haïssons, vous haïssez, ils haïssent.

IMPERATIVE
hais, haïssons, haïssez.

PRES. PART.
haïssant; IMPERFECT je haïssais, etc.

PRES. SUBJ.
je haïsse, etc.

PAST PARTICIPLE
haï; PASSÉ COMPOSÉ j'ai haï, etc.

PASSÉ SIMPLE
je haïs, tu haïs, il haït,
nous haïmes, vous haïtes, ils haïrent.

IMPERF. SUBJ. je haïsse, tu haïsses, il haït, etc.

---

* The **h** is aspirate in all the forms of **haïr.**

151. lire *(to read)*.

FUTURE and COND. regular

PRESENT INDICATIVE
je lis, tu lis, il lit,
nous lisons, vous lisez, ils lisent.

IMPERATIVE
lis, lisons, lisez.

PRES. PART.
lisant; IMPERFECT je lisais, etc.

PRES. SUBJ.
je lise, etc.

PAST PARTICIPLE
lu; PASSÉ COMPOSÉ j'ai lu, etc.

PASSÉ SIMPLE je lus, etc.; IMPERF. SUBJ. je lusse, etc.

Like **lire: élire,** *to elect.*

152. mettre *(to put)*.

FUTURE and COND. regular.

PRESENT INDICATIVE
je mets, tu mets, il met,
nous mettons, vous mettez, ils mettent.

IMPERATIVE
mets, mettons, mettez.

PRES. PART.
mettant; IMPERFECT je mettais, etc.

PRES. SUBJ.
je mette, etc.

PAST PARTICIPLE
mis; PASSÉ COMPOSÉ j'ai mis, etc.

PASSÉ SIMPLE je mis, etc.; IMPERF. SUBJ. je misse, etc.

Like **mettre: admettre,** *to admit;* **commettre,** *to commit;* **compromettre,** *to compromise;* **émettre,** *to put out, to emit;* **omettre,** *to omit;* **permettre,** *to permit;* **promettre,** *to promise;* **remettre,** *to put back, to hand to;* **soumettre,** *to submit;* **transmettre,** *to transmit;* etc.

153. mourir (*to die*).

FUTURE je mourrai, etc.; COND. je mourrais, etc.

PRESENT INDICATIVE
je meurs, tu meurs, il meurt,
nous mourons, vous mourez, ils meurent.

IMPERATIVE
meurs, mourons, mourez.

PRES. PART.
mourant; IMPERFECT je mourais, etc.

PRES. SUBJ.
je meure, tu meures, il meure,
nous mourions, vous mouriez, ils meurent.

PAST PARTICIPLE
mort; PASSÉ COMPOSÉ je suis mort(e), etc.

PASSÉ SIMPLE
je mourus, etc.; IMPERF. SUBJ. je mourusse, etc.

154. mouvoir (*to move*).

FUTURE je mouvrai, etc.; COND. je mouvrais, etc.

PRESENT INDICATIVE
je meus, tu meus, il meut,
nous mouvons, vous mouvez, ils meuvent.

IMPERATIVE
meus, mouvons, mouvez.

PRES. PART.
mouvant; IMPERFECT je mouvais, etc.

PRES. SUBJ.
je meuve, tu meuves, il meuve,
nous mouvions, vous mouviez, ils meuvent.

PAST PARTICIPLE
mû; PASSÉ COMPOSÉ j'ai mû, etc.

PASSÉ SIMPLE
je mus, etc.; IMPERF. SUBJ. je musse, etc.

Like **mouvoir: émouvoir,** *to stir;* **s'émouvoir,** *to be stirred;* etc., except that the past participle is **ému**—without the circumflex accent.

443

155. naître (*to be born*).

FUTURE and COND. regular.

PRESENT INDICATIVE
je nais, tu nais, il naît,
nous naissons, vous naissez, ils naissent.

IMPERATIVE
nais, naissons, naissez.

PRES. PART.
naissant; IMPERFECT je naissais, etc.

PRES. SUBJ.
je naisse, etc.

PAST PARTICIPLE
né; PASSÉ COMPOSÉ je suis né(e), etc.

PASSÉ SIMPLE je naquis, etc.; IMPERF. SUBJ. je naquisse, etc.

Like **naître: renaître,** *to be reborn.*

156. ouvrir (*to open*).

FUTURE and COND. regular.

PRESENT INDICATIVE
j'ouvre, tu ouvres, il ouvre,
nous ouvrons, vous ouvrez, ils ouvrent.

IMPERATIVE
ouvre, ouvrons, ouvrez.

PRES. PART.
ouvrant; IMPERFECT j'ouvrais, etc.

PRES. SUBJ.
j'ouvre, etc.

PAST PARTICIPLE
ouvert; PASSÉ COMPOSÉ j'ai ouvert, etc.

PASSÉ SIMPLE j'ouvris, etc.; IMPERF. SUBJ. j'ouvrisse, etc.

Like **ouvrir: couvrir,** *to cover;* **découvrir,** *to discover;* **entr'ouvrir,** *to open slightly;* **offrir,** *to offer, to give;* **souffrir,** *to suffer,* etc.

157. plaire (*to please*).

FUTURE and COND. regular.

PRESENT INDICATIVE
    je plais, tu plais, il plaît,
    nous plaisons, vous plaisez, ils plaisent.

IMPERATIVE
    plais, plaisons, plaisez.

PRES. PART.
    plaisant; IMPERFECT je plaisais, etc.

PRES. SUBJ.
    je plaise, etc.

PAST PARTICIPLE
    plu; PASSÉ COMPOSÉ j'ai plu, etc.

PASSÉ SIMPLE
    je plus, etc.; IMPERF. SUBJ. je plusse, etc.

Like **plaire: déplaire,** *to displease.*

taire, *to say nothing about,* and **se taire,** *to be silent,* are conjugated like **plaire** except that the 3rd person singular of the present indicative is written without the circumflex accent.

158. pleuvoir (*to rain*) [impersonal].

FUTURE
    il pleuvra; COND. il pleuvrait.

PRESENT INDICATIVE
    il pleut.

PRES. PART.
    pleuvant; IMPERFECT il pleuvait.

PRES. SUBJ.
    il pleuve.

PAST PARTICIPLE
    plu; PASSÉ COMPOSÉ il a plu.

PASSÉ SIMPLE
    il plut; IMPERF. SUBJ. il plût.

445

159. pouvoir (*to be able, can, etc.*).

FUTURE je pourrai, etc.; COND. je pourrais, etc.

PRESENT INDICATIVE
je peux (je puis), tu peux, il peut,
nous pouvons, vous pouvez, ils peuvent.

PRES. PART.
pouvant; IMPERFECT je pouvais, etc.

PRES. SUBJ.
je puisse, tu puisses, il puisse,
nous puissions, vous puissiez, ils puissent.

IMPERATIVE

—— —— ——

PAST PARTICIPLE
pu; PASSÉ COMPOSÉ j'ai pu, etc.

PASSÉ SIMPLE
je pus, etc.; IMPERF. SUBJ. je pusse, etc.

160. prendre (*to take*)

FUTURE and COND. regular.

PRESENT INDICATIVE
je prends, tu prends, il prend,
nous prenons, vous prenez, ils prennent.

IMPERATIVE
prends, prenons, prenez.

PRES. PART.
prenant; IMPERFECT je prenais, etc.

PRES. SUBJ.
je prenne, tu prennes, il prenne,
nous prenions, vous preniez, ils prennent.

PAST PARTICIPLE
pris; PASSÉ COMPOSÉ j'ai pris, etc.

PASSÉ SIMPLE
je pris, etc.; IMPERF. SUBJ. je prisse, etc.

Like **prendre: apprendre,** *to learn;* **comprendre,** *to understand;* **entreprendre,** *to undertake;* **reprendre,** *to take again*, etc.; **surprendre,** *to surprise;* etc.

446

161. recevoir (*to receive*).

FUTURE je recevrai, etc.; COND. je recevrais, etc.

PRESENT INDICATIVE
je reçois, tu reçois, il reçoit,
nous recevons, vous recevez, ils reçoivent.

IMPERATIVE
reçois, recevons, recevez.

PRES. PART.
recevant; IMPERFECT je recevais, etc.

PRES. SUBJ.
je reçoive, tu reçoives, il reçoive,
nous recevions, vous receviez, ils reçoivent.

PAST PARTICIPLE
reçu; PASSÉ COMPOSÉ j'ai reçu, etc.

PASSÉ SIMPLE
je reçus, etc.; IMPERF. SUBJ. je reçusse, etc.

Like **recevoir: apercevoir,** *to catch a glimpse of;* **concevoir,** *to conceive;* **décevoir,** *to deceive;* **percevoir,** *to collect;* etc.

162. résoudre (*to resolve, to solve*).

FUTURE and COND. regular.

PRESENT INDICATIVE
je résous, tu résous, il résoud,
nous résolvons, vous résolvez, ils résolvent.

IMPERATIVE
résous, résolvons, résolvez.

PRES. PART.
résolvant; IMPERFECT je résolvais, etc.

PRES. SUBJ.
je résolve, etc.

PAST PARTICIPLE
résolu; PASSÉ COMPOSÉ j'ai résolu, etc.

PASSÉ SIMPLE
je résolus, etc.; IMPERF. SUBJ. je résolusse, etc.

447

163. rire (*to laugh*).

FUTURE and COND. regular.

PRESENT INDICATIVE
je ris, tu ris, il rit,
nous rions, vous riez, ils rient.

IMPERATIVE
ris, rions, riez.

PRES. PART.
riant; IMPERFECT je riais, etc.

PRES. SUBJ.
je rie, tu ries, il rie,
nous riions, vous riiez, ils rient.

PAST PARTICIPLE
ri; PASSÉ COMPOSÉ j'ai ri, etc.

PASSÉ SIMPLE
je ris, etc.; IMPERF. SUBJ. je risse, etc.

Like **rire: sourire,** *to smile.*

164. savoir (*to know*).

FUTURE je saurai, etc.; COND. je saurais, etc.

PRESENT INDICATIVE
je sais, tu sais, il sait,
nous savons, vous savez, ils savent.

IMPERATIVE
sache, sachons, sachez.

PRES. PART.
sachant; IMPERFECT je savais, etc.

PRES. SUBJ.
je sache, etc.

PAST PARTICIPLE
su; PASSÉ COMPOSÉ j'ai su, etc.

PASSÉ SIMPLE
je sus, etc.; IMPERF. SUBJ. je susse, etc.

165. suffire *(to suffice, to be enough)*.

FUTURE and COND. regular.

PRESENT INDICATIVE
je suffis, tu suffis, il suffit,
nous suffisons, vous suffisez, ils suffisent.

IMPERATIVE
suffis, suffisons, suffisez.

PRES. PART.
suffisant; IMPERFECT je suffisais, etc.

PRES. SUBJ.
je suffise, etc.

PAST PARTICIPLE
suffi; PASSÉ COMPOSÉ j'ai suffi, etc.

PASSÉ SIMPLE
je suffis, etc.; IMPERF. SUBJ. je suffisse, etc.

166. suivre *(to follow)*.

FUTURE and COND. regular.

PRESENT INDICATIVE
je suis, tu suis, il suit,
nous suivons, vous suivez, ils suivent.

IMPERATIVE
suis, suivons, suivez.

PRES. PART.
suivant; IMPERFECT je suivais, etc.

PRES. SUBJ.
je suive, etc.

PAST PARTICIPLE
suivi; PASSÉ COMPOSÉ j'ai suivi, etc.

PASSÉ SIMPLE
je suivis, etc.; IMPERF. SUBJ. je suivisse, etc.

Like **suivre: poursuivre,** *to pursue.*

167. tenir *(to hold)*.

FUTURE je tiendrai, etc.; COND. je tiendrais, etc.

PRESENT INDICATIVE
> je tiens, tu tiens, il tient,
> nous tenons, vous tenez, ils tiennent.

IMPERATIVE
> tiens, tenons, tenez.

PRES. PART.
> tenant; IMPERFECT je tenais, etc.

PRES. SUBJ.
> je tienne, tu tiennes, il tienne,
> nous tenions, vous teniez, ils tiennent.

PAST PARTICIPLE
> tenu; PASSÉ COMPOSÉ j'ai tenu, etc.

PASSÉ SIMPLE
> je tins, tu tins, il tint,
> nous tînmes, vous tîntes, ils tinrent. IMPERF. SUBJ. je tinsse, etc.

Like **tenir: s'abstenir,** *to abstain;* **appartenir,** *to belong;* **contenir,** *to contain;* **détenir,** *to detain;* **entretenir,** *to keep in good condition;* **maintenir,** *to maintain;* **obtenir,** *to obtain;* **retenir,** *to retain;* **soutenir,** *to sustain.*

---

168. traire (*to milk*).

FUTURE and COND. regular.

PRESENT INDICATIVE
> je trais, tu trais, il trait,
> nous trayons, vous trayez, ils traient.

IMPERATIVE
> trais, trayons, trayez.

PRES. PART.
> trayant; IMPERFECT je trayais, etc.

PRES. SUBJ.
> je traie, tu traies, il traie,
> nous trayions, vous trayiez, ils traient.

PAST PARTICIPLE
> trait; PASSÉ COMPOSÉ j'ai trait, etc.

PASSÉ SIMPLE ———; IMPERF. SUBJ. ———.

Like **traire: abstraire,** *to abstract;* **distraire,** *to distract;* **extraire,** *to extract;* **soustraire,** *to subtract;* etc.

169. vaincre (*to conquer*).

FUTURE and COND. regular.

PRESENT INDICATIVE
> je vaincs, tu vaincs, il vainc,
> nous vainquons, vous vainquez, il vainquent.

IMPERATIVE
> vaincs, vainquons, vainquez.

PRES. PART.
> vainquant; IMPERFECT je vainquis, etc.

PRES. SUBJ.
> je vainque, etc.

PAST PARTICIPLE
> vaincu; PASSÉ COMPOSÉ j'ai vaincu, etc.

PASSÉ SIMPLE
> je vainquis, etc.; IMPERF. SUBJ. je vainquisse, etc.

Like **vaincre: convaincre,** *to convince.*

170. valoir (*to be worth*).

FUTURE je vaudrai, etc.; COND. je vaudrais, etc.

PRESENT INDICATIVE
> je vaux, tu vaux, il vaut,
> nous valons, vous valez, ils valent.

IMPERATIVE
> vaux, valons, valez.

PRES. PART.
> valant; IMPERFECT je valais, etc.

PRES. SUBJ.
> je vaille, tu vailles, il vaille,
> nous valions, vous valiez, ils vaillent.

PAST PARTICIPLE
> valu; PASSÉ COMPOSÉ j'ai valu, etc.

PASSÉ SIMPLE
> je valus, etc.; IMPERF. SUBJ. je valusse, etc.

171. venir (*to come*).

FUTURE je viendrai, etc.; COND. je viendrais, etc.

PRESENT INDICATIVE
je viens, tu viens, il vient,
nous venons, vous venez, ils viennent.

IMPERATIVE
viens, venons, venez.

PRES. PART.
venant; IMPERFECT je venais, etc.

PRES. SUBJ.
je vienne, tu viennes, il vienne,
nous venions, vous veniez, ils viennent.

PAST PARTICIPLE
venu; PASSÉ COMPOSÉ je suis venu(e), etc.

PASSÉ SIMPLE
je vins, tu vins, il vint,
nous vînmes, vous vîntes, ils vinrent. IMPERF. SUBJ. je vinsse, etc.

Like **venir**: **convenir**, *to agree, to suit;* **devenir**, *to become;* **intervenir**, *to intervene;* **parvenir**, *to attain;* **prévenir**, *to warn*, etc.; **provenir**, *to come from;* **revenir**, *to come back;* **se souvenir**, *to remember;* etc.

172. vêtir (*to clothe*).

FUTURE and COND. regular.

PRESENT INDICATIVE
je vêts, tu vêts, il vêt,
nous vêtons, vous vêtez, ils vêtent.

IMPERATIVE
vêts, vêtons, vêtez.

PRES. PART.
vêtant; IMPERFECT je vêtais, etc.

PRES. SUBJ.
je vête, etc.

PAST PARTICIPLE
vêtu; PASSÉ COMPOSÉ j'ai vêtu, etc.

PASSÉ SIMPLE
je vêtis, etc.; IMPERF. SUBJ. je vêtisse, etc.

173. vivre (*to live*).

FUTURE and COND. regular.

PRESENT INDICATIVE
> je vis, tu vis, il vit,
> nous vivons, vous vivez, ils vivent.

IMPERATIVE
> vis, vivons, vivez.

PRES. PART.
> vivant; IMPERFECT je vivais, etc.

PRES. SUBJ.
> je vive, etc.

PAST PARTICIPLE
> vécu; PASSÉ COMPOSÉ j'ai vécu, etc.

PASSÉ SIMPLE
> je vécus, etc.; IMPERF. SUBJ. je vécusse, etc.

174. voir (*to see*).

FUTURE je verrai, etc.; COND. je verrais, etc.

PRESENT INDICATIVE
> je vois, tu vois, il voit,
> nous voyons, vous voyez, ils voient.

IMPERATIVE
> vois, voyons, voyez.

PRES. PART.
> voyant; IMPERFECT je voyais, etc.

PRES. SUBJ.
> je voie, tu voies, il voie,
> nous voyions, vous voyiez, ils voient.

PAST PARTICIPLE
> vu; PASSÉ COMPOSÉ j'ai vu, etc.

PASSÉ SIMPLE
> je vis, etc.; IMPERF. SUBJ. je visse, etc.

Like **voir: entrevoir,** *to catch sight of;* **revoir,** *to see again.*

prévoir is like **voir** except that the future and conditional are regular.

pourvoir is like **voir** except that the future and conditional are regular, the **passé simple** is **je pourvus,** etc., and the imperfect subjunctive **je pourvusse,** etc.

453

175. vouloir (*to want, to will*).

FUTURE je voudrai, etc.; COND. je voudrais, etc.

PRESENT INDICATIVE
  je veux, tu veux, il veut,
  nous voulons, vous voulez, ils veulent.

IMPERATIVE
  veux, voulons, voulez, *or*
  veuille, veuillons, veuillez.

PRES. PART.
  voulant; IMPERFECT je voulais, etc.

PRES. SUBJ.
  je veuille, tu veuilles, il veuille,
  nous voulions, vous vouliez, ils veuillent.

PAST PARTICIPLE
  voulu; PASSÉ COMPOSÉ j'ai voulu, etc.

PASSÉ SIMPLE
  je voulus, etc.; IMPERF. SUBJ. je voulusse, etc.

Common Units of Measurement

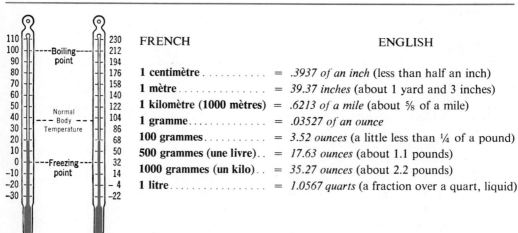

FRENCH		ENGLISH
1 centimètre	=	*.3937 of an inch* (less than half an inch)
1 mètre	=	*39.37 inches* (about 1 yard and 3 inches)
1 kilomètre (1000 mètres)	=	*.6213 of a mile* (about ⅝ of a mile)
1 gramme	=	*.03527 of an ounce*
100 grammes	=	*3.52 ounces* (a little less than ¼ of a pound)
500 grammes (une livre) . .	=	*17.63 ounces* (about 1.1 pounds)
1000 grammes (un kilo) . .	=	*35.27 ounces* (about 2.2 pounds)
1 litre	=	*1.0567 quarts* (a fraction over a quart, liquid)

Abbreviations

abbr	abbreviation	*inf*	infinitive
adj	adjective	*interrog*	interrogative
adv	adverb	*m*	masculine
art	article	*n*	noun
* (asterisk)	aspirate *h*	*obj*	object
cond	conditional	*p part*	past participle
conj	conjunction	*p simple*	passé simple
conjug	conjugated	*pers*	person, personal
contr	contraction	*pl*	plural
dem	demonstrative	*poss*	possessive
dir obj	direct object	*pr*	present
f	feminine	*prep*	preposition
fut	future	*pron*	pronoun
imper	imperative	*rel*	relative
imperf	imperfect	*sg*	singular
ind	indicative	*subj*	subjunctive
indir obj	indirect object		

A

a: il a [ila] *pr ind 3rd sg of* **avoir**

à [a] at, to, in, into, for, by; **à jeudi** see you Thursday

abandonner [abɑ̃dɔne] to abandon; to give out

abord: d'abord [dabɔʀ] first, at first, first of all

absent [apsɑ̃] absent

absolument [apsɔlymɑ̃] absolutely

absurde [apsyʀd] absurd

accent [aksɑ̃] *m* accent

accepter [aksɛpte] to accept

accessible [aksɛsibl] accessible

accident [aksidɑ̃] *m* accident

accompagner [akɔ̃paɲe] to accompany, go with, go along

accord: d'accord [dakɔʀ] in agreement (with); O.K.

accrocher [akʀɔʃe] to hook, to hang

achat [aʃa] *m* purchase

acheter [aʃte] to buy

acte [akt] *m* act

acteur [aktœʀ] *m* actor

actif, active [aktif, aktiv] active

actuel [aktɥɛl] present; **à l'heure actuelle** at the present time

actuellement [aktɥɛlmɑ̃] at present

addition [adisjõ] *f* bill

admettre [admɛtʀ] to admit

admirable [admiʀabl] admirable

admirablement [admiʀabləmɑ̃] admirably

admirer [admiʀe] to admire

adorer [adɔʀe] to be crazy about

adresse [adʀɛs] *f* address

adroit [adʀwa] skilful

aérien [aeʀjɛ̃], **aérienne** [aeʀjɛn] aerial

aéroport [aeʀɔpɔʀ] *m* airport

affaire [afɛʀ] *f* thing; **faire l'affaire,** to do; **bonnes affaires** bargains

affirmativement [afiʀmativmɑ̃] affirmatively

affluence: aux heures d'affluence [aflɥɑ̃s] during rush hours

Afrique [afʀik] *f* Africa; **l'Afrique du Nord** North Africa

âge [ɑʒ] *m* age; **quel âge avez-vous?** how old are you?; **d'un certain âge** elderly

agent [aʒɑ̃] *m* agent; **agent de police** policeman; **agent de change** stockbroker

agir: s'agir de [saʒiʀ də] *impers* to be a question of

agit: il s'agit de [ilsaʒidə] it is a question of

agréable [agʀeabl] pleasant

ai: j'ai [ʒe] *pr ind 1st sg of* **avoir**

aide [ɛd] *f* help

aider [ɛde] to help

aille: j'aille [ʒaj] *pr subj 1st sg of* **aller**

ailleurs [ajœʀ] elsewhere; **d'ailleurs** moreover, besides, anyway

aimable [ɛmabl] kind, nice

aimer [ɛme] to like, love; **aimer bien** to like, to be fond of; **aimer mieux** to prefer

ainsi [ɛ̃si] so, thus

air [ɛʀ] *m* air; **avoir l'air** to look, appear, seem; **en plein air** in the open

ait: il ait [ilɛ] *pr subj 3rd sg of* **avoir**

ajouter [aʒute] to add

album [albɔm] *m* album

alla: il alla [ilala] *p simple 3rd sg of* **aller**

allais: j'allais [ʒalɛ] *imperf ind 1st sg of* **aller**

allé [ale] *p part of* **aller**

allée [ale] *f* walk, path

Allemagne [almaɲ] *f* Germany

allemand [almɑ̃] German

aller [ale] *m;* **aller et retour** round trip

aller [ale] to go; **aller bien** to feel well; **comment allez-vous?** how are you?; **cette robe vous va très bien** this dress is very becoming; **aller à pied** to walk; **aller chercher** to go get; **s'en aller** to go away; **comment ça va?** how are you?

allez: vous allez [vuzale] *pr ind 2nd pl of* **aller**

allumé [alyme] lighted

allusion [alyzjõ] *f* allusion

alors [alɔʀ] then

Alpes [alp] *f pl* Alps

aménager [amenaʒe] to layout

américain [ameʀikɛ̃], **américaine** [ameʀikɛn] American (*takes a capital only when used as a noun referring to a person*)

Amérique [ameʀik] *f* America

ami [ami], **amie** [ami] friend

amusant [amyzɑ̃] amusing

amuser: s'amuser [samyze] to enjoy oneself

an [ɑ̃] *m* year; tous les ans every year; le jour de l'An New Year's day

ancien [ɑ̃sjɛ̃], ancienne [ɑ̃sjɛn] former, old

âne [ɑn] *m* donkey

anglais [ɑ̃glɛ], anglaise [ɑ̃glɛz] English (*takes a capital only when used as a noun referring to a person*)

Angleterre [ɑ̃glətɛʀ] *f* England

année [ane] *f* year

anniversaire [anivɛʀsɛʀ] *m* birthday

annoncer [anɔ̃se] to announce

antagoniste [ɑ̃tagɔnist] *m* opponent

antiquaire [ɑ̃tikɛʀ] *m* antique dealer

août [u] *m* August

apaiser [apeze] to pacify

apercevoir [apɛʀsəvwaʀ] to get a glimpse of

apparence [apaʀɑ̃s] *f* look

appartement [apaʀtəmɑ̃] *m* apartment

appartenir à [apaʀtəniʀa] to belong to (*conjug like* tenir)

appel [apɛl] *m* appeal

appeler [aple] to call, name; s'appeler to be called, be named; comment vous appelez-vous? what is your name?; je m'appelle my name is

appellation [apelasjɔ̃] *f* name

appétit [apeti] *m* appetite

apporter [apɔʀte] to bring; apportez-moi bring me

apprendre [apʀɑ̃dʀ] to learn, to tell (*conjug like* prendre)

appris [apʀi] *p part of* apprendre

approcher [apʀɔʃe] to approach; s'approcher to come close to

après [apʀɛ] after; d'après according to

après-midi [apʀɛmidi] *m* afternoon; l'après-midi in the afternoon

aqueduc [akdyk] *m* aqueduct

arbre [aʀbʀ] *m* tree

arc [aʀk] *m* arch; arc de triomphe [aʀk dətʀiɔ̃f] arch of triumph; arc en demi-cercle [aʀk ɑ̃dmisɛʀkl] round arch

architecte [aʀʃitɛkt] *m* architect

architecture [aʀʃitɛktyʀ] *f* architecture

argent [aʀʒɑ̃] *m* money, silver

armateur [aʀmatœʀ] *m* shipowner

arme [aʀm] *f* weapon; arme prohibée concealed weapon

armée [aʀme] *f* army

arranger: s'arranger [saʀɑ̃ʒe] to fit in

arrêt [aʀɛ] *m* stop

arrêter: s'arrêter [saʀɛte] to stop

arrivée [aʀive] *f* arrival

arriver [aʀive] to arrive, come; to happen; qu'est-ce qui lui est arrivé? what happened to him (her)?

arrondissement [aʀɔ̃dismɑ̃] *m* administrative district in Paris

arroser [aʀoze] to water

art [aʀ] *m* art

article [aʀtikl] *m* article

artiste [aʀtist] *m* artist

ascenseur [asɑ̃sœʀ] *m* elevator

aspect [aspɛ] *m* aspect

asperge [aspɛʀʒ] *f* asparagus

aspirine [aspiʀin] *f* aspirin

assembler: s'assembler [sasɑ̃ble] to gather

asseoir: s'asseoir [saswaʀ] to sit down

asseyez-vous [asɛjevu] *imper 2nd pl of* s'asseoir

assez [ase] enough, rather, fairly

assis [asi] *p part of* asseoir

assistance [asistɑ̃s] *f* attendance, spectators

assister à [asiste a] to attend

assurer [asyʀe] to assure

Athènes [atɛn] Athens

Atlantique [atlɑ̃tik] *m* Atlantic

atteindre [atɛ̃dʀ] to reach, attain, (*conjug like* peindre)

attendre [atɑ̃dʀ] to wait, wait for, expect, await; s'attendre à to expect

attention [atɑ̃sjɔ̃] *f* attention; faire attention to watch out

attentivement [atɑ̃tivmɑ̃] attentively

attirer [atiʀe] to attract

attitude [atityd] *f* attitude

attraper [atʀape] to catch

au [o] *contr of* à le

auberge [obɛʀʒ] *f* inn

aucun [okœ̃], aucune [okyn] none; ne . . . aucun no . . .

aujourd'hui [oʒuʀdɥi] today; d'aujourd'hui en huit a week from today; c'est aujourd'hui jeudi today is Thursday

auparavant [opaʀavɑ̃] before

auquel [okɛl], à laquelle [alakɛl], auxquels [okɛl], auxquelles [okɛl] *prep* à + lequel, etc.

aurai: j'aurai [ʒɔʀe] *fut 1st sg of* avoir

aussi [osi] also, so, as, thus, therefore; aussi . . . que as . . . as

aussitôt [osito] immediately; **aussitôt que** as soon as

austère [ostɛR] severe

autant [otɑ̃] as much; **d'autant plus que** all the more so since; **autant que possible** in so far as possible

auteur [otœR] *m* author

auto [oto] *f* auto, car

autobus [otɔbys] *m* bus; **en autobus** on the bus, by bus

autocar [otɔkaR] *m* tourist bus

automne [otɔn] *m* fall, autumn

automobile [otɔmɔbil] *f* auto, car

automobiliste [otɔmɔbilist] *m* motorist

autour de [otuRdə] around

autre [otR] other

autrefois [otRəfwa] formerly, once

avait: il avait [ilavɛ] *imperf ind 3rd sg of* **avoir; il y avait** there was, there were

avance: à l'avance [alavɑ̃s] in advance; **en avance** early

avant [avɑ̃] before

avantage [avɑ̃taʒ] *m* advantage

avec [avɛk] with

avenue [avny] *f* avenue

aveugle [avœgl] blind

avez: vous avez [vuzave] *pr ind 2nd pl of* **avoir**

avion [avjɔ̃] *m* plane

avis [avi] *m* opinion, advice; **être de l'avis de quelqu'un** to agree with someone

avocat [avɔka] *m* lawyer

avoine [avwan] *f* oats

avoir [avwaR] to have; **avoir besoin de** to need; **avoir peur** to be afraid; **avoir froid** to be cold; **avoir mal à la gorge** to have a sore throat; **avoir l'air** to seem; **avoir lieu** to take place; **qu'est-ce que vous avez?** what is the matter with you?; **avoir envie de** to feel like; **avoir l'habitude de** to be used to; **avoir faim** to be hungry; **avoir soif** to be thirsty; **avoir l'intention de** to intend to; **avoir raison** to be right; **avoir tort** to be wrong; **il y a** there is, there are; **il y a dix ans** ten years ago; **avoir beau** to be in vain, be of no avail

avril [avRil] *m* April

ayez: vous ayez [vuzeje] *pr subj 2nd pl of* **avoir**

B

bagages [bagaʒ] *m pl* luggage

bain [bɛ̃] *m* bath; **salle de bains** *f* bathroom

bal [bal] *m* dance

Balzac [balzak] French novelist (1799-1850)

banane [banan] *f* banana

banlieue [bɑ̃ljø] *f* the outskirts, suburbs

banque [bɑ̃k] *f* bank

banquier [bɑ̃kje] *m* banker

barbare [baRbaR] barbarous

barbe [baRb]: **Quelle barbe! La barbe!** What a nuisance!

Barbizon [baRbizɔ̃] village near Fontaine-bleau, residence of famous French painters of the 19th century

barrage [baRaʒ] *m* dam

bas [bɑ], **basse** [bɑs] low; **à voix basse** in a low voice

bassin [basɛ̃] *m* pool

Bastille: la Bastille [labastij] state prison, destroyed in 1789

bataille [bataj] *f* battle

bateau [bato] *m* boat

bâtiment [bɑtimɑ̃] *m* building

bâtir [bɑtiR] to build

beau [bo], **bel** [bɛl], **belle** [bɛl], **beaux** [bo], **belles** [bɛl] beautiful, nice; **il fait beau** the weather is nice; **avoir beau** to be in vain, to be of no avail

beaucoup [boku] much, very much

Belgique [bɛlʒik] *f* Belgium

bergère [bɛRʒɛR] f shepherdess

besoin [bəzwɛ̃] *m* need; **avoir besoin de** to need

bétail [betaj] *m* livestock

betterave [bɛtRav] *f* beet; **betterave à sucre** sugar beet

beurre [bœR] *m* butter

bibliothèque [bibliɔtɛk] *f* library

bicyclette [bisiklɛt] *f* bicycle

bien [bjɛ̃] *adv* well, indeed, very; **eh bien?** well?; *conj* **bien que** although; **bien** [bjɛ̃] *m* good; **cette promenade m'a fait beaucoup de bien** this walk did me a lot of good; many; **bien des statues** many statues

bientôt [bjɛ̃to] soon

bière [bjɛR] *f* beer

bifteck [biftɛk] *m* minute steak

billet [bijɛ] *m* ticket, banknote, bill; **billet aller et retour** roundtrip ticket

Bizet [bizɛ] French musician (1838-1875)

blanc [blɑ̃], **blanche** [blɑ̃ʃ] white

blé [ble] *m* wheat

blesser [blɛse] to wound

bleu [blø] blue; **bleu marine** dark blue

blond [blõ] blond

bœuf [bœf], *pl* **bœufs** [bø] *m* ox, beef

boire [bwaʀ] to drink

bois [bwa] *m* wood; **le Bois de Boulogne** park on the outskirts of Paris

bois: je bois [ʒəbwa] *pr ind 1st sg of* **boire**

boîte [bwat] *f* box

bon [bõ], **bonne** [bɔn] good; **de bonne heure** early; **la bonne route** the right road

bonbon [bõbõ] *m* candy

bondé [bõde] crowded

bonheur [bɔnœʀ] *m* happiness

bonjour [bõʒuʀ] *m* good morning, good afternoon, hello

bonne [bɔn] *f* maid

bonsoir [bõswaʀ] *m* good evening

bord [bɔʀ] *m* edge, side; **au bord de la mer** at the seashore

border [bɔʀde] to line

botanique [bɔtanik] *f* botany

bouche [buʃ] *f* mouth; **faire venir l'eau à la bouche** to make one's mouth water

boucher [buʃe] *m* butcher

boucherie [buʃʀi] *f* butcher's shop

boulangerie [bulɑ̃ʒʀi] *f* bakery

boulevard [bulvaʀ] *m* boulevard

Boulogne [bulɔɲ] *f* Boulogne; **Bois de Boulogne** Boulogne Park

bouquet [bukɛ] *m* bouquet

bouquiniste [bukinist] *m* dealer in old books

Bourgogne [buʀgɔɲ] *f* Burgundy

bourguignon [buʀgiɲõ] of Burgundy

bout [bu] *m* end; **un petit bout de chemin** a bit of the way

bouteille [butɛːj] *f* bottle

boutique [butik] *f* shop

brave [bʀav] good, worthy

Bretagne [bʀətaɲ] *f* Brittany

breton [bʀətõ] from Brittany

bridge [bʀidʒ] *m* bridge

briller [bʀije] to shine

brouillard [bʀujaʀ] *m* mist

bruit [bʀɥi] *m* noise

brûler [bʀyle] to burn

brun [bʀœ̃], **brune** [bʀyn] brown

bu [by] *p part of* **boire**

buffet [byfɛ] *m* lunchroom (in a railroad station)

bureau [byʀo] *m* office, desk

buvez: vous buvez [vubyve] *pr ind 2nd pl of* **boire**

C

c' *see* **ce**

ça [sa] (*contr of* **cela**) that; **c'est ça** that's it, that's right

Caen [kɑ̃] city in Normandy

café [kafe] *m* coffee, café, pub

caisse [kɛs] *f* cashier's window

caissier [kɛsje], **caissière** [kɛsjɛʀ] cashier

Californie [kalifɔʀni] *f* California

calmer [kalme] to calm down

camion [kamjõ] *m* truck

campagne [kɑ̃paɲ] *f* country, countryside

Canada [kanada] *m* Canada

Cannes [kan] resort city on the Mediterranean

canotage [kanɔtaʒ] *m* boating

capitale [kapital] *f* capital

car [kaʀ] for, because

caractérisé [kaʀakteʀize] characterized

carnet [kaʀnɛ] *m* notebook, booklet

carré [kaʀe] *m* square

carte [kaʀt] *f* card, menu, map; **jouer aux cartes** to play cards; **carte-postale** *f* post card

carton [kaʀtõ] *m* cardboard, cardboard box

cas [kɑ] *m* case; **en tout cas** at any rate

casser [kase] to break

casserole [kasʀɔl] *f* saucepan

cathédrale [katedʀal] *f* cathedral

cause [koz] *f* cause; **à cause de** because of

causer [koze] to chat

cave [kav] *f* cellar

ce [sə], **cet** [sɛt], **cette** [sɛt], **ces** [se] *adj* this, that; **cette écharpe-ci** this scarf; **cette écharpe-là** that scarf; **ce jour-là** that day; **ces jours-ci** some time soon

ce [sə] *pron* he, she, it, they, that; **ce qui, ce que** what

ceci [səsi] this

ceinture [sɛ̃tyʀ] *f* belt

cela [sla] that

célèbre [selɛbʀ] well-known

celui [səlɥi], **celle** [sɛl], **ceux** [sø], **celles** [sɛl] the one; the ones; **celui-ci** this one; **celui-là** that one

cent [sã] a hundred

centaine [sãten] f about a hundred

centigrade [sãtigʀad] m centigrade

centime [sãtim] m one hundredth part of one franc

centre [sãtʀ] m center

cependant [səpãdã] however

cercle [sɛʀkl] m circle; **arc en demi-cercle** round arch

certain [sɛʀtẽ], **certaine** [sɛʀten] certain

certainement [sɛʀtɛnmã] certainly

certes [sɛʀt] certainly

Cézanne [sezan] French painter (1839-1906)

chacun [ʃakœ̃], **chacune** [ʃakyn] each, each one

chaîne [ʃen] f chain

chaise [ʃez] f chair

chaleur [ʃalœʀ] f heat

chambre [ʃãbʀ] f room

champ [ʃã] m field

champagne [ʃãpaɲ] m champagne

champenois [ʃãpənwa] from Champagne

champignon [ʃãpiɲõ] m mushroom

Champs-Élysées: les Champs-Élysées [leʃãzelize] avenue in Paris

chance [ʃãs] f luck; **avoir de la chance** to be lucky

changement [ʃãʒmã] m change

changer [ʃãʒe] to change; to change trains

chanter [ʃãte] to sing

Chantilly [ʃãtiji] town in the Île-de-France

chapeau [ʃapo] m hat

chapelle [ʃapɛl] f chapel

chaque [ʃak] each

charcuterie [ʃaʀkytʀi] f pork butcher shop

charmant [ʃaʀmã] charming

charme [ʃaʀm] m charm

chasse [ʃas] f hunting, hunting season

chasser [ʃase] to chase, to shoo out

chasseur [ʃasœʀ] m hunter

château [ʃato] m château, palace

chaud [ʃo] warm; **il fait chaud** it is warm; **j'ai chaud** I am warm

chauffage [ʃofaʒ] m heating; **chauffage central** central heating

chauffeur [ʃofœʀ] m driver

chaussée [ʃose] f street, surface of a street

chaussette [ʃosɛt] f sock

chaussure [ʃosyʀ] f shoe

chef [ʃef] m chef

chemin [ʃmẽ] m road; **chemin de fer** m railroad; **un petit bout de chemin** a bit of the way

cheminée [ʃmine] f fireplace

chemise [ʃmiz] f shirt

chèque [ʃɛk] m check

cher [ʃɛʀ], **chère** [ʃɛʀ] expensive, dear

chercher [ʃɛʀʃe] to seek, look for; **aller chercher** to go for, go and get; **venir chercher** to come for

cheval [ʃval], pl **chevaux** [ʃvo] m horse

chevalier [ʃvalje] m knight

cheveu [ʃvø] m hair; **elle a les cheveux blonds** she has blond hair; **se faire couper les cheveux** to get a haircut

chèvre [ʃɛvʀə] f goat

chez [ʃe] at the house of, at the shop of; **chez moi** at my house; **chez eux** at their house; **chez le coiffeur** at the barber's

chic [ʃik] stylish

chien [ʃjẽ] m dog

chiffre [ʃifʀ] m number

chimie [ʃimi] f chemistry

chimiste [ʃimist] m chemist

Chine [ʃin] f China

chocolat [ʃɔkɔla] m chocolate

choisir [ʃwaziʀ] to choose

choix [ʃwa] m choice

chose [ʃoz] f thing; **quelque chose** something; **autre chose** something else; **pas grand-chose** not much

chou [ʃu], pl **choux** [ʃu] m cabbage

chute [ʃyt] f fall; **les chutes du Niagara** Niagara Falls

ciel [sjɛl], pl **cieux** [sjø] m sky

cigare [sigaʀ] m cigar

cigarette [sigaʀɛt] f cigarette

cinéma [sinema] m movie

cinq [sẽk] five

cinquantaine [sẽkãten] f about fifty

cinquante [sẽkãt] fifty

cinquième [sẽkjɛm] fifth

clair [klɛʀ] clear; light colored

clarinette [klaʀinɛt] f clarinet

classe [klas] f classroom

classer [klase] to classify

client [klijã] m client

clinique [klinik] f clinic

clocher [klɔʃe] *m* steeple

cochon [kɔʃõ] *m* pig

cœur [kœʀ] *m* heart

coiffeur [kwafœʀ] *m* barber

coin [kwɛ̃] *m* corner, part of a town

colimaçon [kɔlimasõ]: **escalier en colimaçon** spiral staircase

collection [kɔlɛksjõ] *f* collection; **collection de timbres** stamp collection

collectionner [kɔlɛksjɔne] to collect

collectionneur [kɔlɛksjɔnœʀ] *m* collector

collège [kɔlɛʒ] *m* secondary school

colline [kɔlin] *f* hill

collision [kɔlizjõ] *f* collision

colonie [kɔlɔni] *f* colony

combien [kõbjɛ̃] how much, how many; **combien de temps** how long

Comédie-Française: la Comédie-Française [lakɔmedifʀɑ̃sɛz] theatre in Paris

commander [kɔmɑ̃de] to order

comme [kɔm] as, like; **comme d'habitude** as usual

commencement [kɔmɑ̃smɑ̃] *m* beginning

commencer [kɔmɑ̃se] to begin

comment [kɔmɑ̃] how; **comment allez-vous?** how are you?; **comment vous appelez-vous?** what is your name?; **comment cela?** how is that?; **Et comment!** And how!

commerçant [kɔmɛʀsɑ̃] *m* merchant

commerce [kɔmɛʀs] *m* commerce, trade

commissaire de police [kɔmisɛʀdəpɔlis] *m* police lieutenant

commissariat de police [kɔmisaʀjadpɔlis] *m* police station

commode [kɔmɔd] *adj* convenient; *f noun* dresser

compagnie [kõpaɲi] *f* company

compartiment [kõpaʀtimɑ̃] *m* compartment

complet [kõplɛ], **complète** [kõplɛt] complete, full; **complet** [kõplɛ] *n m* man's suit

complètement [kõplɛtmɑ̃] completely

compliqué [kõplike] complicated

composer [kõpoze] to compose

compréhensible [kõpʀeɑ̃sibl] comprehensible

comprendre [kõpʀɑ̃dʀ] to understand (*conjug like* **prendre**); **je comprends** I understand; **comprenez-vous?** do you understand?

compte [kõt]: **se rendre compte** to realize

compter [kõte] to count

comte [kõt] *m* count

concert [kõsɛʀ] *m* concert

concierge [kõsjɛʀʒ] *m or f* janitor, caretaker

Concorde: Place de la Concorde [kõkɔʀd] square in Paris

conditionnel [kõdisjɔnɛl] *m* conditional

conduire [kõdɥiʀ] to lead; to drive a car; to take (to a place)

confection [kõfɛksjõ] *f* **magasin de confection** store for ready-made clothes

conférence [kõfeʀɑ̃s] *f* lecture

confiance [kõfjɑ̃s] *f* confidence

confondre [kõfõdʀ] to confuse

confortable [kõfɔʀtabl] comfortable

connais: **je connais** [ʒəkɔnɛ] *pr ind 1st sg of* **connaître**

connaissance [kɔnɛsɑ̃s] *f* acquaintance, consciousness; **faire la connaissance de** to meet, become acquainted with

connaissez: **vous connaissez** [vukɔnɛse] *pr ind 2nd pl of* **connaître**

connaître [kɔnɛtʀ] to know, be acquainted with

connu [kɔny] *p part of* **connaître**

conseil [kõsɛj] *m* advice

conseiller [kõsɛje] to advise

consentir [kõsɑ̃tiʀ] to consent (*conjug like* **sentir**)

conséquent: **par conséquent** [paʀkõsekɑ̃]) therefore

constructeur [kõstʀyktœʀ] *m* constructor

construction [kõstʀyksjõ] *f* construction, building

construire [kõstʀɥiʀ] to build; **faire construire** to have built

consul [kõsyl] *m* consul

consulter [kõsylte] to consult, look at

contempler [kõtɑ̃ple] to look at

contenir [kõtniʀ] to contain

content [kõtɑ̃] glad

continuateur [kõtinɥatœʀ] *m* continuer, follower

continuer [kõtinɥe] to continue

contraire [kõtʀɛʀ] *adj* contrary; *n m* opposite; **au contraire** on the contrary, far from it

contre [kõtʀ] against; **par contre** on the other hand

convenable [kõvnabl] suitable

convenir [kõvniʀ] to suit, be appropriate (*conjug like* **venir**) conversation [kõvɛʀsasjõ] f conversation

convient: il convient [ilkõvjɛ̃] pr ind 3rd sg of convenir; cette chambre me convient this room suits me

convocation [kõvɔkasjõ] f summons

cor [kɔʀ] m horn, French horn

cordonnier [kɔʀdɔɲe] m cobbler

Corot [kɔʀo] French painter (1796-1875)

corporel [kɔʀpɔʀɛl] adj of the body

corporellement [kɔʀpɔʀɛlmã] physically

correspondance [kɔʀɛspõdãs] f connection

corsaire [kɔʀsɛʀ] m corsair

Corse [kɔʀs] f Corsica

cosmopolite [kɔsmɔpolit] cosmopolitan

côté [kote] m side; à côté de near, beside; de l'autre côté de on the other side of

coucher: se coucher [skuʃe] to lie down, go to bed

couler [kule] to flow

couleur [kulœʀ] f color

coup: tout à coup [tutaku] suddenly

couper [kupe] to cut

couramment [kuʀamã] fluently

courant [kuʀã] current, common; une expression courante an everyday expression

courir [kuʀiʀ] to run

courrier [kuʀje] m mail

cours [kuʀ] m course; au cours de in the course of, during

course [kuʀs] f errand, race; faire des courses to do errands; course de chevaux horse race; champ de courses race track

court [kuʀ] short

courtisan [kuʀtizã] m courtier

cousin [kuzɛ̃], cousine [kuzin] cousin

couteau [kuto] m knife

coûter [kute] to cost

couture [kutyʀ) f dressmaking; maison de couture high fashion house

couturière [kutyʀjɛʀ] f dressmaker

couvert [kuvɛʀ] covered, cloudy

couverture [kuvɛʀtyʀ] f cover

couvrir [kuvʀiʀ] to cover (conjug like ouvrir)

craindre [kʀɛ̃dʀ] to fear (conjug like plaindre)

crains: je crains [ʒə kʀɛ̃] pr ind 1st sg of craindre

crainte [kʀɛ̃t] f fear

cravate [kʀavat] f tie, necktie

crayon [kʀejõ] m pencil

crème [kʀɛm] f cream

crémerie [kʀɛmʀi] f store for dairy products

croire [kʀwaʀ] to believe

crois: je crois [ʒəkʀwa] pr ind 1st sg of croire

croisade [kʀwazad] f crusade

croissant [kʀwasã] m crescent roll

croyez: vous croyez [vukʀwaje] pr ind 2nd pl of croire

cru [kʀy] p part of croire

cueillir [kœjiʀ] to pick

cuirassé [kɥiʀase] armored

cuisine [kɥizin] f food, cooking; kitchen; faire la cuisine to cook

cuisinière [kɥizinjɛʀ] f woman cook

cuivre [kɥivʀ] m copper

cultivateur [kyltivatœʀ] m farmer

cultiver [kyltive] to cultivate, grow

curé [kyʀe] m priest

curiosité [kyʀiozite] f curiosity

D

d' see de

dame [dam] f lady

danger [dãʒe] m danger

dangereux [dãʒʀø], dangereuse [dãʒʀøz] dangerous

dans [dã] in, into, on

date [dat] f date

dater de [datedə] to date from

Daumier [domje] French painter and etcher (1808-1879)

davantage [davãtaʒ] more

de [də] of, from

debout [dəbu] standing

Debussy [dəbysi] French musician (1862-1918)

décembre [desãbʀ] m December

décider [deside] to decide

déclaration [dekaʀasjõ] f declaration

décoration [dekɔʀasjõ] f decoration

découvrir [dekuvʀiʀ] to discover

décrire [dekʀiʀ] to describe

déçu [desy] disappointed

dedans [dədã] inside; là-dedans in there

dédier [dedje] to dedicate

déesse [deɛs] f goddess

défaire [defɛʀ] to undo (conjug like faire)

degré [dəgʀe] m degree

dehors [dəɔʀ] outside

déjà [deʒa] already, before

déjeuner [deʒœne] *m* lunch; **petit déjeuner** breakfast; **déjeuner** [deʒœne] to lunch, have lunch

delà: **au delà** [odla] beyond

délicieux [delisjø] delicious

demain [dəmɛ̃] tomorrow; **après-demain** day after tomorrow

demande [dəmɑ̃d] *f* request

demander [dəmɑ̃de] to ask; **se demander** to wonder

demeure [dəmœR] *f* house

demeurer [dəmœRe] to live, reside; **où demeurez-vous?** where do you live?; **je demeure** I live

demi [dəmi] half; **onze heures et demie** half past eleven; **midi et demi** half past twelve; **une demi-heure** a half hour

démolir [demɔliR] to tear down

dent [dɑ̃] *f* tooth

dentiste [dɑ̃tist] *m* dentist

départ [depaR] *m* departure

dépêche [depɛʃ] *f* telegram

dépêcher: **se dépêcher** [sədepɛʃe] to hurry

dépenser [depɑ̃se] to spend

déplacer: **se déplacer** [sədeplase] to travel

depuis [dəpɥi] since, for; **depuis quand? depuis combien de temps?** how long?; **j'attends depuis un quart d'heure** I have been waiting for a quarter of an hour

déranger [deRɑ̃ʒe] to disturb, inconvenience

dernier [dɛRnje], **dernière** [dɛRnjɛR] last; **dimanche dernier** last Sunday

derrière [dɛRjɛR] behind

des [de] (*contr of* **de les**) of the, from the, some, any

descendre [desɑ̃dR] to go down, to take down

descriptif [deskRiptif] descriptive

description [deskRipsjɔ̃] *f* description

déshérités [dezeRite] *m pl* the disadvantaged

désigner [deziɲe] to designate

désirer [deziRe] to wish, desire

dessert [desɛR] *m* dessert

dessin [desɛ̃] *m* drawing

dessiner [desine] to draw, draw the plans of

dessous [dəsu] under; *n m* lower side; **au dessous de** below; **là-dessous** under that, under there

dessus [dəsy] on, upon; *n m* top side; **au-dessus de** above; **là-dessus** on that, thereon

destination [dɛstinasjɔ̃] *f* destination

destiné [dɛstine] meant, intended

détail [detaj] *m* detail

détruit [detRɥi] destroyed

deux [dø] two

deuxième [døzjɛm] second; **le deuxième (étage)** the third floor

devant [dəvɑ̃] before, in front of

devanture [dəvɑ̃tyR] *f* shop window

devenir [dəvniR] to become (*conjug like* **venir**); **qu'est-ce qu'il est devenu?** what has become of him?

devez: **vous devez** [vudve] (*pr ind 2nd pl of* **devoir**) you must, you are supposed to

deviez: **vous deviez** [vudəvje] (*imperf ind 2nd pl of* **devoir**) you were to

deviner [dəvine] to guess

devoir [dəvwaR] to owe, must, be supposed to, ought to, etc.; **je dois** I must, I am supposed to; **je devais** I was supposed to; **j'ai dû** I must have, I had to; **je devrais** I should; **j'aurais dû** I should have

dévorer [devɔRe] to devour

dévoué [devwe) devoted

devriez: **vous devriez** [vudəvRije](*pr condit 2nd pl of* **devoir**) you should, you ought to

dictée [dikte] *f* dictation

dieu [djø] *m* god

différent [difeRɑ̃] different

difficile [difisil] difficult

difficulté [difikylte] *f* difficulty

dimanche [dimɑ̃ʃ] *m* Sunday; **le dimanche** on Sundays; **à dimanche** see you Sunday

dinde [dɛ̃d] *f* turkey

dîner [dine] *m* dinner; **dîner** [dine] to dine

diplomate [diplɔmat] *m* diplomat

dire [diR] to say, tell; **vouloir dire** to mean; **c'est-à-dire** that is to say; **cela ne veut rien dire** that is meaningless

directement [diRɛktəmɑ̃] directly

diriger: **se diriger** [sədiRiʒe] to go toward

dis: **je dis** [ʒədi] *pr ind 1st sg of* **dire**; **se dire** to say to oneself

discuter [diskyte] to discuss

disent: **ils disent** [ildiz] *pr ind 3rd pl of* **dire**

disparaître [dispaRɛtR] to disappear

dispos [dispo] fit, in good shape

disposer [dispoze] **(de)** to have at one's disposal

disposition [dispozisjɔ̃] *m* disposal; **je suis à votre disposition** I am at your service

disque [disk] *m* record

distance [distãs] *f* distance; **à quelle distance?** how far?

distant [distã] distant

distraire [distRɛR]: **se distraire** to relax and have a good time

dit: il dit [ildi] *pr ind 3rd sg of* **dire**

dites: vous dites [vudit] *pr ind 2nd pl of* **dire**

dix [dis] ten

dix-huit [dizɥit] eighteen

dixième [dizjɛm] tenth

dix-neuf [diznœf] nineteen

dix-neuvième [diznœvjɛm] nineteenth

dix-sept [dissɛt] seventeen

docteur [dɔktœR] *m* doctor; **le docteur Lambert** Dr. Lambert

documentaire [dɔkymãtɛR] documentary

dois: je dois [ʒədwa] (*pr ind 1st sg of* **devoir**) I must, I am supposed to

dollar [dɔlaR] *m* dollar

dominer [dɔmine] to overlook

dommage [dɔmaʒ] *m* **c'est dommage** it's too bad

donc [dõk] then, therefore; **et moi donc!** what about me!; **entrez donc** do come in

donner [dɔne] to give

dont [dõ] whose, of whom, of which

doré [dɔRe] gilded

dormir [dɔRmiR] to sleep

dort: il dort [ildɔR] *pr ind 3rd sg of* **dormir**

doué [due] gifted

douloureux [duluRø] painful

doute [dut] *m* doubt; **sans doute** no doubt, probably

douter de to doubt; **se douter de** [sədutedə] to suspect

doux, douce [du, dus] sweet, soft

douzaine [duzɛn] *f* dozen; **une demi-douzaine** half a dozen; **vingt francs la douzaine** twenty francs a dozen

douze [duz] twelve

douzième [duzjɛm] twelfth

drapeau [dRapo] *m* flag

dresser [dRɛse] to draw up, make out

droit [dRwa] straight, right; **tout droit** straight ahead; **à droite** to, on the right

drôle [dRol] funny, queer

drugstore [dRœgstɔR] *m* drugstore

du [dy] (*contr of* **de le**) of the, from the, some, any

dû [dy] *p part of* **devoir**

Dumas [dymɑ] French novelist (1803-1870)

duquel [dykɛl], **de laquelle** [dəlakɛl], **desquels** [dekɛl], **desquelles** [dekɛl] *rel pron; prep* **de + lequel,** etc.

dur [dyR] hard

durable [dyRabl] lasting

durer [dyRe] to last

E

eau [o] *f* water; **eau minérale** mineral water

échafaudage [eʃafodaʒ] *m* scaffolding

écharpe [eʃaRp] *f* scarf

échecs [eʃɛk] *m* chess

échelle [eʃɛl] *f* scale

école [ekɔl] *f* school

économie politique [ekɔnɔmi pɔlitik] *f* economics

Écosse [ekɔs] *f* Scotland

écouter [ekute] to listen

écrire [ekRiR] to write; **machine à écrire** typewriter

écris: j'écris [ʒekRi] *pr ind 1st sg of* **écrire**

écrivain [ekRivɛ̃] *m* writer

écrivez: vous écrivez [vuzekRive] *pr ind 2nd pl of* **écrire**

édifice [edifis] *m* building

édition [edisjõ] *f* edition

effet [efɛ] *m* effect; **en effet** indeed

effrayant [efRɛjã] frightful

égal [egal] equal; **ça m'est égal** that's all the same to me

égaré [egaRe] lost

église [egliz] *f* church

égyptien [eʒipsjɛ̃], **égyptienne** [eʒipsjɛn] Egyptian

Eiffel [ɛfɛl] French engineer (1832-1923)

électricien [elɛktRisjɛ̃] electrical

électricité [elɛktRisite] *f* electricity

élégance [elegãs] *f* elegance

élégant [elegã] graceful

élève [elɛv] *m or f* pupil

elle [ɛl] she, it

elles [ɛl] they

emmener [ãmne] to carry, take along

empêcher [ãpeʃe] to prevent

empire [ãpiR] *m* empire; **Second Empire** reign of Napoleon III (1852-1870)

emplette [ãplɛt] *f* purchase

emploi [ɑ̃plwa] *m* employment, use; **emploi du temps** *m* schedule

employé [ɑ̃plwaje] *m* employee

employer [ɑ̃plwaje] to employ, use

empoisonner [ɑ̃pwazɔne] to poison

emporter [ɑ̃pɔrte] to take along, carry along

en [ɑ̃] *prep* in, into, at, to, by; **en** [ɑ̃] *pron* some, any, of it, of them

enchanté [ɑ̃ʃɑ̃te] delighted

encombrement [ɑ̃kõbrəmɑ̃] *m* traffic jam, crowding

encore [ɑ̃kɔr] yet, still, again; **pas encore** not yet

endormir: s'endormir [sɑ̃dɔrmir] to fall asleep

endroit [ɑ̃drwa] *m* place

énergie [enɛrʒi] *f* energy

enfant [ɑ̃fɑ̃] *m or f* child

ennuyer [ɑ̃nɥije] to bother, worry

énorme [enɔrm] enormous

enrhumé [ɑ̃ryme] having a cold

enrichi [ɑ̃riʃi] made wealthy

ensemble [ɑ̃sɑ̃bl] *n* whole, entirety; **vue d'ensemble** general view; *adv* together

ensuite [ɑ̃sɥit] then, afterwards

entendre [ɑ̃tɑ̃dr] to hear; **entendre parler de** to hear of; **entendre dire que** to hear that

entendu [ɑ̃tɑ̃dy] *p part of* **entendre**; **c'est entendu** agreed, all right; **bien entendu** of course

enterrer [ɑ̃tɛre] to bury

enthousiasme [ɑ̃tuzjasm] *m* enthusiasm

entier [ɑ̃tje], **entière** [ɑ̃tjɛr] entire, whole; **tout entier** entirely

entouré de [ɑ̃ture də] surrounded with

entre [ɑ̃tr] between, among; **entre autres** among others

entrer [ɑ̃tre] to enter, go in

entr'ouvert [ɑ̃truvɛr] partly open

enveloppe [ɑ̃vlɔp] *f* envelop

enverrai: j'enverrai [ʒɑ̃vɛre] *fut 1st sg of* **envoyer**

envie [ɑ̃vi] *f* envy, desire; **avoir envie de** to feel like

environ [ɑ̃virõ] about

envoie: j'envoie [ʒɑ̃vwa] *pr ind 1st sg of* **envoyer**

envoyer [ɑ̃vwaje] to send; **envoyer chercher** to send for; **faire envoyer** to have (something) sent

épais [epɛ] thick

épaisseur [epɛsœr] *f* thickness

épaule [epol] *f* shoulder

Épernay [epɛrnɛ] town in Champagne

épicerie [episri] *f* grocery store

épidémie [epidemi] *f* epidemic

époque [epɔk] *f* period, time

erreur *f* mistake; **faire erreur** [ɛrœr] to make a mistake

escalier [ɛskalje] *m* stairway

espace [ɛspɑs] *m* space

Espagne [ɛspaɲ] *f* Spain

espagnol [ɛspaɲɔl] Spanish (*takes a capital only when used as a noun referring to a person*)

espalier [ɛspalje] *m* fruit tree trimmed and trained to grow against a wall or trellis

espèce [ɛspɛs] *f* kind, sort

espérer [ɛspere] to hope; **je l'espère** I hope so

essayer [ɛseje] to try, try on

essence [ɛsɑ̃s] *f* gasoline

essoufflé [esufle] out of breath

est: il est [ilɛ] *pr ind 3rd sg of* **être**

Est [ɛst] *m* East

estampe [ɛstɑ̃p] *f* print, engraving, etc.

et [e] and; **et cætera** [ɛtseterа] etc.

établi [etabli] established, settled

établissement (industriel) [etablismɑ̃] *m* factory

était: il était [iletɛ] *imperf ind 3rd sg of* **être**

étalage [etalaʒ] *m* display

États-Unis [etazyni] *m pl* United States

été [ete] *m* summer; **été** [ete] *p part of* **être**

éteindre [etɛ̃dr] to extinguish (*conjug like* **peindre**)

étendue [etɑ̃dy] *f* extent, size

éternité [etɛrnite] *f* eternity

êtes: vous êtes [vuzɛt] *pr ind 2nd pl of* **être**

étoffe [etɔf] *f* material

étoile [etwal] *f* star

étonnant [etɔnɑ̃] astonishing

étonné [etɔne] surprised

étonner: s'étonner [setɔne] to wonder at

étranger [etrɑ̃ʒe], **étrangère** [etrɑ̃ʒɛr] foreign; *n* foreigner; **à l'étranger** abroad

être [ɛtr] to be; **c'est** it is; **est-ce?** is it?; **est-ce que?** is it that?; **qu'est-ce que c'est que?** what is?; **c'est-à-dire** that is to say; **il est onze heures** it is eleven o'clock; **c'est aujourd'hui jeudi** today is Thursday; **être à** to belong to étroit [etʀwɑ] narrow

étudiant [etydjã] *m* étudiante [etydjãt] *f* student

étudier [etydje] to study

eu [y] *p part of* avoir

eurent; ils eurent [ilzyʀ] *p simple 3rd pl of* avoir

Europe [œʀɔp] *f* Europe

européen [œʀɔpeẽ], européenne [œʀɔpeɛn] European

eut: il eut [ily] *p simple 3rd sg of* avoir; il y eut there was, there were, there has been, there have been

eux [ø] they, them

évidemment [evidamã] evidently

exact [ɛgzakt] exact

examen [ɛgzamẽ] *m* examination

examiner [ɛgzamine] to examine

excellent [ɛksɛlã] excellent

exclusivement [ɛksklysivmã] exclusively

excursion [ɛkskyʀsjõ] *f* excursion

excuser: s'excuser [sɛkskyze] to apologize

exemple [ɛgzãpl] *m* example; par exemple for example

exercice [ɛgzɛʀsis] *m* exercise; exercice d'application drill

expérience [ɛkspeʀjãs] *f* experience

explication [ɛksplikasjõ] *f* explanation

expliquer [ɛksplike] to explain

exploiter [ɛksplwate] to make use of

express [ɛkspʀɛs] *m* fast train

expression [ɛkspʀɛsjõ] *f* expression

exprimer [ɛkspʀime] to express

extraordinaire [ɛkstʀaɔʀdinɛʀ] extraordinary

F

fabrique [fabʀik] *f* plant

fabriqué [fabʀike] made

façade [fasad] *f* front of a building

face [fas] *f* face; en face de opposite

fâché [fɑʃe] sorry, angry

facile [fasil] easy

facilement [fasilmã] easily

façon [fasõ] *f* way, manner

facteur [faktœʀ] *m* postman

facture [faktyʀ] *f* bill

Faculté [fakylte] *f* a division of a University

faim [fẽ] *f* hunger; avoir faim to be hungry

faire [fɛʀ] to do, make; faire une promenade to take a walk; faire du ski to go skiing; quoi faire? what for?; faire la connaissance de to meet, become acquainted with; faire venir to have . . . come; faire envoyer to have . . . sent; faire attention to watch out; quel temps fait-il? what kind of weather is it?; il fait beau the weather is nice; il fait du vent it is windy; il fait nuit it is dark; cela ne fait rien it does not make any difference; se faire un plaisir de to be glad to; faire bien de to do well to; faire penser to remind; faire peur to frighten; cela m'a fait quelque chose that bothered me

fais: je fais [ʒəfɛ] *pr ind 1st sg of* faire

faisait: il faisait [ilfəzɛ] *imperf ind 3rd sg of* faire; il faisait beau the weather was nice

fait [fɛ]: tout à fait quite, entirely

fait: il fait [ilfɛ] *pr ind 3rd sg of* faire

faites: vous faites [vufɛt] *pr ind 2nd pl of* faire

falloir [falwaʀ] *impers verb* to have to; il faut one must, it is necessary; il fallait, il a fallu it was necessary; il faudra it will be necessary

familial [familjal] of the family

famille [famij] *f* family; relatives

fasse: il fasse [ilfas] *pr subj 3rd sg of* faire

fatigue [fatig] *f* fatigue

fatigué [fatige] tired

faut: il faut [ilfo] *pr ind 3rd sg of* falloir

faute [fot] *f* fault

fauteuil [fotœj] *m* armchair

faux [fo] false

favori [favɔʀi], favorite [favɔʀit] favorite

femme [fam] *f* woman, wife; femme de ménage cleaning woman

fenêtre [fənɛtʀ] *f* window

fer [fɛʀ] *m* iron; chemin de fer *m* railroad

ferai: je ferai [ʒəfʀe] *fut 1st sg of* faire

ferme [fɛʀm] *f* farm

fermenter [fɛʀmãte] to ferment

fermer [fɛʀme] to close

fertile [fɛʀtil] fertile

fête [fɛt] *f* celebration, holiday

feu [fø[*m* fire

feuille [fœj] *f* leaf

février [fevʀije] *m* February

fiancé, fiancée [fjãse] fiancé, fiancée

fièvre [fjɛvʀ] *f* fever

figure [figyʀ] *f* face

filet [filɛ] *m* fillet

fille [fij] *f* daughter; **jeune fille** girl; **petite fille** little girl

film [film] *m* film, movie

fils [fis] *m* son

fin [fɛ̃] *f* end

finalement [finalmɑ̃] finally

finir [finiʀ] to finish

finissez: **vous finissez** [vufinise] *pr ind 2nd pl of* **finir**

fixer [fikse] to decide upon

flamboyant [flɑ̃bwajɑ̃] flamboyant

flanc [flɑ̃] *m* side

flatteur [flatœʀ] *m* flatterer

fleur [flœʀ] *f* flower

fleuve [flœv] *m* river (that flows into the sea)

Florence [flɔʀɑ̃s] Florence

flotte [flɔt] *f* navy

foin [fwɛ̃] *m* hay

fois [fwa] *f* time; **la première fois** the first time; **plusieurs fois** several times; **à la fois** at the same time

foncé [fõse] dark colored; **bleu foncé** dark blue

fonctionnaire [fõksjɔnɛʀ] *m* government employee

fond *m* **au fond des bois** [ofõdebwa] deep in the woods

fonder [fõde] to found

font: **ils font** [ilfõ] *pr ind 3rd pl of* **faire**

fontaine [fõtɛn] *f* fountain

Fontainebleau [fõtɛnblo] town in the Île-de-France

forcé [fɔʀse] forced

forêt [fɔʀɛ] *f* forest

forme [fɔʀm] *f* form

former [fɔʀme] to form

formidable [fɔʀmidabl] terrific

fort [fɔʀ] *adv* very

fort [fɔʀ] strong

fortification [fɔʀtifikasjõ] *f* fortification

foule [ful] *f* mob, crowd

fourchette [fuʀʃɛt] *f* fork

fourgon [fuʀgõ] *m* baggage car

fragmentaire [fʀagmɑ̃tɛʀ] fragmentary

frais [fʀɛ], **fraîche** [fʀɛʃ] fresh, cool, cold

fraise [fʀɛz] *f* strawberry; **fraise des bois** wild strawberry

franc [fʀɑ̃] *m* franc

français [fʀɑ̃sɛ], **française** [fʀɑ̃sɛz] French (*takes a capital only when used as a noun referring to a person*)

France [fʀɑ̃s] *f* France

François Iᵉʳ [fʀɑ̃swa pʀəmje] king of France (1494-1547)

fréquent [fʀekɑ̃] frequent

fréquenté [fʀekɑ̃te] popular (frequently visited)

frère [fʀɛʀ] *m* brother

frit [fʀi] fried; **pommes de terre frites** French fried potatoes

frites [fʀit] *f pl* French fried potatoes

froid [fʀwa] cold; **il fait froid** it is cold; **avoir froid** to be cold

fromage [fʀɔmaʒ] *m* cheese

fruit [fʀɥi] *m* fruit

fuir [fɥiʀ] to flee

fumer [fyme] to smoke

furent: **ils furent** [ilfyʀ] *p simple 3rd pl of* **être**

fut: **il fut** [ilfy] *p simple 3rd sg of* **être**

G

gai [ge] gay

galerie [galʀi] *f* gallery, hall

gant [gɑ̃] *m* glove

garage [gaʀaʒ] *m* garage

garçon [gaʀsõ] *m* boy, waiter

garder [gaʀde] to keep; **se garder de** to be careful not to

gardien [gaʀdjɛ̃] *m* guard

gare [gaʀ] *f* station

gâteau [gato] *m* cake, pastry

gauche [goʃ] *f* left; **à gauche** to the left

génération [ʒeneʀasjõ] *f* generation

Geneviève: **sainte Geneviève** [sɛ̃t ʒənvjɛv] patron saint of Paris

gens [ʒɑ̃] *f pl* people

gentil [ʒɑ̃ti], **gentille** [ʒɑ̃tij] nice

glace [glas] *f* ice, mirror; **la Galerie des Glaces** the Hall of Mirrors

glissant [glisɑ̃] slippery

glisser [glise] to slide

gorge [gɔʀʒ] *f* throat; **avoir mal à la gorge** to have a sore throat

gothique [gɔtik] Gothic

goût [gu] *m* taste

grand [gʀɑ̃] tall, large, great

grand-mère [gʀɑ̃mɛʀ] *f* grandmother

grappe [gʀap] *f* bunch (of grapes)

gras, **grasse** [gʀa, gʀɑs] fat

gratte-ciel [gʀatsjɛl] *m* skyscraper

grave [gʀav] serious
gravité [gʀavite] f gravity
gravure [gʀavyʀ] f etching
grec [gʀɛk] Greek
Grèce [gʀɛs] f Greece
grille [gʀij] f iron gate
gris [gʀi] gray; **gris clair** light gray; **gris foncé** dark gray
gros [gʀo], **grosse** [gʀos] big
groupé [gʀupe] grouped
guère [gɛʀ]; **ne . . . guère** scarcely, hardly
guérir [geʀiʀ] to cure
guerre [gɛʀ] f war
guerrier [geʀje] m warrior
guichet [giʃɛ] m ticket window
guide [gid] m guide; **guide Michelin** Michelin guide book
guitare [gitaʀ] f guitar

H

(*Words beginning with an aspirate* **h** *are shown thus:* ***haricot**)
habile [abil] skillful
habilement [abilmã] skillfully
habiller [abije] to dress; **s'habiller** to get dressed
habitant [abitã] m inhabitant
habite: il habite [ilabit] *pr ind 3rd sg of* **habiter**
habiter [abite] to live in
habitude [abityd] f habit, practice; **comme d'habitude** as usual; **avoir l'habitude de** to be used to; **d'habitude** usually
habituer: s'habituer à [sabitɥe a] to get used to
*haricot [aʀiko] m bean
harmonie [aʀmɔni] f harmony
*harpe [aʀp] f harp
*hasard [azaʀ) m chance; **par hasard** by chance
*hâte [ɑt] f haste; **avoir hâte de** to be eager to
*haut [o] m top, upper part; **en haut de** at the top of; **là-haut** up there
hélas [elɑs] alas
herbe [ɛʀb] f grass
*héros [eʀo] m hero
heure [œʀ] f hour, time; **quelle heure est-il?** what time is it?; **il est onze heures** it is eleven o'clock; **une demi-heure** a half hour;

à l'heure on time; **de bonne heure** early; **tout à l'heure** in a while, a while ago; **à l'heure actuelle** at the present time
heureux [œʀø], **heureuse** [œʀøz] happy
hier [jɛʀ] m yesterday; **hier soir** last night
hippopotame [ipɔpɔtam] m hippopotamus
histoire [istwaʀ] f history, story; **l'histoire de France** French history
historique [istɔʀik] historical
hiver [ivɛʀ] m winter
homme [ɔm] m man; **jeune homme** boy, young man
honneur [ɔnœʀ] m honor
hôpital [ɔpital] m hospital
horaire [ɔʀɛʀ] m timetable
horloge [ɔʀlɔʒ] f clock
horloger [ɔʀlɔʒe] m jeweler
horriblement [ɔʀibləmã] terribly
*hors-d'œuvre [ɔʀdœvʀ] m hors d'œuvres
hostilité [ɔstilite] f hostility
hôtel [otɛl] m hotel
hôtelier [otəlje] m hotel keeper
Hugo: Victor Hugo [viktɔʀygo] French writer (1802-1885)
*huit [ɥit] eight; **huit jours** a week; **d'aujour-d'hui en huit** a week from today
*huitième [ɥitjɛm] eighth
humble [œ̃bl] humble
humide [ymid] humid
humidité [ymidite] f humidity
*Huns [œ̃] m pl Huns

I

ici [isi] here
idée [ide] f idea
identifier [idɑ̃tifje] to identify
identité [idɑ̃tite] f identity; **carte d'identité** identification card
il [il] he, it
île [il] f island; **Île-de-France** the region around Paris; **l'île de la Cité** an island in the Seine, the heart of old Paris
illustration [ilystʀasjõ] f illustration
ils [il] they
image [imaʒ] f picture
imaginer [imaʒine] to imagine
immensité [imɑ̃site] f immensity
immeuble [imœbl] apartment house
impair [ɛ̃pɛʀ] odd (*of numbers*)

imparfait [ɛ̃paʀfɛ] imperfect
impassible [ɛ̃pasibl] impassive
imperméable [ɛ̃pɛʀmeabl] *m* raincoat
impétueux [ɛ̃petɥø] impetuous
importance [ɛ̃pɔʀtɑ̃s] *f* importance
imposant [ɛ̃pozɑ̃] imposing
impression [ɛ̃pʀɛsjɔ̃] *f* impression; **avoir**
  l'impression to think
impressionné [ɛ̃pʀɛsjɔne] impressed
incident [ɛ̃sidɑ̃] *m* incident
indéfini [ɛ̃defini] indefinite
indépendance [ɛ̃depɑ̃dɑ̃s] *f* independence
indication [ɛ̃dikasjɔ̃] *f* indication
indignation [ɛ̃diɲasjɔ̃] *f* indignation
indiquer [ɛ̃dike] to indicate, tell
industrie [ɛ̃dystʀi] *f* industry
industriel [ɛ̃dystʀijɛl] *m* manufacturer
ingénieur [ɛ̃ʒenjœʀ] *m* engineer
injustice [ɛ̃ʒystis] *f* injustice
inoubliable [inubliabl] unforgettable
inquiet [ɛ̃kjɛ] worried
inscription [ɛ̃skʀipsjɔ̃] *f* inscription
inspirer [ɛ̃spiʀe] to inspire
installer [ɛ̃stale] to set up; **s'installer** to settle
instant [ɛ̃stɑ̃] *m* instant; **un instant** for a moment
Institut [ɛ̃stity] *m* Institute
intelligent [ɛ̃teliʒɑ̃] intelligent
intention [ɛ̃tɑ̃sjɔ̃] *f* intention; **avoir l'intention**
  de to intend to
intéressant [ɛ̃teʀɛsɑ̃] interesting, worth buying
intéresser [ɛ̃teʀɛse] to interest; **s'intéresser à**
  to be interested in
intérieur [ɛ̃teʀjœʀ] *m* inside; **à l'intérieur** inside
interrogatif [ɛ̃teʀɔgatif], **interrogative** [ɛ̃teʀɔ-
  gativ] interrogative
inventer [ɛ̃vɑ̃te] to invent
invention [ɛ̃vɑ̃sjɔ̃] *f* invention
inversion [ɛ̃vɛʀsjɔ̃] *f* inversion
invitation [ɛ̃vitasjɔ̃] *f* invitation
inviter [ɛ̃vite] to invite
irai: j'irai [ʒiʀe] *fut 1st sg of* **aller**
irais: j'irais [ʒiʀe] *cond 1st sg of* **aller**
irlandais [iʀlɑ̃dɛ] Irish
ironique [iʀɔnik] ironical
Islande [islɑ̃d] *f* Iceland
Italie [itali] *f* Italy
italien [italjɛ̃], **italienne** [italjɛn] Italian (*takes
  a capital only when used as a noun referring
  to a person*)

j' *see* je
jaloux, jalouse [ʒalu, ʒaluz] jealous
jamais [ʒamɛ] never, ever; **ne . . . jamais**
  never
jambe [ʒɑ̃b] *f* leg
jambon [ʒɑ̃bɔ̃] *m* ham
janvier [ʒɑ̃vje] *m* January
Japon [ʒapɔ̃] *m* Japan
jardin [ʒaʀdɛ̃] *m* garden
jaune [ʒon] yellow
je [ʒe] I
Jeanne d'Arc [ʒɑndaʀk] Joan of Arc (1412-
  1431)
jeter [ʒəte] to throw, cast; **jeter un coup d'œil**
  sur to take a look at
jeu [ʒø] *m* game; **vieux jeu** out of date
jeudi [ʒødi] Thursday
jeune [ʒœn] young; **jeune fille** girl
Joconde: la Joconde [laʒɔkɔ̃d] the Mona Lisa
joindre [ʒwɛ̃dʀ] to join
joli [ʒɔli] pretty
joue [ʒu] *f* cheek
jouer [ʒwe] to play
jour [ʒuʀ] *m* day, daylight; **par jour** a day;
  huit jours a week; **quinze jours** two weeks;
  tous les jours every day; **ces jours-ci** some
  time soon; **il fait jour** it is daylight
journal [ʒuʀnal], **journaux** [ʒuʀno] *m* newspaper
journée [ʒuʀne] *f* all day; **toute la journée** all
  day
juger [ʒyʒe] to judge
juillet [ʒɥijɛ] *m* July
juin [ʒɥɛ̃] *m* June
jumeaux [ʒymo] *m pl* twins
jupe [ʒyp] *f* skirt
jus [ʒy] *m* juice
jusqu'à [ʒyska] until, up to, as far as; **jusque-là**
  that far, till then; **jusqu'à ce que** until
juste [ʒyst] exactly, just; **au juste** precisely

kilo [kilo], **kilogramme** [kilɔgʀam] *m* kilo
  (2.2 lbs.)
kilomètre [kilɔmɛtʀ] *m* kilometer (about $\frac{5}{8}$
  mile)

kiosque [kjɔsk] *m* stand, newsstand

klaxonner [klaksɔne] to sound a horn (on car)

L

l' *see* le, la

la [la] *art* the; *pron* her, it

là [la] there; là-bas over there; là-haut up there; ce jour-là that day

laboratoire [labɔRatwaR] *m* laboratory

lac [lak] *m* lake

La Fayette [lafajɛt] French statesman (1757-1834)

laisser [lɛse] to let, leave

lait [lɛ] *m* milk

laitue [lɛty] *f* lettuce

lancer [lãse] to launch, to start, to throw

langue [lãg] *f* language

laquelle *see* lequel

laver [lave] to wash

le [lə] *art* the; *pron* him, it

leçon [ləsõ] *f* lesson

lecture [lɛktyR] *f* reading

légende [leʒãd] *f* legend

léger [leʒe] light

légume [legym] *m* vegetable

lendemain: le lendemain [ləlãdmɛ̃] the next day

lentement [lãtmã] slowly

lequel [ləkɛl], laquelle [lakɛl], lesquels [lekɛl], lesquelles [lekɛl] *rel pron* which; who, whom; lequel? laquelle? lesquels? lesquelles? *interrog pron* which? which one? which ones?

les [le] *art* the; *pron* them

lettre [lɛtR] *f* letter; papier à lettres stationery

leur [lœR] *pers pron* to them, them; leur [lœR], leurs [lœR] *poss adj* their; le leur, la leur, les leurs *poss pron* theirs

lever: se lever [səlve] to get up, rise

lèvre [levR] *f* lip

liberté [libɛRte] *f* liberty

libraire [libRɛR] *m* bookseller

librairie [libRɛRi] *f* bookstore

libre [libR] free

lieu [ljø] *m* place; avoir lieu to take place

ligne [liɲ] *f* line

limité [limite] limited

lion [ljõ] *m* lion

lire [liR] to read

lis: je lis [ʒəli] *pr ind 1st sg of* lire

Lisbonne [lisbɔn] Lisbon

lisez: vous lisez [vulize] *pr ind 2nd pl of* lire

liste [list] *f* list

lit [li] *m* bed

litre [litR] *m* litre [1.0567 qts. liquid]

littérature [literatyR] *f* literature

livre [livR] *m* book

livre [livR] *f* pound; deux francs la livre two francs a pound

loi [lwa] *f* law

loin [lwɛ̃] far

lointain [lwɛ̃tɛ̃], lointaine [lwɛ̃ten] distant; dans le lointain in the distance

Londres [lõdR] London

long [lõ], longue [lõg] long; le long de along

longtemps [lõtã] a long time, long; depuis longtemps for a long time

lorsque [lɔRsk] when

louer [lwe] to rent

Louis XIV [lwikatɔRz] king of France (1638-1715)

loup [lu] *m* wolf

loupe [lup] *f* magnifying-glass

lourd [luR] heavy

Louvre: le Louvre [ləluvR] former royal palace in Paris

loyer [lwaje] *m* rent

lu [ly] *p part of* lire

lugubre [lygybR] dismal, dreadful

lui [lɥi] him; to him, to her, to it

lundi [lœ̃di] *m* Monday

lune [lyn] *f* moon

lunettes [lynɛt] *f pl* glasses

luxe [lyks] *m* luxury

Luxembourg [lyksãbuR]: Jardin du Luxembourg park in Paris

lycée [lise] *m* secondary school

lys [lis] *m* lily

M

M. *abbr of* Monsieur

ma *see* mon

machine [maʃin] *f* machine; machine à écrire typewriter

madame [madam] *f* madam, Mrs.

mademoiselle [madmwazɛl] *f* Miss

magasin [magazɛ̃] *m* store

magnifique [maɲifik] magnificent, splendid

mai [mɛ] *m* May

maigre [mɛgʀ] skinny

main [mɛ̃] *f* hand

maintenant [mɛ̃tnɑ̃] now

maire [mɛʀ] *m* mayor

mais [mɛ] but; **mais oui** oh yes; **mais non** oh no

maïs [mais] *m* corn

maison [mɛzõ] *f* house, company; **à la maison** at home

majestueux [maʒɛstɥø], **majestueuse** [maʒɛstɥøz] majestic

mal [mal] *m* pain; **mal de tête** *m* headache; **avoir mal à la tête** to have a headache; **faire mal** to hurt; **mal** [mal] *adv* badly; **pas mal** all right

malade [malad] sick

maladie [maladi] *f* sickness

maladroit [maladʀwa] clumsy, awkward

malgré [malgʀe] in spite of

malheureusement [malœʀøzmɑ̃] unfortunately

malheureux [malœʀø], **malheureuse** [malœʀøz] unhappy; **les malheureux** *m pl* the unfortunate

manger [mɑ̃ʒe] to eat

mannequin [mankɛ̃] *m* fashion model

manquer [mɑ̃ke] to miss; **mes parents me manquent** I miss my parents

Mansart *or* **Mansard** [mɑ̃saʀ] French architect (1646-1708)

mansarde [mɑ̃saʀd] *f* garret

manteau [mɑ̃to] *m* coat, cloak

marchand [maʀʃɑ̃] *m* merchant, dealer, shopkeeper

marché [maʀʃe] *m* market; **à bon marché** cheap; **à meilleur marché** cheaper; **le Bon Marché** large department store in Paris

marcher [maʀʃe] to walk

mardi [maʀdi] *m* Tuesday

marguerite [maʀgəʀit] *f* daisy

mari [maʀi] *m* husband

mariage [maʀjaʒ] *m* marriage, wedding

marier: **se marier** [smaʀje] to get married

marin [maʀɛ̃] *m* sailor

marine [maʀin]: **bleu marine** dark blue

marque [maʀk] *f* name, brand

marron [maʀõ] brown; **les yeux marron** brown eyes (no agreement)

marronnier [maʀɔnje] *m* horse chestnut tree

mars [maʀs] *m* March

Marseille [maʀsɛj] city in southern France

Martinique [maʀtinik] *f* Martinique

mathématiques [matematik] *f pl* mathematics

matin [matɛ̃] *m* morning; **le matin** in the morning; **tous les matins** every morning

matinée [matine] *f* morning

mauvais [mɔvɛ] or [movɛ] bad, wrong; **la mauvaise route** the wrong road

me [mə] me, to me

mécanique [mekanik] mechanical

mécontent [mekõtɑ̃] dissatisfied

médecin [metsɛ̃] *m* physician

médicament [medikamɑ̃] *m* medicine, drug

méfiance [mefiɑ̃s] *f* distrust

méfier: **se méfier** [sə mefje] to beware

meilleur, meilleure, meilleurs, meilleures [mɛjœʀ] (*compar of* bon) better; **le meilleur, la meilleure, les meilleurs, les meilleures** (*superl of* bon) the best

Melun [məlœ̃] town in the Île-de-France

même [mɛm] *adv* even; **ne . . . même pas** not even; **tout de même** nevertheless, anyway; **au cœur même de Paris** in the very heart of Paris; **le même, la même, les mêmes** *adj and pron* the same

ménage [menaʒ] *m* housekeeping; **femme de ménage** cleaning woman

ménager [menaʒe] to arrange

mener [məne] to lead

menu [məny] *m* menu

mer [mɛʀ] *f* sea

merci [mɛʀsi] thank you; **merci quand même** thanks anyway

mercredi [mɛʀkʀədi] *m* Wednesday

mère [mɛʀ] *f* mother

merveille [mɛʀvɛj]: **à merveille** marvelously

mes *see* mon

messe [mɛs] *f* mass

métallique [metalik] metallic

mètre [mɛtʀ] *m* meter (39.37 inches)

métro [metʀo] *m* subway

mettez: **vous mettez** [vumɛte] *pr ind 2nd pl of* mettre

mettre [mɛtʀ] to put, put on; **se mettre à** to begin; **mettre une lettre à la poste** to mail a letter

meuble [mœbl] *m* piece of furniture; **les meubles** furniture

meublé [mœble] furnished

Mexique [mɛksik] *m* Mexico

Michelin: guide Michelin [gidmiʃlɛ̃] Michelin guide book

midi [midi] *m* noon; **après-midi** *m* afternoon

mien: le mien [ləmjɛ̃], **la mienne** [lamjɛn], **les miens** [lemjɛ̃], **les miennes** [lemjɛn] mine

mieux [mjø] *adv* (*compar of* **bien**) better; **aimer mieux** to prefer; **tant mieux** so much the better; **le mieux** (*superl of* **bien**) the best; **de son mieux** the best he could; **je vais le mieux du monde** I couldn't be better

milieu [miljø] *m* middle; **au milieu de** in the middle of, in the midst of

mille [mil] a thousand

Millet [milɛ] French painter (1815-1865)

million [miljɔ̃] *m* million

millionnaire [miljɔnɛR] *m* millionaire

mince [mɛ̃s] thin

ministère [ministɛR] *m* ministry

ministre [ministR] *m* Cabinet member

minuit [minɥi] *m* midnight

minute [minyt] *f* minute

mis [mi] *p part of* **mettre**

misère [mizɛR] *f* poverty

Mlle *abbr of* **Mademoiselle**

Mme *abbr of* **Madame**

mode [mɔd] *f* fashion; *pl* women's hats and other apparel

modiste [mɔdist] *f* milliner

moi [mwa] I, me, to me

moindre, moindres [mwɛ̃dR] lesser; **le moindre, la moindre, les moindres** the least, the slightest

moins [mwɛ̃] less; **moins ... que** less ... than; **à moins que** unless; **deux heures moins le quart** a quarter of two; **du moins, au moins** at least

mois [mwɑ] *m* month; **au mois de décembre** in December

moisson [mwasɔ̃] *f* harvest

Molière [mɔljɛR) French playwright (1622-1673)

moment [mɔmɑ̃] *m* moment, time; **à ce moment-là** at that time; **au moment de** at the time of; **au moment où** at the time when

mon [mɔ̃], **ma** [ma], **mes** [me] my

monde [mɔ̃d] *m* world, people; **tout le monde** everybody

mondial [mɔ̃djal] world-wide

monnaie [mɔnɛ] *f* change; **porte-monnaie** *m* change purse

monotone [mɔnɔtɔn] monotonous

monsieur [məsjø] *m* Sir, Mr., gentleman

montagne [mɔ̃taɲ] *f* mountain

Monte-Cristo [mɔ̃tekRisto]: **Le Comte de Monte-Cristo** a novel by Dumas

monter [mɔ̃te] to go up

Montmartre [mɔ̃maRtR] a section of Paris

montre [mɔ̃tR] *f* watch

montrer [mɔ̃tRe] to show

Mont-Saint-Michel, le [mɔ̃ sɛ̃ miʃɛl] town built on a rock off the coat of Brittany, famous for its monastery

monument [mɔnymɑ̃] *m* monument

monumental [mɔnymɑ̃tal] monumental

moquer: se moquer de [səmɔke də] to laugh at, make fun of

mordre [mɔRdRə] to bite

mort [mɔR] *p part of* **mourir**

Moscou [mɔsku] Moscow

mot [mo] *m* word

motocyclette [mɔtosiklɛt] *f* motorcycle

mouchoir [muʃwaR] *m* handkerchief

mouillé [muje] wet

mourir [muRiR) to die

mourut: il mourut [ilmuRy] *p simple 3rd sg of* **mourir**

mousquetaire [muskətɛR] *m* musketeer; **Les Trois Mousquetaires** a novel by Dumas

mouton [mutɔ̃] *m* sheep

moyen [mwajɛ̃] *m* means; **il n'y a pas moyen** there is no way

mur [myR] *m* wall

mural [myRal] mural

mûrir [myRiR] to ripen, mature

musclé [myskle] muscular

musée [myze] *m* museum

musicien [myzisjɛ̃] *m* musician

musique [myzik] *f* music

mutilé [mytile] mutilated

N

n' *see* **ne**

nager [naʒe] to swim

naître [nɛtR] to be born

Napoléon [napɔleɔ̃] emperor of the French (1769-1821)

natal [natal] native

national [nasjɔnal] national
nationalité [nasjɔnalite] *f* nationality
naturel [natyʀɛl] natural
naturellement [natyʀɛlmɑ̃] naturally
ne [nə] not; no; **ne . . . pas** not, no; **ne . . . plus**
no more, no longer; **ne . . . que** only; **ne . . .
ni . . . ni** neither . . . nor; **ne . . . guère**
hardly, scarcely; **ne . . . personne** nobody;
ne . . . aucun(e) none
né [ne] *p part of* **naître; je suis né à Philadelphie** I was born in Philadelphia
néanmoins [neɑ̃mwɛ̃] nevertheless
négatif [negatif], **négative** [negativ] negative
négativement [negativmɑ̃] negatively
négociant [negɔsjɑ̃] *m* wholesale merchant
neige [nɛʒ] *f* snow
neiger [nɛʒe] to snow; **il neige** it is snowing
nettoyer [nɛtwaje] to clean
neuf [nœf] nine
neuf [nœf], **neuve** [nœv] new
neuvième [nœvjɛm] ninth
ni [ni] neither, nor; **ne . . . ni . . . ni** neither . . .
nor; **ni l'un ni l'autre** neither
nier [nije] to deny
noblesse [nɔblɛs] *f* nobility
Noël [nɔɛl] *m* Christmas
noir [nwaʀ] black
noirci [nwaʀsi] blackened
nom [nõ] *m* name
nombre [nõbʀ] *m* number
nombreux [nõbʀø], **nombreuse** [nõbʀøz] numerous
nommé [nɔme] named
non [nõ] no; **non plus** either
Nord [nɔʀ] *m* North
Normandie [nɔʀmɑ̃di] *f* Normandy
norvégien, norvégienne [nɔʀveʒjɛ̃, nɔʀveʒjɛn]
Norwegian
notamment [nɔtamɑ̃] among others, in
particular
notre [nɔtʀ], **nos** [no] *adj* our; **le nôtre** [lənotʀ],
la nôtre, les nôtres *pron* ours
nous [nu] we, us, to us
nous-mêmes [numɛm] ourselves
nouveau [nuvo], **nouvel, nouvelle** [nuvɛl],
nouveaux, nouvelles new; **de nouveau**
again, once more; **La Nouvelle-Orléans**
New Orleans
nouvelle [nuvɛl] *f* piece of news
novembre [nɔvɑ̃bʀ] *m* November

nuage [nɥaʒ] *m* cloud
nuit [nɥi] *f* night, darkness; **il fait nuit** it is
dark
nul [nyl], **nulle** [nyl] no, no one; **nulle part**
nowhere
numéro [nymeʀo] *m* number

O

obéir [ɔbeiʀ] to obey
obélisque [ɔbelisk] *m* obelisk
objet [ɔbʒɛ] *m* object
obligatoire [ɔbligatwaʀ] required
obliger [ɔbliʒe] to oblige; **noblesse oblige** rank
imposes obligations
obscurité [ɔpskyʀite] *f* darkness
observatoire [ɔpsɛʀvatwaʀ] *m* observatory
occasion [ɔkazjõ] *f* occasion, bargain; **livre
d'occasion** second-hand book
occupation [ɔkypasjõ] *f* occupation
occupé [ɔkype] busy
occuper: s'occuper de [sɔkype də] to take
care of
octobre [ɔktɔbʀ] *m* October
oculiste [ɔkylist] *m* oculist
œil [œj], *pl* **yeux** [jø] *m* eye
œillet [œjɛ] *m* carnation
œuf [œf], *pl* **œufs** [ø] *m* egg
œuvre [œvʀ] *f* work
offrir [ɔfʀiʀ] to offer (*conjug like* **ouvrir**)
oie [wa] *f* goose
oiseau [wazo] *m* bird
olive [ɔliv] *f* olive
omelette [ɔmlɛt] *f* omelet
on [õ], **l'on** [lõ] one, they, someone
oncle [õkl] *m* uncle
ont: ils ont [ilzõ] *pr ind 3rd pl of* **avoir**
onze [õz] eleven
onzième [õzjɛm] eleventh
opéra [ɔpeʀa] *m* opera, opera house
opposé [ɔpoze] *m* opposite
orange [ɔʀɑ̃ʒ] *f* orange
ordinaire [ɔʀdinɛʀ] ordinary; **d'ordinaire**
usually
ordre [ɔʀdʀ] *m* order
orgues [ɔʀg] *f pl* organ
original [ɔʀiʒinal] original, unusual
ornement [ɔʀnəmɑ̃] *m* ornament
os [ɔs], *pl* **os** [o] *m* bone; **je suis mouillé
jusqu'aux os** I am wet to the skin

oser [oze] to dare
ou [u] or
où [u] where, where?, in which, when; **d'où
le nom** whence the name
oublier [ublije] to forget
oui [wi] yes
ours [uʀs] *m* bear
ouvert [uvɛʀ] *p part of* ouvrir
ouvrier [uvʀije] *m* worker
ouvrir [uvʀiʀ] to open

P

pain [pɛ̃] *m* bread
pair [pɛʀ]: **nombre pair** even number
paire [pɛʀ] *f* pair
paisible [pɛsibl] peaceful
paix [pɛ] *f* peace
palais [palɛ] *m* palace
panorama [panɔʀama] *m* sight, panorama
pantalon [pɑ̃talɔ̃] *m* pants
Panthéon: le Panthéon [ləpɑ̃teɔ̃] *m* monument
in Paris
papeterie [papɛtʀi] *or* [paptʀi] *f* stationery
store
papier [papje] *m* paper; **papier à lettres**
stationery
paquet [pakɛ] *m* package, pack
par [paʀ] by, through; **par jour** a day; **par ici**
this way
paraître [paʀɛtʀ] to seem, to appear
parapet [paʀapɛ] *m* parapet, low wall as a
railing
parapluie [paʀaplɥi] *m* umbrella
parc [paʀk] *n.* park
parce que [paʀskə] because
pardessus [paʀdəsy] *m* overcoat, topcoat
pardon [paʀdɔ̃] pardon me, excuse me
parent [paʀɑ̃] *m* parent, relative
parfait [paʀfɛ] perfect
parfaitement [paʀfɛtmɑ̃] perfectly
parfois [paʀfwa] sometimes
Paris [paʀi] *m* Paris
parisien [paʀizjɛ̃], **parisienne** [paʀizjɛn] Parisian (*takes a capital only when used as a
noun referring to a person*)
parle: je parle [ʒəpaʀl] *pr ind 1st sg of* parler
parler [paʀle] to speak; **entendre parler de** to
hear of
parmi [paʀmi] among

part [paʀ] *f* share; **quelque part** somewhere;
nulle part nowhere; **c'est gentil de votre
part** it is nice of you; **à part cela** aside from
that
partager [paʀtaʒe] to divide
particulièrement [paʀtikyljɛʀmɑ̃] particularly
partie [paʀti] *f* part; **en partie** in part; **partie
de pêche** fishing trip
partir [paʀtiʀ] to leave; **je pars** I leave, I am
leaving
partout [paʀtu] everywhere
pas [pɑ] not; **ne . . . pas** not, no; **pas encore**
not yet; **pas du tout** not at all
pas [pɑ] *m* step; **à deux pas d'ici** just a step
from here
passant [pɑsɑ̃] *m* passer-by
passer [pɑse] to spend; to go by; **comme le
temps passe!** how time flies!; passer un
examen to take an examination; **se passer**
[spɑse] to happen, take place; **passer par**
to go through; **passer à la caisse** to go to
the cash window; **il est minuit passé** it is
after midnight
Pasteur [pastœʀ] French scientist (1822-1895)
patience [pasjɑ̃s] *f* patience
patiner [patine] to skate
pâtisserie [pɑtisʀi] *f* pastry, pastry shop
patrie [patʀi] *f* fatherland
patronne [patʀɔn] *f* patron saint
pauvre [povʀ] poor
payer [pɛje] to pay
pays [pei] *m* country
paysage [peizaʒ] *m* landscape
paysan [peizɑ̃] *m* peasant
peau [po] *f* skin
pêche [pɛʃ] *f* fishing; **aller à la pêche** to go
fishing
pêcher [pɛʃe] to fish
pêcheur [pɛʃœʀ] *m* fisherman
peindre [pɛ̃dʀ] to paint
peine [pɛn] *f* trouble; **ce n'est pas la peine** it is
not worth while, don't bother; **à peine**
scarcely, hardly
peint [pɛ̃] *p part of* peindre
peintre [pɛ̃tʀ] *m* painter
peinture [pɛ̃tyʀ] *f* painting
Pékin [pekɛ̃] Peking
pendant [pɑ̃dɑ̃] during; **pendant que** as, while
pendre [pɑ̃dʀ] to hang
pendule [pɑ̃dyl] *f* clock

pénétrant [penetrɑ̃] penetrating

pensée [pɑ̃se] f pansy

penser [pɑ̃se] to think, believe; **penser à** to think of; **penser de** to have an opinion about; **faire penser** to remind

penseur [pɑ̃sœR] m thinker; **le Penseur** a statue by Rodin

pension [pɑ̃sjõ] f room and board

perdre [pɛRdRə] to lose

perdu [pɛRdy] lost

père [pɛR] m father

permettre [pɛRmɛtR] to allow

permission [pɛRmisjõ] f permission

personne [pɛRsɔn] f person; no one, nobody; **ne . . . personne** no one

perspective [pɛRspɛktiv] f perspective

petit [pəti] small, little; **petit déjeuner** breakfast

peu [pø] little; **un peu** a little; **à peu près** about; **racontez-nous un peu** just tell us; **quelque peu** somewhat; **peu après** soon after

peur [pœR] f fear; **avoir peur de** to be afraid of; **avoir peur que** to be afraid that; **de peur que** for fear that

peut: **il peut** [ilpø] pr ind 3rd sg of **pouvoir**

peut-être [pøtɛtR] perhaps

pharmacie [faRmasi] f drugstore

pharmacien [faRmasjɛ̃] m druggist

Philadelphie [filadɛlfi] Philadelphia

philanthrope [filɑ̃tRɔp] m philanthropist

photo [fɔto] f photograph, picture

photographie [fɔtɔgRafi] f photograph, picture

phrase [fRɑz] f sentence

piano [pjano] m piano

pièce [pjɛs] f coin; play; apiece; **dix francs (la) pièce** ten francs apiece; **pièce d'eau** ornamental pool

pied [pje] m foot; **aller à pied** to walk; **un pied de salade,** a head of lettuce

pierre [pjɛR] f stone

pigment [pigmɑ̃] m pigment

pique-nique [piknik] m picnic; **faire un pique-nique** to go on a picnic

pire [piR] worse; **le pire** the worst part of it

pis [pi] worse; **tant pis** so much the worse, too bad

pistolet [pistɔlɛ] m pistol

pittoresque [pitɔRɛsk] picturesque

pivoine [pivwan] f peony

place [plas] f square, space, room, seat; **il y a de la place** there is room; **à votre place** if I were you; **pas de place** no room

placer [plase] to place

plafond [plafõ] m ceiling

plage [plaʒ] f beach

plaignez: **vous vous plaignez** [vuvuplɛɲe] pr ind 2nd pl of **se plaindre**

plaindre: **se plaindre** [səplɛ̃dR] to complain

plaire [plɛR] to please; **s'il vous plaît** please; **est-ce que mon chapeau vous plaît?** do you like my hat?

plaisir [pleziR] m pleasure; **se faire un plaisir de** to be glad to; **faire plaisir à** to please

plan [plɑ̃] m map

planter [plɑ̃te] to plant

plat m dish; **plat de viande** [pladvjɑ̃d] meat course, main course

plein [plɛ̃], **pleine** [plɛn] full; **en plein air** in the open

pleurer [plœRe] to cry, weep

pleut: **il pleut** [ilplø] pr ind 3rd sg of **pleuvoir**

pleuvait: **il pleuvait** [ilplœvɛ] imperf ind 3rd sg of **pleuvoir**

pleuvoir [plœvwaR] to rain; **il pleut à verse** it is pouring

plu [ply] p part of **plaire** and of **pleuvoir**

pluie [plɥi] f rain

plume [plym] f feather, pen

plupart: **la plupart** [laplypaR] most, the greater part; **la plupart d'entre eux** most of them

pluriel [plyRjɛl] m plural

plus [ply] more; **ne . . . plus** no more, no longer; **plus . . . que** more . . . than; **plus de** more than; **le plus grand** the tallest; **moi non plus** nor I either; **plus ou moins** more or less

plusieurs [plyzjœR] several

poche [pɔʃ] f pocket

poétique [pɔetik] poetic

point [pwɛ̃] m point; **point de vue** point of view

pointure [pwɛ̃tyR] f size

poire [pwaR] f pear

pois [pwa] m pea

poisson [pwasõ] m fish

poivre [pwavR] m pepper

police [pɔlis] f police; **agent de police** m policeman

politique [pɔlitik] political; **un homme politique** statesman pollution [pɔlysjõ] *f* pollution

pomme [pɔm] *f* apple; **pomme de terre** *f* potato

pont [põ] *m* bridge; **le Pont-Neuf** bridge in Paris

porc [pɔʀ] *m* pork, pig

port [pɔʀ] *m* port

porte [pɔʀt] *f* door, gate

portefeuille [pɔʀtəfœj] *m* wallet, billfold

porte-monnaie [pɔʀtəmɔnɛ] *m* change purse

porter [pɔʀte] to carry, wear, bear

portrait [pɔʀtʀɛ] *m* portrait

poser [poze] to set, lay, place; **poser une question** to ask a question

position [pozisjõ] *f* position

possession [pɔsesjõ] *f* possession

possible [pɔsibl] possible

poste [pɔst] *f* post, post office

potager [pɔtaʒe] *adj* vegetable

poulet [pulɛ] *m* chicken

pour [puʀ] to, for, in order to, so as to; **pour que** in order that, so that

pourquoi [puʀkwa] why; **pourquoi pas?** why not?

pourrai: je pourrai [ʒəpuʀe] *fut 1st sg of* **pouvoir**

pourtant [puʀtã] however

pousser [puse] to grow; **faire pousser** to grow (*transitive*)

pouvez: vous pouvez [vupuve] *pr ind 2nd pl of* **pouvoir**; **je n'y peux rien** I can't do anything about it

pouvoir [puvwaʀ] to be able to, can, could, may, might

précédent [pʀesedã] preceding

précis [pʀesi] exact; **huit heures précises** exactly eight o'clock

préfecture [pʀefɛktyʀ] *f* office of a "préfet," administrator of a "département"

préférer [pʀefeʀe] to prefer

premier [pʀəmje], première [pʀəmjɛʀ] first; **le premier avril** the first of April; **premier** [pʀəmje] *m* second floor

prendre [pʀɑ̃dʀ] to take; **prendre quelque chose** to have something to eat or to drink

prends: je prends [ʒəpʀɑ̃] *pr ind 1st sg of* **prendre**

prenez: vous prenez [vupʀəne] *pr ind 2nd pl of* **prendre**

préoccupé [pʀeɔkype] worried

préparation [pʀepaʀasjõ] *f* preparation, making

près [pʀɛ] near, near by; **près de** near; **à peu près** about; **tout près** very close

présentation [pʀezɑ̃tasjõ] *f* presentation, introduction

présenter [pʀezɑ̃te] to introduce; **se présenter** to appear, introduce oneself

président [pʀesidã] *m* president

presque [pʀɛskə] almost

pressé [pʀɛse]: **être pressé** to be in a hurry

prêt [pʀɛ] ready

prêter [pʀɛte] to lend

prévenir [pʀevniʀ] to warn (*conjug like* **venir**)

prier [pʀije] to pray; **Je vous en prie** You are welcome, don't mention it

prière [pʀijɛʀ] *f* prayer

principal [pʀɛ̃sipal] principal

printemps [pʀɛ̃tã] *m* spring; **au printemps** in the spring

pris [pʀi] *p part of* **prendre**

prise [pʀiz] *f* taking, capture

Prisunic [pʀizynik] *m* ten-cent store

prix [pʀi] *m* price

probable [pʀɔbabl] probable

problème [pʀɔblɛm] *m* problem

procès-verbal [pʀɔsɛvɛʀbal] *m* police ticket

prochain [pʀɔʃɛ̃], prochaine [pʀɔʃɛn] next; **dimanche prochain** next Sunday; **la semaine prochaine** next week

procurer: se procurer [spʀɔkyʀe] to get

produit [pʀɔdɥi] *m* product

professeur [pʀɔfɛsœʀ] *m* professor

profession [pʀɔfesjõ] *f* profession

profiter de [pʀɔfite də] to take advantage of

progrès [pʀɔgʀɛ] *m* progress

prohibé [pʀɔibe] forbidden; **arme prohibée** concealed weapon

projet [pʀɔʒɛ] *m* plan

promenade [pʀɔmnad] *f* walk, drive; **faire une promenade** to take a walk; **promenade en bateau** boat ride

promener: se promener [spʀɔmne] to take a walk

promettre [pʀɔmɛtʀ] to promise

pronom [pʀɔnõ] *m* pronoun

proportion [pʀɔpɔʀsjõ] *f* proportion

proposer [pʀɔpoze] to suggest

propre [pʀɔpʀ] own; clean

propriétaire [pʀɔpʀietɛʀ] *m* owner

propriété [pʀɔpʀiete] *f* property, estate

prospère [pʀɔspɛʀ] prosperous

Provence [pʀɔvɑ̃s] *f* province in south of France

province [pʀɔvɛ̃s] *f* out of Paris (in the provinces)

provision [pʀɔvizjõ] *f* supply; **provisions** provisions

psychologue [psikɔlɔg] *m* psychologist

public [pyblik], **publique** [pyblik] public; **jardin public** public park

puis [pɥi] then; **et puis** and besides

puisque [pɥisk] since

puissent: ils puissent [ilpɥis] *pr subj 3rd pl of* **pouvoir**

pull-over [pylovɛʀ] *m* sweater

pur [pyʀ] pure

purement [pyʀmɑ̃] purely

put [py] *p part of* **pouvoir**

Pyrénées: les Pyrénées [lepiʀene] *f pl* chain of mountains in southern France

Q

qu' *see* **que**

quai [ke] *m* platform, street along a river

qualité [kalite] *f* quality

quand [kɑ̃] when, when?; **depuis quand?** how long? since when?

quarante [kaʀɑ̃t] forty

quart [kaʀ] *m* quarter; **onze heures et quart** a quarter past eleven; **onze heures moins le quart** a quarter to eleven

quartier [kaʀtje] *m* quarter, part of a city

quatorze [katɔʀz] fourteen

quatre [katʀ] four

quatre-vingt-dix [katʀəvɛ̃dis] ninety

quatre-vingts [katʀəvɛ̃] eighty

quatrième [katʀijɛm] fourth

que [kə] *rel pron* whom, which; **ce que** [skə] that which, what; **que?** [kə]; **qu'est-ce qui?** [keski]; **qu'est-ce que?** [keskə] what?; **qu'est-ce que c'est que?** what is?; **que** *conj* that

quel? quelle? quels? quelles? [kɛl] *interrog adj* what?; **quel . . .!** what a . . .!

quelque, quelques [kelkə] some, a few; **quelque chose** something; **ça me fait quelque chose** that moves me

quelquefois [kɛlkəfwa] sometimes

quelques-uns [kɛlkəzœ̃], **quelques-unes** (kɛl-kəzyn] some, a few

quelqu'un [kɛlkœ̃] somebody, someone

question [kɛstjõ] *f* question

qui [ki] *rel pron* who, whom, which; **ce qui** [ski] what; **qui?** [ki] *interrog pron* who? whom?; **qui est-ce qui?** who?; **qui est-ce que?** whom?; **à qui est cette cravate?** whose tie is this?

quincaillerie [kɛ̃kajʀi] *f* hardware store

quinze [kɛ̃z] fifteen; **Quinze-Vingts** [kɛ̃z vɛ̃] i.e. 300, name of a hospital in Paris

quinzième [kɛ̃zjɛm] fifteenth

quitter [kite] to leave

quoi [kwa] what, what?; **à quoi bon?** what is the use?; **il y a de quoi** there is reason for it; **il n'y a pas de quoi** you are welcome

R

raconter [ʀakõte] to tell, to narrate

rafraîchissant [ʀafʀɛʃisɑ̃] cooling

raisin [ʀɛzɛ̃] *m* grapes; **grappe de raisins** *f* a bunch of grapes

raison [ʀɛzõ] *f* reason; **avoir raison** to be right

ramasser [ʀamɑse] to pick, pick up, gather

ramener [ʀamne] to bring back; to restore

rappeler [ʀaple] to remind; **se rappeler** to remember

rapporter [ʀapɔʀte] to take back, bring back

rare [ʀaʀ] rare

rarement [ʀaʀmɑ̃] seldom

ravager [ʀavaʒe] to ravage

ravir [ʀaviʀ] to delight; **cette robe vous va à ravir** that dress looks fantastic on you

ravissant [ʀavisɑ̃] ravishing, fantastic

rayonner [ʀɛjɔne] to radiate

réalité [ʀealite] *f* reality

réception [ʀesɛpsjõ] *f* reception

recevoir [ʀəsəvwaʀ] to receive

recevrai: je recevrai [ʒəʀəsəvʀe] *fut 1st sg of* **recevoir**

réciter [ʀesite] to recite

recommander [ʀəkɔmɑ̃de] to recommend

reconnaissant [ʀəkɔnɛsɑ̃] grateful

reconnaître [ʀəkɔnɛtʀ] to recognize

reconstruire [ʀəkõstʀɥiʀ] to rebuild

reçu [ʀəsy] *p part of* **recevoir**

réfugier: se réfugier [səʀefyʒe] to take refuge

refus [ʀəfy] *m* refusal

refuser [ʀəfyze] to refuse

regarder [RəgaRde] to look, look at

région [Reʒjõ] f region

règle [Rɛgl] f rule; **en règle** in order

règne [Rɛɲ] m reign

regretter [RəgRɛte] to regret, be sorry for

Reims [Rɛ̃s] Rheims, city in eastern France

reine [Rɛn] f queen

rejoindre [Rəʒwɛ̃dR] to meet, catch up with

relativement [Rəlativmã] relatively

religieux [Rəliʒjø] religious

remarquer [RəmaRke] to notice, to observe

remède [Rəmɛd) m remedy

remercier [RəmɛRsje] to thank

remettre [RəmɛtR] to put back

remplacer [Rãplase] to replace

Renaissance [Rənesãs] f Renaissance

rencontre [RãkõtR] f meeting; **aller, venir à la rencontre** to go to meet

rencontrer [Rãkõtre] to meet

rendez-vous [Rãdevu] m appointment

rendre [RãdR] to render, give back; to make; **est-ce que cela vous rend triste?** does it make you sad?; **se rendre compte** to realize

rendu [Rãdy] p part of **rendre**

renseignement [Rãsɛɲmã] m information

renseigner [Rãsɛɲe] to inform, give out information

rentrer [RãtRe] to return, to return home

réparation [RepaRasjõ] f repair

réparer [RepaRe] to repair; **faire réparer** to have (something) repaired

repartir [RəpaRtiR] to leave again, set out again

repas [Rəpɑ] m meal

répéter [Repete] to repeat

répondez: vous répondez [vuRepõde] pr ind 2nd pl of **répondre**

répondre [RepõdR] to answer

réponse [Repõs] f answer

reposer: se reposer [səRpoze] to rest

représentation [RəpRezãtasjõ] f performance

représenter [RəpRezãte] to represent

réserver [RezɛRve] to reserve

résidence [Rezidãs] f residence

résignation [Reziɲasjõ] f resignation

responsable [Rɛspõsabl] responsible

ressembler à [Rəsãble a] to resemble, look like

ressort [RəsɔR] m spring

restaurant [RɛstɔRã] m restaurant

reste [Rɛst] m rest, remainder

rester [Rɛste] to stay; to be left, remain; **il reste** there remains, there remain

résultat [Rezylta] m result

rétabli [Retabli] recovered

retard [RətaR] m delay, lateness; **en retard** late

retour [RətuR] m return; **aller et retour** round trip; **être de retour** to be back

retourner [RətuRne] to go back; **se retourner** [səRtuRne] to turn around

retrouver [RətRuve] to find again, meet

réunion [Reynjõ] f a meeting

réussir à [ReysiR a] to succeed in

réveiller: se réveiller [səRevɛje] to wake up

réveillon [Revɛjõ] m meal eaten on Christmas Eve at midnight

revenir [RəvniR] to return

révision [Revizjõ] f review

revoir [RəvwaR] to see again (conjug like **voir**); **au revoir** good-bye

Révolution, la [Revɔlysjõ] the French Revolution

révolutionnaire [RevɔlysjɔnɛR] revolutionary

revue [Rəvy] f review, magazine

rhume [Rym] m cold

riant [Riã] pres part of **rire**

riche [Riʃ] rich

rien [Rjɛ̃] nothing; **ne . . . rien** nothing; **de rien** you are welcome; **rien d'intéressant** nothing interesting

rire [RiR] to laugh

risquer de [Riske də] to risk

rive [Riv] f bank; **la rive droite** the right bank of the Seine in Paris; **la rive gauche** the left bank

rivière [RivjɛR] f river, creek

robe [Rɔb] f dress

Rodin [Rɔdɛ̃] French sculptor (1840-1917)

roi [Rwa] m king

rôle [Rol] m rôle, part

romain [Rɔmɛ̃] m Roman

roman [Rɔmã] m novel; **roman policier** detective story

roman [Rɔmã], **romane** [Rɔman] romanesque (architecture)

Rome [Rɔm] Rome

Ronsard [RõsaR] French poet (1524-1585)

rosbif [Rɔsbif] m roast beef

rose [Roz] rosy, pink

rose [Roz] f rose

rosier [Rozje] *m* rosebush

Rouen [Rwɑ̃] city in Normandy

rouge [Ruʒ] red

rouler [Rule] to roll along

route [Rut] *f* road; **en route** on the way; **la bonne route** the right road; **la mauvaise route** the wrong road

royal [Rwajal] royal

royaume [Rwajom] *m* kingdom

rue [Ry] *f* street

ruine [Rɥin] *f* ruin; **en ruines** in ruins

russe [Rys] Russian (*takes a capital only when used as a noun referring to a person*)

Russie [Rysi] *f* Russia

S

s' *see* **si** *or* **se**

sa *see* **son**

sable [sabl] *m* sand

sac [sak] *m* bag

sacrifice [sakRifis] *m* sacrifice

sain et sauf [sɛ̃ e sof] safe and sound

saint [sɛ̃] saint, holy; **la Sainte-Chapelle** XIIIth century church in Paris; **Saint-Germain-des-Prés** [sɛ̃ʒɛRmɛ̃ de pRe] section of Paris near the university and popular with students; **Saint-Malo** [sɛ̃ malo] old city on the coast of Brittany

sais: je sais [ʒəsɛ] *pr ind 1st sg of* **savoir**

saison [sɛzɔ̃] *f* season

sait: il sait [ilsɛ] *pr ind 3rd sg of* **savoir**

salade [salad] *f* salad; lettuce, etc.

sale [sal] dirty

salle [sal] *f* room; **salle à manger** dining room; **salle de bain** bathroom

salon [salɔ̃] *m* living room

samedi [samdi] *m* Saturday

sandwich [sɑ̃dwitʃ] *m* sandwich

sans [sɑ̃] without

satisfaction [satisfaksjɔ̃] *f* satisfaction

satisfait [satisfɛ] satisfied, pleased

sauf [sof] except

sauriez: vous sauriez [vusɔRje] *cond 2nd pl of* **savoir**

sauterie [sotRi] *f* small dance

sauvage [sovaʒ] wild

sauver [sove] to save

savez: vous savez [vusave] *pr ind 2nd pl of* **savoir**

savoir [savwaR] to know, know how

scène [sɛn] *f* scene

science [sjɑ̃s] *f* science

sculpture [skyltyR] *f* sculpture

se [sə] oneself, himself, herself, themselves; to oneself, etc.

second [səgɔ̃] second; **seconde** *f* second class

secrétaire [səkRetɛR] *m* or *f* secretary

Seine [sɛn] *f* Seine

seize [sɛz] sixteen

sel [sɛl] *m* salt

selon [səlɔ̃] according to

semaine [səmɛn] *f* week; **la semaine prochaine** next week

sembler [sɑ̃ble] to seem

Sénégal [senegal] *m* Senegal

sensationnel [sɑ̃sasjɔnɛl] sensational, fantastic

sentiment [sɑ̃timɑ̃] *m* sentiment

sentir [sɑ̃tiR] to smell; **se sentir** to feel

séparer [sepaRe] to separate

sept [sɛt] seven

septembre [sɛptɑ̃bR] *m* September

septième [sɛtjɛm] seventh

sépulture [sepyltyR] *f* burial

serai: je serai [ʒəsRe] *fut 1st sg of* **être**

série [seRi] *f* series

sérieux [seRjø], **sérieuse** [seRjøz] serious

serpent [sɛRpɑ̃] *m* snake

serré [sɛRe] crowded

sert: il sert [ilsɛR] *pr ind 3rd sg of* **servir**

service [sɛRvis] *m* service; **à votre service** you are welcome

servir à [sɛRviR a] to serve, be of use; **se servir de** to use; **se servir** to help oneself; **servir de** to be used as

ses *see* **son**

seul, seule [sœl] alone, single

seulement [sœlmɑ̃] only, but

si [si] if, whether, so; **si** [si] yes; **mais si** oh yes

siècle [sjɛkl] *m* century; **au treizième siècle** in the thirteenth century

sien: le sien [ləsjɛ̃], **la sienne** [lasjɛn], **les siens** [lesjɛ̃], **les siennes** [lesjɛn] *poss pron* his, hers

silencieux [silɑ̃sjø], **silencieuse** [silɑ̃sjøz] silent

silhouette [silwɛt] *f* figure

simple [sɛ̃pl] simple

simplement [sɛ̃pləmɑ̃] simply, merely

singe [sɛ̃ʒ] *m* monkey

situé [sitɥe] situated

six [sis] six

sixième [sizjɛm] sixth

ski [ski] *m* ski; **faire du ski** to go skiing

société [sɔsjete] *f* society

sœur [sœʀ] *f* sister

soie [swa] *f* silk

soif [swaf] *f* thirst; **avoir soif** to be thirsty

soigner [swaɲe]: **se soigner** to take care of oneself

soir [swaʀ] *m* evening; **le soir** in the evening; **hier soir** last night

soirée [swaʀe] *f* evening, evening party

soit: **il soit** [ilswa] *pr subj 3rd sg of* **être**; **soit ... soit** either . . . or

soixante [swasɑ̃t] sixty

soixante-dix [swasɑ̃tdis] seventy

sol [sɔl] *m* soil, ground

solde: **en solde** [ɑ̃ sɔld] *f* on sale

sole [sɔl] *f* a choice fish, which is different from the common flounder—referred to in the expression "fillet of sole"

soleil [sɔlɛj] *m* sun, sunshine; **il fait du soleil** the sun is shining

solidité [sɔlidite] *f* solidity

sombre [sõbʀ] dark

somme [sɔm] *m* nap; **faire un somme** to take a nap

somme: **en somme** in a word

sommeil [sɔmɛj] *m* sleep

sommes: **nous sommes** [nusɔm] *pr ind 1st pl of* **être**

somptueux [sõptɥø], **somptueuse** [sõptɥøz] sumptuous

son [sõ], **sa** [sa], **ses** [se] *poss adj* his, her, its

sonner [sɔne] to ring

sont: **ils sont** [ilsõ] *pr ind 3rd pl of* **être**

Sorbon [sɔʀbõ] founder of the Sorbonne (1201-1274)

Sorbonne: **la Sorbonne** [lasɔʀbɔn] Division of Humanities of the University of Paris

sort [sɔʀ] *m* fate

sorte [sɔʀt] *f* sort, kind; **de sorte que** so that

sortie [sɔʀti] *f* exit, going out

sortir [sɔʀtiʀ] to go out

soufflé [sufle] *m* soufflé

souffrir [sufʀiʀ] to suffer (*conjug like* **ouvrir**)

souhaiter [swɛte] to wish

soulier [sulje] *m* shoe

souligné [suliɲe] underlined

soupe [sup] *f* soup

sourire [suʀiʀ] *m* smile

sous [su] under

souterrain [sutɛʀɛ̃] underground

souvenir [suvniʀ] *m* souvenir

souvenir: **se souvenir** [səsuvnir] to remember (*conjug like* **venir**)

souvent [suvɑ̃] often

soyez: **vous soyez** [vuswaje] *pr subj 2nd pl of* **être**

spécialement [spesjalmɑ̃] especially

spécialité [spesjalite] *f* specialty

spectacle [spɛktakl] *m* spectacle

spectateur [spɛktatœʀ] *m* spectator

spirituel [spiʀitɥɛl] spiritual

spirituellement [spiʀitɥɛlmɑ̃] mentally

splendeur [splɑ̃dœʀ] *f* splendor

statue [staty] *f* statue

stupéfiants [stypefjɑ̃] *m* drugs

style [stil] *m* style

stylo [stilo] *m* pen

substantif [sypstɑ̃tif] *m* noun

succéder [syksede] to follow, to be followed

sucre [sykʀ] *m* sugar

Sud [syd] *m* South

suédois [sɥedwa] Swedish

suffisamment [syfizamɑ̃] enough

suffit: **il suffit** [il syfi] one only has to

suggérer [syg3eʀe] to suggest

suis: **je suis** [3əsɥi] *pr ind 1st sg of* **être**; **je suis** [3əsɥi] *pr ind 1st sg of* **suivre**

Suisse [sɥis] *f* Switzerland

suite [sɥit] *f* succession, continuation; **tout de suite** [tut sɥit] right away

suivant [sɥivɑ̃] following

suivre [sɥivʀ] to follow, to take (a course)

sujet [sy3ɛ] *m* subject; **au sujet de** about

super-marché [sypɛʀmaʀʃe] *m* supermarket

supplémentaire [syplemɑ̃tɛʀ] supplementary

supportable [sypɔʀtabl] bearable, endurable

sur [syʀ] on, upon, about

sûr [syʀ] sure

sûrement [syʀmɑ̃] surely, certainly

surpopulation [syʀpɔpylasjõ] *f* overpopulation

surpris [syʀpʀi] surprised *p part of* **surprendre**

surprise [syʀpʀiz] *f* surprise

surtout [syʀtu] above all

symboliser [sɛ̃bɔlize] to symbolize

symbolisme [sɛ̃bɔlism] *m* symbolism

symétrie [simetʀi] *f* symmetry

sympathique [sɛ̃patik] friendly, congenial

tabac [taba] *m* tobacco

table [tabl] *f* table

tableau [tablo] *m* picture, painting

tailler [taje] to trim

tailleur [tajœR] *m* tailor

talent [talɑ̃] *m* talent

tandis que [tɑ̃di(s)kə] while

tant [tɑ̃] so much, so many; **tant mieux** so much the better

tante [tɑ̃t] *f* aunt

taper: **taper à la machine** to type

tapis [tapi] *m* rug, carpet

tapisserie [tapisRi] *f* tapestry

tard [taR] late; **plus tard** later; **au plus tard** at the latest

tasse [tas] *f* cup

taxi [taksi] *m* taxi

te [tə] to you, for you (*familiar*)

tel: **un tel** [œ̃tɛl], **une telle** [yntɛl], **de tels** [dətɛl], **de telles** [dətɛl] such a, such

télégramme [telegRam] *m* wire

téléphone [telefɔn] *m* telephone

téléphoner [telefɔne] to telephone

télévision [televizjɔ̃] *f* television

témoin [temwɛ̃] *m* witness; **être témoin de** to witness

température [tɑ̃peRatyR] *f* temperature

temple [tɑ̃pl] *m* temple

temps [tɑ̃] *m* time, weather; **emploi du temps** *m* schedule; **quel temps fait-il?** how is the weather?; **à temps** on time; **combien de temps?** how long?; **avoir le temps de** to have time to; **au temps où** at the time when; **de temps en temps, de temps à autre** from time to time

tendre [tɑ̃dR] to hold out, to offer

tenez! [təne] here!

tenir [təniR] to hold, to keep; **tenir un petit café** to run a bistro

tennis [tɛnis] *m* tennis; **jouer au tennis** to play tennis

terminer [tɛRmine] to finish

terrasse [teRas] *f* terrace

terre [tɛR] *f* earth, ground

tête [tɛt] *f* head

texte [tɛkst] *m* text

thé [te] *m* tea

théâtre [teɑtR] *m* theatre

théologie [teɔlɔʒi] *f* theology

thermes [tɛRm] *m* baths (Roman)

tien: **le tien** [lətjɛ̃], **la tienne** [latjɛn], **les tiens** [letjɛ̃], **les tiennes** [letjɛn] yours (*familiar*)

tiens! [tjɛ̃] well! here!

tient: **il tient** [iltjɛ̃] *pr ind 3rd sg of* tenir

timbre [tɛ̃bR] *m* stamp; **timbre-poste** postage stamp

tirer [tiRe] to pull

tiroir [tiRwaR] *m* drawer

titre [titR] *m* title

toi [twa] you (*familiar*)

toit [twa] *m* roof

Tokyo [tɔkjo] Tokyo

tomate [tɔmat] *f* tomato

tombeau [tɔ̃bo] *m* monumental tomb

tomber [tɔ̃be] to fall; **la tombée de la nuit** night fall

ton [tɔ̃], **ta** [ta], **tes** [te] your (*familiar*)

torche [tɔRʃ] *f* torch

tort [tɔR] *m* wrong; **avoir tort** to be wrong

tôt [to] soon; **plus tôt** sooner; **le plus tôt possible** as soon as possible

toucher [tuʃe] to touch; **toucher un chèque** to cash a check

toujours [tuʒuR] always, still

tour [tuR] *f* tower

touriste [tuRist] *m* tourist

tourner [tuRne] to turn

Tours [tuR] city in Touraine

tousser [tuse] to cough

tout [tu], **toute** [tut], **tous** [tu], **toutes** [tut] *adj* all, every; **toute la journée** all day; **tous les jours** every day; **tout le monde** everybody; **tout** [tu], **toute** [tut], **tous** [tus], **toutes** [tut] *pron* all, everybody, everything; **tout** [tu] *adv* all, quite, completely; **tout à fait** quite; **tout de suite** right away; **tout à l'heure** a while ago, in a while; **pas du tout** not at all; **tout de même** all the same; **rien du tout** nothing at all; **tout à coup** suddenly

trace [tRas] *f* trace

tracteur [tRaktœR] *m* tractor

tradition [tRadisjɔ̃] *f* tradition

traditionnel [tRadisjɔnɛl] traditional

train [tRɛ̃] *m* train; **en train de** in the act of

tranquille [tRɑ̃kil] quiet; **soyez tranquille** don't worry

transformer [tRɑ̃sfɔRme] to transform

transposer [tRɑ̃spoze] to transpose

travail [tʀavaj] *m, pl* **travaux** [tʀavo] work
travailler [tʀavaje] to work
travers: à travers [atʀavɛʀ] through
traverser [tʀavɛʀse] to cross
treize [tʀɛz] thirteen
treizième [tʀɛzjɛm] thirteenth
trente [tʀɑ̃t] thirty
très [tʀɛ] very, very much
Trianon [tʀijanõ] *m* name of two small châteaux in the park of the Versailles palace
triste [tʀist] sad
Troglodyte [tʀɔglɔdit] *m* cave dweller
trois [tʀwɑ] three
troisième [tʀwɑzjɛm] third
tromper: se tromper [stʀõpe] to be mistaken, to miss (a road, etc.)
trop [tʀo] too, too much, too many
trou [tʀu] *m* hole
trouver [tʀuve] to find, think; **comment la trouvez-vous?** how do you like it?; **vous trouvez?** do you think so?; **se trouver** to be, be located
tu [ty] you (*familiar*)
tuer [tɥe] to kill
Tuileries: les Tuileries [letɥilʀi] park in Paris
tulipe [tylip] *f* tulip
Turquie [tyʀki] *f* Turkey

U

un [œ̃] *m* a, an; one; **l'un** one
une [yn] *f* a, an; one; **l'une** one
unique [ynik] unique
universel [ynivɛʀsɛl] universal
université [ynivɛʀsite] *f* University
uns: les uns [lezœ̃], **les unes** [lezyn] some; **les un(e)s . . . les autres** some . . . the others: **les un(e)s . . . d'autres** some . . . others
usage [yzaʒ] *m* usage
user [yze] to wear out
usine [yzin] *f* factory, plant
ustensile [ystɑ̃sil] *m* utensil
utile [ytil] useful; *nm* something useful

V

va: il va [ilva] *pr ind 3rd sg of* **aller**
vacances [vakɑ̃s] *f pl* vacation, holiday; **en vacances** on vacation

vache [vaʃ] *f* cow
vais: je vais [ʒəvɛ] *pr ind 1st sg of* **aller**
valeur [valœʀ] *f* value; **avoir de la valeur** to be valuable
valoir [valwaʀ] to be worth; **il vaut mieux** it is better, it is preferable
vaste [vast] vast
Vaugirard: rue de Vaugirard [ʀydvoʒiʀaʀ] street in Paris
vaut: il vaut [ilvo] *pr ind 3rd sg of* **valoir**
véhémence [veemɑ̃s]: **avec véhémence** violently
venant [vənɑ̃] *pr part of* **venir**
vend: il vend [ilvɑ̃] *pr ind 3rd sg of* **vendre**
vendanges [vɑ̃dɑ̃ʒ] *f pl* grape gathering
vendeur [vɑ̃dœʀ], **vendeuse** [vɑ̃døz] salesman, salesgirl
vendre [vɑ̃dʀ] to sell
vendredi [vɑ̃dʀədi] *m* Friday
venez: vous venez [vuvne] *pr ind 2nd pl of* **venir**
venir [vənir] to come; **faire venir** to have . . . come; **venir de** to have just; **il vient d'arriver** he has just come; **il venait d'arriver** he had just come
vent [vɑ̃] *m* wind; **il fait du vent** it is windy
véritablement [veʀitabləmɑ̃] really
verre [vɛʀ] *m* glass, lens
verrons: nous verrons [nuvɛʀõ] *fut 1st pl of* **voir**
vers [vɛʀ] towards, about; **vers deux heures** around two o'clock
Versailles [vɛʀsaj] city near Paris
verser [vɛʀse] to pour; **il pleut à verse** it is pouring
version [vɛʀsjõ] *f* version, account
veston [vɛstõ] *m* coat
veut: il veut [ilvø] *pr ind 3rd sg of* **vouloir**
veux: je veux [ʒəvø] *pr ind 1st sing of* **vouloir**
viande [vjɑ̃d] *f* meat
victime [viktim] *f* victim
victoire [viktwaʀ] *f* victory
vie [vi] *f* life
viens: je viens [ʒəvjɛ̃] *pr ind 1st sg of* **venir**; **je viens de** I have just . . .
vient: il vient [ilvjɛ̃] *pr ind 3rd sg of* **venir**
vieux [vjø] *m*, **vieil** [vjɛj] *m*, **vieille** [vjɛj] *f*, **vieux** [vjø] *m pl*, **vieilles** [vjɛj] *f pl* old; **mon vieux** pal, old man
vigne [viɲ] *f* vine, vineyard

vignoble [viɲɔbl] *m* vineyard

village [vilaʒ] *m* village

ville [vil] *f* city, town; **en ville** downtown

vin [vɛ̃] *m* wine

vingt [vɛ̃] twenty

violent [vjɔlɑ̃] violent

violette [vjɔlɛt] *f* violet

violon [vjɔlɔ̃] *m* violin

visite [vizit] *f* visit

visiter [vizite] to visit

visiteur [vizitœR] *m* visitor

vite [vit] fast

vitesse [vitɛs] *f* speed; **à toute vitesse** at great speed

vitrail [vitRaj] *m*, **vitraux** [vitRo] *pl* stained-glass window

vitrine [vitRin] *f* show window

vivait: il vivait [ilvivɛ] *imperf ind 3rd sg of* **vivre**

vivant: de son vivant [də sɔ̃ vivɑ̃] when alive

vivement [vivmɑ̃] keenly; **regretter vivement** to regret very much

vivre [vivR] to live

voici [vwasi] here is; **le voici, la voici** here it is, here he is, here she is

voie [vwa] *f* track

voile [vwal] *f sail;* **bateau à voile** *m* sail boat; **faire de la voile** to sail

voir [vwaR] to see; **voir venir** to see . . . coming

vois: je vois [ʒəvwa] *pr ind 1st sg of* **voir**

voisin [vwazɛ̃], **voisine** [vwazin] neighbor, neighboring, person next to you; **voisin de** near

voisinage [vwazinaʒ] *m* neighborhood

voiture [vwatyR] *f* car

voix [vwa] *f* voice; **à voix basse** in a low voice

volant [vɔlɑ̃] *m* steering wheel

volcan [vɔlkɑ̃] *m* volcano

volet [vɔlɛ] *m* shutter

volontiers [vɔlɔ̃tje] willingly, gladly

Voltaire [vɔltɛR] French philosopher and writer (1694-1778)

vos *see* **votre**

votre [vɔtR], **vos** [vo] *poss adj* your

vôtre: le vôtre [ləvotR], **la vôtre** [lavotR], **les vôtres** [levotR] *poss pron* yours

voudrais: je voudrais [ʒəvudRɛ] *cond 1st sg of* **vouloir**

voulez: vous voulez [vuvule] *pr ind 2nd pl of* **vouloir**

vouloir [vulwaR] to want, wish; to like; **vouloir bien** to be willing, be kind enough to; **je voudrais bien** I would like; **vouloir dire** to mean; **Que voulez-vous!** Well! What can you expect?

vous [vu] you, to you

voûte [vut] *f* arch

voyage [vwajaʒ] *m* trip

voyez: vous voyez [vuvwaje] *pr ind 2nd pl of* **voir**

voyons [vwajɔ̃] *imper 1st pl of* **voir**

vrai [vRɛ] true

vraiment [vRɛmɑ̃] truly, really

vu [vy] *p part of* **voir**

vue [vy] *f* view, sight; **point de vue** *m* point of view; **vue d'ensemble** general view

W

wagon [vagɔ̃] *m* car; **wagon-restaurant** diner

week-end [wikɛnd] *m* weekend

Y

y [i] to it, at it, to them, at them, there; **il y a** there is, there are; **y a-t-il?** is there? are there?; **il y avait** there was, there were; **il y a cinq ans** five years ago; **il y a un quart d'heure que j'attends** I have been waiting for fifteen minutes; **qu'est-ce qu'il y a?** what is the matter?

yeux [jø] *pl of* **œil; elle a les yeux bleus** she has blue eyes

Z

zéro [zeRo] zero

zut! [zyt] confound it!

English-French

A

a un *m*, une *f*

able: to be able to pouvoir

about *prep* vers; *adv* à peu près, environ; *prep* au sujet de, à propos de; **about what time?** vers quelle heure?; **about one hundred** une centaine; **what about you?** et vous?; **how about going fishing?** si nous allions à la pêche?

above au-dessus de; **above all** surtout

abroad à l'étranger

absent absent

accent accent *m*

accept accepter

accident accident *m*

according to d'après

acquaintance connaissance *f*; **I made his acquaintance** j'ai fait sa connaissance

acquainted: to be acquainted with connaître

across en face de, de l'autre côté de

act: to act as servir de

active actif *m*, active *f*

actor, actress acteur, actrice

adjective adjectif *m*

admirable admirable

admire admirer

advantage avantage *m*; **to take advantage of** profiter de

advice conseil *m*; **to follow (an) advice** suivre un conseil

advise: to advise conseiller

affirmative affirmatif *m*, affirmative *f*

affirmatively affirmativement

afraid: to be afraid of avoir peur de; **I am afraid so** j'en ai peur

Africa Afrique *f*; **North Africa** l'Afrique du Nord

after après; **after having gone to Normandy, he went to Brittany** après être allé en Normandie, il est allé en Bretagne

afternoon après-midi *m*; **in the afternoon** l'après-midi

afterwards après, ensuite

again de nouveau, encore

age âge *m*; **how old are you?** quel âge avez-vous?

ago: five years ago il y a cinq ans; **a while ago** tout à l'heure; **some time ago** il y a quelque temps

agree être de l'avis de, être d'accord avec

agreeable agréable

agreed c'est entendu, entendu

ahead: straight ahead tout droit

air air *m*; **in the open air** en plein air

album album *m*

all tout, toute, tous, toutes; **is that all?** est-ce tout?; **not at all** pas du tout; **all of Paris** Paris tout entier; **all right** c'est entendu; **it is all right with me** cela m'est égal

allow permettre de

all right bon, bien, pas mal

almost presque

along le long de; **to go along** accompagner, suivre, venir

Alps Alpes *f pl*

already déjà

also aussi

although bien que, quoique

always toujours

am: I am je suis

America Amérique *f*; **South America** l'Amérique du Sud

American américain *m*, américaine *f*

among entre, parmi; **among others** entre autres

amusing amusant

an du, de la, de l', de, en; **not any** ne ... pas de; **not any more** ... ne ... plus (de)

and et

angry fâché

announce annoncer

another un autre *m*, une autre *f*

answer réponse *f*; **to answer** répondre

any un *m*, une *f*

anyone quelqu'un; **not ... anyone** ne ... personne

anything quelque chose; **not ... anything** ne ... rien

anyway tout de même; d'ailleurs

apologize s'excuser de

appear: to appear se présenter

appetite appétit *m*

apple pomme *f*

appointment rendez-vous *m*

April avril *m*

arch arc *m;* arch of triumph arc de triomphe; round arch arc en demi-cercle

architect architecte *m*

are: they are ils sont; there are il y a; you are vous êtes; are you? êtes-vous?

armchair fauteuil *m*

army armée *f*

around vers, autour de; around five o'clock vers cinq heures; around Paris autour de Paris

arrival arrivée *f*

arrive arriver; it arrives il arrive

art art *m*

article article *m*

artist artiste *m*

as comme, pendant que; as . . . as aussi . . . que

ask demander, poser une question

asleep endormi; to fall asleep s'endormir

asparagus asperge *f*

aspect aspect *m*

aspirin aspirine *f*

astonish étonner

at à, chez; at the au, à la, à l', aux; at Marie's chez Marie; at about six o'clock vers six heures

Athens Athènes

Atlantic Atlantique

attain atteindre

attention attention *f*

attentively attentivement

attract attirer

August août *m*

aunt tante *f*

author auteur *m*

auto auto *f*

autumn automne *m*

avenue avenue *f*

await attendre

away: to go away partir, s'en aller; right away tout de suite; to send away renvoyer

awkward maladroit

B

back: to go back (home) rentrer; to be back être de retour

bad mauvais; it is too bad c'est dommage; too bad tant pis

badly mal

bag sac *m*

bakery boulangerie *f*

banana banane *f*

bank banque *f;* rive *f*

banker banquier *m*

barber coiffeur *m;* to the barber's chez le coiffeur

bath bain *m;* bathroom salle de bain *f*

battle bataille *f*

be: to be être; how are you? comment allez-vous?; I am well je vais bien; he will be il sera; he would be il serait; there is, there are il y a; there was, there were il y avait; there will be il y aura; to be cold avoir froid; to be hungry avoir faim; to be right avoir raison; to be wrong avoir tort; to be (located) se trouver; to be (used) for servir à; I am to je dois; I was to je devais

beach plage *f*

bean *haricot *m*

bear ours *m*

bear: to bear porter; supporter

beautiful beau, bel *m;* belle *f;* beaux *m pl;* belles *f pl*

because parce que; because of à cause de

become devenir

becoming: your hat is very becoming votre chapeau vous va très bien

bed lit; to go to bed se coucher; to stay in bed rester au lit

beef bœuf *m;* roast beef rosbif *m*

been été *p part of* être

beer bière *f*

beet betterave *f;* sugar beet betterave à sucre

before (*time*) avant, avant que; déjà; (*place*) devant

begin commencer, se mettre à

beginning commencement *m*

behind derrière

Belgium Belgique *f*

believe croire, penser

belong appartenir à, être à

beside à côté de

besides puis, d'ailleurs, en outre

best *adj* le meilleur, la meilleure, les meilleurs, les meilleures; *adv* le mieux; the best he could de son mieux

better *adj* meilleur, meilleure, meilleurs, meilleures; *adv* mieux; **I like spring better** j'aime mieux le printemps; **so much the better** tant mieux; **I am better** je vais mieux; **it is better to** il vaut mieux; **it would be better to** il vaudrait mieux

bicycle bicyclette *f;* **to bicycle** aller à bicyclette

big grand, gros; **that big** gros comme ça

bill addition *f;* facture *f;* **a fifty-franc bill** un billet de cinquante francs

billfold portefeuille *m*

bird oiseau *m*

birthday anniversaire *m*

bit: a bit un peu

bite: to bite mordre

black noir

blind aveugle

blond blond

blue bleu, bleue, bleus, bleues

board: room and board pension *f*

boat bateau *m*

bone os *m*

book livre *m;* **secondhand book dealer** bouquiniste *m;* **secondhand book** livre d'occasion

bookstore librairie *f*

born né; **to be born** naître

botany botanique *m*

bother: to bother ennuyer, déranger, se déranger

bottle bouteille *f*

bottom fond *m*

boulevard boulevard *m*

bouquet bouquet *m*

box boîte *f;* carton *m*

boy garçon, petit garçon, jeune homme *m*

bread pain *m*

break: to break casser

breakfast petit déjeuner *m*

breath souffle *m;* **to be out of breath** être essoufflé

bridge pont *m;* (*game*) bridge *m*

bring apporter; **bring me** apportez-moi; **to bring over** apporter; **to bring back** rapporter

Brittany Bretagne *f*

brother frère *m*

brown brun, marron; **she has brown eyes** elle a les yeux marron (*no agreement*)

brunette brune *f*

brush: to brush brosser

build: to build construire; **to have built** faire construire

building bâtiment *m*

burn: to burn brûler

bury enterrer

bus autobus *m;* autocar *m;* **on the bus** en autobus

busy occupé; **to be busy** être en train de (*followed by inf*)

but mais

butcher boucher *m;* **butcher shop** boucherie *f;* **pork butcher** charcutier *m;* **pork butcher's** charcuterie *f*

butter beurre *m*

buy: to buy acheter; **worth buying** intéressant

by par, de; *with pr part* en

C

cabbage chou *m*

Cabinet member ministre *m*

cable cable *m*

café café *m*

cake gâteau *m*

California Californie *f*

call: to call appeler; **to be called** s'appeler

can (pouvoir): **can you?** pouvez-vous?; **I can** je peux; **you can** vous pouvez, on peut

Canada Canada *m*

canal canal *m*

capital capitale *f*

car wagon (train) *m;* auto *f;* automobile *f;* voiture *f*

card carte *f;* **to play cards** jouer aux cartes

care soin *m;* **to take care of** s'occuper de; **to take care of oneself** se soigner

careful: to be careful faire attention; **to be careful not to** se garder de

caretaker concierge *m or f*

carnation œillet *m*

carpet tapis *m*

carry porter; **to carry away, to carry along** emmener, emporter

case cas *m;* **in any case** en tout cas; **in case of** en cas de

cash: to cash toucher (un chèque)

cashier caissier *m,* caissière *;* **cashier's window** caisse *f*

catch: to catch attraper; **to catch up with** rejoindre, rattraper

cathedral cathédrale *f*
ceiling plafond *m*
cellar cave *f*
center centre *m*
century siècle *m;* **in the fifteenth century** au quinzième siècle
certain certain
certainly certainement, volontiers
chair chaise *f*
champagne champagne *m*
chance occasion *f,* *hasard *m;* **by chance** par hasard; **to have a chance to** avoir l'occasion de
change monnaie *f* **change purse** portemonnaie *m;* **to change** changer; **to change trains** changer de train
characterized caractérisé
chase: **to chase, to chase out** chasser
château château *m*
cheap bon marché, à bon marché; **cheaper** (à) meilleur marché
check chèque *m*
cheek joue *f*
cheese fromage *m*
chemical *adj* chimique; **chemical engineer** ingénieur-chimiste *m*
chemistry chimie *f*
chicken poulet *m*
child enfant *m or f*
chocolate chocolat *m*
choose choisir
Christmas Noël *m;* **Christmas Day** le jour de Noël; **Christmas Eve midnight party** le réveillon
church église *f*
cigar cigare *m*
cigarette cigarette *f*
cinema cinéma *m*
city ville *f*
clarinet clarinette *f*
class classe *f*
classify classer
clean: **to clean** nettoyer
clock horloge *f,* pendule *f*
close fermer; **it closes** il ferme
cloud nuage *m*
coat (*ladies'*) manteau *m;* (*men's*) veston *m*
cobbler cordonnier *m*
coffee café *m*
coin pièce *f,* pièce de monnaie *f*

cold (*illness*) rhume *m;* (*temperature*) froid; **it is cold** il fait froid; **I am cold** j'ai froid
collect: **to collect** ramasser; collectionner
collection collection *f;* **stamp collection** collection de timbres
college collège *m*
collide entrer en collision (avec)
colony colonie *f*
color couleur *f;* **what color?** de quelle couleur?
come venir, arriver; **he came** il est venu; **did he come?** est-il venu?; **to come back** revenir, rentrer; **to come in** entrer; **to come for, come to get** venir chercher; **to come along** venir avec, accompagner; **to have (someone) come** faire venir (quelqu'un)
comfortable confortable
compartment compartiment *m*
complain se plaindre de
complete complet *m,* complète *f*
compose composer
conditional conditionnel *m*
confidence confiance *f*
confound it! zut!
confuse confondre
connection correspondance *f*
consent: **to consent** consentir à
consul consul *m*
continue continuer à
contrary contraire *m;* **on the contrary** au contraire
conversation conversation *f*
cool frais *m,* fraîche *f*
cooling rafraîchissant
corn maïs *m*
corner coin *m*
cost: **to cost** coûter
cough: **to cough** tousser
could (*pouvoir*); **I could** je pouvais, j'ai pu, je pourrais; **I could have** j'aurais pu
count: **to count** compter
country campagne *f;* pays *m;* **in the country** à la campagne; **country house** maison de campagne
course cours *m;* **main course** plat de viande *m;* **of course** naturellement, mais oui, bien entendu; **in the course of** au cours de
cousin cousin *m,* cousine *f*
cover: **to cover** couvrir
cow vache *f*

crazy: **to be crazy about** adorer
cream crème f
creek rivière f
cross: to cross traverser
crowded bondé
crusade croisade f
cry: to cry pleurer
cup tasse f
customer client m, cliente f

D

dairy crémerie f
daisy marguerite f
damp humide
dance bal m
danger danger m
dangerous dangereux m, dangereuse f
dare: to dare oser
dark sombre; **it is dark** il fait nuit
darkness obscurité f
date date f, rendez-vous m; **to date from** dater de
day jour m, journée f; **per day, a day** par jour; **all day** toute la journée; **every day** tous les jours; **that day** ce jour-là; **the next day** le lendemain; **day after tomorrow** après-demain
daylight jour m; **it is daylight** il fait jour
dead mort
deal: a great deal, a good deal beaucoup; **a great deal of** beaucoup de; **a good rain would do a great deal for my vegetables** une bonne pluie ferait du bien à mes légumes; **to deal in** faire le commerce de
dealer marchand m, marchande f; **secondhand book dealer** bouquiniste m; **antique dealer** antiquaire m
December décembre m
decide décider, vouloir; **to decide upon** fixer
dedicate dédier
delay retard m
delicious délicieux, délicieuse
delighted enchanté
dentist dentiste m
departure départ m
descend: to descend descendre
desk bureau m
dessert dessert m
destroy détruire
detective story roman policier m

dictation dictée f
die: to die mourir; **he died** il est mort
difference différence f; **it doesn't make any difference** cela ne fait rien
different différent
difficult difficile
dine dîner; **dining room** salle à manger f
diner wagon-restaurant m
dinner dîner m; **to have dinner** dîner
directly directement
disappointed déçu
discuss discuter
display étalage m
distance distance f
do faire; **do you . . .?** est-ce que . . .?; **don't you? doesn't it?** n'est-ce pas?; **I did** j'ai fait; **I shall do** je ferai; **I should do** je ferais; **yes, you do** mais si; **how do you do?** comment allez-vous?; **to do again** refaire; **all you have to do . . .** vous n'avez qu'à; **don't do anything of the sort** gardez-vous en bien
doctor docteur m, médecin m
dog chien m
dollar dollar m
donkey âne m
door porte f
doubt doute m; **no doubt, doubtless** sans doute
doubt: to doubt douter
down en bas; **to go down** descendre; **downtown** en ville
dozen douzaine f; **five francs a dozen** cinq francs la douzaine
draw up dresser (une liste)
drawer tiroir m
dress robe f; **to dress** habiller; **to get dressed** s'habiller; **to be dressed** être habillé
dresser commode f
dressmaker couturière f
drink: to drink boire
drive: to drive conduire; **to drive a car** conduire
driver chauffeur m
drop: to drop laisser tomber
drugstore pharmacie f, drugstore m

E

each adj chaque; pron chacun, chacune; **each one** chacun, chacune; **ten francs each** dix francs (la) pièce

eager: **to be eager to** avoir *hâte de
early de bonne heure; en avance
easily facilement
East Est *m*
easy facile
eat manger
economics économie politique *f*
edge bord *m*
egg œuf *m*
Egyptian égyptien *m*, égyptienne *f*
eight *huit
eighteen dix-huit
eighth *huitième
eighty quatre-vingts
either: **either . . . or** soit . . . soit; **not . . . either** ne . . . non plus; **nor I either** (ni) moi non plus
elderly d'un certain âge
elevator ascenseur *m*
eleven onze
eleventh onzième
else: **something else** autre chose; **nothing else** rien d'autre
elsewhere ailleurs
emblem emblème *m*
empire empire *m*
employee employé *m*; **government employee** fonctionnaire *m*
end fin *f*, bout *m*; **at the end of the street** au bout de la rue; **to end** finir, terminer, achever
endurable supportable
engineer ingénieur *m*; **chemical engineer** ingénieur-chimiste *m*
England Angleterre *f*
English anglais *m*, anglaise *f*
enjoy: **to enjoy** aimer
enormous énorme, vaste
entire entier *m*, entière *f*
entirely tout à fait
envelope enveloppe *f*
epidemic épidémie *f*
equivalent équivalent
errand course *f*; **to do errands** faire des courses
Europe Europe *f*
European européen *m*, européenne *f*
even pair (*of numbers*)
even même
evening soir *m*, soirée *f*; **in the evening** le soir;

every evening tous les soirs; **good evening** bonsoir
ever jamais
every chaque, tout; **every day** tous les jours; **every six months** tous les six mois
everyone chacun, tout le monde
everything tout
everywhere partout
exact exact
examination examen *m*
examine examiner
example exemple *m*; **for example** par exemple
excellent excellent
except sauf, excepté
exercise exercice *m*
exist exister
exit sortie *f*
expect attendre, s'attendre à
expensive cher *m*, chère *f*
explain expliquer
explanation explication *f*
express express *m*
extinguish éteindre
eye œil *m sg*, yeux *pl*

F

factory usine *f*
fall automne *m*; **in the fall** en automne; **to fall** tomber; **to fall asleep** s'endormir
family famille *f*
famous célèbre
far loin; **as far as** jusqu'à; **that far** jusque-là; **far from** loin de
farm ferme *f*
fast vite; **how fast?** à quelle vitesse?
fat gras *m*, grasse *f*
fate sort *m*
father père *m*
fault faute *f*
favorite favori *m*, favorite *f*
fear peur *f*; **for fear that** de peur que; **to fear** craindre, avoir peur de (que)
February février *m*
feel: **to feel** sentir, se sentir; **to feel like** avoir envie de
fertile fertile
fever fièvre *f*
few peu de, quelques; **a few** *pron* quelques-uns, quelques-unes
fiancé, fiancée fiancé *m*, fiancée *f*

field champ *m*

fifteen quinze

fifteenth quinzième

fifth cinquième

fifty cinquante; **about fifty** une cinquantaine

film film *m*

finally finalement; **he finally came** il a fini par venir

find: to find trouver, retrouver; **to find out** apprendre

fine beau; **it is fine weather** il fait beau

finish: to finish finir, terminer

fire feu *m*

first *adj* premier *m*, première *f; adv* d'abord

fish poisson *m;* **a fish story** une histoire de pêcheurs

fisherman pêcheur *m*

fishing pêche *f;* **to go fishing** aller à la pêche

five cinq

flatterer flatteur *m*

floor étage *m;* **the second floor** le premier (étage); **the third floor** le second (étage)

flow: to flow couler

flower fleur *f*

fly: to fly voler; **how time flies!** comme le temps passe!

follow suivre; succéder

following suivant

fond: to be fond of aimer

food (*cooking*) cuisine *f*

foot pied *m*

for pour; depuis; pendant; **I have been waiting for a quarter of an' hour** j'attends depuis un quart d'heure

foreign étranger *m*, étrangère *f*

forget oublier de

fork fourchette *f*

form forme *f*

former ancien *m*, ancienne *f*

formerly autrefois

forty quarante

found fonder

fountain fontaine *f*

four quatre

fourteen quatorze

fourth quatrième

franc franc *m*

free libre

French français *m*, française *f*

Friday vendredi *m*

friend ami *m*, amie *f*

friendly aimable

frightful effrayant

from de, depuis, d'après; **from the** du, de la, de l', des

front: in front of devant

fruit fruit *m*

full plein, complet

fun: to make fun of se moquer de

funny drôle (de)

furnished meublé

furniture meubles *m pl;* **a piece of furniture** un meuble

further plus loin; **further on** plus loin

future futur *m*

G

gallery galerie *f;* **picture gallery** galerie de peinture

garage garage *m*

garden jardin *m*

garret mansarde *f*

gasoline essence *f*

gate porte *f*

gentleman monsieur *m*

get prendre, avoir, obtenir, recevoir, se procurer; **to get in, to get into** entrer, monter; **to get out** sortir; **to go to get** aller chercher; **to come to get** venir chercher; **to get to** arriver à; **to get up** se lever; **to get home** rentrer; **to get on** monter; **to get off** descendre; **to get used to** s'habituer à; **to get to the top** arriver en haut

gilded doré

girl jeune fille *f;* **little girl** petite fille; **girl friend** amie

give donner; **to give a ticket** faire un procès-verbal

glad content, heureux; **I'll be glad to** volontiers

gladly volontiers

glance: to glance at jeter un coup d'œil sur

glass verre *m;* **glasses** lunettes *f pl;* **magnifying glass** loupe *f*

glimpse: to get a glimpse apercevoir

glove gant *m*

go aller; **I go, I am going** je vais; **he goes, he is going** il va; **you go, you are going** vous allez; **I shall go** j'irai; **I should go** j'irais; **it is**

going **to** il va; **to go in** entrer; **to go out** sortir; **to go up** monter; **to go down** descendre; **to go to bed** se coucher; **to go along** venir avec, accompagner; **to go in for** aimer; **to go away** partir, s'en aller; **to go with** accompagner; **to go through** visiter

good bon; **good-looking** beau, joli; **it's no good** cela ne vaut rien; **good** bien *m*

good-bye au revoir

goose oie *f*

Gothic gothique

graceful élégant, gracieux

grandmother grand-mère *f*

grapes raisin *m sg*

grass herbe *f*

gray gris

greatly très, fort

Greek grec *m*, grecque *f*

green vert; **salad greens** salade *f*

grocer épicier *m*

grocery épicerie *f;* **grocery store** épicerie *f*

grow pousser

guard gardien *m*

guide guide *m*

guitar guitare *f*

H

habit habitude *f*

had eu *p part of* avoir

hair cheveu *m;* **she has blond hair** elle a les cheveux blonds

half demi *m*, demie *f;* **half past eleven** onze heures et demie; **a half hour** une demi-heure

hall galerie *f*

ham jambon *m*

hand main *f;* **secondhand book** livre d'occasion

handkerchief mouchoir *m*

happen arriver, se passer, avoir lieu

happiness bonheur *m*

happy heureux *m*, heureuse *f;* content

hard dur, difficile

hardly à peine, ne . . . guère

hardware store quincaillerie *f*

harmony harmonie *f*

harp harpe *f*

harvest moisson *f*

hat chapeau *m*

have avoir; **I have** j'ai; **I haven't** je n'ai pas; **have you?** avez-vous?; **to have to** devoir, il

faut . . ., être obligé de, avoir besoin de; **I can have it sent to you** je peux vous le faire envoyer; **to have something to eat or drink** prendre quelque chose; **I have to** je dois; **I had to** j'ai dû; **all you have to do** vous n'avez qu'à

hay foin *m*

he il, lui, c'

head tête *f*

headache mal de tête *m;* **to have a headache** avoir mal à la tête; **a good headache** un bon mal de tête

hear entendre; **to hear of** entendre parler de; **to hear that** entendre dire que

heart cœur *m;* **in the very heart of Paris** au cœur même de Paris

heat chaleur *f*

heating chauffage *m*

hello bonjour

help: to help aider; **to help oneself** se servir

hen poule *f*

her *pers pron* la, lui, elle; *poss adj* son, sa, ses

here ici; **here is, here are** voici; **here it is** le (la) voici; **here they are** les voici; **here!** tenez!

hers le sien, la sienne, les siens, les siennes

him le, lui; **to him, for him** lui

hippopotamus hippopotame *m*

his *poss adj* son, sa, ses; *poss pron* le sien, la sienne, les siens, les siennes

historical historique

history histoire *f;* **French history** l'histoire de France

hold: to hold tenir; **to hold out** tendre

holiday fête *f;* **Christmas holidays** vacances de Noël

home maison *f;* **he is at home** il est chez lui; **to get home, to go home** rentrer

hope: to hope espérer; **I hope so** je l'espère

hors d'œuvres *hors-d'œuvre *m*

horse cheval *m sg*, chevaux *pl*

hospital hôpital *m*

hot chaud; **it is hot** il fait chaud

hotel hôtel *m*

hour heure *f;* **a half hour** une demi-heure

house maison *f;* **at our house** chez nous; **at their house** chez eux

housekeeping ménage *m*

how comment; **how much, how many** combien; **how much is it?** combien est-ce?; **how long** combien de temps

however pourtant, cependant
humble humble
humid humide
hundred cent; **about a hundred** une centaine
hungry: to be hungry avoir faim; **I am hungry** j'ai faim
hurry: to hurry se dépêcher; **to be in a hurry** être pressé
hurt: to hurt blesser, avoir mal à, faire mal à; **my legs are beginning to hurt** je commence à avoir mal aux jambes; **these shoes hurt my feet** ces chaussures me font mal aux pieds
husband mari *m*

I

I je, moi
idea idée *f*
identification identité *f*
if si, s'
imagine imaginer
immediately tout de suite
important important
impressed impressionné
impression impression *f*
in dans, en, à, de; **in Paris** à Paris; **in France** en France; **in Canada** au Canada; **in South America** dans l'Amérique du Sud; **in 1715** en 1715; **in the XVth century** au quinzième siècle; **in the month of October** au mois d'octobre; **in the spring** au printemps; **in the fall** en automne; **in winter** en hiver; **in the morning** le matin; **at 7:00 in the morning** à sept heures du matin; **in a half hour** dans une demi-heure; **in a week** dans huit jours; **in time** à temps; **in the country** à la campagne; **in the course of** au cours de
incident incident *m*
indeed en effet, bien
independence indépendance *f;* **Independence Day** le jour de la Déclaration de l'Indépendance
indicate indiquer
indignation indignation *f*
indirect indirect
inform renseigner
information renseignements *m pl*
injustice injustice *f*
inn hôtel *m*, auberge *f;* **innkeeper** hôtelier *m*

inside intérieur *m;* à l'intérieur; **to go inside** entrer
intelligent intelligent
intend to avoir l'intention de
interest: to interest intéresser
interesting intéressant
interior intérieur
interrogative interrogatif *m*, interrogative *f*
introduce présenter
invention invention *f*
invitation invitation *f*
invite inviter
Irish irlandais
ironical ironique
is est; **it is** c'est, il est, elle est; **is it?** est-ce? est-ce que c'est?; **there is** il y a; **is there?** y a-t-il?; **it is four o'clock** il est quatre heures; **it is cold** il fait froid
island île *f*
it *subj* il, elle, ce; **it is** c'est, il est, elle est; *dir obj* le, l', la; *ind obj* y; **of it** en
Italian italien *m*, italienne *f*
Italy Italie *f*
its son, sa, ses

J

January janvier *m*
jealous jaloux *m*, jalouse *f*
jeweler horloger *m*, bijoutier *m;* **at the jeweler's** chez l'horloger
judge: to judge juger
juice jus *m*
July juillet *m*
June juin *m*
just seulement, tout simplement; **to have just** venir de; **I have just finished** je viens de finir

K

keep: to keep garder, tenir, retenir; **to keep on** continuer à
keeper garde *m*, gardien *m;* **hotelkeeper** hôtelier *m*
kill: to kill tuer
kilo kilo *m;* **five francs a kilo** cinq francs le kilo
kilometer kilomètre *m*
kind espèce *f*, sorte *f*
king roi *m*

knife couteau *m*

knight chevalier *m*

know savoir, connaître; **I know** je sais, je connais; **do you know?** savez-vous? connaissez-vous?; **I shall know** je saurai; **I should know** je saurais; **to know how** savoir (*see Conversation 9*)

known connu, célèbre

L

laboratory laboratoire *m*

lack: to lack manquer

lady dame *f*

lake lac *m*

land terre *f*, pays *m*

landscape paysage *m*

language langue *f*

large grand, gros, vaste; **as large as that** gros comme ça

last dernier *m*, dernière *f;* **last week** la semaine dernière; **last night** hier soir; **last Saturday** samedi dernier; **to last** durer

late tard, en retard; **later** plus tard; **at the latest** au plus tard; **I shall finish late** je finirai tard; **do you think I'll be late?** croyez-vous que je sois en retard?

Latin latin

lead: to lead mener, conduire

leaf feuille *f*

learn apprendre

least: the least le moins, la moins, les moins

leave: to leave partir, s'en aller; quitter; laisser; **when are you leaving?** quand partez-vous?; **I am leaving tomorrow** je m'en vais demain; **we left Melun two hours ago** il y a deux heures que nous avons quitté Melun; **as you leave the village** à la sortie du village; **it is better to leave those you are not sure of** il vaut mieux laisser ceux dont vous n'êtes pas sûr

lecture conférence *f*

left gauche; **to the left** à gauche

left: I have not one of them left il ne m'en reste aucun

leg jambe *f*

legend légende *f*

lend prêter

lens verre *m*

less moins; **less . . . than** moins . . . que; (*numbers*) moins de; **more or less** plus ou moins; **she is less tall than her brother** elle est moins grande que son frère; **there were less than a hundred pupils** il y avait moins de cent élèves

lesson leçon *f*

let permettre, laisser

letter lettre *f*

lettuce laitue *f*, salade *f*

lie: to lie down se coucher

lieutenant lieutenant *m;* **police lieutenant** commissaire de police *m*

life vie *f*

like comme; **to like** aimer, aimer bien; **I like** j'aime; **do you like?** aimez-vous?; **do you like it?** est-ce qu'il vous plaît?; **how do you like it?** comment le (la) trouvez-vous?; **would you like to . . .?** voulez-vous bien . . .?; **I would like** je voudrais; **do you like my hat?** est-ce que mon chapeau vous plaît?

line ligne *f*

lion lion *m*

lip lèvre *f*

Lisbon Lisbonne

list liste *f*

listen: to listen écouter

literature littérature *f*

little *adj* petit; *adv* peu; **a little** un peu

live vivre; **to live at** demeurer, habiter

London Londres

long *adj* long *m*, longue *f; adv* longtemps; **no longer** ne . . . plus; **all day long** toute la journée; **how long?** combien de temps?; **for a long time** depuis longtemps, pendant longtemps

look regard *m*, coup d'œil *m;* **to take a look at** jeter un coup d'œil sur; **to look** regarder; avoir l'air; **it looks very well on you** il vous va très bien; **to look for** chercher; **good-looking** beau, joli; **to look like** ressembler à; **to look over** visiter; **to look at** regarder

lose: to lose perdre

lost perdu, égaré

lot: a lot of, lots of beaucoup de

Louis XIV Louis Quatorze

low bas *m*, basse *f*

luck chance *f;* **to be lucky** avoir de la chance; **tough luck!** vous n'avez pas de chance!; **what luck!** quelle chance! quelle veine!

lunch déjeuner *m;* **to have lunch** déjeuner; **lunchroom** buffet *m;* **to lunch** déjeuner

M

Madam madame *f*

magazine revue *f*

magnificence splendeur *f*

maid bonne *f; nursemaid* bonne *f*

mail: to mail mettre (une lettre) à la poste

main principal; **main course** plat de viande *m*

majestic majestueux *m,* majestueuse *f*

make faire; *followed by adj* rendre: **does that make you sad?** est-ce que cela vous rend triste?

man homme *m*

manufacturer industriel *m*

many beaucoup; **so many** tant; **too many** trop; **how many?** combien?

map carte *f*

March mars *m*

marriage mariage *m*

marry se marier; **to get married** se marier

marvelously à merveille

mass messe *f;* **midnight mass** la messe de minuit

material étoffe *f*

mathematics mathématiques *f pl*

matter: what is the matter? qu'est-ce qu'il y a?; **what is the matter with you?** qu'est-ce que vous avez?; **nothing is the matter with me** je n'ai rien

mature: to mature mûrir

May mai *m*

may (pouvoir): **I may** je peux, je pourrai; **may I?** est-ce que je peux?

mayor maire *m*

me me, moi

meal repas *m*

mean: to mean vouloir dire

meat viande *f*

medicine médicament *m*

meet: to meet rencontrer, rejoindre, faire la connaissance de; **I met him** j'ai fait sa connaissance; **to come to meet** venir attendre

mention: to mention parler de

menu carte *f*

merchant marchand *m,* marchande *f;* **wholesale merchant** négociant *m*

meter mètre *m;* **six francs a meter** six francs le mètre

Mexico Mexique *m*

middle milieu *m;* **in the middle of** au milieu de

midnight minuit *m*

midst milieu *m;* **in the midst of** au milieu de

might (pouvoir): **I might** je pourrais

milk lait *m*

milliner modiste *f*

million million *m*

millionaire millionnaire *m*

mind: if you don't mind si vous voulez

mine le mien, la mienne, les miens, les miennes; **it is mine** c'est à moi; **a friend of mine** un de mes amis

ministry ministère *m*

minute minute *f*

mirror glace *f*

Miss mademoiselle *f*

miss: to miss manquer; **to miss the road** se tromper de route

mistaken: to be mistaken se tromper

moment moment *m;* **a moment ago** tout à l'heure **at the moment when** au moment où; **at the moment of** au moment de

Mona Lisa la Joconde

Monday lundi *m*

money argent *m*

monkey singe *m*

month mois *m;* **per month, a month** par mois

monument monument *m*

monumental monumental

moon lune *f*

more plus, davantage; **not . . . any more** ne . . . plus; **more . . . than** plus . . . que; *(numbers)* plus de; **no more** ne . . . plus de; **more or less** plus ou moins; **more and more** de plus en plus; **some more** encore, d'autres; **he is more intelligent than his brother;** il est plus intelligent que son frère; **there were hardly more than a hundred pupils** il n'y avait guère plus de cent élèves; **you can take some more pictures** vous pourrez prendre d'autres photos; **all the more** d'autant plus

morning matin *m;* **good morning** bonjour; **every morning** tous les matins; **in the morning** le matin

most la plupart; **most of them** la plupart d'entre eux

mother mère *f*

mouth bouche *f*

movie film *m,* cinéma *m;* **movie house** cinéma *m*

Mr. Monsieur *m;* **Mr. Duval** M. Duval

much beaucoup; **very much** beaucoup; **so much** tant; **too much** trop; **how much?** combien?; **not much** pas beaucoup, pas grand-chose

museum musée *m*

mushroom champignon *m*

music musique *f*

musketeer mousquetaire *m*

must (devoir, falloir): **must I?** faut-il?; **I must** je dois, il faut que je . . .; **I must have** j'ai dû; **there must be** il doit y avoir

my mon, ma, mes

N

name nom *m;* **what is your name?** comment vous appelez-vous?; **my name is** je m'appelle; **to name** nommer; **to be named** s'appeler

named nommé

nap somme *m;* **to take a nap** faire un somme

narrow étroit

national national

nationality nationalité *f*

near près de; **near here, nearby** près d'ici

nearly presque

necessary nécessaire; **it is necessary** il faut que

need: to need avoir besoin de

negative négatif *m*, négative *f*

negatively négativement

neighbor voisin *m*, voisine *f*

neighboring voisin *m*, voisine *f*

neither ni l'un ni l'autre; **neither . . . nor** ne . . . ni . . . ni . . .

never jamais, ne . . . jamais

new nouveau *m*, nouvelle *f;* neuf *m*, neuve *f;* **New Orleans** La Nouvelle-Orléans

news nouvelles *f pl*

newspaper journal *m*, journaux *pl*

next prochain; **next Saturday** samedi prochain; **next week** la semaine prochaine; **the next day** le lendemain

next *adv* ensuite, puis

nice gentil *m*, gentille *f;* aimable; **it is nice of you** c'est gentil de votre part

night nuit *f;* **last night** hier soir; **tonight** ce soir; **at night** la nuit

nightfall nuit *f*

nine neuf

nineteen dix-neuf

nineteenth dix-neuvième

ninety quatre-vingt-dix

no non, ne . . . pas de; **no one** personne, ne . . . personne

nobility noblesse *f*

nobody personne, ne . . . personne

noise bruit *m*

none aucun *m*, aucune *f;* ne . . . aucun(e)

noon midi *m;* **at noon** à midi

nor ni; **neither . . . nor** ne . . . ni . . . ni . . .

Normandy Normandie *f*

North nord *m;* **North Africa** l'Afrique du Nord

Norwegian norvégien *m*, norvégienne *f*

not ne . . . pas; **not at all** pas du tout; **not much** pas beaucoup, pas grand-chose; **not one** aucun(e), ne . . . aucun(e)

note: to note noter

nothing rien, ne . . . rien; **nothing at all** rien du tout; **nothing interesting** rien d'intéressant; **nothing else** rien d'autre

noun nom *m*

novel roman *m*

November novembre *m*

now maintenant; actuellement

nowhere nulle part

number nombre *m;* **room No. 3** la chambre numéro trois

nurse, nursemaid bonne *f*

O

oats avoine *f*

obelisk obélisque *m*

obey obéir à

object objet *m*

observatory observatoire *m*

occasionally quelquefois

occupation occupation *f*

occupy occuper

o'clock heure *f;* **it is eleven o'clock** il est onze heures

October octobre *m*

oculist oculiste *m*

odd impair (*of numbers*)

of de; **of the** du, de la, de l', des; **of it, of them** en

offer: to offer offrir, tendre

office bureau *m*

often souvent

O.K. entendu

old vieux, vieil *m;* vieille *f;* vieux *m pl;* vieilles *f pl;* ancien, ancienne; **how old are you?** quel âge avez-vous? **old man** mon vieux
olive olive *f*

on sur, à, en, dans; **on the bus** dans l'autobus; **on the train** dans le train; **on time** à l'heure; **on Wednesday** mercredi; **on Christmas Day** le jour de Noël; **on arriving** en arrivant
once une fois, autrefois; **once a week** une fois par semaine
one un, une; *pers pron* on, l'on; *dem pron* **the one, the ones** celui, celle, ceux, celles; **this one** celui-ci, celle-ci; **that one** celui-là, celle-là; **not one** aucun(e), ne . . . aucun(e); **no one** personne, ne . . . personne; **I have one** j'en ai un(e); **here are some gray ones** en voici des gris
only *adj* seul; *adv* seulement, ne . . . que
open ouvert *adj and p part of* ouvrir; **to open** ouvrir; **it opens** il ouvre
opera opéra *m*
opposite opposé *m; adv* en face (de)
or ou; **either . . . or** soit . . . soit
orange orange *f*
order: **in order to** pour, afin de; **to order** commander
ordinarily d'habitude
organ orgues *f pl*
other autre; **some . . . others** les uns . . . d'autres; **the other one** l'autre
ought (devoir): **you ought to come** vous devriez venir; **you ought to have come** vous auriez dû venir
our notre *sg,* nos *pl*
ours le nôtre, la nôtre *sg,* les nôtres *pl*
ourselves nous-mêmes; **by ourselves** seuls
out: **to go out** sortir; **he is out** il est sorti
outside dehors, en dehors
over sur; **over there** là-bas
owe devoir
own propre; **they were victims of their own injustice** ils furent victimes de leurs propres injustices
ox bœuf *m*

P

package paquet *m*
pain mal *m*
paint: **to paint** peindre
painter peintre *m*

painting peinture *f*
pair paire *f*
pal mon vieux
palace palais *m*
pan: **sauce pan** casserole *f*
panorama panorama *m*
pansy pensée *f*
pants pantalon *m*
paper papier *m;* **newspaper** journal *m;* **writing paper** papier à lettres
pardon: **to pardon** pardonner; **pardon me** pardon
parent parent *m*
Parisian parisien, parisienne
park parc *m;* **public park** jardin public
part partie *f;* **part of town** quartier *m;* **to be a part of** faire partie de
particular particulier *m,* particulière *f;* **in particular** notamment
partly en partie
party soirée *f*
passer-by passant *m*
pasteboard (box) carton *m*
pastry pâtisserie *f,* gâteau *m*
patient malade *m or f;* client (d'un médecin) *m*
pay: **to pay** payer; **to pay for** payer
pea pois *m*
pear poire *f*
peony pivoine *f*
people gens *pl,* monde *m;* **too many people** trop de monde
per: **30 kilometers per hour** 30 kilomètres à l'heure; **per month** par mois; **per dozen** la douzaine
perfectly parfaitement, tout à fait
performance représentation *f*
perhaps peut-être
period période *f;* époque *f*
perish mourir; **perish the thought!** ne m'en parlez pas!
permission permission *f*
person personne *f*
personal personnel *m,* personnelle *f*
pharmacist pharmacien *m*
photograph photographie *f*
piano piano *m*
pick: **to pick** cueillir, ramasser
picnic pique-nique *m*
picture photographie *f,* photo *f,* tableau *m;* **to take a picture** prendre une photo

picturesque pittoresque

piece pièce *f*, morceau *m;* **ten francs apiece** dix francs (la) pièce

pig porc *m*, cochon *m*

pink rose

pity: to pity plaindre

place endroit *m*, place *f;* **in your place** à votre place; **to take place** avoir lieu

plan: to plan avoir l'intention de; **to plan a garden** dessiner un jardin

plan projet *m*

plane avion *m*

plant: to plant planter

platform quai *m*

play pièce *f;* **to play** jouer; **to play tennis** jouer au tennis; **to play cards** jouer aux cartes; **to play the violin** jouer du violon

pleasant agréable; **the weather is pleasant** il fait bon

please s'il vous plaît; **to please** plaire à

plural pluriel *m*

pocket poche *f;* **pocketbook** portefeuille *m*

poem poème *m*, poésie *f*

point point *m;* **point of view** point de vue *m*

poison: to poison empoisonner

police police *f;* **police station** commissariat de police *m;* **police lieutenant** commissaire de police *m*

policeman agent de police *m*

pool bassin *m;* **ornamental pool** pièce d'eau *f*

poor pauvre

pork porc *m;* **pork butcher** charcutier *m;* **pork butcher's** charcuterie *f*

port port *m*

portrait portrait *m*

possible possible

post card carte postale *f*

postman facteur *m*

post office bureau de poste *m*, poste *f*

potato pomme de terre *f;* **French fried potatoes** pommes de terre frites, frites

pound livre *f;* **2 francs a pound** 2 francs la livre

pour verser; **it is pouring** il pleut à verse

practically à peu près

practice habitude *f*

preceding précédent

prefer préférer, aimer mieux

present *adj* présent, actuel; **at present** actuellement

president président *m*

pretty *adj* joli; *adv* assez; **pretty well** assez, assez bien

price prix *m*

priest curé *m*

print estampe *f*, gravure *f*

probably sans doute; **there is probably a train** il doit y avoir un train

profession profession *f*

professor professeur *m*

progress progrès *m*

promise promettre

pronoun pronom *m*

properly bien, comme il faut

provision provision *f*

pub petit café *m*

public public *m*, publique *f*

pull: to pull tirer; **to pull it in to the bank (shore) (edge)** l'amener au bord

pupil élève *m or f*

purchase achat *m*

purse bourse *f;* **change purse** porte-monnaie *m*

put mettre; **to put out** (to bother) déranger

Q

quality qualité *f*

quarter quart *m*, quartier *m;* **a quarter past eleven** onze heures et quart; **a quarter of two** deux heures moins le quart; **the Latin Quarter** le Quartier latin

queen reine *f*

question question *f;* **it is a question of** il s'agit de; **to be a question of** s'agir de

quiet tranquille

quite tout à fait

R

radiate rayonner

railroad chemin de fer *m;* **railroad station** gare *f*

rain pluie *f;* **to rain** pleuvoir; **it is raining** il pleut; **it was raining** il pleuvait; **it had rained** il avait plu

raincoat imperméable *m*

rare rare; **rarer and rarer** de plus en plus rare

rather plutôt, assez, un peu

ravage: to ravage ravager

reach: to reach atteindre

read: to read lire; **I have read** j'ai lu

ready prêt

realize se rendre compte de (que)

really vraiment, je vous assure; **really!** tiens!

reason raison *f;* **there is reason for it** il y a de quoi

rebuild reconstruire

receive recevoir; **I received** j'ai reçu

recognize reconnaître

red rouge

refusal refus *m*

refuse refuser

region région *f*

regret: **to regret** regretter de

reign règne *m*

relative parent *m,* parente *f*

relatively relativement

relax: **to relax** s'amuser

remedy remède *m*

remember se rappeler, se souvenir de

rent loyer *m;* **to rent** louer; **for rent** à louer

repair réparation *f;* **repair job** réparation; **to repair** réparer; **to have repaired** faire réparer

repeat répéter

replace remplacer

reply: **to reply** répondre à

represent représenter

request demande *f*

residence résidence *f*

responsible responsable

rest reste *m,* repos *m;* **to rest** se reposer

restaurant restaurant *m*

return: **to return here** revenir (ici); **to return (some place else)** retourner; **to return home** rentrer (à la maison)

review révision *f,* revue *f*

rich riche

ride promenade (à bicyclette, en auto) *f;* **to ride** aller en auto, à bicyclette

right droit (*opposite of* **left**), bon (*opposite of* **wrong**): **on, to the right** à droite; **the right road** la bonne route; **to be right** avoir raison; **that's right** justement; **all right** bon, entendu; **right to** jusqu'à; **right away** tout de suite

rise: **to rise** se lever

risk risque *m;* **to run the risk** risquer de

road route *f;* **the right road** la bonne route; **the wrong road** la mauvaise route; **country road** chemin *m*

roll croissant *m;* petit pain *m*

romanesque roman, romane

roof toit *m*

room chambre *f,* salle *f;* **room and board** pension *f;* **bathroom** salle de bain; **lunchroom** buffet *m;* **dining room** salle à manger; **living room** salon *m;* (*space*) place *f;* **there is room** il y a de la place

rose rose *f*

rosebush rosier *m*

rosy rose

royal royal

run: **to run** courir; **my watch doesn't run** ma montre ne marche pas; **to run a pub** tenir un café

Russia Russie *f*

Russian russe

S

sacrifice sacrifice *m*

sad triste

sail voile *f;* **sailboat** bateau à voile *m*

saint saint; **la Sainte-Chapelle** XIIIth century Gothic church in Paris

salad salade *f;* **salad greens** salade *f*

salesgirl vendeuse *f*

salesman vendeur *m*

same même; **the same** le même, la même, les mêmes; **that's all the same to me** cela m'est égal; **all the same** tout de même

sandwich sandwich *m,* sandwichs *pl*

Santa Claus le Père Noël

Saturday samedi *m;* **on Saturdays** le samedi

say dire; **they say** on dit; **how does one say?** comment dit-on?; **that is to say** c'est-à-dire; **to say to oneself** se dire

scarcely à peine, ne . . . guère

scarf écharpe *f*

schedule emploi du temps *m*

school école *f;* **secondary school** lycée *m;* collège *m;* **at school** à l'école

science science *f*

Scotland Écosse *f*

sea mer *f;* **seashore** le bord de la mer

season saison *f*

seat place *f*

second second, deuxième; **the second floor** le premier (étage); **second class** seconde *f;* deuxième (classe) *f*

secondary secondaire; **secondary school** lycée *m,* collège *m*

section section *f*

see: **to see** voir; **I see** je vois; **let's see** voyons;

you see vous voyez; **I saw** j'ai vu; **I'll see** je verrai; **see you Sunday** à dimanche
seem: to seem to avoir l'air de
seen vu *p part of* voir
selection choix *m*
sell vendre; **where do they sell newspapers?** où vend-on des journaux?
send envoyer; **to send for** envoyer chercher, faire venir; **to send away, send back** renvoyer
sentence phrase *f*
September septembre *m*
series série *f*
serious sérieux *m*, sérieuse *f*; grave
serve servir à
service service *m*; **I am at your service** je suis à votre disposition
set: to set mettre, poser; **to set out** partir
seven sept
seventeen dix-sept
seventeenth dix-septième
seventh septième
seventy soixante-dix
several plusieurs; **several times** plusieurs fois
shade ombre *f*; **in the shade** à l'ombre
she elle, ce
sheep mouton *m*
shirt chemise *f*
shoe chaussure *f*, soulier *m*
shoo: to shoo out chasser
shop magasin *m*; **tobacco shop** bureau de tabac *m*; **shop window** devanture *f*; **to shop** faire des courses
shopkeeper marchand *m*, marchande *f*
shore bord *m*, rive *f*; **seashore** le bord de la mer
short court
should (devoir): **you should** vous devriez; **you should have** vous auriez dû
shoulder épaule
show: to show montrer
sick malade
side côte *m*, bord *m*; **on the other side of** de l'autre côté de; **on the side of** au bord de; **the under side** le dessous
sidewalk trottoir *m*; **sidewalk café** la terrasse d'un café
significance signification *f*; **do you know the significance of . . .?** connaissez-vous?
silent silencieux *m*, silencieuse *f*

silk soie *f*
simple simple
since depuis, puisque
sing: to sing chanter
single seul; **not a single** ne . . . aucun
Sir Monsieur
sister sœur *f*
sit s'asseoir, être assis; **sit down** asseyez-vous; **to sit down at the table** se mettre à table
six six
sixteen seize
sixth sixième
sixty soixante
size étendue *f*, pointure *f*
skate: to skate patiner
ski: to ski faire du ski
skilful habile
skin peau *f*; **I am wet to the skin (to the bones)** je suis mouillé(e) jusqu'aux os
sky ciel *m*
skyscraper gratte-ciel *m*
sleep; to sleep dormir; **to fall asleep** s'endormir
slightest: the slightest le moindre, la moindre, les moindres
slippery glissant
small petit
smile sourire *m*
smoke: to smoke fumer
snake serpent *m*
snow neige *f*; **to snow** neiger
so aussi, si, ainsi; **so that** pour que; **so as to** pour
sock chaussette *f*
soil sol *m*
some du, de la, de l', des; *adj* quelque *sg*, quelques *pl*; *pron* en; quelques-uns, quelques-unes; les uns, les unes; **some of them** quelques-uns; **some . . . the others** les uns . . . les autres; **some . . . others** les uns . . . d'autres; **some more** encore, d'autres
someone quelqu'un
something quelque chose; **something good** quelque chose de bon; **something else** autre chose
sometimes quelquefois, parfois
somewhere quelque part
soon bientôt, tôt; **sooner** plus tôt; **as soon as possible** le plus tôt possible
sore: to have a sore throat avoir mal à la gorge

sorry fâché; **I am sorry** je regrette, je suis fâché
sort espèce *f*
soup soupe *f*
South sud *m*
souvenir souvenir *m*
space espace *m*
Spain Espagne *f*
Spanish espagnol
speak parler; **do you speak?** parlez-vous?; **I speak** je parle; **he speaks** il parle
speed vitesse *f*
spend passer; dépenser; **he spent three years in England** il a passé trois ans en Angleterre; **he spent his life building castles** il a passé sa vie à construire des palais
splendor splendeur *f*
spring printemps (saison) *m;* ressort (d'une montre) *m;* **in the spring** au printemps
square place *f*
stained-glass window vitrail *m*, vitraux *pl*
stair escalier *m*
staircase escalier *m;* **spiral staircase** escalier en colimaçon
stamp timbre *m;* **postage stamp** timbre-poste *m*
standing debout
star étoile *f*
start: to start commencer, se mettre à; **we started to work at 1:30** nous nous sommes mis à travailler à une heure et demie
station gare *f*
stay: to stay rester
steak: minute steak bifteck *m*
steering wheel volant *m*
step pas *m;* **steps** escalier *m;* **a step from here** à deux pas d'ici
still toujours, encore
stockbroker agent de change *m*
stop arrêt *m;* **to stop** arrêter, s'arrêter
store magasin *m*
story histoire *f*
straight droit; **straight ahead** tout droit
strawberry fraise *f;* **wild strawberry** fraise des bois *f*
street rue *f;* **surface of a street** chaussée *f*
structure bâtiment *m*
student étudiant *m*, étudiante *f*
study: to study étudier
style style *m*

succeed in réussir à
such un tel, une telle, de tels, de telles; **such a watch** une telle montre
suddenly tout à coup
suffer souffrir
sugar sucre *m*
suggest suggérer, proposer
suit complet *m;* **to suit** convenir à; **this room suits me perfectly** cette chambre me convient parfaitement
suitable convenable
summer été *m;* **in summer** en été
sun soleil *m*
Sunday dimanche *m;* **see you Sunday** à dimanche
supermarket super-marché *m*
suppose supposer; **suppose we take a few of them back home?** si nous en rapportions quelques-uns à la maison?; **I am supposed to** je dois
sure sûr
surely sûrement
surface surface *f;* **surface of a street** chaussée *f;* **the upper surface** le dessus
surprise surprise *f*
surprised surpris *p part of* surprendre
surround with entourer de
suspect: to suspect se douter de; **I suspected it** je m'en doutais
sweater pull-over *m*
Swedish suédois
sweet doux *m*, douce *f*
swim: to swim nager
Switzerland Suisse
symbolize symboliser

T

table table *f*
tailor tailleur *m*
take prendre, emporter, mener, conduire; **to take a walk** faire une promenade; **you take** vous prenez; **I took** j'ai pris; **to take place** avoir lieu; **to take along** emporter, emmener; **how long does it take?** combien de temps faut-il?; **to take an examination** passer un examen; **this road will take you to Fontainebleau** ce chemin vous mènera à Fontainebleau
taking prise *f*
talk: to talk parler; **to talk over** parler de

tall grand
tapestry tapisserie *f*
taste goût *m*
taxi taxi *m*
tea thé *m*
telegram dépêche *f*, télégramme *m*
telephone: to telephone téléphoner
television télévision *f*
tell dire; **to tell about** parler de
temperature température *f*
ten dix
tennis tennis *m;* **to play tennis** jouer au tennis
tenth dixième
terrific formidable
terrifically terriblement, horriblement
text texte *m*
thank remercier; **thank you** merci
that (those) *dem adj* ce, cet *m*, cette *f*, ces *pl;* ce . . .-là, cette . . .-là, ces . . .-là; **that** *dem pron* celui *m*, celle *f*, ceux *m pl*, celles *f pl;* cela; **that's it** c'est cela; **that** *rel pron* qui, que, lequel, laquelle, lesquels, lesquelles; **all that** tout ce qui, tout ce que; **that** *conj* que
the le, la, l', les
theater théâtre *m*
their *poss adj* leur *sg*, leurs *pl*
theirs *poss pron* le leur, la leur, les leurs
them les; leur; eux, elles; **of them** en
then alors, ensuite, puis; ainsi
theology théologie *f*
there là, y; **there is, there are** il y a; **is there? are there?** y a-t-il?; **thereon** là-dessus; **under there** là-dessous; **in there** là-dedans
these *dem adj* ces, ces . . .-ci; *dem pron* ceux-ci *m*, celles-ci *f*
they ils, elles; on
thick épais
thin mince
thing chose *f;* **many things** beaucoup de choses
think penser à, penser de, croire, trouver; **what do you think of Charles?** que pensez-vous de Charles?; **I think so** je crois que oui; **she thought it was very good** elle l'a trouvé très bon; **I thought that** je croyais que; **I rather thought so** je m'en doutais
thinker penseur *m*
third troisième
thirst soif *f;* **to be thirsty** avoir soif
thirteen treize

thirteenth treizième
thirty trente
this *dem adj* ce, cet *m*, cette *f;* ce . . .-ci, cet . . .-ci, cette . . .-ci; **this** *dem pron* celui *m*, celle *f;* celui-ci, celle-ci; ceci; **this one** celui-ci, celle-ci
those *dem adj* ces, ces . . .-là; *dem pron* ceux-là *m*, celles-là *f*
thousand mille
three trois
throat gorge *f*
Thursday jeudi *m*
ticket billet *m;* **ticket window** guichet *m;* **to give a ticket** faire un procès-verbal
tie cravate *f*
till jusqu'à; **till Sunday** à dimanche; **till then** jusque-là
time temps *m*, heure *f*, fois *f*, moment *m;* **what time is it?** quelle heure est-il?; **at what time?** à quelle heure?; **the first time** la première fois; **several times** plusieurs fois; **to have time to** avoir le temps de; **on time** à l'heure; **at that time** à ce moment-là, à cette époque; **to have a good time** s'amuser, s'amuser bien; **from time to time** de temps en temps; **in time** à temps; **at the time when** au moment où; **at the time of** au moment de; **some time soon** ces jours-ci; **some time ago** il y a quelque temps; **harvest time** le moment de la moisson
tired fatigué
to à, en, pour, chez, jusqu'à; **to the** au, à la, à l', aux; **it is ten minutes to four** il est quatre heures moins dix; **to the right** à droite; **to the top of** en haut de; **to, in the middle of** au milieu de; **I would go to Italy** j'irais en Italie; **to the United States** aux États-Unis; **to South America** dans l'Amérique du Sud; **to Versailles** à Versailles; **a round-trip ticket to Rheims** un billet aller et retour pour Reims; **to the Brown's** chez les Brown; **to our house** chez nous; **to the country** à la campagne; **I am wet to the skin (bones)** je suis mouillé jusqu'aux os; **they have been very nice to me** ils ont été très aimables pour moi; **how long does it take to go to Versailles?** combien de temps faut-il pour aller à Versailles?; **I'll be glad to** volontiers; **she is to arrive soon** elle doit arriver ces jours-ci

tobacco tabac *m;* **tobacco shop** bureau de tabac *m*

today aujourd'hui; **today is Friday** c'est aujourd'hui vendredi

together ensemble

tomato tomate *f*

tomb tombe *f,* (*monumental*) tombeau *m*

tomorrow demain; **day after tomorrow** après-demain

tonight ce soir

too trop, aussi

tooth dent *f;* **to have a toothache** avoir mal aux dents

top haut *m;* **at the top of** en **haut de;* **from the top of** du **haut de*

towards vers

tower tour *f;* **the Eiffel tower** la tour Eiffel

town ville *f;* **downtown** en ville

track voie *f*

train train *m;* **on the train** dans le train

travel: to travel voyager

tree arbre *m*

trim: to trim tailler

trip voyage *m;* **round trip** aller et retour; **to have a good trip** faire bon voyage; **to take a trip** faire un voyage

trouble peine *f;* **it is not worth the trouble** ce n'est pas la peine

truck camion *m*

true vrai

try: to try essayer (de); **to try on** essayer

Tuesday mardi *m*

tulip tulipe *f*

turkey dinde *f*

Turkey Turquie *f*

turn: to turn tourner; **to turn around** se retourner

twelfth douzième

twelve douze; **twelve o'clock (noon)** midi; **twelve o'clock (midnight)** minuit

twenty vingt

twenty-one vingt et un

twice deux fois

two deux

U

umbrella parapluie *m*

uncle oncle *m*

under sous, dessous; **under side** dessous *m;* **under there** là-dessous

understand comprendre; **do you understand?** comprenez-vous?; **I understand** je comprends

undo défaire

unhappy malheureux *m,* malheureuse *f*

United States États-Unis *m pl;* **in the United States** aux États-Unis

University université *f*

unless à moins que

until jusqu'à, jusqu'à ce que; **until tomorrow** à demain

up en haut; **up there** là-haut; **to go up** monter

upper: upper surface dessus *m*

use emploi *m;* **what's the use?** à quoi bon?; **there is no use trying** vous avez beau essayer; **to use** employer, se servir de; **to be used for** servir à; **used to** *expressed by imperf ind:* **I used to go** j'allais; **to be used to** avoir l'habitude de; **to get used to** s'habituer à

usual: as usual comme d'habitude

usually d'habitude, d'ordinaire

V

vacation vacances *f pl;* **on vacation** en vacances

vain: in vain avoir beau + *infin:* **you'll try in vain** vous aurez beau essayer

value valeur *f;* **to be valuable** avoir de la valeur

vegetable légume *m*

very très; **in the very heart of Paris** au cœur même de Paris

victim victime *f*

view vue *f;* **point of view** point de vue *m*

village village *m*

violet violette *f*

violent violent

violin violon *m*

visit visite *f;* **to visit** visiter (*things*), aller voir

voice voix *f;* **in a low voice** à voix basse

W

waiter garçon *m*

wake up se réveiller

waken se réveiller

walk promenade *f,* allée *f*

walk: to walk marcher, aller à pied, se promener

wall mur *m*

want: to want vouloir, avoir envie de; **I want**

je veux; **he wants** il veut; **do you want?** voulez-vous?

warm chaud; **it is warm** il fait chaud; **I am warm** j'ai chaud

warn prévenir; **I warn you** je vous préviens

was: I was j'étais, j'ai été; **I was born in Philadelphia** je suis né à Philadelphie

wash: to wash laver; **to wash one's hands** se laver les mains

watch montre *f;* **to watch out** faire attention à

water eau *f;* **to water** arroser

way moyen *m,* façon *f;* **this way** par ici; **on the way** en route; **it's a way of passing half an hour** c'est une façon de passer une demi-heure; **to lose one's way** s'égarer

wear porter; **to wear out** user

weather temps *m;* **how is the weather?** quel temps fait-il?; **the weather is fine** il fait beau

wedding mariage *m*

Wednesday mercredi *m*

week semaine *f;* **in a week** dans huit jours; **in two weeks** dans quinze jours; **last week** la semaine dernière; **a week from today** d'aujourd'hui en huit; **every week** tous les huit jours

weekend week-end *m*

welcome: you are welcome de rien, il n'y a pas de quoi, je vous en prie, à votre service

well bien, eh bien!, tiens!; **I am well** je vais bien

were: you were vous étiez, vous avez été; **where were you born?** où êtes-vous né?

wet mouillé; **I am wet to the skin (to the bones)** je suis mouillé jusqu'aux os

what? *interrog adj* quel? quelle? quels? quelles?; **what?** *interrog pron* que? qu'est-ce qui? qu'est-ce que? quoi?; **what is?** qu'est-ce que c'est que?; **what for?** pourquoi?; **what** *rel pron* ce qui, ce que; **what is . . .** ce que c'est que . . .

whatever: whatever you do will be in vain vous aurez beau faire

wheat blé *m*

when quand, lorsque; où

whence d'où

whenever quand, chaque fois que

where où

which? *interrog adj* quel? quelle? quels? quelles?; **which?** *interrog pron* lequel? laquelle? lesquels? lesquelles?; **which one?**

lequel? laquelle?; **which ones?** lesquels? lesquelles?; **which** *rel pron* qui, que; lequel, laquelle, lesquels, lesquelles; **of which** dont; **in which** où

while tandis que, pendant que; **a while ago, in a while** tout à l'heure

white blanc *m,* blanche *f*

who? *interrog pron* qui? qui est-ce qui?; **who** *rel pron* qui; lequel, laquelle, lesquels, lesquelles

whom? *interrog pron* qui? qui est-ce que?; **whom** *rel pron* que; lequel, laquelle, lesquels, lesquelles; **of whom** dont, duquel; **to whom** à qui

whose? *interrog pron* à qui?; **whose gloves are these?** à qui sont ces gants?; **at whose house?** chez qui?; **whose** *rel pron* dont, de qui

why pourquoi; **why not?** pourquoi pas?

wife femme *f*

wild sauvage; **wild flower** fleur sauvage *f;* **wild strawberry** fraise des bois *f*

willing: I am willing je veux bien

wind vent *m;* **it is windy** il fait du vent

window fenêtre *f;* **ticket window** guichet *m;* **cashier's window** caisse *f;* **shop window** devanture *f;* **stained-glass window** vitrail *m,* vitraux *pl*

wine vin *m*

winter hiver *m;* **in winter** en hiver

wire dépêche *f,* télégramme *m*

wish: to wish souhaiter; **if you wish** si vous voulez

with avec

without sans

witness témoin *m;* **to witness** être témoin de

wonder: to wonder se demander

wood bois *m*

word mot *m*

work travail *m;* **to work** travailler

world monde *m*

worried préoccupé, inquiet

worry ennuyer; **don't worry** soyez tranquille

worse *adj* pire; *adv* pis; **so much the worse** tant pis

worth: to be worth valoir; **it is not worth while** ce n'est pas la peine; **worth buying** intéressant

wound: to wound blesser

write écrire

wrong: **the wrong road** la mauvaise route; **to be wrong** avoir tort; **something is wrong** il y a (vous avez) quelque chose

Y - Z

year an *m*, année *f;* **every year** tous les ans; **New Year's Day** le jour de l'an
yellow jaune
yes oui, si

yesterday hier
yet encore, déjà; **not yet** pas encore
you vous; tu, te, toi
young jeune
your votre *sg*, vos *pl;* ton, ta, tes
yours le vôtre, la vôtre, les vôtres; le tien, la tienne, les tiens, les tiennes; **is it yours?** est-ce à vous?; **a friend of yours** un de vos amis
zero zéro *m*

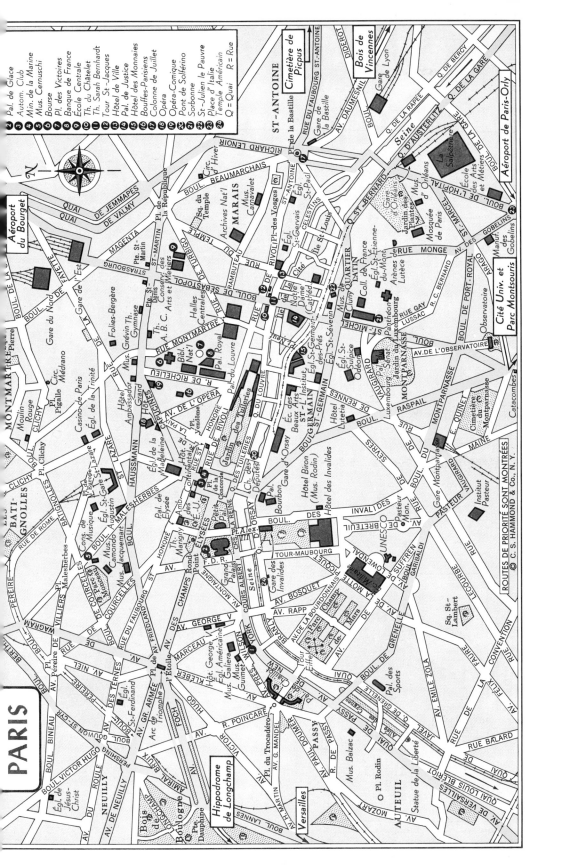

PARIS

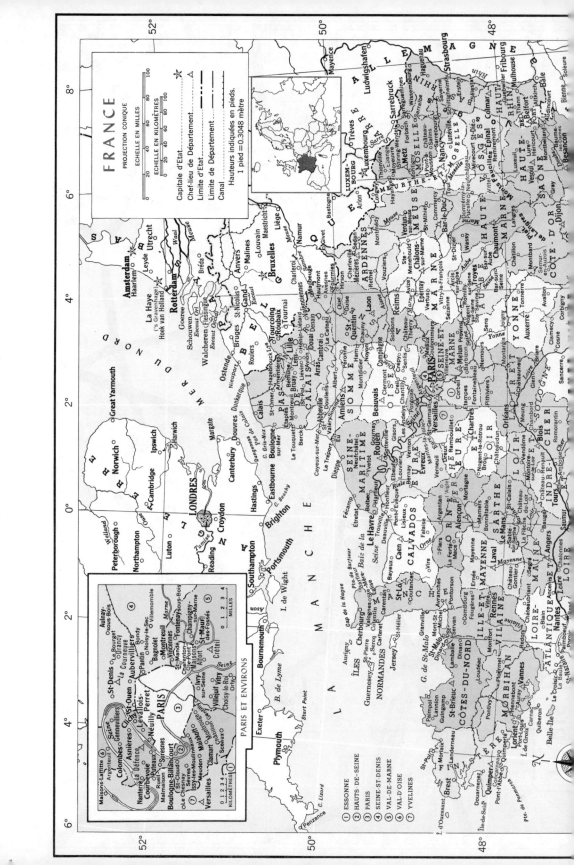

FRANCE

PROJECTION CONIQUE

ÉCHELLE EN MILLES

20   40   60   80   100

ÉCHELLE EN KILOMÈTRES

20   40   60   80   100

Capitale d'État .... ✶
Chef-lieu de Département ...... △
Limite d'État ....
Limite de Département ....
Canal ....

Hauteurs indiquées en pieds.
1 pied = 0.3048 mètre

PARIS ET ENVIRONS

① ESSONNE
② HAUTS-DE-SEINE
③ PARIS
④ SEINE-ST-DENIS
⑤ VAL-DE-MARNE
⑥ VAL-D'OISE
⑦ YVELINES

0 1 2 3 4
KILOMÈTRES

0 1 2 3 4
MILLES

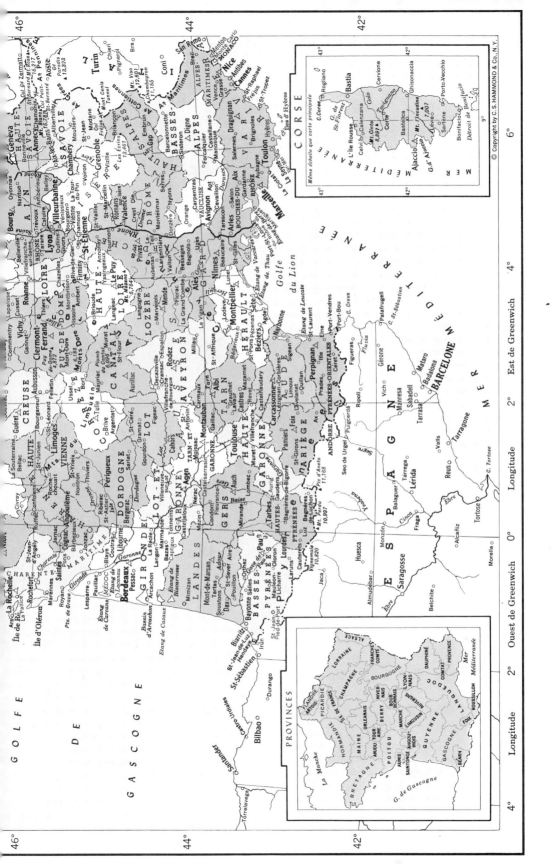

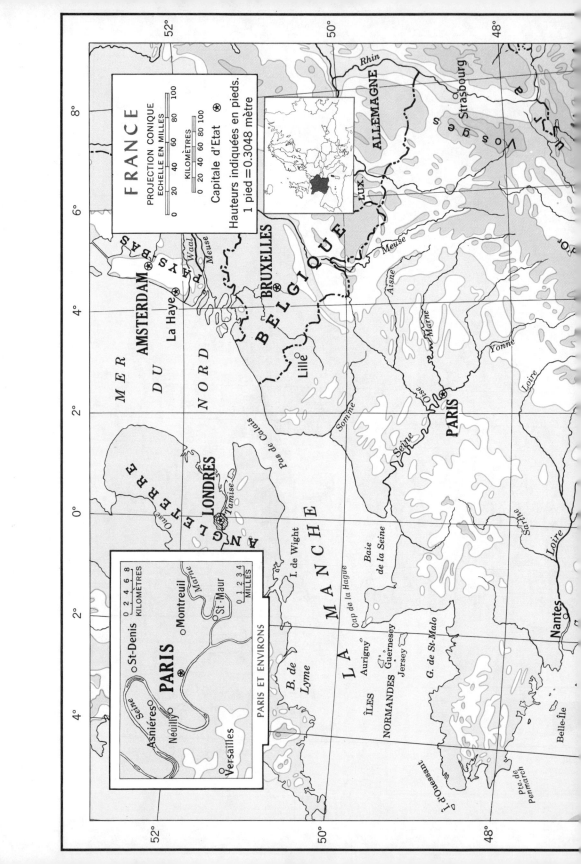

FRANCE

PROJECTION CONIQUE
ECHELLE EN MILLES

0   20   40   60   80   100

KILOMÈTRES

0   20   40   60   80   100

Capitale d'Etat ⊛

Hauteurs indiquées en pieds.
1 pied = 0.3048 mètre

ALLEMAGNE

Strasbourg

Vosges

Jura

Rhin

Meuse

LUX.

PAYS-BAS

Waal

Meuse

AMSTERDAM ⊛

La Haye ⊛

MER

DU

NORD

BRUXELLES ⊛

BELGIQUE

Aisne

Marne

Lille ○

Somme

Oise

PARIS ⊛

Seine

Yonne

Loire

ANGLETERRE

LONDRES ⊛

Tamise

Ouse

Pas de Calais

I. de Wight

LA MANCHE

B. de Lyme

Cap de la Hague

Baie de la Seine

Aurigny ○

Guernesey

Jersey

ÎLES NORMANDES

G. de St-Malo

Sarthe

Loire

Nantes

Belle-Île

Pte. de Penmarch

I. d'Ouessant

PARIS ET ENVIRONS

0   2   4   6   8
KILOMÈTRES

0   1   2   3   4
MILLES

St-Denis ○

Montreuil ○

St-Maur ○

Marne

Seine

PARIS ⊛

Asnières ○

Neuilly ○

Versailles

52°   8°   6°   4°   2°   0°   2°   4°

52°   50°   48°

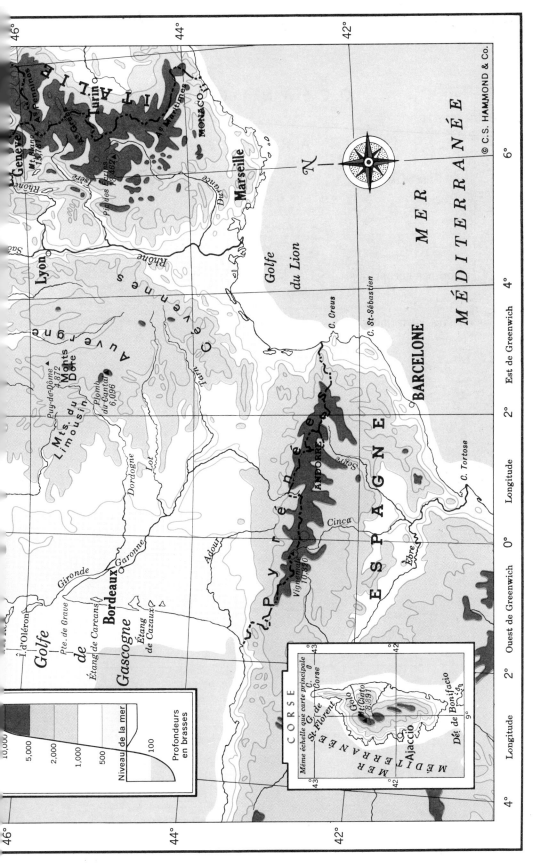

© C.S. HAMMOND & Co.

FRANCE

Profondeurs en brasses

Niveau de la mer

100
500
1,000
2,000
5,000
10,000

Longitude   Ouest de Greenwich   Longitude   Est de Greenwich

I T A L I E

Genève   Turin

Mt. Blanc
15,781

Alpes Pennines

Alpes Graies

Alpes Maritimes

MONACO

Isère

Doire

Rhône

Pointe des Écrins
13,462

Durance

Marseille

Lyon   Rhône

Saône

Auvergne

C é v e n n e s

Golfe
du Lion

Puy-de-Dôme
4,872   Monts
Dore

Mts. du
Limousin

Plomb
du Cantal
6,096

Tarn

Dordogne   Lot

C. Creus

C. St-Sébastien

BARCELONE

M E R

M É D I T E R R A N É E

Gironde   Garonne

Bordeaux

Pte. de Grave

Étang de Carcans

Gascogne

Étang
de Cazaux

Î. d'Oléron

Golfe

de

Adour

P y r é n é e s

ANDORRE

Ségre

Cinca

Vignemale
10,820

E S P A G N E

Ebre

C. Tortose

CORSE

Même échelle que carte principale

C. de Corse

St-Florent   G. de
St-Florent

Golo   Mt. Cinto
8,891

M E R   M É D I T E R R A N É E

Ajaccio

Dét. de Bonifacio

43°   42°   9°

N

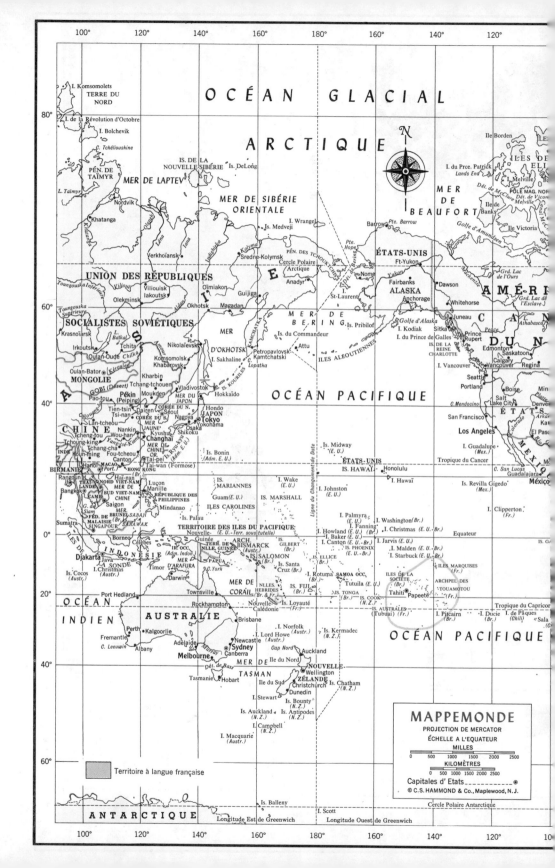

MAPPEMONDE

PROJECTION DE MERCATOR

ÉCHELLE A L'ÉQUATEUR

MILLES

0   500   1000   1500   2000   2500

KILOMÈTRES

0 500 1000 1500 2000 2500

Capitales d'Etats

© C.S. HAMMOND & Co., Maplewood, N.J.